거꾸로 읽는 그리스 로마사

거꾸로 읽는

신화가 아닌
보통 사람의
삶으로 본
그리스 로마 시대

그리스 로마사

최현영 옮김

개릿 라이언 지음

다산
초당

풍부한 고고학 자료를 바탕으로 그리스·로마사를 흥미롭게 풀어낸 이 책은, 우리가 무심코 지나쳤던 유물 속에 담긴 진실, 여러 영화 속에서 미화되고 왜곡돼 왔던 그리스·로마인들의 일상과 역사를 생생히 드러낸다. 벌거벗은 조각상부터 뚱뚱한 검투사까지, 오랜 시간 주목받지 못했지만 그리스·로마사의 정수가 담긴 보통 사람들의 삶과 사유에 대한 이야기들은 당신의 지적 욕구와 역사 읽기의 즐거움을 충분히 만족시킬 것이다.

강인욱(경희대학교 사학과 교수,《강인욱의 고고학 여행》저자)

시간의 흐름 속에서 인간의 삶을 탐구할 때, 역사는 얼마나 유효할까? 영웅적 인물과 획기적 사건으로 채워진 역사는 얼마나 진실일까? 우리에게 익숙한 역사는 큰 공백을 품고 있다. 특별한 역사적 사건은 일상의 단단한 조건들 위에서 벌어지는데, 우리는 대개 특별함에만 주목하는 데 익숙하다. 그 특별함의 저변을 말하지 않는 역사는 신화와 같다. 그래서 역사를 아래로부터 거꾸로 읽을 필요가 있다.

지금 세계는 서구적인 요소들로 가득하다. 세계를 지배하는 현대성을 벗겨낼 때, 그 뿌리에 고대 그리스·로마의 문명이 드러난다. 그리고 이 책은 그리스·로마사를 수놓은 특별한 사건들의 저변에 깔린 단단한 일상을 흥미롭고 생생하게 보여준다. 오래도록 그리스·로마를 연구하면서 갈급히 기다리던 책이다.

김헌(서울대학교 인문학연구원 교수,《천년의 수업》저자)

얼핏 보면 역사는 소수의 위대한 개인들에 의해서 움직이는 것처럼 보인다. '고대 그리스·로마'라고 하면, 아마도 페리클레스나 알렉산드로스, 그라쿠스, 카이사르 혹은 콘스탄티누스 같은 인물들을 떠올릴 것이다. 그런데 이 영웅들의 위대한 업적 아래에는 보통 사람들의 일상이 있었다. 시간이 흘러도 쉽게 변화하지 않고, 한 사람의 일생보다 훨씬 더 오래도록 지속된 이 보통의 일상은 오히려 더 궁극적으로, 그리고 더 오랜 시간에 걸쳐 역사에 영향을 끼쳤다. 그저 그 흔적이 흐릿하여 쉽게 포착되지 않았을 뿐이다. 그렇게 오래도록 외면되었던 보통 사람들의 이야기가 이 책의 저자, 개릿 라이언에 의해서 생생하게 복원된다. 야행성 설치류인 겨울잠쥐를 구워서 꿀에 담가 먹는 것을 좋아하고, 술자리에서 게임을 하며 술 마시기 내기를 하기도 했던, 낯설지만 또 한편으로는 참 친숙한 고대인들이 여러분을 기다리고 있다.

곽민수(한국 이집트학 연구소장)

고대 그리스·로마의 진면모가 보이는
유쾌하지만 날카로운 36가지 질문

몇 년 전, 미시간대학교 학생들과 함께 디트로이트 미술관
에 갔었다. 고대 그리스·로마 전시실 투어를 마쳤을 때 한 학생
이 다가와 은밀한 이야기라도 하듯이 몸을 내 쪽으로 기울이며
속삭였다. "라이언 박사님, 여쭤볼 게 있는데요, 그리스 조각상
들은 왜 이렇게 나체가 많나요?"

질문을 듣는 순간 이 학생을 포함한 대중에게 정말 필요한
건, 그리스·로마에 관해 그들이 가장 궁금해하는 질문들에 대한
답이라는 생각이 번뜩였다.

아이러니하게도 그들이 무심코 던지는 세속적이고 유쾌
한, 하지만 날카로운 질문 속에 신화나 잘 꾸며진 이야기, 또는
방대하게 쓰인 연구서에서는 볼 수 없는 그리스·로마 고대사의

진짜 모습이 생생하게 담겨 있기 때문이다.

　이 책은 위 질문을 포함하여 36가지 질문에 답을 제공할 것이다. 그리스·로마인들이 언제부터 바지를 입었는지, 그들도 신화를 정말 믿었는지, 고대에 돈을 제일 잘 벌었던 직업은 무엇인지, 콜로세움의 무대에 섰던 사자들은 어떻게 포획했는지 궁금했던 적이 있는가? 그렇다면 이 책이 임자를 만난 것이다. 미스터리와 주술을 비롯하여 검투사와 암살자, 고급 포도주와 전투 코끼리까지 모든 해답을 담고 있다.

　학계에서 활발히 논의되는 내용 중 핵심 지식들을 간결하게 정리했고, 현장감 넘치는 도판을 풍부히 실었다. 흥미진진한 세부 일화들은 각주에 충분히 담으려 노력했고, 스스로 고전을 해독하는 경험을 원하는 독자들을 위해 출처를 미주에 게시했다.

　또한 마지막 부분에 고대 세계의 역사를 부록으로 아주 간결하게 수록했다. 전체상을 먼저 파악하고 싶다면 부록을 먼저 읽을 것을 추천한다. 그렇지 않다면 지금 바로 질문 속으로 뛰어들어도 좋다.

차
례

1부　인간적인 너무나 인간적인 모습들

2부　문명의 뿌리가 담긴 사회의 단면들

인간적인
너무나 인간적인
모습들

그리스·로마인들은 왜 바지를 입지 않았을까?

지금 당신은 고대 아테네의 혼잡한 거리를 걷고 있다. 더운 여름 아침이지만, 볼일을 볼 수 없을 만큼 더운 것은 아니다. 흰색 돌담이 햇빛에 반짝인다. 흙먼지 날리는 공기를 타고 그리스어로 중얼거리는 소리가 떠다닌다. 인근 가판대에 쌓여 있는 벌꿀 빵의 군침 도는 냄새와, 하수도 시설이 없는 도시의 코를 찌르는 악취가 경쟁하고 있다.

거리의 보행자 대부분은 남성이다. 그들 중 다수는 몸을 반쯤 드러냈다. 어떤 이들은 망토를 둘렀고 또 어떤 이들은 무릎까지 오는 헐렁한 튜닉을 걸친 채 걷고 있다. 드물게 눈에 띄는 여성들은 남성들보다 긴 튜닉을 긴 핀으로 어깨에 고정했다.◆ 남녀를 막론하고 빈곤층의 옷은 염색하지 않은 황백색 모직 소

재였고 부유층은 노랑, 초록, 갈색 등 다양한 색조에 깃털로 장식한 옷을 입었다.[1]

이번에는 제국 초기의 로마 거리로 자리를 옮겨보자. 정오(로마인은 제6시로 불렸다)가 가까운데도 거리는 양쪽 길가에 즐비하게 늘어선 우뚝 솟은 공동주택 건물들로 그늘져서 어둡다. 발밑의 자갈길은 역겨운 냄새를 풍기는 분뇨로 미끈미끈하다. 건너편 선술집에서는 볶은 병아리콩 냄새를 실은 연기가 새어 나온다. 다국어로 와자지껄하게 떠드는 소리가 당신의 귀로 날아들고 분주한 보행자들은 걸음을 재촉한다. 그들은 아테네에서 본 사람들과는 매우 다른 옷을 입고 있다.

몇몇 남성은 토가를 입었다. 주름을 잡지 않은 토가는 폭이 6m에 이르는 거대한 모직 천이었다. 이 옷감의 바다에 몸을 던지는 것은 너무도 복잡한 과정이어서 귀족들은 토가의 주름을 잡고 주인의 몸에 드리워주는 것을 주 업무로 하는 노예를 두었다. 토가를 입은 채로 보행하는 것은 예술인 동시에 큰 시련이었다. 왼쪽 팔을 정확한 각도로 유지하지 않으면 세심하게 잡힌 주름이 망가져 폼이 살지 않는다. 그래서 길에서 마주친 대부분의 남성은 토가는 집에 두고 짧은 튜닉을 입고 용무를 보러 다니고 있다. 몇몇 여성은 로마 여성의 전통 의상인 망토('팔라'라고 부름-옮긴이)로 몸을 감쌌고 그 외의 여성들은 다채로운 색

◆　위급 상황 시에 긴 핀은 무기로 사용할 수 있었다. 아테네 여성 한 무리가 브로치로 남성 한 명을 죽인 적도 있었다.

왼쪽부터 오른쪽으로: 망토 같은 겉옷(히마티온)을 두른 그리스 남성, 튜닉(키톤)을 입은 그리스 여성, 토가를 입은 로마 남성, 숄 같은 망토(팔라)를 걸친 로마 여성

을 띤 전신 길이의 튜닉을 입었다.

그리스·로마 의복은 양쪽 다 몸에 걸치는 것을 특징으로 한다. 소재가 리넨이든, 모직이든, 면이든* 몸에 걸치는 형태의 의복은 지중해 기후에 적합했고 사회적 상황이나 날씨에 따라 유연하게 변형할 수 있었다. 그러나 추위와 습기가 있는 경우에는 불편했다. 토가처럼 올바른 형태를 유지하려면 끊임없이 주의를 기울여야 했으며 어떤 의복에도 호주머니가 없었다.**

점점 세상이 바지를 갈구하는 듯하다. 그러나 실크 바지를 대단히 사랑했던 괴짜 황제 엘라가발루스***와 같은 몇몇 예외

◆　고대 세계에서 가장 흔한 옷감은 모직과 리넨이었다. 모직은 따뜻하고 내구성이 뛰어나며 염색이 용이하여 일반적으로 겉옷에 사용되었다. 통기성이 뛰어나고 세탁이 간단하며 이가 잘 꼬이지 않는 리넨은 속옷과 일상복용으로 선호되었다. 면(이집트에서 재배)은 로마제국 시대에 들어서서 보편적으로 사용되었다.

적인 경우를 제외하고, 여전히 그리스·로마인들은 바지를 야만적인 것으로 여겼다. 아테네인들은 헐렁한 바지를 입고 압도적인 병력으로 그리스를 침공했던 페르시아인들을 떠올렸다. 로마인들은 온몸에 문신을 수놓고 맥주를 벌컥대는 북방 민족, 특히 게르만족과 연결했다.[2]

그러나 결국 로마인들이 백기를 들었다. 변화는 군단에서 시작되었다. 지중해의 뜨거운 여름에 맞게 만들어진, 무릎까지 오는 병사용 튜닉은 북방의 겨울을 견디기에는 불쾌할 만큼 통기성이 뛰어났다. 기후가 추운 지역에 주둔하던 병사들은 야만족 기병들에게서 아이디어를 얻어 모직이나 가죽 반바지를 입기 시작했다. 머지않아 그들 중 일부는 자연스럽게 전신 길이의 바지를 입는 수순을 밟았다. 사령관들도 병사들을 따라 했다.

♦♦　호주머니에 상응하는 것들을 임시변통으로 만들었다. 그리스 여성들은 튜닉의 일부분을 벨트에 끌어당겨 큰 주머니를 만들었고 로마 남성들은 토가의 우묵한 곳에 남은 음식을 숨겨 가곤 했다. 그러나 주화는 허리띠나 목에 건 지갑에 보관했다. 혹은 당시에는 아직 세균 이론이 없었으므로 주화를 입안 구석에 밀어 넣고 다니기도 했다.

♦♦♦　로마 황제들은 유행에 끈질기게 역행했다. 몇몇 황제는 고대 세계에서 가장 비싸고 그래서 가상 명성이 높았던 자주색으로 염색한 옷을 입기를 즐겼다(마른 피 색깔처럼 어두우면서도 은은하게 빛나는 최고급 자주색의 사용은 때때로 황가에만 허락되었다. 네로는 염료 밀수품을 취급하는 상인들을 잡으려고 함정 수사를 한 적도 있었다). 어떤 황제들에게는 대부분의 저택보다 비싼 예복이 더 수수하다고 여겼다. 칼리굴라는 유피테르처럼 옷 입는 것을 좋아했는데, 황금 턱수염과 번쩍이는 번개로 옷차림을 완성했다. 코모두스는 사자 가죽을 걸치고 콜로세움에 갔다.

3세기의 한 황제는 (치렁치렁한 금발 가발을 쓰고) 전신 길이의 바지를 입은 채 부대를 진두지휘함으로써 지도계층 인사들을 충격에 빠트리기도 했다.[3]

4세기 동안, 정계로 진출한 군인들이 군사 복장을 유행시킴에 따라 일반 시민들도 튜닉을 바지로 바꾸기 시작했다. 4세기 말에는 그런 관행이 너무 만연하여 로마시에서 칙령으로 바지 착용을 금지했다. 물의를 일으킬 법한 복장이 발각된 남성은 누구나 체포되어 (아마도 바지를 포함하여) 모든 재산을 몰수당하고 영구 추방되었다. 그러나 그 명분은 금세 사라졌다. 고작 수십 년 내에 원로원 의원들이 황제 앞에서도 바지를 입었다.[4]

지금까지 바지의 대두에 관해 살펴보았는데 이제 우리는 더욱 심오한 질문에 직면하게 된다. 과연 그리스·로마인들은 속옷을 입었을까?

여성 대부분은 오늘날 브래지어의 원형이라고 할 수 있는 가슴 밴드를 착용했던 것으로 보인다.◆ 어깨끈이 달리고 몸에 꼭 맞는 것도 있었지만, 보통은 천 조각을 몸통에 두르는 식이었

◆ 팬티에 대한 증거는 희박하다. 분명 팬티 같은 옷은 있었다. 일부 로마 여성은 목욕 시에 수영복을 입었고 여성 운동선수들과 예능인들은 비키니의 원형 같은 복장을 했다.(해학극 여배우였다가 후에 황후가 된 테오도라는 고대판 지스트링{음부를 가리고 엉덩이를 대부분 노출하는 속옷-옮긴이}을 입고 무대 위를 뽐내며 걸어 다니는 것이 일과에 포함되었다) 그러나 대부분의 여성은 외출복 아래에 언더튜닉(속치마)을 입었다. 이는 나름의 위험이 있었는데, 한 로마 시인은 언더튜닉이 너무 조여 엉덩이 사이에 낀 것을 참고 있는 여성에게 불쾌한 풍자시를 헌정하기도 했다.

다. 당시에는 작은 가슴이 매력적으로 간주되었으므로 많은 여성이 가슴을 납작하게 하려고 밴드를 사용했다.** 얼마나 믿을 수 있을지 모르지만, 고대 시인들의 말에 따르면 가슴 밴드는 연애편지는 물론 독약 병을 숨기는 임시변통의 주머니 용도로 사용되기도 했다. 가슴 밴드는 약효가 있다는 평판도 있었다. 사용한 밴드를 머리 주위에 감으면 두통이 완화된다는 설이 있었다.[5]

그리스 남성들은 햇빛에 그은 피부와 자신감을 입었을 뿐, 튜닉 아래에는 아무것도 입지 않았던 것으로 추정된다. 로마 시대에는 몇몇 전통주의자가 아랫도리에 로인클로스(샅바와 같은 천-옮긴이)를 걸치고 토가를 입었다. 공중목욕탕에서 남자들은 딱 달라붙는 수영복 같은 것을 입었다. 그러나 대부분은 팬티 대신 통기성이 좋은 리넨이나 실크 소재의 언더튜닉을 겉옷 아래 겹쳐 입었다. 편안하기는 했지만 점잖지는 않았다. 고대 후기의 한 저술가는 '투르의 성 마르티노'를 찾아온 방문객 이야기를 기록했는데, 이 방문객은 성 마르티노의 화롯불 대각선에 앉고 의자에 편하게 기댄 후 다리를 쩍 벌렸다가 의도치 않게 성인에게 성기를 시원스럽게 보여주고 말았다.[6]

의도치 않게 남의 성기를 볼 수밖에 없었던 4세기 즈음 로마의 복식은 중세로 넘어가는 단계에 있었다. 당신이 고대 후기 콘스탄티노폴리스의 거리에 서 있다고 상상해 보라. 분위기

<hr>

** 어떤 상황에서 가슴 밴드는 에로틱했다. 그리스 희극의 어느 여성 캐릭터는 남편을 골려주기 위해 자신의 가슴 밴드를 천천히 푼다.

를 떠올리기 쉽도록 소금기를 머금은 산들바람이 불고 그윽한 불빛 속에 교회 종이 세레나데를 부르는 듯 울리고 있는 화창한 가을 오후라고 가정하자. 젠체하는 법원 직원이 날렵한 스타일의 전통 토가를 입고 미끄러지듯이 걸어가고 있다. 신분이 낮은 남자들은 돈이 허락하는 선에서 자수를 최대한 많이 넣은, 소매통이 넓고 무릎까지 오는 튜닉을 입고 분주하게 지나가고 있다. 여성들의 튜닉은 남자들과 마찬가지로 주름을 굽이치도록 잡고 치장했지만, 길이는 좀 더 길다. 가장 부유한 행인 몇몇은 몸을 휘감는 실크 옷을 과시하며 걸어가고 경건한 기독교인 몇몇은 손에 기독교를 상징하는 문신이 새겨져 있다. 그러나 그들 중 속옷을 입은 사람은 하나도 없다는 것을 확신할 수 있을 것이다.

그들도 현대인들처럼
면도를 했을까?

하드리아누스 황제는 로마 황제 중에서 가장 불가사의한 인물이었다. 그는 뛰어난 시인이자 건축가, 피리 주자였던 반면 가장 좋아했던 휴식은 사자 사냥이었다. 그는 학술 토론에서 제국의 가장 뛰어난 학자들을 이끈 동시에 군단을 이끌고 거뜬히 강행군하기도 했다. 그는 너그러운 친구이자 정의로운 재판자였으면서도 거만하고 의심으로 가득했으며 기분이 내키면 서슴없이 사람을 죽였다. 가장 역설적인 것은 그가 턱수염을 길렀다는 것이다. 수백 년 동안 로마의 유명 인사들은 깔끔하게 면도를 했다. 그러나 하드리아누스는 21년간의 치세 기간 내내 위풍당당하게 털이 수북한 턱을 자랑했다. 턱수염은 하드리아누스가 그리스인들에게 심취했다는 증거일 수도 있고, 로마의 과

하드리아누스 황제 | 2세기경 제작된 흉상

기로의 회귀일 수도 있으며, 유피테르를 경외하는 의미였을 수도 있다. 아니면 어느 로마 저술가의 추측처럼, 하드리아누스는 그저 여드름 흉터를 가리고자 한 것일 수도 있다.[1]

하드리아누스가 턱수염을 기른 이유가 무엇이든, 그것은 개인적 취향 이상의 의미를 가졌다. 고대 세계에서 턱수염은 매우 중요한 의미를 내포했기 때문이다. 무엇보다 턱수염은 남성성을 나타내는 훈장이었다.◆ 또 지위를 광고하는 수단이기도 했다. 말쑥하게 정돈된 모습은 신사의 명함인 반면, 수염이 까칠하게 자라거나 듬성듬성한 것은 빈곤의 상징이었다. 턱수염의 상태는 상대의 감정을 판단하는 편리한 척도이기도 했다. 상중에 있는 사람들과 법정에서 동정을 얻고자 하는 사람들은 얼굴의 수염을 다듬지 않은 채로 두었다. 결국 턱수염은 문화, 즉 야만인과 로마인, 그리고 그리스인의 문화를 보여주는 것이었다.[2]

고대 그리스 남성들은 거의 항상 턱수염을 길렀다. 방식에

◆ 젊은 로마 남성들은 첫 면도를 성년의 시작으로 여겨 축하했다. 몇 가닥의 콧수염을 신들에게 바침으로써 그 순간을 영원히 남겼다. 네로 황제는 첫 면도 후에 깎아낸 수염을 황금 상자에 담아 유피테르 신전에 안치했다.

는 여러 차이가 있었지만, 가장 인기 있는 스타일은 콧수염은 깨끗이 면도하고 턱수염은 수북이 기르는 스타일이었다.** 말끔한 면도는 알렉산드로스 대왕 통치 시기 이전까지 여성적이고 나약한 것으로 간주되었다. 《일리아스》에 대한 집착에서부터 제우스의 친아들이라는 확신까지, 위대한 정복자

알렉산드로스 대왕 | 기원전 4세기경 제작된 두상

의 수많은 기벽 중에는 정기적인 면도를 고수하는 것도 포함되었다. 알렉산드로스 대왕이 자신의 젊음을 강조하고 싶었는지, 아니면 단지 운 나쁘게 드문드문한 수염을 가져서였는지는 알 수 없다. 그러나 그의 우월한 지위가 턱수염 없는 말끔한 얼굴을 유행하게 했다는 것은 명백하다.[3]

알렉산드로스 대왕 사후에, 여러 도시에서 턱수염을 옹호하는 법이 있었음에도 불구하고 깔끔하게 면도한 외모는 그리스 세계 전역으로 급속히 퍼져나갔다. 그러나 모든 사람이 새로운 유행을 수용한 것은 아니다. 특히 지성인들은 턱수염에 변함없는 자부를 느꼈다. 한 철학자는 만약 면도와 죽음 중에서 택해야 한다면 기꺼이 죽음을 택하겠노라고 선포하기도 했다. 턱수

◆◆　스파르타에서 콧수염은 불법이었다. 매년 스파르타의 고위 관직자들은 취임하자마자, 모든 시민에게 법을 지키고 콧수염을 면도하라는 포고령을 내렸다.

카이사르 | 기원전 1세기 제작된
흉상

염이 밋밋한 턱보다 훨씬 위엄 있다는 사고가 여전했다. 로마제국 시대에 먼 그리스 도시를 방문했던 사람은 로마인들에게 아첨하려고 면도한 한심한 사람 딱 한 명을 제외하고는 모든 남자가 전통적인 방식으로 턱수염을 기른 것을 보았다고 기록했다.[4]

로마인들도 초반에는 그리스인들처럼 털이 수북했었다. 그러나 기원전 2세기 중반 로마의 상류층은 아마도 당시 그리스 유행에 영향을 받아 구레나룻을 제거하기 시작했다. 카르타고를 정복한 위대한 장군 스키피오 아이밀리아누스는 날마다 면도한 첫 로마인으로도 기억되었으며 공화정 후기의 모든 유명 인사들과 제국 초기의 사람들은 그를 뒤따랐다. 다소 허영기 넘쳤던 율리우스 카이사르는 항상 깔끔하게 빗어 올린 머리와 정교하게 면도한 얼굴로 대중 앞에 나타났다. 아우구스투스는 매일 시간을 들여 얼굴을 면도하고 머리카락을 다듬었는데 이 작업을 함께 하는 세 명의 이발사가 있었다. 제국 전역의 야망 있는 남성들은 귀족들의 예를 따라서 턱수염을 존경할 만한 것이 아닌 것으로 취급했다.[5]

그리고 이제 앞서 언급한 하드리아누스가 등장한다. 수천 개의 조각상과 수백만 개의 동전이 그의 위풍당당한 턱수염을 보여주었다. 지역마다 하드리아누스의 영향을 받은 유행의 선두 주자들이 등장했다. 로마인들은 400년간 외면했던 턱수염을 다시 받아들였다. 이후 200년간, 깔끔한 면도를 선호한 콘스탄티누스가 등장해 판세를 뒤집을 때까지, 유행의 첨단을 달리던 로마인들은 다양한 길이와 스타일의 턱수염을 뽐냈다. 일반적으로는 당대 제국을 통치했던 황제들의 스타일을 따르곤 했다. 하드리아누스처럼 단정하게 다듬은 턱수염이 유행하는가 하면, 또 다른 시기에는 마르쿠스 아우렐리우스가 그랬듯이 그리스 철학자 스타일로 수북한 턱수염이 유행하기도 했다. 3세기에는 군인 황제들의 영향을 받아 짧고 거칠게 다듬은 스타일이 대세였다.

　　그리스·로마 남성들에게는 아무리 수북한 턱수염이라도 면도보다는 관리가 쉬웠다. 고대의 면도칼은 청동이나 철로 된 날을 짧은 손잡이에 고정해 사용했고, 낫과 같은 형태인 경우도 많았다. 거울을 가진 사람도 많지 않았는데 그나마 일부 사람들이 가진 거울도 변변치 않았기에◆ 그렇게 무딘 도구로 깔끔하게 면도하는 것은 어려운 작업이었다 감히 면도에 스스로 도전하는 사람은 극소수였다. 부유층 남성은 노예들에게 면도를 맡겼다. 다른 사람들은 이발사를 찾아갔다.

◆　　유리 거울이 로마 시대에 처음 등장하긴 했지만, 고대 세계의 거울 대부분은 광을 낸 청동으로 만든 작은 원반이었다. 부유층만 큰 벽걸이 거울이 있었다.

머리 손질을 받는 귀족 | 로마 시대 석판

일부 잘나가는 미용사들은 호화로운 살롱에서 귀족들의 머리를 다듬었지만, 대부분은 작은 점포나 야외에서 일하는 변변찮은 영세업자였다. 면도를 받으러 온 남자는 등받이 없는 낮은 의자에 앉았다. 어깨에는 리넨 천이 둘러쳐지고, 양 볼은 찰박거리는 물로 부드러워졌다. 그리고 나서 이발사가 손에 면도칼을 쥐고 몸을 기울이는 모습을 음울한 불안을 느끼며 바라봤다. 당시에는 면도날을 예리하게 갈기가 어려웠기 때문에, 고대의 면도칼이 얼굴의 굴곡진 면을 지나가면서 살갗을 당기고 뜯는 것이 일상다반사였다. 당연히 피가 나기 십상이었다. 손님들은 볼을 부풀려서 칼에 베일 리스크를 최소화했지만, 최고의 이

발사들 외에는 면도날을 피부에 너무 바짝 대곤 했다.♦ 최악은 이발사 수습생이었다. 그들은 기술보다 열정이 앞섰고 때로는 무딘 면도칼만 사용하게 되어 있었기 때문이다.[6]

턱수염은 깎고 싶은데 면도의 수난을 겪고 싶지 않았던 사람들은 면도칼을 대신하는 몇 가지 대안을 활용했다. 목이 잘릴까 두려워했던 한 그리스의 독재자는 자기 딸을 훈련시켜 불에 달군 견과류 껍데기로 턱수염을 태우게 했다. 좀 더 일반적인 방법으로는 제모용 송진을 바르거나 공들여 수염을 모낭째로 뽑아버리는 것이 있었다. 구멍이 뽕뽕 뚫린 거친 화산석으로 턱수염을 제거하기도 했는데, 같은 방법이 신체의 털을 제거하는 데도 활용되었다.[7]

일부 여성은 다리를 면도했음이 틀림없다(혹은 왁스로 제거하거나 화산석으로 밀거나 뽑았다). 예를 들어 로마의 어느 시인은 연인을 만나기 전에 다리를 매끈하게 하라고 숙녀들에게 조언했다. 현대의 비키니 왁싱 같은 것도 상당히 보편적이었던 것으로 보인다.♦♦ 도시의 상류층 여성이 아닌 여성들도 그런 것을 했는지는 명확하지 않다. 아마 여성 대부분은 굳이 다리털을 제

♦　　로마의 저술가들은 면도로 베인 상처를 감싸는 데 거미줄을 사용했다고 알려준다.

♦♦　한 그리스 도시의 주민들은 디오니소스를 "성기 털 제거자"로 숭배했다고 한다. 디오니소스의 별명 중 하나가 '돼지 털을 뽑는 자'인데, 돼지는 여성의 성기를 의미하는 비속어였다. 제모라는 일에 디오니소스의 후원이 필요했던 이유는 '다산의 신'이라는 역할 때문이었던 것으로 보인다.

모하지 않았을 것이다. 왜냐하면 나리가 거의 항상 의복에 가려져 있었기 때문이다. 고대 저술가들은 이 문제에는 크게 주목하지 않았다. 왜냐하면 그들은 망측스럽게 제모한 남성들의 다리에 더 큰 관심이 있었기 때문이다.[8]

특히 로마 시대에는 많은 남성이 털을 전부 혹은 일부 제거했다. 가령 오토 황제는 온몸을 매끄럽게 하려고 들인 정성이 보통이 아니었다고 알려져 있다. 이 행위는 전통주의자들에게 많은 문제를 제기했다. 제모에 비판적인 소수파에게 털을 조금이라도 미는 것은 의도적으로 남성성을 거부하는 것을 의미했다. 적어도 한 번은 구레나룻을 기른 철학자와 산뜻하게 털을 뽑은 웅변가 사이에 털 제거의 도덕성에 관한 열띤 토론이 벌어졌다. 중도파들은 일부 부위의 털은 단정하게 제거할 수 있다고 기꺼이 양보했다. 그들은 신사는 겨드랑이 털을 깔끔하게 다듬을 수 있으며 또 다듬어야 한다고 인정했다.♦ 그러나 다리 제모는 타락한 사람이나 하는 저열한 행위였다.[9]

♦ 로마의 많은 목욕탕에 겨드랑이 털과 그 외에 성가신 부위의 털을 뽑아 주는 것을 업으로 하는 사람들이 상주했다.

어떤 반려동물들을
키웠을까?

테르메소스 도시 유적은 무덤으로 에워싸였다. 사방에 흩어진 수많은 석관이 언덕을 덮고 있다. 석관들은 풀로 덮여 있거나, 훼손되거나 빈 채로 무더기무더기 모여 있거나 열을 지어 있다. 대부분은 거대하고 육중한 석관들이다. 그러나 이 석관들에 반쯤 가려져 있는 몇몇 아담한 석관이 있다. 뾰족지붕 모양의 뚜껑 아래 회색 화산암 상자에는 짧은 묘비명이 적혀 있다. 마지막 줄은 아직도 선명하다. "나는 개 스테파노스입니다. 주인 로도프 님이 나를 위해 이 무덤을 세워주셨습니다." [1]

개는 고대 사람들이 가장 선호하는 반려 동물이었다. 가장 큰 개는 일반적으로 몰로시안이라고 불린, 흉곽이 발달하여 몸통이 넓적하고 털이 짧은 대형견이었다. 원래 멧돼지 사냥을

테르메소스 도시 유적

위해 사육되었던 몰로시안은 집을 지키거나 때로는 수레를 끌기도 했다.✦ 또 다른 견종은 수컷 호랑이와 암컷 개의 이종교배로 탄생한 것으로 알려진 인디언 하운드였다(추정컨대 교배 후 호랑이가 개를 잡아먹곤 했으므로 이 견종은 희소하다). 몸이 날렵하고 민첩한 라코니안 하운드는 사슴과 산토끼 사냥에 이용했던 견종으로 오랫동안 최고의 중형견 자리를 지켰다. 그러나 로마 시대에 체구는 비슷하지만 더 민첩한 베르트라구스에게 자리를 양보했다. 베르트라구스는 현대 그레이하운드의 선조이다. 가장 잘 알려진 소형견은 몰티즈였다. 다리가 짧고 털이 길고 자그마한 이 생명체의 가장 유용한 특징은 핸드백 속에 쏙 들어가

✦　전해지는 바에 의하면, 한 괴짜 로마 황제는 영지를 둘러보러 다닐 때 거대한 몰로시안 네 마리에게 용구를 씌워 전차를 끌게 했다.

는 것이었다.♦♦ 개의 이름에는 외
견이 반영되는 경향이 있었다. 몰
로시안, 라코니안 하운드는 용기,
창기병, 회오리바람 등 강한 느낌
의 이름을 붙인 반면, 소형견에게
는 파리, 진주, 부스러기 등의 이름
을 붙였다.[2]

로마 묘비에 새겨진 몰티즈 | 기원
전 1세기경 제작된 묘석

많은 부유한 그리스·로마인
들이 1~3마리의 몰티즈를 키웠
다. 주인의 연회용 긴 의자에 묶여
있는 몰티즈의 모습을 그리스 화
병에서 볼 수 있다. 로마 시대에는 상류층 여성의 패션 액세서리
가 되었다. 그녀들은 튜닉 주름 사이에 개를 넣어 데리고 다녔
다. 주인의 사랑을 아주 극진하게 받은 개도 많았다. 한 로마 시
대 시인은 반려견을 너무 사랑하여 소형 반려견 '아가씨'의 초상
화를 의뢰한 개 주인의 모습을 묘사하기도 했다. 인기가 높은 사
냥개들도 마찬가지로 사랑을 많이 받았다. 한 그리스 역사가는
작품 속에서, 반려 사냥개가 자신이 집필할 때 곁에 앉아 있고

♦♦　한 가지 실용적인 특성이 있었는데 몰티즈를 배 위에 올려두고 있으면 소화불
　　량이 완화된다고 알려져 있었다. 여담이지만 고대 몰티즈는 오늘날의 몰티즈
　　보다 포메라니안에 더 가깝게 생겼던 것으로 추정된다(고대 몰티즈와 현대 몰
　　티즈가 직접적인 친척 관계는 아니다).

매일 연무장에 동행한다는 등 구구절절이 열변을 토했다. 알렉산드로스 대왕은 충직한 사냥개 페리타스의 이름을 따서 도시 이름을 짓기도 했다.[*3]

아무리 반려견에게 애정을 쏟더라도 부유층 가정에서는 개를 먹이고 산책시키는 등 돌보는 일은 노예나 식솔에게 맡겼다. 한 고대 저술가는 침울한 스토아학파 철학자가 후원자가 맡긴 깽깽거리는 소형견을 돌보는 풍경을 코믹하게 그리기도 했다(그의 턱수염에 개가 계속 엉켰던 것이다). 주인이 애지중지하는 사냥개들에게는 구운 간식 등을 주기도 했지만, 일반적으로는 음식 찌꺼기, 상한 빵 조각 등을 섞은 것을 먹었다. 고대인들은 수컷 개들은 중성화해야 한다는 등 기본적인 의료 처치에 관한 지식은 있었지만, 수의학 치료 수준은 지극히 기초적이었다. 예를 들어 고대인들은 매일 밤 개를 사람 옆에서 재우면 기생충으로 인한 피부병인 흡윤개선이 치료될 수 있다고 생각했었다.[**]

하지만 고대의 개들은 현대 후손들과 크게 다르지 않은 수명을 누린 것으로 보인다. 아리스토텔레스에 따르면 어떤 견종은 20년에 이르는 수명을 누렸다.[4]

◆   아낌없는 사랑을 받은 대가로 반려견들은 주인에게 놀라운 충성심을 보이는 일이 많았다. 예를 들어 1세기 초 한 로마 귀족이 반역죄로 처형당하자 그의 개는 시신을 떠나기를 거부했고 심지어 시신에게 줄 빵 조각을 가져오기도 했다. 시신이 티베르강에 던져지자 곧바로 강으로 뛰어들어 코로 시신을 밀어 물 밖으로 나오게 하려고 했다고 한다.

◆◆   결국 사람이 피부병이 옮고 말았다.

고양이는 개에 비해서 인기가 별로 없었다. 고양이는 이집트에서 그리스·로마 세계로 유입되었다. 고양이는 오랫동안 이집트에서 신성한 동물이자 사랑받는 반려 동물이었다.*** 반면 그리스·로마인들은 고양이를 반려동물이라기보다는 유해동물 사냥꾼 정도로 취급했다. 심지어 로마제국 시대까지 고양이는 쥐 잡는

고대 이집트 시대에 제작된 고양이 조각상

동물로서도 페럿이나 길들인 뱀보다도 인기가 없었던 것으로 보인다. 상류층 가정에서는 반려 새를 두는 경우가 많았는데 이것이 고양이가 인기 없었던 이유가 될 수 있을 것이다.5

한 그리스 철학자는 어디를 가든 그를 따라다니는 거위가 있었다. 또 다른 철학자는 반려 자고새와 이야기하는 버릇이 있었다. 부유한 로마인은 외견의 아름다움으로 인해 공작새를 키우고 노랫소리를 듣기 위해 나이팅게일이나 대륙검은지빠귀를 키우기도 했으며 말을 할 수 있는 큰까마귀나 앵무새를 두기도

*** 알렉산드리아에서 한 로마 병사는 우연히 고양이를 죽였다가 이집트 사람들에게 집단폭행을 당했다.

했다. 인도 목도리앵무는 특별히 가치가 높았는데, 이 목도리앵무를 훈련하여 손님을 맞이하거나 다른 재주를 부리도록 했다. 한 그리스 역사가는 노래하고 춤을 추며 방문자의 이름을 말할 수 있는 앵무새와 20년간 함께 살았다. 어떤 앵무새들은 카이사르를 칭송하는 말과 부득불 저주하는 말을 익히기도 했다. 당시 파티의 흥을 돋우기 위해서 집에서 기르는 앵무새를 술에 취하게 하여 욕설을 반복하게 했던 것으로 보인다. 그러나 이것은 위험한 행위였다. 한 저술가는 한번 앵무새가 욕을 시작하면 끝이 없었노라고 한탄했다.[6]

　　일부 그리스·로마인은 거대한 뱀을 반려 동물로 고집하여 다른 사람들을 경악하게 하기도 했다. 냉혈한 황제 티베리우스는 유명한 뱀 애호가였다. 알렉산드로스 대왕의 어머니도 마찬가지였다. 뱀은 로마 귀족 사이에서 꽤 인기가 있었던 것으로 보인다. 그들은 어깨에 뱀을 두르기도 하고 연회에서 뱀이 접시 사이를 미끄러져 다니도록 내버려 두기도 했다.◆ 뱀만큼이나 달갑지 않은 손님이 또 있었는데 많은 로마 유지가 키웠던 원숭이(아마도 바바리 마카크)였다. 이 원숭이들은 연회석을 난장판으로 만들곤 했다.[7]

◆　　이 뱀에 관한 자세한 기술이 없어서 종은 밝혀지지 않았다. 독이 없고 상대적으로 온순한 네줄무늬뱀일 가능성이 크다. 만약 로마에서 아이를 잡아먹는 거대한 뱀에 관해 쓴 어느 저술가의 이야기가 단순한 도시 전설 이상이라고 한다면, 어느 무모한 로마인이 인도에서 그물무늬비단뱀을 사 왔다고(그리고 잃어버렸다고) 추측해 볼 수 있다.

가장 이국적이고 인상 깊은 반려 동물은 로마 황제들의 소유물이었다. 황제들은 특히 사자를 좋아했다. 도미티아누스는 자기가 싫어하는 원로원 의원을 사자 중 가장 사나운 놈과 강제로 싸우게 했던 적도 있다(황제에게는 안된 일이지만, 그 원로원 의원은 숙련된 사냥꾼이었고 야수를 쓰러뜨렸다). 카라칼라는 항상 시미터라는 사자와 동행했는데, 왕좌에 앉아 〈007〉 시리즈의 악당처럼 시미터를 어루만졌다. 엘라가발루스 황제는 연회석에서 무방비 상태의 손님들을 놀랠 요량으로 이빨을 제거하고 길들인 사자 한 무리를 풀어놓기를 좋아했다.**

곰은 황제들이 선호하는 또 다른 반려 동물이었다. 발렌티니아누스 1세는 '금가루'와 '순수'라는 이름의 식인 암곰을 소유했는데 곰들은 그의 침실 옆의 우리에서 정치범들을 푸짐하게 먹으며 살았다. 전해지는 바에 따르면, 비슷한 생각을 가졌던 전임 황제는 사람들을 곰들에게 던져줌으로써 연회의 흥을 돋우었다.*** 어떤 황제들은 궁전 안에 동물원을 두기도 했다. 네로 황제는 그의 황금 궁전 안을 길들인 동물들과 야생동물 무리가 돌아다니게 했다. 이후 한 황제는 코끼리, 엘크, 사자, 표범, 호랑

** 일부 로마 귀족들도 사자를 소유했으나 대부분은 사자들을 먹이고 훈련하는 데 드는 비용 때문에 이내 단념했다(혹은 한 시인이 그렇게 말했다).

*** 모든 로마인이 그렇게 피에 굶주린 것은 아니었다. 한 젊은 황제는 '로마'라는 이름의 닭을 애지중지했고, 또 다른 황제는 강아지들이 새끼 돼지들과 노는 모습을 보는 것을 좋아했다.

카라칼라 황제와 사자 | 2세기경 제작된 주화

이, 기린, 하이에나, 하마 몇 마리씩과 코뿔소 한 마리를 소유했다고 한다.[8]

　황제들이 소유했던 야생동물들은 반려 동물이라고 말할 수 없을지는 모르지만, 몇몇은 단순한 권력의 상징 이상을 의미했다. 예를 들어 카라칼라의 사자는 침실에서 함께 잤고, 카라칼라가 암살당하던 날 그를 구하려고 했던 것으로 추정된다. 발렌티니아누스는 키우는 곰 중 암곰 한 마리를 너무나 사랑하여 우리에 갇혀 있는 모습을 도저히 참을 수 없어, 결국 머나먼 숲속에 풀어주기도 했다. 때때로 인간의 가장 친한 친구는 그의 적들을 잡아먹기도 한다.

당시에도
피임을 했을까?

먼 옛날, 검은 비가 리비아 동부 언덕 지대를 휩쓸고 지나 갔는데 흑단 같은 빗방울이 떨어진 곳에 실피움이 자라났다는 전설이 있다. 실피움은 검은색 뿌리와 두꺼운 외줄기, 아무 방향으로나 뻗은 금색 꽃잎을 가진 키가 크고 눈에 띄는 식물이었다. 인근의 그리스 식민도시 키레네의 주민들이 금세 발견했듯이, 실피움은 많은 효능을 가졌다. 그 지역의 양들을 살찌웠고♦ 잘게 썰어 식초에 담근 줄기와 잎은 연회를 빛냈다. 꽃은 향수 같은 향기를 풍겼다. 하지만 알짜는 그 진액이었다. 실피움을 뿌리면 어떤 음식이든 풍미가 훌륭해졌다. 그뿐 아니라 실피움의 진액은 수많은 약효를 지니고 있었다. 탈모 예방, 눈 진정, 물린 자

♦ 실피움을 먹인 소와 양의 고기는 그 풍미로 인해 칭송받았다. 그러나 실피움을 뜯어 먹은 염소들은 딸꾹질에 시달렸다.

실피움 줄기가 새겨진 키레네 주화 | 기원
전 4세기경 제작

국 진정, 무사마귀 제거, 독화
살로 인한 부상의 부작용 예
방 등 그 외에도 많은 효능이
있다. 게다가 강력한 피임 효
과도 있었다. 이로 인해 실피
움은 동전에 새겨지기도 하
고 노래로 칭송받기도 했다.
그러나 사람들이 닥치는 대
로 채집하는 바람에 멸종에

이르렀다. 네로 황제가 마지막 줄기를 손에 넣었다.[*1]

실피움이 소멸하기 훨씬 전부터, 고대 세계에서의 피임약
사용은 제한적이었다. 그리스·로마의 자유인 대다수는 결혼하
였고, 결혼의 목적은 자녀 출산이라는 것이 통념이었다. 출산에
대한 압박은 질병으로 인한 높은 소아 사망률 때문에 고조되었
다. 소수의 자녀를 낳는 데 만족한 부부는 자녀를 모두 잃을 것
을 각오해야 했다. 따라서 대부분의 여성은 금욕과 모유 수유로
인한 시기를 제외하고는 가능한 한 오래 아이를 낳았다. 여성은
일반적으로 약 2년간 아이에게 수유했고 그 기간에는 성교를
피하라는 권유를 받았기 때문에(정액이 모유를 상하게 한다는 이론

◆   다른 자료는 실피움이 더 오래 살아남았다고 주장하기도 하고, 일부 낙관적인
       학자들은 지금도 멀리 떨어진 리비아의 일부 골짜기에서 번성하고 있을 것으
       로 본다.

에 근거했음), 별다른 피임약을 사용하지 않고도 임신은 몇 년씩 간격을 두고 이루어졌다.[2]

그러나 철저히 생식 능력을 제한하고자 하는 여성들도 있었다. 매춘부, 미혼 여성, 다수의 노예에게 자녀는 부담이었다. 극빈한 부모들은 식구가 하나라도 더 늘어나는 것을 두려워했다. 사회 계급의 정반대 쪽인 귀족 가문에서는 한두 명의 상속자만을 둠으로써 자신들의 부와 지위를 유지하려 했다.

금욕 외에 가장 기본적인 형태의 피임법은 월경 주기를 활용한 주기 피임법의 엇나간 형태였다. 당시 여성들은 월경 중간에 성교하면 가장 임신 확률이 낮다고 생각했다. 그러나 실제로 이 기간은 임신 확률이 가장 높았다. 그렇기에 이 이론에 따라 성교한 부부는 부모가 될 가능성이 많았다. 좀 더 확실한 대안은 질을 사용하지 않는 성교였다.** 수정은 전통적인 방법인 질외사정 등의 방법으로도 피할 수 있었는데, 어떤 저술가는 이때 여성이 숨을 참으면 특히 효과적이라고 했다.[3]

고대 시대에 콘돔을 사용했다는 증거는 없다. 그러나 좌약과 질내 차단법은 일반적이었다. 정자를 붙잡고, 식히고, 방해할 것처럼 보이는 물질은 거의 다 동원되었다. 기름이나 진액에 담근 석류 껍질 조각과 작은 스펀지는 특히 인기가 높았던 것 같다. 덜 침투적인 접근법은 파트너 한쪽 혹은 양쪽의 성기에 으깬

** 독재자 페이시스트라토스는 아내와 항문 성교를 한 데서 일어난 스캔들 때문에 아테네를 떠나야 했다.

노간주나무 열매나, 삼나무 진액, 혹은 올리브유를 마구 바르는 것이었다. 이 물질들은 실제로 피임의 효과가 있었으며 적어도 불완전하나마 효과를 발휘했을지도 모른다. 그러나 그 방법들이 모든 이에게 효과를 발휘했을 것으로 생각하기는 힘들다.[4]

경구 피임약 역시 널리 퍼져 있었다. 일부 경구 피임약은 구리 광석의 청량한 색채를 띠거나 구운 노새 고환에서 나는 사향 냄새를 풍기기도 했지만, 대부분은 물이나 포도주에 섞은 식물성 추출물로 이루어져 있었다. 더는 존재하지 않는 실피움 외에 흔한 재료로는 페니로열(박하의 일종-옮긴이), 버드나무, 그리고 '분출' 오이('에크발리움'이라는 이름으로 폭발하는 오이라고도 불리며 열매가 로켓처럼 발사되며 씨앗을 분출함-옮긴이)와 '죽음'의 당근('탑시아 가르가니카'라는 지중해성 식물로 독성이 있음-옮긴이)이라는 암시적인 이름(분출, 죽음은 프로이트의 핵심 개념-옮긴이)을 가진 두 식물이 사용되었다. 적정량을 사용했을 때 이들 중 일부는 실제로 효과가 있었을 것이다.

하지만 많은 여성이 지니고 다녔던 피임 부적은 효과가 없었을 것이다. 피임 부적은 족제비 간을 비롯하여 털거미 머리에서 나온 내용물까지 모든 것을 담고 있었다. 이 모든 것이 실패한다면 항상 마지막에 남는 것은 주술이다. 임신을 막는 한 가지 주문을 소개하자면 개구리를 잡아서 생리혈에 적신 씨앗들(살갈퀴 씨앗-옮긴이)을 삼키도록 한 후 다시 야생으로 풀어주는 것이었다.[5]

노새의 고환이나 죽음의 당근으로 철벽같이 수비하고도 임신을 피하고자 하는 여성은 성교 직후 추가적인 예방책을 사용할 수 있었다. 성교 후 찬물 몇 컵을 마시면 정자가 차갑게 식어 활동하지 않는다거나, 분쇄한 비버의 고환*을 일정량 섭취하면 정자가 제거되며, 시기적절하게 격렬한 재채기를 하면 정자가 자궁에서 배출된다고 생각했다.[6]

그리스·로마 의사들은 수정을 점진적인 과정으로 생각했으므로 피임과 소위 조기 낙태 사이에 뚜렷한 구분은 없었다. 수정된 후 최초 며칠에서 몇 주 동안, 여성은 정자가 자궁에 착상하지 못하도록 덜컹거리는 마차에 타거나 몸을 과격하게 흔들며 날뛰기도 했을지도 모른다. 그러나 일단 초기 단계가 지나면 낙태는 논란거리이자 위험한 행위였다.** 허브티는 가장 안전한 방법이었다. 그러나 좌약은 자궁을 손상시킬 위험성이 있었지만, 효과는 더 좋았다. 외과적 방법은 오직 최후 수단으로 시도되었다.[7]

대부분의 경우 원치 않게 임신한 여성은 낙태의 위험을 피

◆   비버의 고환은 피임약으로 높은 수요가 있었다. 궁지에 몰린 비버들이 왜 자기들이 사냥당하는지 알아차리고 고환을 스스로 물어뜯어서 추적자들의 길에 던졌다는 민담이 있다(혹시 궁금해할지도 모를 독자를 위해 설명하면, 비버가 실제로 그렇게 하지는 않았다. 하고 싶어도 그들의 이빨은 고환에 닿지 않는다).

◆◆   대부분의 고대 의사는 약 40일이 지나면 태아가 인간으로서의 특징을 가진다고 생각했다. 일부 철학자들과 의학계의 비판에도 불구하고 낙태 금지가 황제 칙령으로 내려진 서기 3세기까지, 40일을 지난 후의 임신의 종결은 거의 모든 곳에서 인정되었다.

하고 임신 기간을 채웠다. 출산 직후, 아기의 운명은 아기 아버지에 의해 결정되었다(혹은 노예 여성의 경우에는 출산한 여성의 주인에 의해 결정되었다). 만약 갓난아기가 건강하고 적출자라면, 특히 남자아이라면 가정에 받아들여질 가능성이 컸다.[*] 그러나 아버지가 인정하지 않는다면 아기는 보통 유기되었다. 즉, 밖으로 내보내져 운명에 맡겨진 것이다. 유기가 반드시 사형 선고를 의미하는 것은 아니었다. 갓난아기들은 많은 경우 성전의 정문처럼 사람들의 눈에 띄기 쉬운 공공장소에 유기되었다.[**] 때때로 훗날 아이의 신원을 밝힐 수 있는 딸랑이, 반지, 혹은 다른 징표들이 함께 남겨져 있기도 했다. 그러나 생존이 항상 축복이었던 것은 아니다. 많은 유기 아동은 노예 상인에 의해 거두어져 매춘부나 거지로 길러졌다. 오직 운 좋은 소수만이 자유인의 가정에 입양되었다.[8]

로마의 원형경기장의 야만성과 고대 노예 제도의 비정한 비인간성처럼 영아 유기도 고대인들과 현대인을 구분하는 간극을 보여준다. 그러나 대부분의 그리스·로마인들에게 인생은 투쟁이었으며 가족을 가지는 것은 힘든 선택을 요구했다. 이 결정

---

[*] 스파르타에서 아버지들은 신생아를 장로회에 데리고 가 보여주었고, 건강한 아이들만(테스트 중 하나는 포도주로 목욕시키는 것이다) 양육했다. 허약해 보이는 아기들은 외떨어진 골짜기에 버려져 죽기만을 기다려야 했다.

[**] 또 아기들은 종종 도시 외곽, 쓰레기 처리장 근처에 버려졌다. 때때로 그런 곳에서 건져진 신생아들은 빈곤한 상상력의 소유자들에 의해 스테르코리오스(똥 무더기 소년)라는 이름이 붙여졌다.

들은 철저히 계산되었을 것이다. 그렇기에 우리는 그들의 결정이 안이한 것이었다고 섣불리 짐작해서는 안 된다.

고대 진찰실의 풍경은
어땠을까?

화살의 길이는 약 90cm이고 단검 크기의 화살촉에는 사악한 미늘이 깔쭉깔쭉 돋아 있다. 구리색으로 물든 하늘을 배경으로 번득거리는 화살이 먼지를 뚫고 휙 소리를 내며 날아가, 도금한 방패의 가장자리를 스쳐 마침내 알렉산드로스의 흉갑을 뚫었다. 비명과 함께 정복자는 그 자리에 쓰러졌다. 부하들이 주춤하는 적진을 향해 몸을 날려 진격하는 사이에 그는 후방으로 옮겨졌다. 피가 뚝뚝 떨어지고 숨소리는 쌕쌕 거칠다. 흉갑을 잘라내자 화살은 흉골을 관통하여 아슬아슬하게 폐를 스친 상태였다. 뼈에 박힌 화살촉은 꿈쩍도 하지 않았다. 구전에서는 알렉산드로스의 호위병이 검의 끝으로 화살촉을 잘라냈다고 하지만, 고대 저술가 대부분은 알렉산드로스의 의사가 신중하게 절

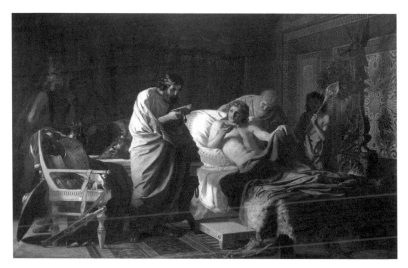

의사의 치료를 받는 알렉산드로스 대왕 | Henryk Siemiradzki, 〈Alexander the Great trust to physician Phillip〉, 1870.

개하여 화살촉을 뽑아내고 지혈 조치를 했을 것이라는 쪽이 더 신빙성이 있다고 본다.[1]

늘 운이 좋은 알렉산드로스 대왕은 이번에도 목숨을 구했다. 그러나 외과 수술을 받은 그리스·로마인들이 다 그렇게 운이 좋지는 않았다. 고대 의사들은 세균 이론에 관한 이해가 없었으므로 수술 도구를 살균하지 않았다. 그리고 인간의 몸을 절개하는 것이 금기였으므로[◆] 해부학에 대한 지식도 부족했다. 성실한 의사들은 동물을 해부해봄으로써 부족한 지식을 보충하려고 했다. 위대한 의사 갈레노스는 영장류, 돼지, 염소, 타조에다가

◆   그러나 인체 해부가 가끔 시행되었다. 짧은 기간이었지만, 헬레니즘 시대 알렉산드리아에서는 심지어 의사들이 죄수들을 생체 해부하는 것도 허용되었다.

적어도 한 마리의 코끼리를 해부했다.♦ 그러나 갈레노스조차도 사체를 충분히 활용하는 방법은 몰랐다. 그래서 그는 간헐적으로 야만인의 몸을 가르는 것을 허가받았던 황제의 군사 작전 참모팀에 소속된 외과의들을 부러워했다.[2]

갈레노스는 고대 세계의 스타 의사 중 한 명이었다. 부유층과 유명인의 비위를 맞추고, 씀씀이가 헤프고 말이 빠르며 대단히 경쟁심이 강한 부류였다. 이 부류의 의사들은 최신 유행 치료법에 대해 찬성 또는 반대하며 갑론을박했고 제전 등에서 수술 시연을 겨루며 경쟁하기도 했다.♦♦ 그리고 때로는 서로를 독살하기도 했다. 의사들은 대부분 사회적으로 고위 계층은 아니었다. 로마의 의사 다수는 발치와 방광결석 제거를 전문으로 하는 해방 노예였다. 정규적인 의학 교육을 받지 않았음에도 불구하고—당시에는 의사 면허 인허가 절차가 없었다—일부는 대단히 숙련된 기술의 소유자였지만 상당수는 그렇지 않았다. 한 로마인 저술가는 수많은 묘비에 "의사 패거리가 나를 죽였다"라는 문구가 있다고 했다.[3]

비록 돌팔이 의료 행위였지만, 고대 의사들은 정교한 수술

♦ 갈레노스는 자주 대중 앞에서 생체 해부를 시연했다. 관중에게 다음에 어떤 신체 기관이나 부위를 제거할지 불러보라고 하면서 솜씨를 선보였다.

♦♦ 에페수스의 한 의술 제전에서는 외과용 신기구 및 기존 기구 개선 고안, 질병의 사례 진단, 그리고 소문에 따르면 외과 수술 실력을 겨루는 콘테스트가 있었다고 한다.

당시 사용된 수술 도구들

절차를 수행할 수 있었다. 그들의 기본 의료 도구는 현대 수술 도구와 크게 다르지 않았다. 프로브(인체 내부 검사에 이용하는 길고 가느다란 기구. 고대에 검사와 진단, 연고와 화장품을 섞고 바르는 데에도 사용된 것으로 추정됨-옮긴이), 메스, 겸자, 심지어 고름 추출용 주사기도 있었다. 그러나 수술 환경이 원시적이었다. 맨드레이크나 양귀비 즙과 같이 허브에서 유래한 진정제를 투여하더라도 환자들은 극심한 고통이 수반되는 수술 과정을 의식이 있는 채로 버텨야 하는 경우가 적지 않았다. 한 고대 저술가의 태평스러운 말에 의하면 훌륭한 외과 의사의 자질은 고통으로 인한 환자의 비명에 동요하지 않는 것이라고 했다. 놀랄 것도 없이 수술은 순식간에 끝났다. 일단 쪼개고 자르고 나면 절개 부위를 핀으로 꽂거나 꿰매서 고정하고 나뭇진이나 꿀을 발랐다(지금은 누구나 알고 있는 사실이지만, 나뭇진과 꿀에는 약한 항생 효과가 있다). 상처 부위는 축축한 천으로 덮어두거나 리넨 붕대로 감아두기도 했다.[*]

　외과의들은 자주 전쟁 부상자 치료를 위해 소집되었다. 야전 의술의 존재는 일찍이 《일리아스》에도 증명되었으나, 우리가 가장 잘 아는 것은 유일하게 의료진과 병원을 갖춘 고대의 군대였던 로마제국의 군의관들이었다. 전장에서 부상한 로마 군사들은 각 부대에 소속된 위생병으로부터 임시적인 응급 치료를 받은 후 언제든 가능할 때 군의관들에게 더욱 주의 깊은 치료를 받았다. 의사들은 찔린 상처와 깊이 베인 상처를 세척하고 소작기로 지졌으며 붕대로 감는 처치를 했다. 화살은 '디오클레스의 숟가락(카리스토스의 디오클레스로 불리는 위대한 의사가 고안한 의료 기구-옮긴이)'이라고 불리는 특이한 도구로 박힌 부위를 느슨하게 한 후 겸자로 뽑아냈다. 혹은 팔다리에 깊이 박힌 화살은 그 부위를 절개한 뒤 가는 막대를 넣어 반대쪽으로 나오도록 밀어냈다. 독화살에 의한 부상도 치료 방법은 같았으나 좀 더 서둘러야 했다.[**] 화살만큼 깊숙이 박히기도 하는, 납으로 된 투석기 탄환은 이를 뽑을 때처럼 꿈틀꿈틀 움직여 헐겁게 하거나 귀이개 같은 길고 가느다란 것으로 건져내기도 했다. 짓이겨진 팔다리는 절단

◆　　다양한 붕대 감는 테크닉과 스타일이 있었다. 어떤 것들은 '눈알', '귀가 긴 산토끼'처럼 다채로운 이름이 붙기도 했다.

◆◆　　한 저술가는 항사독소(뱀독을 중화하는 혈청)로 개의 피를 권했다.

전장에서 병사를 치료하는 로마 군의관 | 로마 시대 석판

했다.*** 이런 식의 졸속 치료는 놀라우리만큼 생존율이 높았다. 예를 들어 한번은 화살이 로마 병사의 코와 오른 눈 사이를 뚫고 들어가 머리를 완전히 관통한 뒤 목덜미로 그 끝이 돌출되었던 적이 있다. 놀랍게도 군의관은 그 부상병의 목덜미 쪽으로 화살을 뽑아냈다. 부상병은 생존했고, 심지어 소문에 의하면 흉터도 남지 않았다.[5]

시민들의 삶에서 대부분의 수술은 가벼웠다. 가장 흔한 수술은 발치였다. 그리스·로마인들은 이를 청결하게 하려고 가루 치약과 이쑤시개를 사용했지만 충치가 만연했다. 부유층만이

*** 한 로마 장교는 전투에서 23차례나 부상을 입고 사지가 모두 불구가 되었다. 그러나 그는 단념하지 않고 잃어버린 오른손을 쇠갈고리로 교체한 후 뛰어난 전투 능력으로 복무했다.

금으로 만든 보철물과 가공 의치 비용을 댈 수 있었다. 그 외 사람들에게 치과 진료란 펜치로 이를 뽑는 것을 의미했다. 비응급 수술 중에서 고대 세계에서 시행되었다고 가장 잘 알려진 하지 정맥류 제거 수술은 훨씬 더 불쾌한 것이었다. 불규칙하게 뛰는 혈관을 전부 제거하거나 소작기로 지졌기 때문이다. 키케로(고대 로마의 문인이자 철학자, 변론가, 정치가-옮긴이)는 자신이 처음으로 신체를 결박하지 않은 채 이 수술을 받을 만큼 대담한 사람이라고 주장했다. 덜 보편적인 성형 수술에는 남성 유방 축소와 원시 형태의 지방 흡입술이 있었다.[6]

상당한 빈도로 발생했던 가장 심각한 수술은 천두술(머리뼈 절개술-옮긴이)로, 두개골에 병이 생기거나 골절이 일어난 부분을 잘라내는 수술이었다. 당시 기록을 담은 자료들에는 수술 과정이 고통스러울 정도로 상세하게 묘사되어 있다. 먼저 두피를 벗겨내고 두개골을 노출시킨다. 목표 부위 주위에 작은 구멍들을 뚫는다. 그리고 끌을 사용하여 구멍 사이에 있는 뼈들의 결합 부위를 끊는다(자료에는 뼈가 갈라지고 부서지는 소리를 막기 위해 환자의 귀를 모직물로 막을 것을 추천한다고 나와 있다). 부서진 파편들은 뇌막을 보호하는 특별한 도구를 사용하여 조심스럽게 제거했다. 두개골의 가장자리는 매끄럽게 줄질한 후, 상처 부위는 기름에 적신 모직 천이나 지혈 효과가 있는 석고를 덮어 깁스했다. 귀가를 허가받은 환자는 비틀거리면서 돌아갔다.[7]

천두술 자체는 생존율이 상당히 높았다. 그러나 중대 수술을 받은 경우, 감염에 의한 사망이 매우 흔했다. 예를 들어 마르쿠스 아우렐리우스의 아들 중 한 명은 목에서 종양을 제거한 직후에 죽었다. 이후의 황제 중에서는 방광결석 제거 수술로 인해 목숨을 잃은 사람도 있었다. 이와는 반대로 대단히 위험한 외과 수술이 성공적으로 끝났던 사례도 있다. 갈레노스는 복부 자상으로 내장이 거의 전

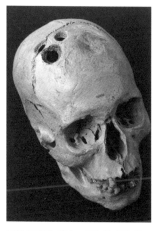

팔레스타인 여리고에서 발견된 청동기 시대 두개골. 천두술이 시술된 흔적인 구멍들이 보인다.

부 빠져나온 검투사를 살린 적이 있다.◆ 이후에는 노예 소년의 벌떡벌떡 뛰는 심장을 덮고 있는 감염된 흉골과 심막을 제거하는 훨씬 더 찬란한 위업을 이루기도 했다. 그러나 갈레노스 스스로도 잘 알고 있듯이 그는 이례적으로 뛰어났다. 매우 솜씨가 뛰어난 외과의임에도 불구하고 몸에 칼을 대는 외과적 수술은 환자의 사망으로 끝나는 경우가 적지 않았다. 많은 그리스·로마인은 자기 의사가 마침내 자기 의술이 얼마나 형편없는지 깨닫고 장의사가 되었다고 농담한 시인에게 깊이 공감했을 것이다.[8]

◆   갈레노스는 그 남성이 생명을 건졌다고 밝혔지만, 그 남성은 남은 평생 오한을 느끼며 살았다.

식탁 위에 어떤 음식들이
차려졌을까?

지중해 곰치는(뱀장어목 곰치과의 어류-옮긴이) 그리 매력적인 생선은 아니다. 구불구불한 몸에서는 점액이 스며 나오고 눈은 섬뜩하게 번쩍거린다. 곰치는 아무 구멍에 숨어 있다가 돌 사이를 슬금슬금 돌아다닌다. 그러다가 먹이를 발견하면 삐뚤빼뚤한 이로 마구 찢어먹는다. 그러나 지렁이같이 징그러운 형태에 악의에 찬 포식자의 모습을 모두 지니고 있어도 곰치는 고대 세계의 진미였다. 로마 상류층은 특히 미끈거리는 매력에 사족을 못 썼다. 곰치는 고급 저택의 아름답게 장식된 연못에서 유유히 헤엄쳐 다니다가 수면 위로 올라와서 보석으로 장식한 손에서 고기 조각들을 낚아챘다.* 가장 매혹적인 곰치는 사랑받으며 키워졌다. 주인은 이름을 붙여주었고 목걸이와 귀걸이로 치장

곰치 | 기원전 1세기경 제작된 폼페이 파우누스 저택의 모자이크

도 해주었다. 덜 매력적인 개체들은 풍부한 소스를 곁들여 먹는, 매우 맛있는 요리가 되었다.[1]

부유층만이 곰치의 괴괴망측한 기쁨을 맛볼 수 있었다. 그리스·로마인 대다수는 주식으로 빵이나 기름, 꿀, 허브로 맛을 낸 죽을 먹었다.** 계절이나 구할 수 있는 재료에 따라 염소젖

◆   아우구스투스 황제의 친구였던 베디우스 폴리오는 자신을 언짢게 하는 노예들을 굶주린 곰치들이 있는 연못에 던져 넣었다. 그러고 나서 그 곰치들을 먹었다.

◆◆   추정 자료에 의하면, 빵이나 죽을 만드는 데 사용되는 밀과 보리, 그 외 식용 곡물이 평민들이 소비하는 열량의 75%를 차지했다. 그리스에서 보리는 대단히 흔했지만, 사람들이 선호하는 곡물은 항상 밀이었다. 밀이든 보리든 빵의 품질은 빈민들이 뜯어 먹는 흑빵(보통 호밀로 만듦 - 옮긴이)에서 부자들의 식탁을 장식하는 고품질의 롤빵까지 다양했다. 폼페이 유적에서 나온 쇼핑 목록에는 세 등급의 빵이 실려 있다. 가장 저렴한 것은 '노예용 빵'이었다.

으로 만든 치즈, 콩, 돼지고기나 닭고기 몇 조각이 첨가되었을 것이다.◆ 시골에서는 사냥과 낚시로 단조로운 식단이 조금은 활기를 띠었다. 희생제물로 드렸던 동물들을 공동으로 숯불에 구워 먹는 종교 제전들은 고대 그리스 사람들, 특히 도시에 사는 사람들의 식단 변화의 주요 원천이었다. 로마 시대 동안 돼지고기 소비가 급증한 것을 제외하면, 시간이 지나면서 진짜 변화했다고 할 수 있는 유일한 것은 새 농작물의 전래이다. 특히 복숭아, 살구, 레몬이 가장 눈에 띄었다.[2]

대조적으로 귀족 요리는 그 방식의 방대한 다양성과 빠른 변화를 특징으로 했다. 많은 도시에 술집은 있었지만 고급 레스토랑은 없었다. 그리스·로마의 상류층은 집에서 정찬을 즐겼는데 주방 노예 중에서도 엄격하게 훈련된 수많은 스태프가 요리를 준비했다. 상류층은 긴 의자에 비스듬히 기대고 왼쪽 팔꿈치로 몸을 지탱한 채 음식을 먹었다. 그들은 칼, 숟가락, 이쑤시개는 사용했지만, 포크는 사용하지 않았다. 그러다 보니 주요리는 주로 잘게 조각낸 형태로 제공되어 자주 손을 문질러 씻을 필요가 있었다. 그러나 로마인만 냅킨을 사용했다.◆◆

고대 아테네에서는 민주적인 정신이 부의 과시를 권장하지 않았으므로 상류층의 연회도 비교적 검소했다. 식사는 보통

◆ 그리스 역사 초기에는 거위가 주요 가금류였다. 닭이 처음 동쪽 지방에서 전해졌을 때, 달걀보다 투계로서의 용맹함으로 인해 더 귀한 대우를 받았다.

적은 분량의 조개와 채소, 다른 전채 요리와 함께 제공되는 고운 밀로 만든 빵 몇 덩이로 시작되었다. 곧이어 주요리가 나왔다. 어린 염소와 양은 누구나 인정하는 진미였지만, 정말 호화로운 아테네인의 연회는 생선이 중심이었다. 대식가들은 변변찮은 멸치부터 고급스러운 참다랑어까지 복잡한 생선의 서열을 분류했다. 그중에서도 가장 비싼 어종은 코파이스 호수에서 난 민물 장어였다.◆◆◆ 당시에 숙련된 노동자가 온종일 일하고 버는 일당이 1드라크마였는데 코파이스 호수의 장어 한 마리는 12드라크마였다.³

스파르타인들에게는 예상대로 고급 식사라고 할 만한 것이 거의 없었다. 스파르타의 대표 요리는 돼지 피와 식초로 만든 씁쓸한 검은 수프였다. 그리스 세계에서 요리로 유명한 곳은 시칠리아의 번영한 도시들이었는데 역사상 최초의 요리책이 탄생한 지역이기도 하다. 미식의 유행은 헬레니즘 시대 군주들의 궁정에서 극에 달했다. 악명 높은 예를 들어보면, 프톨레마이오스

◆◆　그리스인들은 거친 빵 조각을 냅킨으로 썼다. 로마인의 연회에서는 노예들이 손 씻기용으로 향기 나는 물을 담은 대야를 가져왔으므로 로마인의 냅킨은 주로 만찬 시 주최자의 긴 의자를 보호하기 위해, 그리고 연회가 끝나고 남은 음식을 집에 싸 가기 위해 사용되었다. 일부 냅킨은 석면으로 만들어졌는데, 석면은 연회가 끝난 뒤 불에 태워 정리할 수 있어 유용했다.

◆◆◆　아테네에서 약 100km 떨어진 늪 같은 담수 호수인 코파이스 호수는 19세기에 물이 빠졌다. 코파이스 호수의 장어는 고대에 대단히 숭앙받았으며 특히 거대한 개체들은 월계관에 감싸여 신들에게 바쳐졌다.

8세(그 외에도 누나인 클레오파트라 2세와 누나의 딸인 조카딸 양쪽과 결혼한 것으로도 악명이 높다)는 진미에 관한 논문을 쓰기도 했다. 끊임없는 연회를 즐기던 그는 엄청나게 살이 쪄서 거의 걸을 수 없는 상태가 되었고 눈엣가시 같은 신하들에게 '배불뚝이'라고 불리는 지경이 되었다.

그러나 프톨레마이오스 같은 왕의 만찬도 로마 상류층에 비하면 새 발의 피였다. 로마 역사 초기에는 부자든 빈민이든 소박한 음식에 만족했었다. 그러나 로마인들은 그리스를 정복했을 때 그리스인들이 자기들보다 훨씬 좋은 음식을 먹고 산다는 것을 발견했다. 그래서 로마의 상류층은 그리스의 요리사와 조리법을 들여오기 시작했고 요리사와 조리법 양쪽에 경쟁과 과시라는 로마인의 정신을 주입했다. 그 결과, 가끔 도를 넘는 호화판 식문화가 발전했다.

로마의 연회는 세부적인 것 하나하나가 과시를 위해 계산되었다. 연회장은 일반적으로 긴 의자 세 개를 U자형으로 배열했다.♦ 연회장 장식은 주관자가 할 수 있는 만큼 호화스럽게 치장했다. 모자이크 문양 카펫이 깔린 바닥, 프레스코화로 빛나는

♦ 그리스인들은 근동 지역에서 연회 시 눕듯이 기대어 앉는 습관을 받아들였다고 한다. 비록 긴 의자가 당시에는 보편화되지 않았으나(일부 지역의 그리스인들은 일반 의자를 선호했고 모든 곳에서 비공식적인 식사는 앉아서 이루어졌을 것이다) 곧 명성을 얻었다. 로마인은 건국 초기에 기대어 앉아서 즐기는 만찬을 그리스인들에게 배웠고(아마도 에트루리아인들을 통해) 이 관습은 11세기까지 고착화되었다. 비잔티움의 궁정에서도 긴 의자에 앉아 연회를 열었다.

고대 로마의 연회 | 4세기경 제작된 모자이크

벽들, 높은 창문 밖에서 손짓하는 정원 등이 그 예이다. 물론 황
제들은 말할 것도 없다. 네로 황제의 터무니없이 호화로운 '황금
궁전'의 대연회장은 별이 촘촘히 박힌 원형 돔 홀로 시공되었는
데 손님들이 아래서 비스듬히 기대면 회전했다. 궁전 내 다른 연
회장에는 향수를 가랑비처럼 흘릴 수 있는 파이프 설비를 갖춘
상아 천장과 장미 꽃잎을 뿌릴 수 있는 패널이 있었다.** 날씨
가 온화한 날에 황제들과 부유한 신하들은 고급 빌라의 물이 찰
싹거리는 분수와 깔끔하게 손질된 녹음 속에서 연회를 즐겼다.
한 원로원 의원은 그의 이름 철자를 새겨 다듬은 덤불에 에워싸

**   엘라가발루스는 단번에 어마어마한 양의 장미 꽃잎을 쏟아 손님 중 몇 명을
       질식시켰다고 전해졌다.

인 채 정원의 긴 의자에 기대어 앉아 곁에 있는 분수에 띄운 요리들을 먹는 것을 좋아했다.❖

로마의 연회는 전채 요리와 함께 마시는 꿀을 탄 포도주로 시작되었다. 전채 요리로는 샐러드, 달팽이 요리, 정어리가 인기가 높았다. 이어지는 만찬은 일반적으로 3~7코스였고 반짝거리는 은접시에 담겨 제공되었다.❖ 음식의 종류는 어마어마하게 다채로웠다. 온갖 종류의 조류와 조개류, 민물과 바닷물에 사는 온갖 생선, 갖가지 과일과 다양한 채소, 들소에서 멧돼지에 이르는 육류 등이 만찬상에 올랐다. 현대 기준으로 보면 향이 다소 강했다. 요리는 후추를 뿌리고 꿀로 적셨으며 햇볕에 말린 생선 내장으로 만든 소스와 함께 제공되었다.

연회 주관자의 부유함을 충분히 감상해서 참석자들이 충격을 받고 경탄하도록, 식재료들은 전시되고 위장되고 절단되어 제공되었다. 어떤 로마의 소설에 묘사된 천박한 연회에는 살아 있는 새들로 채워진 수퇘지, 내장처럼 보이도록 묶은 소시지로 채워진 돼지, 잔뜩 부풀어 오른 다산의 신 프리아포스 모양(발기한 거대 음경-옮긴이)의 케이크가 요리로 제공되었다. 눈이

❖ 음식을 나르는 주최자 측의 노예들 외에 모든 손님은 개인 수행 노예를 데리고 왔다. 개인 수행원은 연회 동안 쭉 손님의 긴 의자 뒤에 서서 잔을 채워주고, 파리를 쫓아주었으며 코스 중간에 장미 향이 나는 물이 담긴 대야를 내밀어 주었다. 더 많은 노예가 주방에서 보이지 않게 일했다. 예를 들어 기록에 따르면 황궁에서는 수십 명의 요리사가 거만한 주방장의 지시에 따라 일했다.

휘둥그레질 정도로 다채로운 음식 중에서 손님들은 마음에 드는 것들을 맛보았다. 그리고 가끔 트림함으로써 감탄을 표시했다.** 수 시간 동안 느긋하게 음식을 먹은 후, 화려한 연회는 꿀을 넣은 케이크, 과일, 견과류 등의 디저트로 마무리되었다.[5]

　　로마인들은 다양한 진미를 즐겼다. 그들은 특수한 용기에서 몇 달 동안 살찌운 야행성 설치류인 겨울잠쥐를 좋아했다. 이것을 굽고 꿀에 담가서 전채 요리로 대접했다. 또 로마인들은 암퇘지의 젖통, 자궁, 생식기로 미각을 만족시켰다. 실제로 한 황제는 독을 탄 암퇘지 자궁으로 암살당했다는 소문이 돌았다. 이국적인 육류 중에서 코끼리 코와 심장은 특히 높이 평가되었다. 새의 머리는 온갖 종류의 진미를 만들어냈다(특히 홍학의 혀는 인기가 높았다). 공작은 엄청난 열망으로 소비되었기 때문에 공작을 기르는 데 전념하는 농장들이 이탈리아 전역에 우후죽순처럼 생겨났다. 나폴리만 근처의 루크린 호수에서 자란 굴은 언제나 환영을 받았다. 오염으로 인해 맛이 변질될 때까지 가장 사랑받은 생선은 티베르강의 농어였다. 후에 철갑상어(아직 캐비어는

**　　가끔 하는 트림은 예의 바른 것으로 간주되었고 가볍게 침을 뱉는 것도 용인되었다. 의사들은 방귀를 참는 것은 건강에 좋지 않다고 했지만, 노골적인 방귀는 예의 있는 것으로 인정되지는 않았다. 보미토리움(구토를 위해 할애된 방이라는 의미)은 실화가 아니지만, 일부 로마인들은 실제로 코스 사이에 혹은 식사 후에 구토하기도 했다. 그들 중 일부는 탐식가였지만, 대부분은 정기적으로 배 속을 비우는 것이 소화 기관에 좋다는 당시의 보편적인 믿음에 기인한 행위였다.

알려지지 않았다)가 민물에서 나는 최고급 진미로 인정받았다. 그러나 모든 생선 중에서 최고는 특별할 것 없는 숭어였다.[◆][6]

로마의 만찬은 터무니없이 비쌌을 것이다. 남성 대부분이 1년에 500~1,000세스테르티우스를 벌 때 주요 원로원 의원들은 한 번의 연회에 100만 세스테르티우스 이상을 썼던 것으로 보인다. 어떤 황제는 12명이 모인 저녁 식사에 600만 세스테르티우스를 썼다고 전해진다. 이 저녁 식사 동안, 모든 손님은 노예와 크리스털 포도주잔, 진기한 향수, 은으로 장식된 마차를 받았다.[◆◆] 재위 기간이 짧았던 비텔리우스 황제(약 8개월간 재위함-옮긴이)가 마련한 훨씬 더 호화스러운 만찬에서는 제국 방방곡곡에서 구한 진미들, 칠성장어의 이리(정액 덩어리-옮긴이), 강꼬치고기의 간, 꿩과 공작의 뇌, 홍학의 혀 등이 수북이 쌓인 거대한 접시가 등장했다. 이 음식의 요리로서의 가치는 의심스럽지만, 메시지는 명확하다. 음식은 권력이었다.[7]

◆　숭어 요리는 예술이자 과학이었다. 어떤 요리사들은 숭어를 굽기 전에 주둥이에 입을 맞춰야만 오븐 속에서 내장이 터지는 것을 막을 수 있다고 믿었다고 한다.

◆◆　또 다른 황제는 연회 선물로 손님들에게 환관을 한 명씩 딸려 보냈다고 한다.

그들은 정말
알코올중독자들이었을까?

포도주는 즐거움이었다. 시가 문학의 전 장르가 포도주가 주는 기쁨을 찬양했다. 어떤 이들은 의인들의 영혼을 위해 영원히 그리고 행복하게 술에 취하는 것보다 더 고귀한 운명은 생각할 수 없었다.

포도주는 만병통치약이었다. 스파르타인들은 아이들의 피부를 강인하게 하려고 포도주에 목욕을 시켰으며, 황제이자 철학자였던 마르쿠스 아우렐리우스는 매일 밤 아편이 든 포도주 한 잔으로 불면증을 이겨냈다.

포도주는 생활필수품이기도 했다. 호메로스의 영웅들은 트로이아 아래서 진을 치고 있을 때 포도주를 공급받았으며 로마제국의 40만 병사는 날마다 약 240ml씩 배급받았다.

그리고 포도주는 악(惡)이었다. 성 아우구스티누스는 그의 어머니가 젊었을 때 알코올 중독에 빠졌던 것을 깊이 반추했고, 알렉산드로스 대왕은 술에 취했을 때 격노하여 최고의 장교 중 한 명을 죽인 것을 항상 후회했다.[1]

현대의 포도주 전문가들은 그리스와 로마의 포도주를 그리 높이 치지는 않을 것이다. 당시의 포도주는 일 년 이상 지나면 보통 변질됐다. 또 엄청난 양의 포도 껍질과 포도 씨가 들어 있어 상에 올리기 전에 걸러내야 했으며 역청이나 나뭇진을 가장자리에 바른 병에 보관했기 때문에 테레빈유의 맛과 냄새가 나곤 했다. 이것은 그리스·로마인들이 잔에 추가했던 꿀, 허브, 향신료, 향료, 대리석 가루에 의해 조금이나마 가려지기도 했다. 하지만 적어도 고대 포도주는 가격이 저렴했다. 폼페이의 한 술집 바깥에 그려진 간판을 보면 보통 포도주 한 잔에 1아스(1아스는 빵 반 덩이 가격)였고 좀 더 좋은 포도주는 2아스였으며 고급 포도주는 4아스였다.[2]

사람들의 취향은 시간이 흐름에 따라 달라졌다. 호메로스의 영웅들은 염소젖으로 만든 치즈와 보리로 풍미를 더한, 꿀처럼 단 적포도주를 마셨다. 고대 아테네인들은 바닷물을 첨가한 포도주 등 에게해 제도에서 생산된 변종 포도주를 즐겼다. 로마인들은 역사상 최초의 진정한 포도주 마니아였다. 이들은 이탈리아 중부의 언덕 지대에서 나는 달콤한 백포도주를 즐겼다. 이 백포도주는 제조연도와 제조업자의 스탬프가 찍힌 병에 담겨 수십 년간 묵혀졌다. 기원전 121년 빈티지 포도주처럼, 일부 이탈리아의 빈티지 포도주는 명성을 얻어 수백 년간 보존되기도 했다. 안목이 덜 까다로운 로마인들은 연기를 쐬어 인공적으로 묵힌 포도주에도 만족했다.[3]

평균적인 로마 남성은 매일 거의 포도주 1리터를 마셨다고 추정된다. 이 양은 현대 포도주병 기준으로 1.3병에 해당한다.[◆] 로마시에서는 포도주 공급이 원활했으므로 이 소비율이 가능했을 테지만 대부분의 그리스·로마인은 아마도 이보다 적은 양을 마셨을 것이다. 어느 곳에서나 절제는 규칙이었다. 보통 식사에 물에 희석한 포도주를 한두 잔 이상 마시는 것은 특별한 일이었을 것이다. 한 로마 시인은 파인트 한 잔(현대 포도주병의 3분의 2에 해당)은 유쾌한 저녁을 위해서는 충분하다 못해 넘친다고 말했다. 그러나 일부 개인은 과음했다. 소크라테스는 약 2리터를 단숨에 마셨다. 또 어떤 남자가 단숨에 10리터 가까이 들이키자 티베리우스 황제가 감탄했다고 한다.[◆◆][4]

◆　　들리는 것처럼 엄청나게 많은 양은 아니다. 예를 들어 18세기 파리의 남성들도 같은 양을 마셨다. 16세기에 베네치아의 병기창 노동자들은 하루에 무려 5리터를 들이켰다.

◆◆　티베리우스가 폭음에 관심이 있는 유일한 황제는 아니었다. 난봉꾼 황제 루키우스 베루스는 그 누구도 비울 수 없을 만큼 거대한 크리스털 잔을 가지고 있었다. 후대 황제 아우렐리아누스는 오늘날의 맥주 깔때기(깔때기와 호스가 연결된 것으로 많은 양의 맥주를 따를 때 사용하는 도구-옮긴이) 같은 것을 통해 어릿광대가 포도주 한 통을 전부 마시는 것을 보며 즐기곤 했다.

고대 포도주 대부분은 알코올 농도가 15%* 안팎이었지
만, 사실 더 다양했다. 노예와 농장 노동자들은 포도 껍질을 갈
아 만든, 알코올이 거의 포함되지 않은 포도주를 받았다. 정반
대 선상의 몇몇 이탈리아 품종들은 충분히 오래 숙성되면 불이
붙을 정도였다고 한다. 그러나 자존심 높은 그리스·로마인들은
희석하지 않은 포도주는 마시지 않았다. 희석하지 않은 포도
주는 타락한 사람들과 야만인이 마시는 것이었다.** 실제로 그
리스 도시 중 적어도 한 곳에서는 아무것도 섞지 않은 포도주를
마시는 것은 죽음으로 응징할 수 있는 범죄였다. 강한 포도주를
피했던 것은 자기 절제를 드러내는 수단일 뿐만 아니라, 개인의
안전 문제와도 관계가 있었다. 당시에는 희석하지 않은 포도주
를 마시는 것은 정액의 묽어짐, 정신의 퇴행, 조기 노화(대략 이
순서로)로 직결된다고 생각했었다. 이 염려는 "나, 아스클레피아
데스는…… 22년을 살았다. 희석하지 않은 포도주를 잔뜩 마시
다가 피를 토하고 질식하여 죽었다"라고 새겨진 그리스인의 묘
비 문구에 집약되어 있다.[5]

◆   그리스인과 로마인들은 포도가 완전히 익어서 당으로 가득했을 때 수확했고
    발효가 자연적으로 끝날 때까지 내버려 두었기 때문에 포도주의 알코올 함량
    이 매우 높았다. 모든 당이 소모되거나 알코올이 이스트를 전부 죽일 때까지
    계속 발효시킨 것이라 알코올 함량이 15~17%에 달했다.

◆◆ 야만족들은 술고래로 악명이 높았다. 갈리아인(그들이 프랑스인들의 조상인 것
    은 아마 우연이 아닐 것이다)은 포도주에 중독된 나머지, 포도주를 더 얻기 위
    해 이탈리아를 침략했다는 말도 있다.

포도주를 희석하는 로마인 | 로마 시대 모자이크

포도주를 마시는 교양 있는 방법은 물에 섞는 것이었다. 최적의 비율에 관해서 정해진 바는 없었다. 그러나 대부분 사교 모임에서 소비되는 포도주는 대략 포도주와 물을 1:2, 1:3의 비율로 희석했는데 그러면 알코올 농도가 현대 맥주의 농도와 비슷해졌다. 모험적으로 사는 사람들은 야만인 취급당할 것을 각오하고 1:1의 비율을 감히 시도했을지도 모른다.♦♦♦⁶

아이러니하게도 그리스·로마인 대부분은 몸이 아플 때 독한 포도주만을 마셨다. 고대 의사들은 포도주의 의학적 효과의

♦♦♦ 스파르타인들은 독주를 '스키타이 스타일'이라고 불렀다. 이는 해골 잔에 희석하지 않은 포도주를 꿀꺽꿀꺽 마시고 나서 적군의 살가죽으로 만든 냅킨으로 입을 닦았던 야만족 스키타이인에 대한 경의의 표시였다.

열렬한 신봉자들이었으므로 고열에서 복부 팽만 등 모든 증상에 포도주를 처방했다. 포도주는 구토제로 사용되기도 했다. 한 저명한 아테네의 의사는 토할 때까지 마시라고 권했다. 더 온건한 의사는 환자들에게 술에 취해서 기분이 좋아질 때까지만 포도주를 마시라고 충고했다.[7]

건강한 사람들에게 폭음은 사교적 의미가 컸다. 특정 종교 행사에서는 공공장소에서의 만취가 허용되었을 뿐만 아니라 권장되기도 했다. 플라톤은 제전에서만 술에 취하는 것이 적절하다고 선언했다. 특히 포도주의 신 디오니소스를 기념하는 제전에서 도를 넘곤 했다. 그 제전 중에는 빈 포도주 부대를 부풀리고 윤활유를 칠한 후 야외에 놓아둔다. 그러면 술에 거나하게 취해서 도전해볼 용기가 충천한 사람들이 미끌미끌한 부대 위에 한 발로 서서 춤을 추거나 깡충깡충 뛰었다. 제전 행렬 역시 포도주에 절어 있었다. 한 헬레니즘 시대의 왕은 표범 가죽을 꿰매어 만든 11만 리터짜리 부대를 실은 퍼레이드용 수레를 타고 행진하며 디오니소스를 찬미했다. 이 거대한 술 부대는 조금씩 새도록 만들어져 있어서, 사티로스(그리스 신화의 반인반수의 숲의 신-옮긴이) 복장을 한 남성들이 포도주를 받아서 구경꾼들에게 나눠주었다.[8]

그러나 가장 유명한 사교적 음주 형태는 그리스인들이 심포지엄('향연'이라는 의미로 오늘날에는 '학술대회' 등의 의미로 사용됨-옮긴이)이라고 불렀던 개인 연회였다. 심포지엄에서는 일반

아리아드네와 디오니소스
| 기원전 4세기경 제작된
화분

적으로 남성 10~20명이 벽을 따라 놓인 긴 의자에 아무렇게나 누워 있었다. 저녁 식사 후에 하인들이 음식이 놓여 있던 식탁을 가져가고 과일, 견과류, 기타 디저트가 가득 담긴 그릇을 실은 새 판을 깔아주었다. 그러고 나서 포도주를 섞는 단지인 크라테르(물과 포도주를 섞는 병 형태 도자기로 높이는 보통 35~56cm였음-옮긴이)가 방 중앙에 놓였다. 손님들은 머틀(도금양속에 속하는 상록 허브 관목-옮긴이)이나 아이비로 만든 화환(당시에는 허브 등으로 만든 화환이 술에 취하는 것을 늦춰준다고 생각했다)을 머리에 쓰고 그날 있을 의식의 주관자를 선택했다. 남은 저녁 시간 동안, 주관자가 토론의 주제, 참석자들이 할 게임과 함께 가장 중요한 사항인 공동의 포도주에 섞을 물의 양 등을 결정했다. 한번 결정이 내려지면 하인들이 정해진 비율대로 물과 포도주를 크라테르에 넣고 섞었다. 여러 차례 함께 술을 마시는데(참석자 전원의 술잔이 비어야 다시 술잔을 채울 수 있었음-옮긴이), 처음부터 술에 취했다. 술을 마시지 않을 때는 이야기를 나누거나 예능인들의 공연을 봤다. 예능인은 거의 여성이었으며 보통은 노예였다. 텀블링, 저글링, 마임으로 흥을 돋우곤 했고, 피리나 키타라(리라류의 발현악기-옮긴이) 전문 연주자들도 있었다. 현대의 발레와 같은 춤에서부터 스트립쇼에 해당하는 춤까지 고대의 모든 춤을 추도록 훈련된 무용수들도 다수였다.

로마의 연회는 좀 더 위계질서가 뚜렷한 경향이 있었다. 손님의 계층에 따라 다른 포도주를 대접하는 것은 드문 일이 아니었다. 그리스의 연회와 달리 여성들도 참석할 수 있었으나 다만 여성은 폭음을 삼가도록 요구되었다.◆ 포도주는 크고 속이 깊은 그릇에 제공되었는데 여름에는 눈으로 식혀졌고 겨울에는 소형 보일러로 데워졌다. 그리스의 관행(식사 때는 음주를 하지 않고 이후에 음주와 토론을 즐김-옮긴이)과 달리, 포도주가 담긴 그릇은 연회의 시작부터 제공되었으며 식사 대접과 음주가 번갈아 이루어졌다. 심포지엄처럼 연회석에는 음악가와 무희들이 있었다(특히 히스파니아에서 온 공연단의 인기가 높았다). 가끔 손님들은

◆ 묘비에서 알아낸 바에 따르면 적어도 일부 여성들은 정식 참석자였던 것으로 보인다. 묘비에서 남편은 아내가 포도주를 마시며 즐길 줄 안다고 찬사를 보냈다. 흥미롭게도 고대 의사들은 여성이 남성보다 음주에 더 강하다고 가정했다. 반면 나이 든 남성은 특히 취약하다고 간주되었는데 몸이 마른 장작처럼 건조해서 그렇기도 했고 독한 포도주를 좋아했기 때문이기도 했다.

심포지엄에서 포도주를 즐기는 그리스인들 | 기원전 4세기경 제작된 포도주 잔

연설이나 그 외 작품들을 듣기도 했다. 주로 훈련된 노예가 낭독했다. 손님들이 운이 없으면 연회의 주관자가 끊임없이 자작시를 읊기도 했다. 좀 더 공들인 연회에서는 유명 배우가 연기하는 촌극이나 전문 작가의 이야기를 제공하기도 했다. 격식을 덜 차리는 모임에서는 곡예사들의 복잡한 묘기나 광대들의 재담, 검투사들의 격투를 즐기기도 했다.[9]

　그리스와 로마의 연회 양쪽 모두 이상적으로 여겼던 것은 관대하게 정의된 절제였다. 심포지엄의 손님들은 사교를 즐길 만큼 충분히 취해도 되었지만, 통제력을 잃을 만큼 폭음을 해서는 안 되었다. 어떤 그리스 시인은 집에 가는 길 내내 노예에게 기대서 가지 않아도 될 만큼만 마시라고 조언했다. 또 다른 시인은 심포지엄 전 참석자를 합쳐서 세 크라테르 이상의 포도주를 마셔서는 안 된다고 제안했다. 이런 지침이 항상 지켜진 것은

아니었다. 몇몇 심포지엄은 술꾼들의 난동으로 전락하기도 했고 그러는 도중에 점토로 만든 요강이 상대편의 머리 위로 날아가기도 했다. 또 어떤 사람들은 인사불성이 될 정도로 술을 마셨다. 한 심포지엄에서는 손님들이 술을 마시고 있는 방이 배 안이며, 지금 배가 가라앉고 있다고 믿었다. 그들이 배를 구하기 위해 창문 밖으로 가구들을 던지기 시작했을 때 모두 체포되었고, 술을 절제하기로 약속하고 나서야 석방되었다.[10]

그리스인과 마찬가지로 로마인도 절제를 강조했던 것 같다. 말만큼 실행은 못 했지만 말이다. 로마인의 연회는 종종 여덟 시간씩 지속되었다. 며칠간 계속되기도 했다고 한다. 이런 식의 연회는 참석자들에게 큰 타격을 주었다. 예를 들어 마르쿠스 안토니우스는 긴 하룻밤의 연회 후 공개 집회에서 토가의 주름 사이에 구토했다. 결국 그는 가망 없는 알코올 중독자라는 비난(옥타비아누스가 직접 쓴 것으로 보이는 '안토니우스의 음주에 관하여'라는 팸플릿을 의미-옮긴이)에 맞서 부득불 자신을 변호하는 팸플릿을 작성하기도 했다. 그러나 안토니우스는 유일하게 포도주에 대한 탐닉으로 악명 높았던 로마의 거물 정치인은 아니었다. 예를 들면 네로는 재위 기간 초반에 과음하고 노예로 가장한 채 로마 거리를 활보하고 다녔다. 검투사 경호원들이 그림자처럼 따라다니는 동안, 그와 한 무리의 술꾼 동반자들은 점포에 침입하고 보행자를 공격하며 난장판을 만들었다.[11]

포도주가 중심인 그리스와 로마 연회의 분위기는 풍성한

술자리 놀이를 유행시켰다. 가장 단순한 형태는 술 마시기 시합이었다. 전형적인 그리스식 시합은 두 명 이상의 참가자가 경쟁적으로 더 큰 술잔을 비우는 것이었다. 단 한 가지 규칙은 술잔을 단숨에 비워야 한다는 것이었다. 숨을 쉬려고 중간에 멈추면 실격이었다. 한 고대 저술가는 알렉산드로스 대왕이 '헤라클레스의 잔'이라고 불린, 포도주 7.6리터 이상을 담을 수 있는 거대한 잔을 비운 후에 그를 죽음에 이르게 한 열병에 걸렸다고 주장했다. 알렉산드로스 대왕이 주재한 또 다른 음주 시합에서는 자그마치 41명의 남자가 주독으로 급사했다고 한다. 로마의 음주 시합은 상대적으로 차분했던 것으로 보인다. 파티의 주최자가 주사위를 던져서 나온 눈의 수에 따라 손님은 같은 수의 술잔을 비우는 음주 시합이 있었다. 변형된 형태로서 연회 주관자이름의 글자 수에 따라 술잔을 비우기도 했다. 로마인의 이름은 20자 이상이었으므로 여간 벅찬 일이 아니었을 것이다.[12]

단숨에 들이켜는 음주 시합 외에 고대 그리스에서 가장 유명한 술자리 놀이는 코타보스였다. 코타보스는 포도주를 마시고 남은 포도주 찌꺼기나 술 방울들로 작은 표적을 맞히는 것이었다. 가장 잘 알려진 방식에서의 목표물은 약 2m 높이의 막대 위에 아슬아슬하게 올려져 있는 작은 청동 원반이었다. 이 막대는 방 한가운데 설치되었고 파티의 손님들은 긴 의자에 앉은 채 돌아가며 잔 속의 포도주를 휙 뿌렸다. 검지를 잔 손잡이에 끼우고 팔뚝을 움직이는 것이었다. 성공하면 막대 끝에 걸린 작은 원

코타보스 놀이 | 기원전 5세기경 제작된 그릇

반이 떨어졌고, 막대에 고정한 금속으로 된 작은 단위에 쨍그랑 소리를 내고 부딪혔다. 또 다른 형태(아마도 좀 더 쉬울 것이다)로는 물이 담긴 큰 대야에 떠 있는, 점토로 만든 작은 잔들을 겨냥하는 것도 있었다.♦13

심포지엄에서 인기 있었던 또 다른 놀이는 수수께끼였다. 예를 들어 손님 한 명이 "죽은 당나귀가 내 귀를 후려쳤다. 내가 뭘 하고 있었을까?" 하고 수수께끼를 낸 뒤 다른 손님들에게 답해보라고 유도했다. 이 수수께끼의 정답은 "피리 소리를 듣고 있었다"(그리스에서 피리는 당나귀의 다리뼈로 만들었다)이다. 정답을 맞힌 사람은 상으로 케이크 한 조각이나 무희의 입맞춤을 받을 수 있었다. 그러나 틀린 답을 말한 손님들은 어마어마한 양의 포도주를 마시는 벌칙을 받았다. 때로 벌칙용 포도주에 소금물을 섞기도 했다. 마찬가지로 어려웠던 게임은 빙빙 도는 동전을 손가락으로 건드려 멈추는 것이었는데, 일단 술에 취해 신체 협응

♦   때때로 무희들이 만찬 참석자들과 함께 놀기도 했다. 한 그리스 화병에는 스미크라(날씬하다는 뜻)라는 이름의 창녀가 나체로 코타보스 컵을 돌리고 있는 모습이 그려져 있다.

력의 한계를 넘으면 수행하기가 어려웠다. 로마의 연회에서도 비슷한 놀이를 했지만, 로마인은 일반적으로 도박을 선호했다. 불법 행위임에도 불구하고 로마인이라면 계층을 막론하고 누구나 주사위 게임에 거액을 걸었다. 일단 포도주가 사람들의 자제심을 풀어놓으면 걷잡을 수 없었다. 클라우디우스 황제는 주사위 게임에 중독되어 그 주제로 책도 썼다.[14]

그리스·로마인의 연회에서 주사위 게임이나 다른 어떤 게임에서 진 사람은 벌칙을 받아야 했다. 벌칙으로는 알몸으로 춤을 추거나, 피리 부는 소녀 중 한 명을 업고 집을 한 바퀴 돌고 오거나, 한 차례 술을 잔뜩 마시거나 하는 등이 있었다. 그리스의 북방 야만인 부족인 트라키아인들의 음주 파티에서는 벌칙의 수위가 좀 더 높았다. 추첨으로 뽑힌 운 없는 손님은 손에 작은 칼 한 자루만 쥔 채 방 가운데 올가미에 목을 묶여 매달렸다. 다른 손님들이 지켜보는 가운데 남성은 의식을 잃기 전까지 밧줄을 끊기 위해 칼을 들고 몸부림을 쳤다. 만약 실패하면 그대로 질식사했다.[15]

때때로 심포지엄의 손님들은 비틀거리는 걸음으로 콩가 라인(앞사람 어깨에 손을 올리고 행렬을 이루었다가 원을 만드는 라인 댄스를 추는 사람들의 행렬-옮긴이)을 이루어 거리로 뛰쳐나가 다른 파티로 쳐들어가기도 했다. 그러나 보통의 난봉꾼들은 충직한 노예와 동행하거나 그들의 인도를 받으며 건들거리며 걸었고 때로는 업힌 채로 귀가했다. 그리고 다음 날 숙취를 달래느라 끔찍한 아침을 보냈다. 숙취의 희생자는 막 잘라 온 아이비와 머틀 화환에 의지했다. 어떤 이들은 꿀을 마구 먹고 양배추나 아몬드를 오도독오도독 씹어 먹었다.♦ 또 어떤 이들은 자수정을 살갗에 대고 누르고, 진흙에서 굴렀으며, 맨손체조를 했다. 그런가 하면 어떤 이들은 그저 포도주를 조금 더 홀짝이는 게 가장 좋은 방법이라고 생각했다.[16]

♦ (알코올 중독자였던) 로마 황태자 드루수스의 주치의는 황태자와 함께 연회에 참석하는 것을 좋아했는데, 술에 취하지 않기 위해 연회 전에 항상 떫은 아몬드 대여섯 알을 먹었다.

質問 8

어떻게 시간을 기록하고
약속을 했을까?

행성의 습관은 변하지 않는다. 그때도 지금처럼 지구가 자전축을 따라 도는 데는 24시간보다 조금 덜 걸렸고 태양 주위를 공전하는 데는 365일보다 조금 더 걸렸다. 그때도 지금처럼 낮과 밤의 변화, 계절의 순환은 고정된 자연의 패턴으로 알려져 있었다. 그때도 지금처럼 시간을 측정하고 관리하는 기술과 기법이 있었다. 그러나 시간을 기록할 수 있다는 것과 실제로 시간을 기록하는 것은 별개이다.

현대적 기준으로 보면 고대인들의 시간에 대한 태도는 태만에 가까울 정도로 태평스러웠다. 하루하루를 체계화하는 시간을 예로 들어보자. 아테네인들은 시간의 필요성을 느끼지 않았다. 로마인들은 시간 개념을 사용했지만 무척 특이하게 사용했다. 낮과 밤을 똑같이 12부분으로 나누었는데, 각 부분은 계절에 따라 늘었다 줄었다 했다. 한여름에는 낮의 한 시간이 75분이었고, 한겨울에는 고작 45분이었다.

　시계가 있는 곳도 있었지만, 신뢰성이 떨어졌다. 가장 보편적인 시계는 해시계였는데 기원전 6세기에 그리스에서 등장하여 서기 3세기에 로마에 이르렀다. 초기 해시계는 막대기 혹은 기둥이 세워져 있어 움직이는 그림자를 보고 시간을 대략적으로 알아냈다. 헬레니즘 시대 이후에는 시간 구분선이 있는 더욱 정교한 모델로 발전했다.♦ 밤이나 흐린 날에는 클렙시드라(물시계)가 활용할 수 있는 유일한 시계였다. 일부 물시계는 시간을 알리기 위해 매 시간 나팔을 불거나 돌을 쏘거나 작은 인형을 움직일 수 있는 정교한 기계였다. 그러나 대부분은 단순한 형태의 물시계로 아테네의 법정 연설 시간에 맞추려고 사용했던 구멍 뚫린 용기 같은 것이었다. 시계의 시간을 기록했던 법정과 군 주둔지를 제외하면 물시계는 드물었다. 물시계가 사용되었다고 해도 주변의 모든 다른 시계와 시간이 다르곤 했다.♦♦ 그래서 세네카는 "시계들의 시간이 일치하기 전에 철학자들이 의견 일치를 이룰 것이다"라는 재담을 했다.[1]

♦　모든 해시계 중 가장 웅장한 것은 아우구스투스 황제가 로마 광장에 세운, 21m 높이에 금으로 된 자오선이 있는 이집트 오벨리스크였다(지진과 이집트에서의 이동으로 인해 금세 부정확해져 자오선을 다시 놓아야 했다). 이와 정반대 선상에 있는 것은 가장 분주한 그리스·로마인이 가지고 다녔던 휴대용 해시계였다.

날짜를 세는 관습이 다 다르다고 해도 날짜를 기록하는 것은 상대적으로 간단했다. 아테네에서는 그 달의 스무 번째 날까지 숫자를 올렸다가 다음 달 첫날까지는 숫자를 거꾸로 셌다. 로마인들은 다음에 오는 칼렌드스(초하루), 노네스(제5일이나 제7일), 그리고 이데스(제13일이나 제15일)까지의 일수에 따라 날짜를 셌다. 헬

그리스의 물시계 | 기원전 5세기경 제작. 상단이 원본, 하단은 복원품

레니즘 세계에서 널리 사용되었던 고대 마케도니아 달력은 현대인처럼 날짜를 연속적으로 셌다. 대부분 이론적으로는 월은 달의 주기에 근거를 두었고, 그래서 한 달은 거의 30일이었다. 이것 외의 변화는 규칙으로 정했다. 그리스 세계에서 월의 이름은 전형적으로 지역의 종교 제전을 따라 지었다. 우리가 지금도 쓰고 있는 로마의 월별 명칭은 신(3월인 March는 전쟁의 신 마르스의 달), 숫자(9월인 September는 "일곱 번째 달", 12일인 December는 "열 번째

♦♦ 그런 기술적 애로 사항으로 인해 정확하게 시간을 지킬 수 없었다. 시간을 세분하는 다양한 방법—15분에 해당하는 '점'에서부터 약 8초에 해당하는 '온스' 등—이 있었지만 매일 사용되는 것은 아니었다. 우리가 아는 분과 초 개념은 중세 후기에 발명되었다.

달"), 황제 이름(7월인 July는 율리우스 카이사르, 8월인 August는 아우구스투스)을 절충적으로 혼합한 결과이다.[◆2]

월의 이름이 무엇이든 각 월은 태음력에 따른 것이었고 달의 열두 순환 주기를 따르는 태음력은 1년이 365일인 태양력보다 11일이 짧았으므로 각 계절과 월이 합치하려면 주기적인 조정이 필요했다. 아테네인과 로마인 모두 2년 혹은 몇 년마다 월을 추가하는 방법을 사용했다. 마침내 아테네인은 달력을 태양력과 유사하게 유지하는 정교한 방법을 개발해냈다. 그러나 부주의와 부패의 조합으로 인해 정기적으로 달력을 조정할 의무가 있는 로마의 관리들은 그 임무를 제대로 수행하지 않았고 이로 인해 날짜가 석 달만큼 계절과 맞지 않게 되었다. 이 혼돈은 율리우스 카이사르가 다음 해(서력으로 기원전 46년)를 445일로 연장하고 그다음 해부터 1년은 365일로 구성될 것이며 4년마다 윤일을 추가하겠다고 발표하고 나서야 비로소 끝났다. 몇 가지 조정을 마치고 나자 드디어 오늘날 우리가 사용하는 역법의 모습이 되었다.[◆◆3]

◆ 황제 이름을 딴 월이 더 많을 뻔했다. 예를 들어 네로 황제는 4월에 자기 이름을 붙였다.(그리고 내친김에 로마도 '네로폴리스'라는 별명을 붙이려 시도했다) 도미티아누스는 9월을 게르마니쿠스(게르마니아에서 승리 후에), 10월을 도미티아누스라고 이름을 바꿨었다. 이에 질세라 코모두스는 모든 월의 이름을 자기 이름과 직위, 별명을 따라 지었다. 그중에는 '아마조니우스(용맹한 자-옮긴이)', '헤르쿨레스(힘 있는 자-옮긴이)', '엑스수페라토리우스(지존자-옮긴이)' 등이 있다. 이 월별 명칭은 이름을 붙인 폭군들과 함께 소멸했다.

거의 모든 도시에는 연도를 기록하는 독자적인 방법이 있었다. 가장 일반적인 방식은 주요 권력자의 이름을 언급하는 것이다. 예를 들어 아테네에서는 집정관이 자기 이름을 연도에 붙였다. 마찬가지로 로마도 두 집정관의 이름으로 연도를 기록했다.♦♦♦ 3세기 말부터 15년마다 과세를 위해 시행되는 자산 재평가 주기에 따라 연도를 기록하는 것이 관습이 되었다. 연도를 기록하는 또 다른 방법은 중요한 역사적 사건으로부터 계산하는 것이다. 어떤 로마의 도시에는 제국 편입과 함께 시작된 시대, 도시가 자리 잡은 지역의 형성이나 황제의 방문 등과 함께 시작된 시대가 있었다. 시리아의 많은 도시에서는 천 년 이상 셀레우코스력을 사용했다. 현대 기준으로 기원전 312년, 알렉산드로스 대왕의 장군 중 한 명인 셀레우코스가 바빌로니아를 점령한 날

♦♦　카이사르와 동시대인들은 태양력은 1년이 365¼일이라고 생각했다. 그러나 실제 길이는 11분 짧았기 때문에 연도는 미세하게 태양과 어긋났으며 16세기경에는 열흘이 뒤처졌다. 1582년, 교황 그레고리 13세가 윤일을 며칠 생략함으로써 태양력과 달력 연도 차이를 최소화한 개량 달력(그레고리력-옮긴이)을 공포했다. 가톨릭 국가들이 신속하게 채택했음에도 불구하고 그 외 국가들에서 새 달력을 받아들이는 데는 수백 년이 걸렸다. 그리스와 루마니아에서는 카이사르의 원조 태양력(율리우스력-옮긴이)을 1924년까지 사용했고 지금도 동방정교회에서는 부활절 날짜를 산출하는 데 사용하고 있다.

♦♦♦　집정관의 이름을 이용하는 연도 기록법은 후기까지 지속되었다. 서로마제국의 마지막 집정관은 534년에, 동로마제국의 마지막 집정관은 그로부터 7년 후에 취임했다. 주화와 건물의 비문에 황제의 치세 연도를 기록하는 것이 오랫동안 관례였으나, 비잔티움제국 황제들은 6세기 후반경부터는 즉위 원년을 기준으로 한 기년법을 사용하기 시작했다.

을 기점으로 한 것이다.

역사가들은 보편적 연대 표기법을 창조하려고 시도했다. 그리스 학자들은 가끔 기원전 776년부터 4년마다 개최되었다고 전해지는 올림피아 경기대회를 참고로 하여 사건들의 연도를 매겼다.* 로마의 역사가들은 최종적으로 기원전 753년으로 확정된 로마 건국을 기준으로 연도를 매기는 것을 선호했다. 그러나 이런 시도들은 학문적인 규약일 뿐이었다. 일상생활에서 연도는 여전히 통치자, 집정관, 왕의 이름으로 매겨졌다.[4]

기독교가 대두하면서 보편적 연대기를 계산할 새로운 동기와 방법이 탄생했다. 초기에 기독교인들은 천지 창조의 날짜를 정하는 데 관심을 집중했다. 이는 실제로 필요한 문제였다. 많은 사람이 세상이 창조된 후 6000년 후에 멸망한다고 확신했기 때문이다. 수없이 많은 서면 논쟁과 성직자들의 분노 후에 그리스 학자들은 기원전 5509년을 시작으로 합의했고 그에 따라 연대기를 기록했다.** 이집트의 기독교인들은 박해자 디오클레티아누스 황제의 즉위와 함께 284년에 시작된 '순교자 기원'을 사용하는 것을 선호했고 지금도 그렇다. 기독교가 기년법에 한

◆　첫 올림피아 경기대회 전의 날짜들에 관해서는 합의가 잘 이루어지지 않았다. 예를 들어 트로이아 전쟁의 끝은 기원전 1334~1335년 사이의 어디쯤 위치했다가 결국 기원전 1183년경으로 합의되었다.

◆◆　중세 초기부터 서유럽 학자들은 기원전 4000년경의 날짜를 선호하는 경향이 있었다. 이는 17세기에 대주교 어셔가 최종적으로 정교화한 추정치였다. 어셔는 천지 창조가 기원전 4004년 10월 23일에 일어났다고 산출했다.

가장 큰 기여는 6세기 초
에 발생했다. 서력기원(AD;
Anno Domini) 제도가 등장
한 것이다. 만든 사람은 디
오니시우스 엑시구스였다.
그는 뛰어난 수학적 능력으
로 유명했던, 겸손한 로마
수도사였다. 매년 부활절이
몇 월 며칠인지 산출하던
디오니시우스는 예수의 탄
생으로부터 연도를 계산하

디오니시우스 엑시구스 | 6세기경 초상화를
복원

는 방법을 고안했다. 보편적
기년법을 만들어내려고 의도한 것은 아니었다. 하지만 이것이 우
연히 그리고 천천히 서력기원이 되었다.♦♦♦

　　지금까지 그리스·로마인들이 어떻게 시간을 계산하고 날
짜와 연대를 기록했는지 살펴보았다. 그러나 그냥 넘길 수 없는

♦♦♦　서력기원 제도는 앵글로·색슨 잉글랜드에서 처음 사용되었다. 8세기 학자 베
다가 연대기와 역사에 대한 일부 작품에서 이를 사용했는데, 이 작품들이 널
리 전파되었기 때문이다. 9세기 후반에는 프랑스와 서부 독일에 퍼졌고 10세
기 말에는 이탈리아 전역에서 보편화되었다. 그러나 히스파니아 왕국은 고유
의 연대 기록법이 있었으므로 13~14세기까지 서력기원 제도를 거부했다. 서
력기원이 보편적으로 채택되었어도 서력기원에 의한 날짜는 근대 초기까지만
해도 거의 기독교 문서와 학문적인 글에서만 사용되었다. 놀랍게도 BC는 18
세기 후반이 되어서야 보편화되었다.

한 가지 질문이 남아 있다. 바로 "그들에게는 주말이 있었을까?" 하는 것이다.

그들은 1년 중 시기가 정해진 각종 연례 종교 제전의 형태로 상시 휴일이 있었다. 이 휴일들이 전부 지켜진 것은 아니었다. 서기 2세기까지 한 해의 3분의 1 이상이 공식적으로 어떠한 형태의 기념일이었다. 이 중에서 더 중요한 날들만 지켜졌다.[*] 그러나 주말이라는 반복되는 형태로 발전하는 것은 더뎠다.

일부 그리스 도시들이 월을 달의 주기에 맞춰 9~10일 단위로 나누었지만, 일상생활에 큰 변화를 주지는 않았다. 현대의 주말에 해당하는 가장 가까운 개념은 로마에서 '눈디나이'라고 불렸던 장날로 8일마다 돌아왔다. 시골 지역에서 눈디나이는 농부들이 도시로 가서 농산물을 파는 날이었다. 그러나 로마시에서는 휴일의 역할을 했다. 어린이들은 학교에 가지 않았고 가족들은 친구나 친지를 방문했다.

7일 1주제는 이집트의 거대 도시 알렉산드리아에서 발전한 것으로 추정된다. 애초에 이것은 점성학의 산물이었다. 그리스·로마인들은 7개의 행성에 관한 지식이 있었다. 7개의 행성, 즉 달, 수성, 금성, 태양, 화성, 목성, 토성이 고정 궤도에서 지구

---

[*] 마르쿠스 아우렐리우스 치세 기간에는 공식적으로 135일이 제전과 경기대회를 위해 휴일로 지정되었다. 이 중에서 며칠이나 실제로 지켜졌는지 알 수는 없지만, 로마에 속해 있던 속주 이집트의 견습생들이 1년에 18~36의 휴일을 받았다는 사실은, 상인들이 가장 중요한 기념일을 제외하고는 매일 일했다는 것을 말해준다.

주위를 순환한다고 생각했다.♦♦ 점성술사들은 행성이 각 날을 하루씩 다스리며 이 천체의 영향이 일정한 주기로 작용한다고 주장했다. 즉, 현대 일주일의 요일 순서대로 행성들이 앞 행성을 따른다는 것이다. 토성(토요일), 태양(일요일), 달(월요일), 화성(화요일), 수성(수요일), 목성(목요일), 금성(금요일) 순이다.♦♦♦ 1세기에는 점성학에 대한 관심이 폭발적으로 증가하면서 로마제국 전역에 7일 1주제가 퍼졌다.[5]

휠씬 더 오랜 유대인의 1주 개념은 우연히 7일로 같았는데 점점 행성에 의한 요일 구분에 동화되어갔다. 그리하여 유대인의 안식일은 토요일이 되었다. 로마인들은 유대인이 안식일

♦♦ 그리스인들이 신의 이름을 따서 행성을 명명한 것은 바빌로니아인들에게서 차용한 것으로 추정된다. 자주 그렇듯이 로마인은 그 전례를 그대로 따랐다. 일부 해석자들은 신들이 자기 이름과 똑같은 행성에 살았다거나 신들이 행성이라고 주장하기도 했으나 대개는 행성과 신이 폭넓게 연관된 것으로 받아들여졌다.

♦♦♦ 요일의 영어 명칭은 로마제국의 영토에 정착하여 로마의 시간 기록 방법을 차용했던 게르만 민족이 고안했다. 그들은 토성(Saturn)에 상응하는 신이 없었으므로 사투르누스의 날(토요일)은 그대로 채택했다. 태양의 날(일요일)과 달의 날(월요일)은 간단했다. 그러나 마르스는 그들의 전쟁 신 티르(Tiw, Týr)로 대체했고(티르의 날=Tuesday), 오딘(Odin, Woden)이 메르쿠리우스를 대신했다(오딘의 날=Wednesday). 토르는 유피테르를 대신했고(토르의 날=Thursday), 프리그는 베누스를 대신했다(프리그의 날=Friday). 이탈리아, 프랑스, 히스파니아에서는 꽤 온전하게 라틴어 요일명을 유지했다. 다만 이교 신인 태양의 날을 주님의 날(Lord's day; domenica, dimanche, domingo)로 대체했다. 반대로 비잔티움제국에서는 요일을 전부 기독교화했다. 심지어 현재에도 그리스에서는 안식일과 '주님의 날' 외의 나머지 요일은 숫자로 매긴다. 포르투갈도 비슷한 방법을 사용한다.

에 일하지 않는 것을 게으름의 징표로 치부했다. 그러나 점성학적으로 토요일은 일주일 중에서 가장 상서롭지 않은 날(업무를 처리하는 데 바람직하지 않은 날)이었기에 유대인들의 관습은 점점 설득력을 띠었다. 1세기 그리스의 학자들이 토요일에만 강의했던 사실—아마도 가장 많은 대중을 모을 수 있으므로—은 토요일이 수많은 비유대인에게도 실질적으로 휴일이었음을 시사한다.[6]

그러나 후기 로마제국(그리고 중세 유럽)의 휴일로 지정된 것은 일요일이었다. 기독교인들은 거의 처음부터 일요일을 성스러운 날로 여겼고 황제들이 기독교로 개종하면서 일요일은 예배에 바쳐야 한다는 생각이 급속히 공인되었다. 콘스탄티누스는 일요일을 종교 의례를 지키는 날로 공표하여 농사를 제외한 모든 일을 금지했다. 4세기 말에 다른 황제가 이 금지령을 농장 근로자에게까지 확대했다. 후임 황제 중 한 사람은 일요일의 전차 경주, 야수 싸움, 연극 공연까지 금지함으로써 최후의 일격을 가했다. 마침내 일종의 주말이 성립되었지만, 황제들의 조치를 생각할 때 주말이 재미는 없었을 것이다.[7]

후기 로마제국의 주민들은 우리와 같은 연도, 월, 주 개념을 사용했다. 고대 말기에는 현대와 같은 기년법을 사용하기 시작했다. 그러나 고대인들의 시간 개념이 현대인과 같았을 것으로 짐작해서는 안 된다. 만약 당신이 고대 후기 로마나 콘스탄티노폴리스에서 행인을 아무나 불러 세우고 몇 시인지, 몇 년인지

성모 마리아에게 콘스탄티노폴리스를 봉헌하는 콘스탄티누스 황제 | 1세기경 제작된 하기아 소피아의 모자이크

묻는다면 그들은 아마도 대답할 수 없었을 것이다. 고대사를 연구하는 학자들은 오늘 할 일을 내일로 미루는 사람들이 잘 알고 있는 사실을 명심해 두는 것이 좋을 것이다. 그건 바로 시간은 당신이 중요하다고 생각할 때만 중요하다는 것이다.

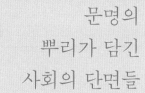

2부

문명의
뿌리가 담긴
사회의 단면들

평균 수명은
몇 살이었을까?

철학자 크리시포스(그리스의 스토아학파 철학자-옮긴이)는 73세의 나이에 웃다가 질식하여 죽었다. 로마 정치가 대(大) 카토는 80세에 막내아들을 보았다. 헬레니즘 시대의 왕이었던 외눈 안티고노스는 전장에서 81세의 나이로 전사했다. 소포클레스(그리스의 비극 작가-옮긴이)는 90세를 일기로 행복하게 죽었다는 설도 있고, 포도알이 목에 걸려 죽었다는 설도 있다. 역사가 히에로니무스는 104세까지 살았으며 그때까지도 정력적으로 사랑을 나눴다고 한다. 그리스의 희극 시인 알렉시스는 106세의 나이에 마치 각본을 쓴 것처럼 무대에서 상을 받다가 쓰러져 죽었다고 한다. 분명히 그리스·로마인 중에서도 장수한 사람들이 있었다. 그러나 그만큼 분명한 사실은 장수한 이가 대단히 드물

었다는 것이다.[1]

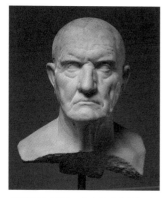

고령의 로마인 | 1세기경 제작된 흉상

대부분의 그리스·로마인은 이른 나이에 죽었다. 전체 아동의 거의 절반이 청소년기에 접어들기 전에 죽었다. 30세까지 살아남은 자들은 50~60세까지 도달할 가능성이 꽤 컸다. 그러나 진짜 노인은 드물었다.◆ 많은 사람이 유년기에 사망했으므로 출생 시점을 기준으로 기대 수명은 아마도 20~30년이었을 것이다.◆◆ 시간이 지나도 기대 수명이 달라질 조짐은 없었다. 왜냐하면 열악한 위생, 영양실조, 질병이라는

◆　특정 연령대의 사람이 얼마나 오래 살지 예측한 것을 (징세 목적으로) 개략적으로 기록한 로마의 문서인 울피아누스의 '생명표(수명표)'는 고대 인구의 연령 구조에 대한 흥미로운 일면을 제공해 준다. 수명표의 예측에 의하면, 20대 초반 인구는 평균 28년을 더 살 수 있다. 30대 후반 인구는 약 20년의 수명이 남았다. 60세 이상 인구는 고작 5년 남았다. 한 연구자는 현대의 인구통계 모델의 생명표와 비교하여 고대의 추정치가 내포하고 있는 암울한 의미를 파악했다. 전 출생인구의 반이 5세 정도에 죽었고 3분의 2가 30세, 80%가 50세, 90%가 60세 정도에 사망했다는 것이다.

◆◆　로마에 속해 있던 이집트의 인구조사 보고서는 출생 시 기대 수명이 여성은 22년, 남성은 25세였다는 것을 보여준다. 현대의 여성과 남성의 기대 수명과 달리, 고대 여성들의 기대 수명은 남성보다 조금 짧았는데 출산이 대단히 위험했기 때문으로 볼 수 있다. 여성에게 치명적이었던 것으로 추정되는 출산은 약 1~2%에 불과했지만, 대부분의 여성이 적어도 대여섯 번 출산했으므로 그 가능성은 쌓이고 쌓였다.

조기 사망의 기본적인 원인이 변하지 않았기 때문이다.[2]

고대의 의사들은 질병은 기후 변화, 늪에서 발산하는 증기, 인체 체액의 불균형, 신의 징벌 중 몇 가지가 결합하여 기인한다고 추측했다. 의사들은 일부 질병은 전염력이 높다는 인식이 있었고, 오염된 공기 속에 사는 미생물이 질병을 옮길지도 모른다는 의심을 어렴풋이 품었음에도 세균 이론 등으로 발전시키지는 못했다. 따라서 질병의 예방 혹은 치료를 위한 태세가 미흡했다.

고대 그리스인들은 수많은 질병 중에서도 특히 유행성 이하선염, 말라리아, 디프테리아, 이질, 소아마비, 간염, 결핵, 장티푸스 등에 시달렸다. 이뿐만 아니라 로마인들은 아우구스투스 시대에 이집트에서 전파된 한센병, 같은 시기에 동쪽 지역에서 전파된 림프절 페스트*, 마르쿠스 아우렐리우스 통치 기간에 등장하여 엄청난 파괴력을 보인 천연두에도 대처해야 했다. 1세기 후에 에볼라의 한 형태로 추정되는 정체불명의 키프리아누스 역병이 갑자기 발생해 수만 명의 인명을 빼앗고 갑자기 사라졌다. 이례적인 상황이 아니라면 성인 그리스·로마인의 생명을 앗아가는 가장 큰 질병은 장티푸스, 결핵, (저지대의 경우) 말라리아였다. 어린이에게는 이질을 비롯한 위장 관련 질환이 훨씬 더 치

◆　그러나 곰쥐가 막 유럽에 서식하기 시작한 때였으므로 이 계통의 전염병은 널리 퍼지지는 않았다. 쥐가 사방에 퍼졌던 500년 후, 새로 발발한 전염병은 제국을 초토화했다.

감염병이 창궐한 로마 | Michiel Sweerts, 〈Plague in an Ancient City〉, 1652.

명적이었다.[3]

　도시, 특히 거대 도시는 감염병의 온상이었다. 인구 과잉 상태인 데다 말라리아가 휩쓸고 간 대도시 로마는 아마도 제국을 통틀어 건강에 가장 취약한 곳이어서 인구 규모 유지를 위해 끊임없이 이주민 유입이 필요했다.♦♦ 시골 지역은 상대적으로

♦♦　1876년, 고대 로마의 문 중 한 곳의 외곽에서 새 공동주택 건물의 기초를 놓던 노동자들이 우연히 거대한 매장지를 발견했다. 발굴자는 아마도 전염병이 유행한 시기에 적어도 2만 4000구의 시신이 구덩이에 던져졌을 것으로 추정했다. 그러나 그가 인근에서 발견한 수십 개의 다른 구덩이들은 로마 시대에 수많은 사람이 병으로 사망했으며 수레 몇 대분의 시신을 도시 외곽에 버리는 것이 일상다반사였다는 것을 보여주고 있다.

안전했으며 말라리아의 온상인 늪으로부터 멀리 떨어진 언덕 지대는 더 안전했다. 한 로마의 원로원 의원은 편지에서 자기 저택 주위의 언덕 지대에 사는 사람들이 이례적으로 장수한다고 언급한 바 있다. 그러나 그는 그 원인을 상쾌한 산악 지대의 산들바람 때문이라 가정했다.[4]

감염병의 창궐로 인한 황폐화에도 불구하고 지중해 지역의 인구는 기원전 10세기부터 서기 2세기까지 느리지만 꾸준히 증가한 것으로 보인다. 이런 증가세는 출생률이 꾸준히 높았기 때문에 가능했다. 그리스·로마 시대를 통틀어 여성은 평균 5~6명의 자녀를 출산했음이 틀림없다(그중에서 두세 명이 생존하여 성인이 되었을 것이다). 물론 전쟁이나 기근 중에는 지역에 따라 인구가 감소했으나 전반적인 추세는 우상향이었다.

기대 수명과 마찬가지로 특정 시기, 특정 장소의 실제 인구 규모는 추정할 수밖에 없다. 고대 아테네(대략 미국 로드아일랜드주나 유럽 룩셈부르크의 크기)의 인구는 30만 명 정도였다. 지중해 전역에 걸친 로마제국은 아우구스투스 황제 치세 기간에 약 5000만 명이 거주했을 것으로 추정된다. 다음 한 세기 반 동안에는 식민지 주민이 현저히 증가하여 서기 2세기 중반에 6000만 명으로 정점을 찍은 것으로 보인다. 이 인구수는 당시 전 인류의 약 5분의 1 수준이다.

그리고 나서 천연두가 등장했다. 최초 발생 시에는 로마제국 인구의 10%가 희생된 것으로 추산되는데 이후 천연두는 주요 도시에서 영구히 자리 잡은 것 같다.[5] 6세기 초에 더 거대한 인구학적 충격을 준 질병이 발생했다. 림프절 페스트의 치명적인 변종이 동로마제국을 할퀴고 가 수백만 명이 사망한 것이다. 이 감염병의 대유행과 이후에 발생한 몇몇 감염병의 결과로서 지중해 세계의 인구는 2세기 인구의 절반에도 못 미치는 수준으로 감소한 것으로 추정된다.

그러나 감염병 대유행을 제외하면 기본적인 인구학적 경향은 변화가 없었다. 출생 아동의 약 반수가 청소년기가 되기 전에 사망했으며 출생 시 기대 수명은 20여 년이었다. 기껏해야 10명 중 1명이 60세까지 생존했고 100명 중 1명이 80번째 생일을 맞이할 수 있었다.

지금까지 살펴본 가혹한 현실에도 불구하고 그리스·로마인들은 장수를 갈망했다. 단순한 행운은 논외로 하고 장수는 어느 정도 건강에 좋은 기후 조건이나 개인 건강 유지 문제로 간주되었다. 적정한 식생활의 중요성도 널리 알려졌다. 한 그리스웅변가는 자기가 장수한 요인으로 기름진 음식을 탐닉하지 않았고 과음하지 않았던 것을 꼽았다.♦ 규칙적인 운동의 이점 또

♦   먼 나라 사람들의 장수 비결은 음식이라고 생각했다. 스리랑카 사람들은 나무뱀(나무 위에 사는 각종 독 없는 뱀-옮긴이)을 먹기 때문에 고령까지 사는 것으로 추정되었다. 에티오피아인들은 삶은 고기만 먹고 우유만 마시기 때문에 120세까지 산다고 전해져 왔다. 중국인은 포도주를 마시지 않기 때문에 300세까지 산다고 알려졌다. 그러나 이 소문은 아우구스투스 황제에게 장수의 비결이 "피부에는 기름, 피에는 포도주"라고 말했다는 이탈리아의 100세 노인이야기와 모순된다.

한 널리 알려져 있었다. 실제로 많은 그리스 도시에는 남성 노인 전용 혹은 겸용 연무장이 있었다.✦ 심지어 고대 아테네인들은 매년 종교 행렬을 위한 체력 좋은 남성 노인을 선발하는 '미인 대회'를 개최했다. 경보(競步)와 구기 운동을 통해 노화하는 신체를 탄력 있게 유지할 수 있다고 생각했다. 특히 강도 높은 마사지를 병행하면 금상첨화였다. 로마의 한 70대 원로원 의원은 매일 오후 알몸으로 산책했다고 한다.⁶

그리스·로마인들은 노인에 대한 그들 나름의 편견이 있었다. 예를 들어 남성 노인들은 행동이 굼뜨고 의심이 많으며 과거를 그리워하고 성미가 고약하다고들 했다. 그러나 그런 비판은 연륜이 지혜를 선사하며 노인은 존경받을 가치가 있다는 통념으로 상쇄되었다.✦✦ 일부 지역에서는 남성 노인들이 실제 정치 권력을 소유하기도 했다. 예를 들어 스파르타에서는 구성원 전원이 60세 이상으로 구성된 장로회가 정부에서 중요한 역할을 담당했다. 마찬가지로 로마의 원로원에서는 관습에 따라 최연장자들이 우선 발언했으며, 로마인들은 남성 노인들에게 상당

✦ 혹자는 나체로 운동하는 그리스인의 관습 때문에 노인 전용 연무장이 있었던 것은 아닌가 하고 궁금해할지도 모른다. 플라톤이 관찰한 바에 따르면, 나이 든 남자가 나체로 달리는 모습은 "보기에 유쾌하지 않았다."

✦✦ 노인을 존경하는 일반적인 규칙에도 예외는 있었다. '늙은 남자들을 다리 너머로 던져라'라는 유명한 로마 속담이 있다. 다른 문화권에는 더 불손한 풍습이 있다는 소문이 있었다. 전해지는 바로는 사르데냐인들은 부모가 아직 살아 있을 때 그들의 무덤을 파고 때려눕혀서 무덤으로 굴려 넣었다고 한다.

한 사회적 권력을 허락했다. 적어도 이론상으로 남성은 죽을 때까지 자녀들과 손주들에게 절대적인 법적 권한을 유지했다.[7]

상류층 구성원들은 오늘날의 은퇴와 비견할 만한 삶을 즐길 수 있었던 것으로 보인다. 노인이 된 디오클레티아누스 황제는 퇴위한 후, 요새화한 거대한 저택(디오클레티아누스 궁전으로 알려져 있음-옮긴이)으로 옮겨 정원을 가꾸며 지냈다. 그러나 사람들 대부분은 육체적으로 더는 일할 수 없을 때에야 비로소 일을 그만두었는데, 유골에 남은 증거로 판단컨대 상당히 이른 나이에 그만두었던 것으로 추정된다. 남성들은 보통 30대에 이미 관절염에 시달렸다. 스스로 먹고살 수 없게 된 경우, 친지들의 호의에 의존할 수밖에 없었다. 그 외에는 구걸과 굶주림뿐이었다.

대부분의 그리스·로마인에게 인생은 짧았다. 그러나 앞에서 언급한 바와 같이, 인구통계학적 확률을 초월한 이들도 일부 있었다. 현재 레바논 지역에서 발견된 로마 시대의 평범한 묘비에는 "100년을 살아온 친절하고 활달한 여인, 루필라"라는 기념 문구가 새겨져 있다. 아마 루필라는 정말로 100년을 살았을 것이고(고대 묘석에는 나이를 올려 적는 경향이 있긴 했지만 말이다), 정말로 친절하고 활달한 여인이었을 것이다. 그러나 약 한 세기 동안 살아오며 그녀는 남편(들), 모든 자녀, 아마도 거의 모든 손주, 절반 이상의 증손주가 먼저 세상을 떠나는 것을 지켜봐야 했을 것이다. 틀림없이 고대의 장수자는 무척이나 외로웠을 것이다.[8]

평균 키는
어느 정도였을까?

　　로마제국의 25번째 황제 막시미누스는 손이 커서 여성의 팔찌를 반지처럼 낄 수 있었고 발 또한 우람하여 그가 신었던 부츠는 관광객들의 흥미를 끌었다. 그는 레슬링 경기에서 남성 7명을 쓰러뜨릴 수 있었고 주먹으로 바위를 부술 수 있었으며 손으로 찰싹 쳐서 말을 때려눕힐 수 있었다. 막시미누스를 우러러보던 동시대인들은 그의 키가 약 250cm가 넘었다고 증언했다.[1]

　　일부 그리스·로마인은 그보다 훨씬 더 컸다. 9척 장신의 남자가 여러 차례 행렬에서 눈에 띄었고 더 거대한 거인들의 시신이 황제들의 정원에 보존되었다. 그런가 하면 60cm도 채 되지 않는데 천둥 같은 목소리를 가진 로마인이 있었고, 황실의 해

막시미누스 황제 | 2세기경
제작된 흉상

방 노예 여성과 결혼한 궁중의 난쟁이 신하에 대한 기록도 있다. 이런 이례적인 경우 말고는 일반적인 인물들에 관한 기록은 많지 않다. 아우구스투스 황제는 키가 170cm가 채 되지 않았고 그래서 키가 커 보이려고 통굽 구두를 신었다는 것을 우리는 익히 알고 있다. 일부 기간 동안 군단의 최정예 부대에서는 신병이 최소한 173cm, 가장 이상적으로는 178cm 이상이어야 했다고 한다.* 그러나 그리스·로마인들의 키가 얼마나 컸는지를 대중하려면 그들의 시신을 조사해야 한다.²

유골은 인간의 일생에 관한 이야기를 전해준다. 치아에는

◆　국가가 점점 더 필사적으로 군사를 필요로 했던 고대 후기에는 신장 요건이 165cm보다 조금 아래로 낮아졌다. 그러나 유지되었던 자격 요건도 있다. 최후까지 남은 요건은 최소한 고환 1개는 가지고 있어야 한다는 것이었다.

헤르쿨라네움 유적에서 발견된 유골들

유년기의 영양 상태와 질병 유무가 기록되어 있다. 손뼈는 노동의 강도와 흉터를 담고 있다. 팔다리의 긴 뼈(특히 대퇴골)에는 키가 기록되어 있다. 헤르쿨라네움 유적의 선박 창고에서 발견된 유골들은 뼈가 얼마나 많은 정보를 말해주는지 알려준다. 그 유골들은 아마도 가장 유명한 고대 인간의 유해일 것이다.

폼페이의 인접 도시인 헤르쿨라네움은 서기 79년에 베수비오 화산의 폭발로 파괴된 도시이다. 거주민 대부분이 화산 분출 직후 몇 시간 동안 대피했으나, 시신 몇백 구가 항구 근처에 열을 이룬 석조 선박 창고에 남아 있다. 고열의 가스가 파도처럼 포효하며 도시를 덮었던 한밤중에 피난민들은 그곳에서 죽음을 맞이했다. 불과 수십 년 전까지 그들은 약 18m의 화산 잔해에 매몰되어 있었다. 누구의 손도 닿지 않은 채 보존되었으므로 그들의 유해는 고대 로마인의 생활에 대해 독특한 단면을 제공해 준다.

선박 창고에서 발굴된 유해 중 일부 헤르쿨라네움인들은 부유했다. 40대 중반 남성의 것으로 보이는 유골은 육체노동의 강도로 인한 흔적이 없는 반면 팔과 어깨는 욕장에서 정기적인 운동을 하여 다져져 있었다. 다른 희생자들은 명백한 빈민이었다. 그들의 뼈는 유년 시절의 영양실조로 인해 성장이 저해되었고, 그들 중 한 명은 평생 해온 고된 노동으로 허리가 심하게 휘어 있었다. 치아가 완벽하게 보존된 고상한 로마의 부인은 끼고 있던 반지로 인해 '반지 부인'이라는 별명으로 불리기도 했는데, 두 명의 여성 곁에서 발굴되었다. 두 여성 중 한 명은 아직도 구불거리는 금발 몇 가닥을 간직하고 있었다. 발굴자들은 두 여성의 신원을 매춘부라고 확인했다. 그곳에는 심지어 강한 근육과 전투의 상흔까지 간직한 로마 군사의 뼈도 있었다.[3]

그 군인은 키가 거의 약 175cm로, 선박 창고에서 발견된 유해 중 가장 키가 큰 남성군에 속한다. 허리가 휜 빈민은 약 163cm로 가장 작은 사람 중 하나다. 반지 부인은 약 157cm가 채 되지 않았고 그녀 곁에서 발견된 두 여인은 각각 약 155cm, 약 163cm였다. 선박 창고에서 발견된 남성들의 평균 키는 약

169cm였고 여성들의 평균 키는 약 155cm였다. 이 수치는 인접 도시인 폼페이에서 나온 수치와 높은 상관관계를 보인다. 폼페이에서 복원된 뼈는 남성과 여성의 평균 키가 각각 약 166cm, 약 155cm였다. 로마 시대 이탈리아 지역의 주민 대다수는 키가 이보다 더 작았다.♦ 고대 그리스인들의 키도 비슷한 것 같다. 골격 증거에 대한 최근 조사에 따르면 고대 그리스인 남성 평균 키는 약 170cm, 여성 평균 키는 약 156cm였다.[4]

북부 지역의 야만인들은 그리스·로마인에 비해 상당히 키가 컸다. 예를 들어 율리우스 카이사르의 군대가 갈리아의 도시로 공성탑을 굴리기 시작했을 때, 성의 주민들은 성벽에 서서 저렇게 작은 남자들이 그토록 큰 공성탑을 움직여서 온다며 조롱하듯 감탄했다.♦♦ 로마 군단과 북부 민족의 평균 키는 아마도 약 5~8cm 차이가 났을 것이다. 엄청난 차이는 아니지만 현실적으로는 그랬다. 일부는 유전자 때문이겠지만, 가장 큰 이유는

♦   중부 이탈리아의 남성 평균 키는 약 164cm였다. 이는 로마 시대 전후의 평균보다 상당히 작은 키로서, 아마도 로마제국 시대에 인구 과잉과 전염병이 극심했기 때문으로 보인다. 로마 도시 자체가 각종 질병의 온상이었고 빈곤층 인구가 과밀했기 때문에 제국 전역에서 신장이 가장 작았던 것으로 보인다. 폼페이와 헤르쿨라네움 거주자들의 키가 비교적 큰 것은 두 도시 모두 바다 근처에 자리 잡고 있어 신선한 생선이라는 풍부한 단백질원을 손에 넣을 수 있었기 때문이었던 것 같다.

♦♦   로마인들은 특히 로마 남성들만큼 키가 크고 훨씬 더 거친 갈리아 여성들을 보고 깜짝 놀랐다. 한 로마 저술가는 갈리아 여성들이 주먹으로 치고 내리쩍는 기술을 투석기로 쏜 발사체에 비유했다.

식생활에서 비롯되었다. 북부인들, 특히 상류층 북부인들은 정기적으로 유제품과 붉은 고기를 섭취했다. 그리스·로마인의 대다수는 그렇지 않았다. 키만큼은 '무엇을 먹지 않느냐?'가 결정적이다.[5]

돈을 얼마나,
어떻게 벌었을까?

아직 경제학은 등장하기 전이다. 그러나 폭력은 이미 인류의 오랜 친구였다. 그래서 로마 황제 디오클레티아누스와 그의 동료들(사두 정치 체제의 황제 및 부황제-옮긴이)이 수십 년간의 물가 상승에 종지부를 찍기로 정했을 때 그들의 해답은 단순했다. 위반 시 사형 조건으로 물가를 통제하고 임금 상한을 설정한 것이다. 농장 노동자와 노새 몰이꾼은 일당으로 최고 25데나리우스(식사 포함)를 받을 수 있음을 칙령으로 정했다. 목수와 제빵사는 50데나리우스를 받을 수 있었다. 벽화 화가는 75데나리우스, 더 숙련된 화가는 그 두 배를 받을 수 있었다. 이발사와 욕장 종업원은 이발 한 건, 입욕 한 건당 고작 2데나리우스를 부과할 수 있었다. 그러나 변호사는 감언이설로 의뢰인을 꾀어 사건 변호를 맡으면 수임료로 1000데나리우스를 받을 수 있었다. 이 숫자들이 경제적 현실을 대변한다고는 할 수 없지만 직업들의 명확한 위계질서와, 생존에 필요한 것보다 훨씬 더 많은 돈을 버는 사람은 지극히 소수인 사회의 암울한 역학관계를 반영한다.

고대 그리스·로마는 완전한 화폐 경제 사회는 아니었다. 주화는 도시와 군부대에서 가장 보편적으로 쓰였으며 로마제국 시대가 되어서야 폭넓게 사용되었다.♦ 그러나 주화는 물물교환, 신용거래와 함께 사용되었다. 많은 그리스 통화 중에서 가장 널리 사용된 것은 아테네 드라크마 은화였다. 더 큰 단위인 테트라드라크마(4드라크마 은화)는 상거래의 기준이었다. 그러나 일상 거래에서는 아테네인은 일반적으로 6분의 1 드라크마의 화폐 가치가 있는 오볼이라는 작은 은화를 사용했다.♦♦ 로마제국 주화 중 가장 가치가 높은 것은 금화인 아우레우스였다. 아우레우스는 주로 병사들에게 특별 보너스를 지급할 때 사용되었다. 1아우레우스는 25데나리우스의 가치가 있었는데, 데나리우스가 실질적인 화폐의 기본이었다. 1데나리우스는 4세스테르티우스와 같았는데 세스테르티우스는 물건 값과 임금의 기본 단위

♦　심지어 로마제국 시대에도 일부 속주에서는 세금 일부 혹은 전부를 밀로 냈다.

♦♦　'오볼'은 '꼬챙이'라는 말에서 유래되었다. 주화가 출현하기 전까지 쇠꼬챙이가 통화로 사용되었기 때문이다. 마찬가지로 '드라크마'는 '쇠꼬챙이 한 움큼'에서 '움큼'이라는 의미였다. 스파르타인들은 계속 달그락거리는 꼬챙이를 잔뜩 쌓아두고 통화로 사용했다.

기원전 370~250년경 주조된 드라크마 은화

기원전 325~275년경 주조된 오볼 은화

기원전 30년경 주조된 아우레우스 금화

로 사용되었던 큰 황동 주화이다.

기원전 4세기 아테네에서 일반적인 시민 가정이 안락하게 살기 위해서는 3오볼(1/2드라크마)의 일당 소득이 필요하다고 여겨졌다. 연간 기준으로 대략 180드라크마가 필요했다.[1] 알려진 가격 기준으로 서기 2세기 로마의 4인 가족이 같은 생활 수준을 영위하려면 1200세스테르티우스가 필요했다.[2]◆ 이 수치를 현대 중산층의 임금 수준과 동일시한다고 해도 크게 틀리지는 않겠지만, 사료에 기술된 소득끼리 비교하는 것이 더 유의미하다.

고대 임금 서열의 밑바닥에는 노예가, 노예 바로 위에 비숙련 일용직 노동자가 있었다. 시골에서 이 남성들은 일반적으로 수확을 보조하는 일에 고용되었고, 도시(특히 로마제국 시대)에서는 대규모 건설 현장에서 가장 많이 고용되었다. 어느 곳에서도 그들의 임금은 높다고 할 수 없었다. 일이 있다는 전제하에 고대 아테네에서는 보통 하루에 약 1드라크마를 벌었다. 로마 시대 노동자의 임금은 최저 생활 수준에 가까웠던 것으로 보인다. 폼페이의 노동자들은 하루에 1~4세스테르티우스(식사 포함)를 받았다. 상업적 지식이 있으면 돈을 더 벌 수 있었다. 예를 들어 아테네 외곽의 성전에서 일했던 숙련 노동자는 하루에 2.5드라크마를 벌었다. 비숙련 노동자보다 1드라크마 더 많은 임금이다. 마찬가지로 로마 세계에서는 수공업자가 노동자보다 훨씬 많은 돈을 벌었다.** 앞에서 살펴본 바와 같이, 디오클레티아누스 최고 가격령에 따르면 제빵사는 농장 노동자보다 2배 더 많은 돈을 벌었고 벽화 화가는 3배, 직업 화가는 6배 더 많은 돈을 벌었던 것으로 추정된다.[3]

기원전 5세기, 아테네의 장갑 보병과 헤군의 노잡이는 하

◆ 　로마제국의 다른 지역에서는 1200세스테르티우스 미만이어도 충분했을 것이다. 로마에서는 빵(보조금 덕분에)은 비교적 저렴했으나 집세가 비쌌다.

◆◆ 　로마제국에는 투석기 제조자, 사다리 수공업자, 맛 감별사 등 100가지 이상의 다양한 직업들의 동업자 조합이 있었음이 증명되었다.

루에 1드라크마를 벌었는데 이는 비숙련 노동자의 임금과 같은 수준이었다.[4] 서기 1세기 후반에서 2세기 후반까지 로마 군단병들은 1년에 1200세스테르티우스를 벌었다.[*] 특히 거액의 제대 수당(1만 2000세스테르티우스)까지 합하면, 일반 사병의 임금 수준은 숙련된 수공업자의 임금 수준과 비슷해졌다. 장교들은 더 높은 임금을 받았다. 백인 대장이 일반적으로 1년에 1만 8000 세스테르티우스를 벌었고, 군단의 수석 백인 대장은 7만 2000 세스테르티우스, 사령관은 놀랍게도 연간 20만 세스테르티우스를 받았다. 이는 군단병 167명분의 임금에 해당한다.[5]

현대 변호사들의 수입 수준과 마찬가지로 고대 변호사들의 수입도 쥐꼬리만 한 수준부터 혀를 내두를 만큼 높은 수준까지 천차만별이었다. 아테네인들은 법정에서 스스로 변론을 했다고 알려졌지만, 숙련된 연설자에게 비용을 지급하고 연설문을 쓰게 하는 일도 흔했다. 적어도 몇몇 법정 연설문 작성자들은 짭짤한 보상을 받았다. 한 피고는 재판 동안 자신을 지지해주는 사람들에게 1만 8000드라크마를 주겠다고 약속했다. 이는 1년간 100가구를 부양할 수 있는 금액이었다. 로마의 변호사들은 로마제국 시대까지 그들이 제공하는 법률 서비스에 대해 수임료를 청구할 수 없었다. 금지령이 해제된 후에도 1만 세스테

◆   실수령액은 이보다 적었는데 급여의 상당액이 음식 및 장비 명목으로 공제되었기 때문이다. 손실분은 새 황제가 취임하거나 혹은 그 외 특별한 경우에 받는 보너스로 일부 메워졌다.

르티우스(군단병 연봉의 약 8배)로 상한선이 정해져 있었다. 그러나 값비싼 '선물'로 변호사에게 보상하는 것이 관습적으로 이뤄졌던 것으로 보인다. 예를 들어 키케로는 의뢰인 한 명으로부터 200만 세스테르티우스의 '융자'를 받았으나 갚아야 한다는 의식은 전혀 없었다.[6]

고대 그리스에서 의사는 존경받았으며 돈도 잘 벌었던 것으로 보인다. 어느 의사는 아테네시에 6000드라크마를 기부할 여력이 있었고, 또 다른 의사는 매년 1만 2000드라크마를 벌었다고 전해진다(앞에서 아테네의 가구당 1년 생활비가 180드라크마라고 밝혔다). 로마 의사들의 다수는 사회적 지위가 낮은 해방 노예였지만 일부는 어마어마하게 부유했다. 칼리굴라 황제와 클라우디우스 황제의 개인 주치의는 연봉으로 50만 세스테르티우스(군단병 416명분)를 받았다. 한술 더 떠서 그는 고용주인 황제들에게 그 금액이 자기가 개업의로 일했을 때 얻을 수 있는 소득보다 적다는 것을 상기시키기를 좋아했다. 그 말은 사실이었다. 냉탕 목욕을 옹호한 것으로 유명한 로마의 인기 의사는 치료의 대가로 한 명의 환자에게 20만 세스테르티우스를 요구했다.[7]

대부분의 교사 역시, 지금처럼 그때도 지독한 박봉을 받았다. 그러나 법률과 의학 분야와 마찬가지로, 부유층과 유명인을 의뢰인으로 두었던 선택받은 소수는 막대한 돈을 벌었다. 남성

◆◆   그리 부유하지 않은 로마인들은 변호사에게 콩이나 보리로 보상했다.

대부분이 하루에 1~2드라크마를 벌던 시기에, 아테네의 일류 연설가들은 제자들에게 연설법 강습료로 최소 1000드라크마에서 1만 드라크마를 요구했다. 로마 시대 수사학 교사들은 귀족층 부모들을 등쳐 먹는 데 더 능숙했다. 1년에 40만 세스테르티우스(군단병 333명분)를 번 교사도 있었다고 한다.[◆] 로마, 아테네 및 타 대도시에서는 일부 대도시에서 가장 성공한 교수 몇 명이 수사학과 철학의 석좌─현대 종신 교수직에 가장 가까운 개념─를 차지했고 그들은 10만 세스테르티우스에 이르는 추가 임금을 받았다.[8]

고대 그리스에서 예능인들은 좋은 처우를 받지 못했는데, 이들 대부분이 주로 노예였기 때문이다.[◆◆] 그러나 로마의 예능인 중 일부는 유명 의사나 교사 못지않게 부유했다. 유명한 무언극 배우는 1년에 20만 세스테르티우스를 벌었고 위대한 희극 배우 로스키우스는 그보다 훨씬 더 많이 벌었다. 로마의 극작가들이 각본으로 큰돈을 버는 일은 극히 드물었으나, 아우구스투스 황제는 호평을 받은 비극 작품의 운 좋은 극작가에게 100만 세스테르티우스를 하사했다. 또 다른 황제는 매우 뛰어나게 아름다운 연주를 한 리라 연주자 두 명에게 각각 20만 세스테르티

◆　로마의 수사학 교수 대부분은 아마도 2000세스테르티우스 정도의 연 수입을 얻었고, 극히 일부 인기 교수들이 그렇게 터무니없이 높은 금액을 받았다.

◆◆　몇몇 창녀들은 이 규칙의 예외였다. 어떤 창녀는 하룻밤에 1만 드라크마를 청구했다고 한다.

우스를 주었다. 은퇴한 유명 검투사들이 원형경기장에서 결투를 선보이면 대략 비슷한 수준의 금액을 받았다. 그러나 로마의 모든 예능인 중에서 가장 부유한 사람은 키르쿠스 막시무스(고대 로마의 대형 원형경기장-옮긴이)의 전차 기수들이었다. 한 기수는 길고 매우 바쁜 경력 동안 1462경기에서 이겼고 거의 3600만 세스테르티우스를 벌었다. 군단병 3만 명의 연봉을 합친 것과 비슷한 수준으로, 그는 현대로 따지면 억만장자가 된 것이다.[9]

그리스·로마인 중에서 가장 부유한 자들은 자영업자들이었다. 아테네와 로마에서 상류층의 이상적인 삶은 공직 생활을 하고, 이와 별개로 거대한 토지로부터 이익을 얻어 여가를 즐기는 것이었다. 평균 연간 이익률은 약 6%로 추정되므로 그리 수익성이 뛰어난 것은 아니었지만, 농지는 고대 세계의 가장 안전하고 떳떳한 투자였다. 그러나 농작물 판매에 전적으로 의존하는 삶에 만족한 귀족은 거의 없었다. 로마의 거물들은 도시 부동산에 투자하는 일이 흔했다. 막대한 재산가였던 원로원 의원 크라수스는 노예들을 나눠 소방대원과 건설업자로 훈련했다. 로마에 화재가 발생할 때마다 그는 바로 현장으로 뛰어가서 불타고 있는 건물을 헐값에 사들였고, 이후 노예들을 화재 진압에 투입한 다음 건물을 임대 물건으로 재건축하게 했다. 노예 노동을 이용한 사업은 당시 상류층이 선호하는 투자 중 하나였다. 예를 들어 크라수스는 노예 일부를 필경사, 은세공업자, 웨이터 등으로 훈련하여 고용되도록 했다. 상업에 대한 직접 투자는 금기였으므로 귀족들은 대리인이나 부하들을 통해 참여할 수 있었고 또 그렇게 참여했다. 대출이자는 중요 소득원이었다. 특히 로마의 상류층에게 중요했다. 목돈이 다양한 이율로 대출되었다. 친구들에게는 4% 정도였고, 고위험 사업의 경우는 60%에 이르기도 했다. [10]

그러면 아테네인과 로마인 중 상위 1% 부자는 얼마나 부유했을까? 고대의 어느 시점이든 아테네인 수백 명은 3탈란톤(1만 8000드라크마) 이상을 소유하고 있었다. 알려진 아테네의 최고 재산은 200탈란톤(120만 드라크마)인데 이는 1년간 6600가구 이상을 부양하기에 충분한 금액이었다. 이 막대한 금액도 로마 상류층의 재산에는 그 빛을 잃는다. 로마제국 시대 동안 원로원 의원은 최소 100만 세스테르티우스(군단병 833명의 급여와 같음)의 개인 재산을 소유할 것이 요구되었고, 대부분은 이보다 훨씬 더 부유했다. 1300만 세스테르티우스에 해당하는 자산을 가지고 있었던 키케로는 아마도 원로원 의원의 재산 순위에서 중간쯤이었을 것이다. 소방대를 운영했던 크라수스는 가장 부유한 원로원 의원 중 한 명이었으며 2억 세스테르티우스의 재산을 보유했다. 서기 1세기에는 군단병 33만 명에게 연봉을 줄 수 있는

◆   철학자 세네카(철학자인 동시에 대단히 부유한 사업가였음)는 일부 브리타니아의 족장들에게 빌려주었던 4000만 세스테르티우스를 회수함으로써 브리타니아를 정복하는 데 일조했다.

108

금액인 4억 세스테르티우스의 재산을 가진 로마인이 두 명 있었다. 후기 공화정의 명장들은 그보다도 훨씬 부유했다. 폼페이우스는 승리 후에 3억 8400만 세스테르티우스를 부하 사병과 장교들에게 나누어주었고 추가로 2억 세스테르티우스를 국가에 바치기도 했다.[11]

물론 그중에서도 가장 부유한 사람들은 로마 황제들이었다. 황제 개인 소유과 국고를 분리해서 추정한다고 해도 황제 개인이 이집트(이탈리아 전역과 속주들에 있었던 수백 곳의 광대한 토지와 함께)를 소유했다는 사실은 황제들의 재산 규모가 상상도 할 수 없는 정도라는 것을 암시한다. 몇몇 황제들은 다른 황제들보

네로 황제의 황금 궁전 복원도

다 노골적으로 재산을 과시했다. 칼리굴라는 금화 더미에 기대어 있는 것을 좋아했고 네로는 1000만 세스테르티우스를 쌓아두면 어떤 모습일지 궁금해서 쌓아본 적도 있다고 한다. 전해지는 바에 따르면, 네로는 13년간의 치세 동안 무려 선물에만 22억 세스테르티우스를 썼다. 이는 제국 중기의 군단병 183만 3000명의 연봉보다 더 큰 금액이다.[12]

어느 시대건 어느 곳이건 갑부들이 그렇듯이 그리스·로마의 최고 부유층도 창의적인 방법으로 돈을 썼다. 로마 상류층은 막대한 금액을 가구에 쏟아부었다. 키케로는 편백나무로 만든 서빙용 탁자에 50만 세스테르티우스를 썼고, 그의 친구는 탁자에 그 두 배의 돈을 썼다. 고급 골동품 역시 터무니없이 비쌌다. 어느 안목 있는 로마인은 그리스의 장인이 만든 작은 조각품에 거금 100만 세스테르티우스를 지불했다.[**] 고급 저택과 타운하우스(도무스라고 함-옮긴이)에 훨씬 더 많은 금액이 흘러갔다. 키케로는 포룸이 내려다보이는 곳의 집을 사려고 350만 세스테르티우스를 썼고, 그의 동료 중 한 명은 근처의 저택을 사

◆   비교해보면 네로 치세 시 로마군 연간 예산이 5억 세스테르티우스로 추정되는데, 이는 전체 세입인 6억 7000만 세스테르티우스에서 지불되었다.

◆◆   새 조각상들은 훨씬 더 저렴했다. 속주들에서는 대리석이나 청동 등신상이 보통 3000~6000세스테르티우스였다. 그러나 로마시 내에서는 3만 세스테르티우스 이상인 것도 있었다.

려고 1500만 세스테르티우스를 썼다.♦♦♦ 칼리굴라의 부인이 사치 행각에 있어서는 으뜸이었다. 그녀는 연회에 4000만 세스테르티우스어치 에메랄드와 진주를 휘감고 나타났다. 그러나 고대사에서 가장 인상적인 구매는 약 150년 후에 일어났다. 2억

율리아누스 황제

5000만 세스테르티우스의 뇌물로 로마 황제의 자리를 산 이가 나타난 것이다. 그러나 두 달 뒤에 그 구매자(제19대 황제 디디우스 율리아누스-옮긴이)가 암살당했으니, 형편없는 투자라고 평가할 수밖에 없다.[13]

♦♦♦ 아테네의 한 거물 인사는 부지 구입에 5탈란톤(3만 드라크마)을 지불했던 것으로 보인다. 평균 그리스 주택값은 1500~3000드라크마로 추정된다.

고대 도시에는 어떤 위험요소들이 도사리고 있었을까?

고대 도시에는 거주민을 죽음으로 몰거나, 그렇지 않더라도 괴롭히는 다양한 요소가 있었다. 각 집의 바싹 마른 지붕들 위에는 화재 위협이 도사리고 있었고, 축축한 하수관에는 온갖 질병 위협이 잠복하고 있었다. 길거리의 통행자는 모조리 잠재적인 도둑이었으며 군중은 여차하면 폭도가 될 수 있었다. 거리에는 군데군데 배설물들이 흩어져 있고 시장통은 기생충이 들끓었으며 건물들은 쓰러지기 직전의 각도로 버티고 서 있다. 간단히 말해 도처에 위험이 깔려 있었다. 그러나 고대 최고의 거대 도시이자 문서로 가장 잘 기록된 도시 로마에서는 생명과 안전을 위협하는 사건들이 특히 빈발했다.

로마의 최고 부유층은 재잘거리는 분수와 멋진 대리석 바

인술라이 복원도

닥이 갖추어진 고급 빌라에서 유희를 즐겼다. 그 외의 모든 사람은 꽤 설비가 잘 마련된 집에서부터 지저분하기 짝이 없는 집까지 다양한 범위의 공동주택에서 살았다. '섬들'이라는 의미의 '인술라이(insulae, 단수형은 '인술라insula'임-옮긴이)'라고 불렸던 로마의 공동주택은 일반적으로 3~4층짜리 건물이었다.[◆] 1층에는 점포들이 자리 잡았다. 바로 위층이 가장 좋은 층이었다. 거리와 상대적으로 가까우므로 계단의 수를 최소화할 수 있고 원시적인 형태나마 배관 시공이 가능했다. 비좁고 저렴한 집들은 위쪽에 몰려 있었는데 보통은 날림으로 증축한 것이었다.[◆◆] 이 펜트하우스들은 때로 무너져 내렸다. 인술라이 전체가 무너지기도 했다.[1]

◆ 인술라의 법적 허용 높이는 약 21m로 제한되어 있었으나(후에 추가로 약 18m 허용) 일부 건물은 이 제한을 훨씬 넘었던 것으로 추정된다. 그중 하나로 인술라 펠리클레스는 매우 높아 관광 명소가 되었다(8층 높이였다고 함-옮긴이).

폭삭 주저앉은 공동주택 밖에서는 도둑을 조심해야 했다. 매일 아침, 소매치기들이 광장과 길거리에서 주의가 산만하고 한눈파는 먹잇감을 호시탐탐 노리고 있다. 매일 오후, 손버릇 나쁜 남자들이 욕장의 탈의실들을 어슬렁거리며 용의주도하게 귀중품을 찾고 있다. 매일 밤, 벽을 탈 수 있도록 징을 박은 신발을 신은 전문 빈집털이범들이 지붕 사이를 살금살금 다니며 창문으로 침입했다. 많은 지역이 거의 텅텅 비는 주요 제전 때에는 절도가 워낙 만연하여 황제들이 무장 순찰대를 각 거리로 파견하곤 했다.[2]

밤에 길거리를 돌아다니는 사람은 누구나 강도나 구타, 혹은 더 나쁜 상황에 노출되었다. 훤한 대낮에도 상해 사건은 언제든 일어날 수 있었다. 한 저술가는 거리에서 스쳐 지나가는 모든 사람의 뺨을 후려쳤던 미치광이 귀족에 관해 언급하기도 했다. 길거리 폭력은 흔한 일이었다.[***] 특히 격동의 시기였던 로마 공화정 마지막 몇십 년간은 극에 치달았다. 폭력단끼리 거리

◆◆　주로 시골에서 온 이주 노동자들에게 임대된 가장 저렴한 방들의 집세는 매일 혹은 매주 부과되었다. 그러나 대부분 공동주택은 1년 임차 계약 기반이었다. 임차료 내는 날인 7월 1일은 빈곤층에게 공포의 날이었다. 임차료를 내지 못한 사람들은 로마의 다리 밑이나 현관 주랑 아래에 옹기종기 모여 있는 노숙자들에게 합류해야 했기 때문이다.

◆◆◆　원로원 의원들은 일상적으로 회의 전에 단도 소지 여부 확인을 위해 몸수색을 당했다. 그렇다고 해서 그들이 사생활에서는 살인적인 행위를 하지 않았던 것은 아니다. 심지어 비교적 안정적이었던 1세기에도, 욱해서 아내를 창밖으로 밀어버리거나 정부를 죽인 원로원 의원에 관해 들은 바 있다.

에서 싸움을 벌였고 범죄자들이 배짱이 두둑해져서 범죄자 조합을 결성할 정도였다.[3]

로마 정부는 시민을 보호하기 위해 최소한의 조치를 취했을 뿐이었다. 일부 범죄, 특히 반역죄와 존속 살해 등에 대해서는 국가의 안정을 위협하고 신들의 은총을 앗아간다는 근거로 엄격하게 처벌했다. 그러나 절도 및 폭행 등의 피해자는 스스로 해결할 수밖에 없었다. 그들은 자기를 해친 범죄자들을 직접 찾아낼 것을 권고받았고, 범죄자들을 찾는 데 성공해야 사건을 법정으로 가져갈 수 있었다. 그렇지 않을 경우에는 사적 보복의 형태로 범죄자를 응징할 수 있었다.

19세기 전까지의 도시 대부분이 그랬듯이 로마에는 직업 경찰이 없었다. 그러나 로마제국 시대에는 비길레스라고 알려진 소방관들이 밤거리를 순찰하면서 범죄 현장에서 현행범으로 잡힐 법한 뻔뻔하거나 굼뜬 사람은 닥치는 대로 체포했다. 마찬가지로 사람들은 주간에는 도시 주둔군, 즉 로마에 주둔하고 있던 군단병들이 범법자를 체포해 주기를 기대했다. 가끔 야심에 찬 관리들은 도시 주둔군에게 범죄를 엄중히 단속할 것을 명령했다. 그러나 이 병사들은 범죄자를 재판에 회부하기보다는 뇌물을 요구하는 것에 더 관심이 많았던 것으로 보인다.[4]

행정당국에 의지할 수 없었던 로마 사람들은 스스로 자신을 지켜야 했다. 문에는 쇠사슬을 걸고, 창문에는 창살을 설치했으며 몽둥이를 든 경비원을 현관 앞에 세워두었다. 밤에 위험을 무릅

튜닉과 단검을 착용한 비길레스의 모습 |
로마 시대 부조

쓰고 외출하는 사람들은 무장 경호원을 데리고 갔다.♦ 추가적인 보안을 위해 로마인들은 그들의 경첩과 문을 지키는 신들에게 호소했고 거리의 주술사에게 도난 방지를 위한 저주를 주문하기도 했다.⁵

그러나 어떤 주문도 민중의 폭동을 없애지는 못했다. 로마는 한순간도 민중의 폭동이라는 위협에서 벗어날 수 없었다. 대부분의 폭동은 곡물 가격 상승과 시민들이 원치 않는 법 때문에 촉발되었다. 보다 큰 규모의 갈등이 확대되어 폭동이 되기도 했다. 예를 들면 4세기에는 교황 선출을 둘러싼 분쟁으로 인해 수백 명이 죽었다.♦♦ 도시 주둔군이 사회 질서 유지에 실패하면 황제들은 근위대를 파견했다. 그러나 평상

♦   부유층 로마인들이 검투사를 경호원으로 고용하는 일은 흔했다.

♦♦   물론 대다수의 폭동은 하찮은 일에서 촉발되었다. 알렉산드리아에서 있었던 어느 폭동은 노예와 병사가 누구 신발이 더 좋은지를 두고 말다툼하다 시작되었고, 에페수스 사람들은 욕장 물이 너무 차갑다는 이유로 봉기한 적도 있다고 한다.

로마 폭동 | Thomas Cole, 〈The Course of Empire〉, 1836.

시에도 근위병들은 잔인함으로 악명 높아서, 한 황제는 죄 없는 민간인을 구타하는 것을 명시적으로 금지해야 했다. 그들은 자비 없는 군중 통제로 유명했다. 한번은 근위 기병대가 시위자 수백 명을 학살하자 도시 주둔군이 폭도들에게 합류하여 기병대를 공격했다. 또 한번은 근위병들이 성난 민중과 해방된 검투사들이 연합한 폭도와 사흘 연속 전투를 벌이는 그 과정에서 인근 지역을 깡그리 불태운 적도 있다.[6]

근위대가 진영에 머물 때라도 사라지지 않는 위협이 있었으니 바로 화재였다. 인술라이 대부분의 외벽은 콘크리트에 벽돌을 바른 것이었지만 증축하여 올린 집, 칸막이, 가구, 그리고 마루는 목조였다. 거리 쪽으로 돌출된 베란다, 사원의 서까래,

콜로세움의 상단 좌석 등도 목조였다.♦ 로마의 길고 더운 여름 동안 이 목재들이 바싹 말랐으므로 도처에서 불꽃이 튀었다. 많은 로마인이 전등이 넘어지거나 화롯불이 번질 때를 대비하여 물통이나 식초병을 상비해 두었다. 그러나 일단 화염이 솟구치면 귀중품을 움켜쥐고 계단을 쏜살같이 달려 내려와 비길레스가 어서 오기를 바라는 것 외에는 할 수 있는 일이 없었다.[7]

　로마의 소방관 비길레스는 도시 전역의 기지에 주둔하고 있었다. 매일 밤, 이들은 도끼와 양동이를 들고 어둑어둑한 거리를 걸어 다녔다. 연기를 마셨거나 화재의 징후가 보이면 이들은 위험에 처한 건물로 달려가 문들을 부수었고 가장 가까운 분수까지 양동이를 든 채로 사슬 대형을 이루었다. 화염 진압에 실패하면 심부름꾼들을 기지로 보내어 지원 인력과 중장비를 요청했다. 지원 인력과 중장비가 도착하면 비길레스는 그들이 가장 잘하는 일에 착수했다. 바로 건물 폭파였다. 가압 급수 본관이나 호스가 없는 상황에서, 불이 번지는 것을 막는 유일한 방법은 연료를 차단하는 것이다. 그리고 연료를 차단하는 유일하고 확실한 방법은 불타는 건물과 인접한 모든 건물을 붕괴시키는 것이다. 그들은 곡괭이, 갈고리 달린 밧줄, 소형 투석기를 사용하여

♦　3세기 초에 번개가 쳐서 콜로세움의 상단 좌석에 불이 난 적이 있었다. 진화하려는 초인적인 노력(불 끄는 자들이 '송수로를 전부 비웠다'라고 했다고 한다)에도 불구하고 화염은 건물 전체를 파괴했다. 수년간 보수한 후에야 다시 사용할 수 있었다.

파괴 작업을 시행했다. 잔해 위에는 식초에 적신 담요를 펼쳤다. 일단 화염이 진압되면 각 비길레스 부대에 소속된 위생병들이 부상한 민간인을 치료했다. 불을 낸 사람이 밝혀지면 그는 공개적으로 구타를 당했다. 그러고 나서 소방관들은 연기 나는 화재 잔해의 수습을 집주인(혹은 집주인의 보험업자)에게 맡기고 다시 순찰에 복귀했다.[8]

　　공기가 건조하고 바람이 부는 밤에는 불길이 지붕을 타고 빠른 속도로 번지므로 비길레스가 미처 진압하지 못했다. 그러므로 황제는 화재와 싸우는 것을 돕도록 노예들을 임명하거나 민간인 자원봉사자들을 촉구했다. 그러나 그런 노력이 아무 소용 없을 때도 있다. 로마 역사상 최악의 화재였던 서기 64년 화재 때는 6일 밤낮으로 불길이 맹렬히 타올랐다. 불길은 건물 수백 채가 파괴되어 거대한 방화선을 형성한 후에야 겨우 진압되었다. 네로는 도로 폭을 넓히고 석조 건물을 건축함으로써 도시의 방화 기능을 강화하고자 했다. 네로의 후임 황제 중 한 명은 "네로의 화재 제단" 14개를 넵투누스(그리스 신화의 포세이돈에 해당-옮긴이)에게 헌정했다. 넵투누스는 물을 관장하는 신이므로 불과 싸울 때 좋은 동맹자였다.** 그러나 제아무리 넵투누스라도 로마를 불길에서 구할 수 없었다.[9]

　　넵투누스는 또 티베르강의 관리에도 소홀했다. 겨울에 큰

◆◆　　사실상 화재 예방을 담당하는 신은 스타타 마테르(Stata Mater; 불을 막는 어머니)라는 지역 여신이었다.

로마 대화재 | Hubert Robert, 〈The Fire of Rome〉, 1785.

비가 내리고 나면 티베르강 수위가 약 15m 높아져 일주일이나 도심 전체가 물에 잠겼다. 홍수를 막기 위한 다양한 아이디어들이 제안되었다. 율리우스 카이사르는 도시 아래로 새 수로를 파는 것을 고려했다. 원로원은 티베르강 몇몇 지류의 방향을 바꾸자고 제안했다. 그러나 결정적인 대책은 시행된 바가 없었기에 홍수는 여전히 건물들을 파괴했고 건물 벽에 곰팡이 얼룩을 남겼으며 곡물 공급에 큰 피해를 주었다.[10]

로마의 곡물 공급은 빈번한 갈등의 원천이었다. 빵은 로마인 대다수의 식단에 큰 부분을 차지했다. 매년 로마 시민 전체가 필요로 하는 밀의 양은 20만 톤 정도였다. 그중 3분의 1이 유명한 '곡물 배급(정부가 사들인 후 배급하는 제도로 '큐라 아노나Cura Annona'라고 불림-옮긴이)'으로 분배되었을 것이다.* 나머지는 자유 시장에서 판매되었지만 가격은 정부에 의해 규제되었다. 자유 시장이든 배급이든, 로마의 곡물은 시칠리아, 튀니지, 이집트의 비옥한 들판에서 들어왔다. 그중 최고 수확량은 이집트에서 나왔다. 매년 여름 곡물 운반선 수백 척이 티베르강 어귀의 거대 항구 단지로 입항했다. 곡물은 사람이나 황소의 무리가 이끄는 바지선에 실려 로마까지 옮겨졌고 거대 창고에 저장되었다. 이 시스템이 원활하게 작동할 때는 도시 안팎으로 여분의 곡물이 충분했다. 그러나 악천후, 홍수, 폭동 등에 의해 공급 문제가 발생하면 로마는 위기에 부닥쳤다. 실제로 굶주리는 일은 드물었지만 식량 부족과 가격 급등은 드문 일이 아니었다.

매일 수억 리터의 물을 끌어올 수 있는 11개의 수도교 덕분에 물 공급은 꽤 안정적이었다. 일부 사람들은 로마인이 납으로 된 수로관 때문에 납 중독으로 죽었다고 믿지만, 이는 사실과

◆   공화정 후기에 로마 정부는 무료 곡물을 로마 남성 시민에게 제공하기 시작했다. 제국 초기에는 수령자가 20만 명 정도였다. 수령자는 한 달간 자기 자신과 부양가족 1인이 먹기에 충분한 양을 받았다. 자기 몫의 곡물 부대를 받기 위해 로마인은 배급 센터였던 큰 현관 주랑으로 가서 교환권을 제시했다. 다음 한 달 동안 그는 이 곡물의 일정 분량을 이웃의 제빵사에게 주고 가루를 만들어 굽도록 했다. 종국에는 황제가 중간 상인을 배제하고 구운 빵을 직접 배급했다.

로마 수도교

다르다. 로마인들은 납에 독성이 있음을 알고 있어서 수로관 대부분을 토관으로 만들었다. 게다가 로마의 수도교를 통해 공급된 물은 칼슘 함량이 높아 순식간에 납으로 된 일부 관을 석회로 코팅해 납이 물로 녹아 나오는 것을 막아주었다. 간단히 말하면 로마의 물은 건강에 해롭지 않았다. 그러나 도시의 원시적인 하수 처리 시설은 사정이 달랐다.[11]

　　로마 거주자들은 추정컨대 매일 약 4만 kg의 배설물을 만들어냈다. 배설물 일부는 도시의 공중변소에서 배출되었다. 공중변소는 흔히 화려하게 장식이 되어 있었고 때로 난방이 되기도 했다. 공중변소는 번화한 주요 도로변과 욕장에 별도로 마련된 모퉁이에 위치했다. 보통 10여 개의 자리가 있었고 많은 경우에는 64석이 있기도 했다. 칸막이도 없이 나란히 앉아서 일을 보았다. 사생활은 전혀 고려하지 않은 듯하다. 사실상 공중변소의 분위기는 대단히 유쾌했다. 로마의 한 시인은 변소에서 같이 일을 보던 사람으로부터 저녁 식사 초대를 받으려 했던 한 남자에 관해 기록한 바 있다. 변좌 아래 수도관에서 넘치는 물이 분뇨통을 씻어주었기 때문에 공중변소 시설은 상당히 위생적이었다. 그렇지만 휴지 대신에 사용되었던 공통의 스펀지는 그렇지 않았다.◆ 더 시급한 위험 요소는 환기 시설이 열악한 하수로에 고인 메탄가스였다. 때때로 메탄가스에 불이 붙어 변좌를 통해 불덩이가 발사되었다.◆◆12

개인들의 변소는 보통 하수관에 연결되어 있지 않았다. 고대의 배관에는 역류를 막아주는 트랩이 없었기 때문에 하수관

◆ 현대의 물단지나 비데에 상응하는 것으로서 때로는 물이 담긴 작은 항아리가 항문 위생에 사용되었다는 의견이 제시되어왔다.

◆◆ 변소의 불쾌한 점들에노 불구하고, 변소는 야외 배변율을 적어도 조금은 낮추었다. 로마의 많은 주택 소유주들은 도로변으로 난 벽에 'cacator cave malum(배변 금지! 저주를 받을 것이다!)'라고 써야 했다. 반면 도시의 축융공(털 섬유에 습기, 열, 압력을 가해 서로 엉키고 줄어들게 하는 직공-옮긴이)들은 노상 방뇨를 적극적으로 권했다. 그들은 천을 가공하는 데 사용할 소변을 모으기 위해 거리 구석구석에 항아리를 놓아두었다.

로마 항구 오스티아의 대형 공중변소

에 직접 연결되면 유독 가스가 집에 가득 찰 수도 있었고 들쥐에서 문어까지 각종 유해동물이 들어올 수도 있었다.✦ 로마인 대부분은 당연히 구덩이 형태의 변소를 선호했다. 변소는 주방 옆이나 안에 있어서 음식물 쓰레기도 구덩이에 던져 넣을 수 있었다. 몇몇 공동주택은 토관을 따라 변기 여러 개가 연결된 공동 분뇨통을 두기도 했다. 그러나 로마인 대다수는 집 안에 요강만을 가지고 있었다. 점잖은 로마인은 요강을 변소나 하수관에 가져다 비웠지만, 대부분은 분뇨를 거리에 휙 던졌다. 그래서 거리는 인간의 분뇨, 동물의 배설물, 쓰레기, 동물 사체 등이 섞여 있었다. 이론적으로 거리는 근처 분수의 물이 배수로를 따라 흐르다가 하수관으로 향하면서 청결해져야 했다. 그러나 실제로 그 물은 오물을 살짝 축이는 정도에 불과했을 것이다. 적어도 동물 배설물과 인간의 분뇨는 거름 수거꾼이 정기적으로 수거하여 치웠을 것이지만, 나머지는 폭우에 씻겨 내려가기 전까지 썩어서 지독한 악취를 풍겼다.[13]

로마의 불결한 거리는 질병의 온상이었다. 일반적인 로마인은 체내 기생충이 득실댔고 종종 심한 위장염으로 인한 설사에 시달렸으며 매년 말라리아에 동반되는 고열과 오한을 앓았다. 로마에서의 삶을 죽음으로 향하는 전주곡으로 만들었던 주역은 화재나 도둑이 아니라, 하수구에서 부화한 모기와 보이지 않는 병원균이었다.

♦ 한 로마 저술가에 의하면 거대한 문어가 하수관을 통과하여 창고로 난입했다. 문어가 변기를 통해 나타났을 때, 집주인들은 손도끼로 촉수와 공방전을 거쳐 결국 진압에 성공했다.

노예는 어떤 삶을
살았을까?

고대 아테네와 후기 로마 공화국에서는 인구의 3분의 1이 노예였다.* 노예들은 자유인과 똑같은 언어를 쓰고 같은 옷을 입고 자유인과 함께 걷고 일하고 살아갔다. 그러나 아무리 신분이 비천하더라도 나면서부터 자유인인 이웃과 달리 노예들은 경고 없이 팔리고 자비 없이 처벌받고 보복의 염려 없이 살해당할 위험이 있었다. 법의 관점으로 노예는 사람이 아니었다. 노예는 도구나 짐 나르는 짐승과 마찬가지였다. 그리스어로 'Andropodon(안드로포돈)', 즉 사람의 다리를 가진 물건이었다.

◆   노예는 언제나 존재했지만, 고대의 다른 지역과 시대에는 이보다 수가 적었다. 이집트의 파피루스에 남은 기록을 근거로 볼 때 로마제국 인구의 약 10%가 제국 초기에 노예화되었다고 추정된다.

그러나 이런 기본적인 사실 너머에 존재하는 노예들의 삶은 천차만별이었다.

많은 노예가 시골에 살면서 상류층 구성원이 소유한 거대한 부지에서 일하거나 또 도시의 작업장에서 방패부터 신발까지 모든 것을 만들었다. 어떤 노예들은 독립적으로 살면서 주인에게 임대받은 상점을 운영하며 이윤의 일정한 몫을 주인에게 주었다. 그러나 사료들에서 가장 흔히 보이는 노예들은 부자들의 집안일을 다스렸던, 비교적 특권 있는 소수이다.** 이 노예들은 주인에게 충성하며 시중을 들었다. 주인의 다리를 주무르기도 하고 재정을 주무르기도 했다. 전쟁터와 목욕탕에 동행했으며 어느 노쇠한 원로원 의원의 경우에는 이를 닦아주기도 했다. 노예들은 주인의 모든 변덕에 응하도록 훈련을 받았다.*** 부유하지만 무식한 출세주의자는 총명한 노예를 아홉 명 사서 고전문학 작품들을 외우라고 지시했다. 그리고 만찬 파티에 대동하고 가서 자기에게 적절한 인용 문구들을 알려주도록 했다. 덜 가

** 흔히 로마의 귀족 가문에는 수백 명의 노예가 극도로 세분화된 임무를 맡고 있었다. 임무로는 거울 들기, 은 광내기, 그림 관리하기, 향유 만들기 등이 있었다. 티베리우스 황제에게는 로마의 유명 인사들을 우스꽝스럽게 흉내 내는 데 특화된 노예도 있었나.

*** 특히 로마 시대에 부유층 주인들은 특별한 재능이 있는 노예들을 사기 위해 천문학적인 비용을 지불했다. 대부분의 노예 몸값이 1000~3000세스테르티우스였을 때 부유한 로마인들은 잘생기고 젊은 술 따르는 남자를 위해 10만 세스테르티우스, (가짜) 일란성 쌍둥이를 위해 20만 세스테르티우스, 유명한 학자를 위해 70만 세스테르티우스를 지불했다.

포도주 항아리를 나르는 노예들 | 2~3세기경 제작된 모자이크

식적인 노부인은 남성 무용단을 무척 아꼈는데 서양 장기를 두
는 사이마다 보곤 했다.[1]

　　노예들은 부자들의 저택을 관리하는 일 외에 도시와 국가
운영을 돕기도 했다. 고대 아테네에서 노예들은 대중 집회의 질
서 유지와 죄수 처형 같은 궂은일을 했으며 법률 문서 작성 및
제출 등의 일을 했다. 마찬가지로 로마에서는 수로가 막히지 않
도록 유지하고 (해방 노예가 되면) 소방대로 일했다. 황실의 노예
들은 황실을 운영하는 책임을 맡는, 특별하고 대단히 명망 높은
집단을 구성했다. 그들은 광대한 황실 소유의 영지들을 감독하
고 로마제국의 재정을 관리하는 데 조력했다.

　　주인과 친밀히 지냈던 일부 노예는 주인의 친구가 되기도
했다. 예를 들어 키케로는 노예 비서인 티로를 신뢰하여 그에게

재정 관리를 맡겼으며 그를 친구라고 칭했다. 또 그가 병들었을 때 최고의 치료를 받을 수 있도록 준비해 주었다. 다른 로마의 원로원 의원은 그가 가장 좋아하는, 그리스 희극 낭독자였던 해방 노예 한 사람이 건강을 위해 이집트에 갈 수 있도록 비용을 지불했다. 그러나 그렇게 운이 좋은 노예는 지극히 드물었다. 주인의 호의를 얻지 못한 경우는 대부분 최소한의 식량만을 얻고 손바닥만 한 방에서 잤으며 정상적인 가족생활 등 그 어느 것도 허가받지 못했다.[*] 수많은 들판 노동자 노예에게 인생은 가혹했고 광산으로 내몰린 수만 명의 노예에게 인생은 지옥이었다. 숨막히는 암흑 속에서 사슬에 묶인 이 남녀 노예들은 가장 잔혹한 형태로 노예 제도의 비인간성을 경험했다.[2]

그나마 우호적인 상황에 있는 노예들도 굴욕적이고 무자비한 처우를 당하는 것은 일상다반사였다. 예를 들어 아우구스투스 황제는 벌로써 노예의 다리를 산산조각 낸 적이 있었고, 메추라기 싸움에서 승리한 메추라기를 먹은 죄목으로 해방 노예에게 십자가형(배의 돛대에 고정하고 못을 박음-옮긴이)을 명하기도 했다.[**] 이

◆ 그리스 노예들은 영속적인 관계(결혼을 의미-옮긴이)를 맺는 것이 거의 허락되지 않았다. 마찬가지로 로마 노예도 결혼은 허락되지 않았으나 비공식적 결합은 상당히 흔했던 것으로 추정된다. 일부 주인들은 노예들이 자녀를 낳는 것을 권장했으나, 그럴 경우 그들은 노예 매매에 의해 가족이 해체될 끔찍한 가능성을 염두에 두고 살아야 했다. 이는 콘스탄티누스 치세 때까지 합법이었다.

◆◆ 자기 노예를 처벌하는 것이 내키지 않은 로마인들은 정액 요금으로 공공 고문자를 빌릴 수 있었다.

후의 황제들은 노예 주인이 노예를 거세하거나 (정당한 이유 없이) 매춘부나 검투사로 팔아넘기는 것을 금지하는 법을 승인했다. 그러나 주인에게 대항하여 음모를 꾸민 노예는 산 채로 화형을 해도 합법이었다. 일상생활 속에서 법적이든 사회적이든 노예에 대한 주인의 처우에는 실제적인 제약이 없었다. 학대당하는 노예가 기댈 수 있는 수단은 성전(로마제국에서는 황제 동상)으로 도피하여 다른 사람에게 팔리도록 호소하는 것뿐이었다.[3]

마침내 그리스·로마인은 동료 시민을 노예로 삼는 것에 대한 양심의 가책은 느끼게 되었지만, 노예 제도 자체에 대해서는 의심조차 하지 않았다. 아리스토텔레스는 자기 자신을 다스릴 능력이 없는 자들(다른 말로 야만인)은 본성적인 노예라고 주장했다. 플라톤은 그리스인을 노예로 삼는 것, 특히 플라톤 자신의 노예화(그는 화난 폭군에 의해 노예로 팔린 적이 있었다)만 반대했다. 만인이 본성적으로 평등하다고 주장했던 스토아학파조차 야심과 탐욕에 사로잡힌 정신적 노예가 되는 것보다 육체적 노예는 덜 해롭다고 생각했고 노예 주인들에게 노예를 인도적으로 대하라고 권고하는 데 그쳤다. 초기 기독교인들은 노예에 대한 성적 학대를 날카롭게 비난했다. 금욕적인 생활 양식을 받아들였던 신자들은 그들의 노예를 해방할 것이라는 기대—매우 부유하고 신앙심 깊은 어떤 부인은 8000명에 이르는 노예를 해방했다—와 달리, 주교 중에서 노예제 자체에 반대를 제기한 사람은 거의 없었고 교회가 크게 성장했다고 해서 노예 수가 크게

로마의 포로들 | Charles William Bartlett, 〈Captives in Rome〉, 1888.

줄지는 않았다.[4]

그리스·로마의 주인들은 노예를 풀어줘야 할 사회적 압력이 없었으므로 노예 해방은 순전히 운에 달린 문제였다. 위기 상황에서는 다수의 노예가 해방되어 군인이 되었다. 사회의 불안 역시 고대의 몇 안 되는 대규모 노예 반란이 횐경을 소성했다. 그중 가상 유명한 노예 반란은 검투사 스파르타쿠스가 이끌었던 반란으로, 노예 7만 명이 모여들어 진압당하기 전까지 로마의 2개 군단을 무찔렀다. 좀 더 일상적인 경우는 개개 노예들이 홀연히 사라지는 경우였다.[*] 예를 들면 키케로의 노예 사서

스파르타쿠스 | Denis Foyatier,〈Spar
tacus〉, 1830.

중 한 명이 크로아티아산맥으로 달아났는데 이후 그의 소식을 들은 사람이 없었다. 그런 도주 시도는 상대적으로 드물었다. 도주했다가 잡혀 온 노예는 무자비한 처벌을 받았고, 혹여 운 좋게 노예 추적자들을 피했다고 해도 떠돌이로 살아갈 수밖에 없다는 사실을 직면했을 것이다.[5]

현실적으로 대부분의 노예가 속박에서 벗어날 수 있는 유일한 방법은 '해방'(자유의 승인)뿐이었다. 노예가 해방될 가능성은 주인과의 관계에 달려 있었다. 시골 영지에서 일하는 노예들은 주인과의 신뢰 관계를 거의 기대할 수 없었다. 반면 집 안에서 총애

◆　한때 노예 주인들은 도주 보험을 구매할 수 있었다. 알렉산드로스 대왕의 관리 중 한 명은 화물 운반인이 필요하자, 그에게 노동력을 빌려줄 의향을 가진 노예 주인에게 노예들의 몸값을 등록한 후 몇 드라크마에 전체 담보 보험을 사도록 했다.

받는 노예는 해방 가능성이 상당히 컸다. 주인들이 내연 관계의 노예를 해방하는 경우가 종종 있었다. 적어도 로마제국에서는 그랬다. 이는 결혼하기 위한 목적이었다.** 또 어떤 주인들은 어린 노예들(대개 자신의 생물학적 자녀)을 해방하여 상속자로 입양하기도 했다. 주인의 개인 비서나 연구 보조자로 일했던 노예들은 주인의 사업체에서 핵심적인 역할을 했던 노예들처럼 해방되기를 기대할 수 있었다. 독립적인 수공업자가 된 노예들은 자유를 돈으로 살 수도 있었다.

해방 의식은 다양했다. 고대 그리스 세계에서는 소유자가 제전에서 정식으로 노예를 신에게 '팔고' 노예의 자유를 선포했다. 혹은 노예를 고소하는 재판을 벌인 후 패소했다(노예는 해방되어도 이전 주인에게 행할 의무들이 있었는데, 이전 주인이 고소하여 해방 노예에게 잘못이 없다고 인정되면 그 노예는 완전한 자유를 얻을 수 있었기에 일부 주인은 이 수법을 이용하여 노예에게 완전한 자유를 주기도 했음-옮긴이). 그러면 로마의 노예들은 정식으로 시민으로 등록할 수 있었고 관리 앞에서 자유를 선언할 수 있었다(관리가 그저 걸어서 지나가고 있었다고 해도 가능했다). 혹은 단순히 증인들 앞에서 해방되었다. 그리스·로마인들 모두 주인의 의시로 노예를

놓아주었다.♦6

　아테네 및 기타 그리스의 도시들에서 해방 노예는 시민이
아니었다. 그들은 정치에 참여할 수 없었고 부동산을 소유할 수
없었다. 반대로 로마의 해방 노예는 완전한 시민이 되었다(그러
나 주요 관직에서는 제외되었다). 그리스·로마 사회에서 해방된 노
예들은 이전의 주인에 대한 의무를 여전히 졌다. 때로는 시간제
로 무임금 노동을 하기도 했고 공공연한 복종 관계를 수반했다.
일부 해방 노예는 자유 신분에 적응하려고 분투했지만, 대부분
은 노예 시절 습득한 상업 능력으로 경제적으로 번영을 누렸다.
고대 아테네에서 가장 유명한 해방 노예로는 부유한 은행가였
던 파시온과 포르미온이 있는데 두 사람 다 노예 서기였다. 로마
의 일부 해방 노예는 상업과 공직 생활을 통해 어마어마한 재산
을 축적했다. 소수의 해방 노예는 저명인사가 되어 본래 자유인
신분의 고위층 여성과 결혼하기도 했다. 자기 소유의 노예를 자
그마치 4116명이나 두었던 해방 노예도 있었다.7

　특히 로마 세계에서는 해방 노예와 후손들이 많은 분야에
서 두각을 나타냈다. 희극 작가인 테렌티우스는 노예 출신이었
고 시인인 호라티우스는 해방 노예의 아들이었다. 스토아학파
철학자인 에픽테토스 역시 해방 노예였는데 노예 시절 주인에

♦　단번에 수백 명 혹은 수천 명의 노예를 해방하는 데 따르는 사회·경제적 여파
에 대한 불안으로 로마인들은 주인의 의지로 해방할 수 있는 노예를 100명으
로 제한했다.

게 받은 학대로 인해 절름발이가 되었다. 교황 칼릭스투스 1세도 노예 출신이었다. 기독교 박해자 디오클레티아누스 황제는 해방 노예의 아들로 추정된다. 그러나 가장 인상적인 이력의 소유자는 로마의 노예 소녀였던 무사이다. 그녀는 파르티아제국의 황태후가 되었다. 정리하자면 고대의 노예제는 종신형은 아니었지만 노예 해방은 재능 있고 운 좋은 극히 일부에 해당하는 이야기였다.[8]

고대 사회에서도
이혼을 했을까?

그 부부의 지인 모두가 그들이 곧 헤어질 것이라는 것을 알았다. 남자는 충동적이고 둔감하며 비정하고 고약한 성미의 소유자였다. 여자는 의심이 많고 방약무인했으며 남편 못지않게 성질이 불같았다. 그들은 당황한 손님들을 개의치 않고 서로를 비난하고 말다툼하며 소리를 질렀다. 몇 년간 불행이 점점 고조되더니 결국 불가피한 일이 벌어졌다. 여자는 집을 나갔고, 남자는 신경 쓰지 않았다. 우리는 모두 이와 비슷한 이야기를 알고 있다. 그들 중 하나인 퀸투스와 폼포니아 부부(고대 로마의 위대한 정치가이자 저술가였던 키케로의 남동생인 퀸투스 부부-옮긴이)의 결혼은 기원전 45년에 종말을 맞이했다.[1]

일부 철학자들은 결혼이 정신을 혼란하게 한다고 간주했

로마의 결혼 장면 | 4세기경 제작된 석관

고 일부 부유층 남성들은 결혼이 나쁜 투자라고 간주했으며 일
부 사교 집단은 결혼이 죄라고 비난했다. 그러나 고대 세계에서
는 이들 일부를 제외한 거의 모든 사람이 결혼을 꼭 해야 할 것
으로 여겼다. 오직 결혼을 통해서만 부부는 적자를 낳을 수 있
었다. 오직 결혼을 통해서만 대부분의 남성과 여성은 상당한 사
회·경제적 안정을 손에 넣을 수 있었다. 오직 결혼을 통해서만
핵심 권력층은 계층과 권력을 유지할 수 있었다.

요컨대 결혼은 필수불가결한 것이었다. 또 대단히 중요한
문제이므로 지나치게 감정에 휩쓸려 결정해서는 안 되었다. 대

부분의 결혼은 구혼자와 신부 가문 사이에서 주선되었다. 신부는 발언권이 거의 없었는데 그 이유 중 하나는 보통 신부가 너무 어렸기 때문이다. 그리스·로마 여성은 대부분 10대 중반에 결혼했다. 귀족 가문의 신부는 겨우 사춘기에 들어선 경우가 많았다. 로마법에서 허용한 최소 법적 혼인 연령은 12세였다. 반면 남성은 대부분 20대 후반이나 30대 초반에 결혼했다. 남편과 아내의 10∼15살 정도 되는 나이차에는 결혼의 목적에 대한 고대 사고방식이 반영되어 있다. 남성은 가족을 부양할 만큼 자리를 잡아야 하고 여성은 가임기의 문턱에 들어서야 한다는 것이다. 당시 사람들은 부부가 서로에 대한 연애 감정으로 관계를 시작하는 것이 필요하거나 심지어 바람직한 것이라고 여기지도 않았다.[2]

결혼의 시작은 비즈니스적인 고려 사항이 다분했지만, 이상적인 결혼 생활이란 조화로우며 평생 유지되는 관계였다. 특히 도시 부유층 가정에서는 남편과 아내가 책임을 서로 나눌 것을 요구했다. 즉, 남편은 더 넓은 세계에서 돈을 벌어 오고 아내는 집에서 아이를 기르는 것이다. 남편이 주도권을 잡는 것이 통념이었지만, 남편 역시 아내를 존중해야 했다. 그러나 그 이상은 '남녀 행동의 적절성'에 대한 이중 잣대로 인해 무너졌다. 자녀들에 대한 남성의 부권과 그 자신의 남성성은 절대적인 것이었으므로 여성의 간통은 강력한 비난을 받았다. 그러나 기혼 남성은 매춘부, 노예, (고대 그리스에서는) 시민 소년과 자유롭게 잘 수 있었다.◆ 시민 여성을 유혹했을 때만 법적 처벌을 받았다.

많은 그리스·로마 여성들은 남편을 떠날 훌륭한 사유가 있었지만, 대부분의 이혼은 남성이 청구했다. 따라서 가장 흔한 이혼 사유는 여성의 간통이었다. 로마와 아테네 시민은 외도한 아내와 이혼하는 것이 법으로 의무화되었다. 간통 현장에서 잡힌 여성은 불명예스럽게 부모의 집으로 돌아가야 했다. 여성의 간통 상대는 격분한 여성의 남편에게 즉각 살해당하거나, 그렇지 않다면 공개적으로 굴욕을 당할 가능성이 컸다. 때로 주먹 크기의 무나 가시가 있는 물고기가 항문에 꽂히는 등의 일을 당하기도 했다. 불임이 원인이 되어 이혼에 이르는 경우도 있었다. 발기 불능이었던 어느 아테네인은 아내가 가정을 가질 수 있도록 표면적으로 점잖게 이혼 절차를 밟았다. 스파르타의 한 왕은 아이를 가질 수 없지만 너무나 사랑하는 아내를 떠나지 않으려고 아내를 한 명 더 들였다.◆◆ 마찬가지로 이후 구전되는 바에 의하면 로마 역사상 최초의 이혼은 아이를 낳을 수 없는 여성이 원인이었다. 흔하지는 않았지만 단지 사이가 멀어지는 경우도 있었다. 예를 들어 아테네의 정치가 페리클레스는 아내와 원만하게 헤어졌고 아내의 재혼 준비를 돕기도 했다. 로마 속주 이집

◆　그러나 일부 지역과 시기에 외도가 사회적으로 저지되기도 했다. 헬레니즘 시대와 로마 속주 이집트의 결혼 계약에서 때때로 외도(상대가 여성이든 소년이든)는 이혼 사유가 되기도 했다. 그리고 유명한 철학자들과 의사들의 조언에서 판단하건대, 로마제국 시대에 남편들은 성욕을 부부관계에 한정하여 해소하여야 한다는 것이 상식으로 받아들여졌던 것으로 보인다.

트에서 나온 파피루스 문서에 기술된 바에 따르면 성격 차이가 중산층의 흔한 이혼 사유였던 것으로 추정된다.[3]

현대 기준으로 볼 때 이혼은 충격일 정도로 간단했다. 의식이나 공식 절차도 없었고 가장 이상하고 대단한 것은 변호사도 없었다는 점이다. 고대 아테네에서 이혼은 남편, 아내의 아버지, (더 어렵긴 하지만) 아내가 청구할 수 있었다.◆◆◆ 이런 경우 여성은 친정으로 돌아가야 했다. 남성의 유일한 법률상의 의무는 지참금 반환이었다. 만약 반환하지 않으면 남성은 법정에 고소당했다. 로마에서도 이혼은 마찬가지로 간단했다. 부부가 자신들이 결혼한 관계라는 인식을 포기하면 즉시 법적 이혼이 성립되었다. 그렇지만 상류층에서는 이혼 파티를 열어 배우자에게 해방 노예를 통해 짧은 메시지를 전하는 것이 관례였다. 이혼은 여성이 "네 물건 챙겨서 떠나!"라는 의례적인 문구로 반응했던 전남편에게 집 열쇠를 건넴으로써 공식적으로 성립한 것으

◆◆　고대 세계에서는 일부일처제가 항상 원칙이었지만 몇 가지 예외가 있었다. 스파르타에서 나이가 많거나 발기 불능인 남편은 더 정력이 넘치는 지인을 초대하여 자기 아내와 아이를 가지게 했고 어느 여성이든 (남편의 허락하에) 다른 스파르타 시민과 침대를 공유할 수 있었다. 아테네인들은 펠로폰네소스 전쟁 동안, 전쟁 과부들을 돕는 수단으로서 중혼을 실험해 보았다. 물론 모든 비정통적인 동거 형태가 국가에 의해 제재받은 것은 아니다. 한 로마의 해방된 자유민 여성의 묘비에는 삼자 동거(부부와 한쪽 애인이 함께 사는 형태-옮긴이)에 관한 내용이 적혀 있다.

◆◆◆　아내의 아버지가 사망하고 아내가 유일한 상속자일 경우, 그녀는 가문의 재산을 온전히 지키기 위하여 법적으로 남편을 떠나 숙부나 조카 중 한 명과 결혼해야 했다.

로 추정된다. 아테네 남성들과 마찬가지로 로마 남성도 아내의 지참금을 돌려보낼 의무가 있었다. 그리고 아테네와 마찬가지로 로마 남성은 결혼으로 인해 태어난 아이들에 대해 단독 친권을 유지했다.

고대 세계에서 이혼 빈도는 측정하기 어렵다. 공화정 말기의 야심에 찬 로마 정치인들은 정략적인 충성에 따라 아내를 취했고 자주 바꾸었다. 예를 들어 율리우스 카이사르는 결혼을 네 번 했다. 그의 경쟁자였던 폼페이우스와 그의 후임인 마르쿠스 안토니우스는 다섯 번 결혼했다.◆◆◆◆ 아우구스투스 황제는 두 번 이혼했지만, 그가 제정한 혼인에 관한 법률은 로마 상류층의 이혼율을 낮춘 것으로 보인다(제국의 성립으로 결혼을 정치적 책략에 활용할 가능성이 줄어들기도 했다).

고대 다른 지역의 이혼 빈도에 관해서는 알 수 없다. 파피루스 문서를 근거로 판단컨대, 로마 속주 이집트에서 이혼은 낯선 것은 아니었지만 특별히 빈번하지는 않았던 것으로 보인다. 다른 곳이라고 해서 결혼 생활이 더 붕괴하기 쉬웠다고 추정할 이유는 없다. 사회·경제적 압력이 이혼을 억제했기 때문이다. 남성에게 이혼이란 아내가 가져온 지참금의 손실을 의미했고

◆◆◆◆ 공화정 후기의 모든 결혼이 정략적인 것은 아니었다. 키케로는 아내보다 훨씬 젊은 여성과 결혼하기 위해(아마도 지참금 목적으로) 30년간 함께 산 아내를 떠났고 다소 빨리 이혼했다. 소小 카토(대大 카토의 증손자이자 로마의 정치가─옮긴이)는 아내가 자식이 없는 친구와 결혼할 수 있도록 이혼했다가 그 친구가 죽은 후 다시 그녀와 결혼했다.

여성에게는 존경받는 지위의 상실, 적대적인 경우도 적지 않았던 친정으로의 귀환, 실질적인 의미에서의 자녀 상실을 의미했다. 통계 자료는 없지만, 대부분의 그리스·로마인은 좋든 싫든 죽음이 그들을 갈라놓을 때까지 결혼 상태를 유지했으리라 보는 것이 타당하다.

남색 행위가
지극히 흔한 일로
여겨진 이유는?

서기 130년, 로마제국은 새 신을 맞이했다. 그 자체로는 주목할 일은 아니다. 로마의 판테온에는 새로 등장한 신들을 위한 자리가 충분했다. 그러나 새로 신격화된 사람은 사망할 때까지 하드리아누스 황제의 10대 소년 연인이었던 안티노우스였다. 그가 나일강에 빠져 죽은 후, 비탄에 빠진 하드리아누스 황제는 안티노우스를 불멸의 신 중 하나로 추대할 것을 결심했고 제국의 다른 지역도 외교적으로 이를 승인했다. 그때까지 눈에 띄지 않던 별이 승천한 청년의 영혼으로 특정되었다(하드리아누스는 안티노우스를 위해 별자리까지 만들었다-옮긴이). 로마 황제에게 충성하던 도시들은 아리따운 신의 동상을 한둘 제작하도록 의뢰해야 했다. 로마제국의 속주에서 안티노우스 신앙의 광신

안티노우스 | 2세기경 제작된 거상

도들과 신탁소가 우후죽순 나타났다. 그리고 하드리아누스는 나일강 변에 안티노폴리스라는 도시를 건설했다. 안티노폴리스는 대로들과 안티노우스-오시리스의 거대한 사원, 물에 빠져 죽은 소년의 슬픈 눈빛을 담은 초상화 등으로 장식되었다.[1]

그리스·로마인들은 소년과 성관계를 가지는 남성을 변태나 아동 성학대자로 간주하지 않았다. 남성이 여성과 소년 모두에게 끌리는 것은 자연스러운 현상이라고 생각했다. 올바른 상대와 합법적으로 관계를 맺기만 하면 행위는 처벌당하거나 비난받지 않았다. 그뿐만 아니라 소년과 사랑에 빠지는 사람을 동성애자로 여기지도 않았다. 고대 세계에서 남성의 성 정체성은 욕구 대상에 의해 규정되지 않았고 성관계에서 맡은 역할에 의해 규정되었다. 자유인으로 태어난 남성은 섹스할 때 항상 주도적이며 삽입하는 역할을 맡게 되

고대 그리스의 남색 | 기원전 4세기경 제작된 꽃병

어 있었다.* 상대가 여성인지 소년인지는 비교적 덜 중요했다. 여성과 소년 모두 사회적으로 열등한 존재였기 때문이다.[2]

성인 남성과 소년의 관계는 고대 그리스에서 지극히 흔한 일이었다. 그리스에서는 남색(문자 그대로 '소년을 사랑하는'이라는 의미)은 보편적이었고 숨길 일이 아니었다. 남색은 일반적으로 20대 이상인 시민 성인 남성과, 10대 초반에서 중반의 시민 소

◆ 남성성에 대한 고대 관념은 성적 주도성과 뗄 수 없다. 삽입되는 것을 좋아하는 남성들은 프로메테우스가 진흙으로 사람을 만드는 과정에서 술에 취해 실수로 여성 신체 묶음에 남성의 성기를 붙이는 바람에 창조되었다는 고대 우화가 있다.

년 사이에서 이루어졌다.✦ 명목상으로, 그리고 어느 정도는 실질적으로 소년에게 멘토링을 하고 성인 사회로 이끄는 수단으로 활용되기도 했으나, 기본적으로 육체적 매력에 근거했다. 그것은 오늘날 현대인이 '법정 강간(미성년자 강간 - 옮긴이)'으로 부를 법한 것이었다.

남색의 기원은 밝혀진 바가 없다. 고대 저술가들은 인구 조절 수단으로 시작되었거나 오이디푸스의 아버지가 또 다른 신화 속 왕자의 아들을 좋아하게 된 이후 시작되었을 것으로 추정했다. 현대 학자들은 다른 요소들을 제시한다. 즉, 그리스에서 공적인 장(場)에서의 여성 배제, 남성으로의 입문 의식의 전통, 귀족들의 유대감 과시가 그것이다. 남색이 나타난 이유가 무엇이든 기원전 6세기까지 남색은 그리스 전역에서 행해졌다. 지역에 따라 풍습의 차이는 있었다. 청년과 소년의 관계는 널리 알려진 스파르타의 맹렬한 군사 교육에 흡수되었다.✦✦ 또 폴리스 중 하나인 테베는 동성 연인 150쌍으로 구성된 매우 뛰어난 군사 부대 '신성 부대'를 결성했다. 그러나 아테네에서 남색은 상류 사회의 상징이었다.[3]

✦　보통 연령대는 12~18세, 즉 대체로 사춘기가 시작할 때부터 끝날 때까지였던 것으로 추정된다. 소년들은 볼에 까칠까칠하게 수염이 나기 시작하는 14세 즈음에 가장 매력적이라고 여겨졌다.

✦✦　스파르타인들의 항문성교 중독은 아테네에서는 단골 농담거리였는데, 가끔 항문성교가 '스파르타 스타일'이라고 불렸을 정도였다.

아테네의 남색은 항상 귀족이라는 *끈끈한* 유대를 가진 집단과 포도주에 전 심포지엄에서 성행했다. 남성과 소년 모두 도시의 최고 명문가에 속했기 때문에 남색 관계는 쌍방을 불명예로부터 보호하기 위해 설계된 전통에 의해 무마되었다. 앞에서 설명한 바와 같이, 성인 남성이 청소년에게 매료되는 것이 당연시되었다. 소년들은 성인 남성에게 그리 큰 성적 관심이 있었던 것은 아니라고 추정할 수 있다. 소년들은 구애를 받는 입장이었다. 소년들이 돈을 받을 수는 없었는데, 돈을 받으면 매춘남이 되기 때문이었다. 대신 성인 남성의 애정을 상징하는 야생 토끼나 투계 같은 선물을 받았다. 적어도 이론적으로 소년은 성인 남성의 접근을 거부할 수 있었다.

성인 남성 구애자의 연인이 되기로 선택한 소년은 사교 모임에 동행하였고 구애자의 친구 및 정치적 동지들에게 소개되었으며 도시국가 정치계에 첫 발판을 얻게 되었다. 그러나 그와 동시에 구애자에게 성적 만족을 줄 것을 요구받았다. 고대 그리스 화병에 그려진 그림에 의하면 점잖은 구애자는 소년의 넓적다리 사이에 음경을 밀어 넣는 것으로 만족하며 성기 삽입의 불명예까지 이르지 않도록 절제심을 발휘하였던 것으로 보인다. 그러나 남성 대부분은 아마도 그렇게 점잖지는 않았을 것이다. 그런 관계는 소년이 성년이 될 때까지 이어졌다. 그 시점을 지나면 이들의 성관계는 수치스러운 것이 되었는데 남성은 동료 시민을 모독한 것이 되었고, 소년은 독립적이고 우수한 성인으로

서 합당한 역할을 맡기를 거부한 것으로 간주되었기 때문이다.

고대 로마 사회에서 시민 남성과 시민 소년의 성관계는 상상할 수도 없었다. 그러나 로마의 남성은 노예 소년들과는 얼마든지 성관계를 가질 수 있었다. 이런 관행은 상류층에서 일반적이었고 상류층 남성은 외모가 수려한 소년에게 어마어마한 금액을 지불했다.[*] 총애를 받는 소년들은 연회에서 주인에게 잔을 따르는 자인 경우가 많았다. 하드리아누스와 안티노우스의 관계도 마찬가지였다. 그들은 주인의 여행에 동행했고 때로는 피부를 보호하기 위해 실크 마스크를 쓰기도 했다.[**] 이후 황제들이 노예 소년의 매춘을 법으로 금지하였지만, 주인들은 고대 후기까지도 사랑하는 젊은 소년들과 거리낌 없이 잠자리를 가졌다. 로마제국이 기독교 국가가 되고 나서야 그런 관계는 불법이 되었다.[6]

천 년간 이어진 소년 동성애에 관해 동시대인들은 직접적으로 비난의 목소리를 높이지는 않았다. 희극에서 조롱하거나 플라톤이 후기 저작에서 비난하기는 했으나 고대 아테네에서

---

[*] 막 사춘기에 접어드는 소년의 몸값이 가장 비싸다는 것을 알았던 노예 상인들은 턱수염이 자라는 것을 억제한다고 알려져 있던 어린양의 고환에서 나온 피를 잘생긴 소년들의 얼굴에 문질렀다.

[**] 늘 그렇듯이 황제들의 괴기한 행동들에 대해 듣게 된다. 소문에 따르면 티베리우스는 노예 소년 집단 전체를 훈련하여 그가 수영할 때 피라미처럼 그를 물어뜯게 했다고 하고, 네로 황제는 사춘기 소년을 거세하여 그의 죽은 아내와 비슷하게 만들었다고 한다.

고대 로마의 남색 |
워렌컵

남색은 그다지 논란이 되지는 않았던 것 같다. 이후에 특히 스토아학파 철학자들의 영향을 받은 지식인층에서는 도덕적 비난이 강해졌으나 동성애의 관행을 저지할 만한 수준은 아니었다. 로마제국 시대의 그리스 저술가들은 여성과 소년의 미덕을 대비하는 정형화된 담론을 생산했다. 그들은 장황한 담론에서 소년과의 동성애 유희에 관해 엄청난 분량을 할애하여 뻔뻔하고 열정적으로 읊은 후에야 비로소 여성을 우위에 두었다. 철학적인 성향이 강했던 로마의 저술가들은 동성애를 더욱 경멸하는 경향이 있었다. 남색을 자연의 섭리에 어긋난 것으로 기술했고, 잘 봐줘야 경박한 행동으로 묘사했다. 마르쿠스 아우렐리우스는 자신이 노예 소년들의 매력을 거부할 수 있는 절제심을 가졌음을 감사했다.[5]

물론 로마의 노예들은 주인에게 복종할 수밖에 없었다. 적어도 몇 가지 선택지를 소유했던 그리스의 소년들은 남성 연인의 관심을 즐기거나 영광으로 생각했던 것으로 추정된다. 일부 소년들은 그들에게 구애하는 남성을 롤모델이나 아버지 격의 존재로 간주했던 것 같다. 소년이 쓴 것으로 보이는 아테네의 낙서 중에 남성 연인의 용기를 찬양하는 내용이 남아 있다. 그러나 남성의 성적 접근을 거부했던 소년들에 관한 이야기도 접할 수 있다. 한 미소년은 그와 성관계를 가지고자 했던 폭군을 피하려다가 가마솥의 끓는 물로 뛰어들었다는 이야기도 전해진다. 적어도 한 연무장에서는 술주정뱅이, 미치광이, 남색자의 출입을 공식적으로 금지했다.[6]

나체 조각상이 왜 그렇게
많이 만들어졌을까?

　그의 이름은 알 수 없다. 우리가 아는 것이라곤 그가 망치
와 끌, 그리고 사명을 가지고 있다는 것뿐이다. 그 사명이란 눈
에 보이는 모든 돌로 된 음경을 없애는 것이다. 수 세기 동안 그
리스의 도시 아프로디시아스(고대 그리스 헬레니즘 시대의 도시로
2017년 유네스코 세계 문화유산으로 지정됨-옮긴이)는 무수히 많은
누드 조각상과 부조 작품들로 수놓아져 있었다. 그러나 이제 로
마제국은 기독교 국가가 되어 누드 예술 작품은 금기가 되었으
므로, 아프로디시아스의 선량한 주민들은 조각상의 문제가 되
는 부분을 제거하기로 결단했다. 그들이 작업을 위해 고용한 작
업자는 여성 누드 조각상의 탱글탱글한 유두를 분쇄하려고 멈
춰 섰다. 그러나 그가 온 목적은 음경이었다. 신과 영웅들의 조

각상은 잘 조준된 망치질 한 방에 거세되었다. 다른 작품들은 주의 깊게 끌로 작업했다. 예외는 없었다.[1]

아프로디시아스의 모든 조각상을 거세하게 만든 누드에 대한 노이로제는 고대 후기까지 거의 알려지지 않았다. 천 년 동안 그리스·로마인들은 무화과 나뭇잎(성경의 창세기에서 아담과 하와가 무화과 나뭇잎을 따서 벌거벗은 몸을 가렸음-옮긴이)도, 그 어떤 우려도 없이 나체상 제작을 의뢰하고 전시했다. 르네상스 시대 이후 이 관습을 모방한 덕에, 현대인 대다수는 나체 형태가 예술가들에게 적합한 주제라는 그리스·로마식의 사고방식을 공유한다. 그러나 우리는 그런 사고방식이 후천적으로 형성된 것이라는 것과, 그리스·로마의 누드 조각품들이 사실은 대단히 이례적이라는 사실을 쉽게 망각하곤 한다.

이는 문명 세계에서 전무후무하게 남성의 나체를 높이 평가했던 그리스인들과 함께 시작되었다. 이 사실은 그리스 남성들이 옷을 입지 않은 채 보낸 시간이 이례적으로 많았다는 사실을 보여주기도 한다. 운동할 때, 운동 경기에서 승부를 겨루거나 혹은 단순히 연무장에서 돌아다닐 때 항상 그들은 알몸이었다. 이러한 관습의 이유는 잘 알려지지 않았다. 그리스인들은 아무것도 입지 않을 때 운동하기가 더 쉽고 안전하다고 생각했던 것 같다.* 그러나 로인클로스는 움직임에 아무 방해가 되지 않았다. 또 권투와 레슬링이 결합한 대단히 거친 운동 경기인 판크라티온에서는 선수들이 수없이 발차기를 하는데, 로인클로스로 자신의 성기를 보호할 수 있어 큰 도움이 되었다. 궁극적으로 연무장에서와 운동 시합에서의 나체는 평등을 의미했을지도 모른다. 알몸인 남성들은 자신의 부와 지위를 자랑할 수 없었다.[2]

남성 누드 조각상도 그리스 운동 경기에서 나체가 표준이 되었던 시기에 등장하기 시작했다. 이 조각상들의 이상적인 육체는 연무장에서 단련된 운동선수들을 모델로 했음이 틀림없지만, 결코 사실적으로 표현한 것이라고 할 수 없었다.** 누드 조각상은 무언가 메시지를 전달하기 위해 의도된 것이었다. 메시지의 본질은 시대, 환경, 주제에 따라 달라졌다. 고대 그리스의 조각상과 부조 대부분은 신들이나 죽은 자를 기념하는 것이었으므로 그리스 예술에서의 누드는 누군가가 신 혹은 영웅 혹은 그와 비슷한 존재라는 사실을 전하는 수단으로 여겨졌다. 그러나 오늘날 학자들은 누드에는 광범위한 의미가 있으며 때로는

◆　　선수들이 나체로 운동 경기에 참여하는 관습은 한 단거리 주자가 올림피아 경기대회에서 자기의 로인클로스를 잃어버린 후에 우승하자 시작되었다고 한다. 또 다른 이야기는 한 선수가 달리다가 자기 로인클로스에 발이 걸려 목이 부러진 후부터 나체로 달렸다고 한다. 세 번째 이야기는 왜 올림피아 경기대회의 트레이너들(운동 경기에는 참여하지 않음)이 옷을 입지 않는지에 대해 설명해준다. 한 과부가 트레이너로 위장하고 아들을 따라 올림피아 경기대회에 왔던 것이다. 그 사실이 발각되었을 때 그녀는 원래 받아야 할 형벌, 즉 가장 가까운 벼랑에서 던져지는 것은 면했지만, 이후 모든 트레이너가 나체여야 했다.

◆◆　그러나 때로는 삶이 예술을 모방했다(아일랜드 작가 오스카 와일드가 한 말-옮긴이). 그리스의 괴짜 장군이었던 아르고스의 니코스트라토스는 헤라클레스처럼 나체에 어깨에 사자 가죽을 걸친 모습으로 전투에 출전함으로써 자신의 힘과 용기를 과시하기를 좋아했다.

화려한 치장보다 더 많은 의미를 가진다고 생각한다. 이전과 달리 누드는 헬레니즘 시대에는 다양한 영역에서 거의 자동적으로 사용되는 예술적 관습이 되었다.[3]

여성은 연무장의 세계에서 배제되었고 사람들의 사회생활과 공공 조형물을 모두 지배했던 운동, 정치, 전쟁의 영역 밖에 존재했으므로 여성 누드 조각상은 더 나중에 발전했다. 그리스 화병 그림에 나체 여인, 보통은 매춘부를 그리는 전통이 있었다. 그러나 고대 말기에 이르러서야 최초의 실물 크기의 여성 누드 조각인 '크니도스의 아프로디테'가 만들어졌다. 목욕하는 사랑의 여신의 모습을 딴 이 조각상의 모델은 유명한 창녀 프리네였다. 프리네는 대단히 아름다운 여인으로 법정에서 가슴을 노출하여 무죄 판결을 받았다고 한다. 이 이야기의 사실 여부를 떠나 '크니도스의 아프로디테'는 즉각적인 반향을 일으켰고,♦ 여성 누드를 그리스·로마 조각의 확고한 레퍼토리로서 정립했다.[4]

남성이든 여성이든 로마 공화국 초기에 누드는 실제 생활과 예술 분야에서 지극히 제한적인 입지를 가졌다. 초반에는 어떤 형태로든 공공장소에서의 신체 노출은 터부였던 것으로 보인다. 예를 들어 남성이 옷을 입지 않은 모습을 아들에게 들키는 것도 부적절하다고 생각되었다. 그런 점을 고려할 때 로마에 누

♦　작은 사원의 뜰 안에 세워진 조각상은 유명해졌다. 한 젊은 남성이 조각상의 아름다움으로 인해 황홀경에 빠져 조각상과 불법적인 사랑을 나눴고, 그 결과 관리인들이 아무리 닦아도 지워지지 않는 얼룩을 남겼다고 한다.

드 조각상의 전통이 없었던 것은 조금도 이상할 것이 없다. 그러나 장군들이 동쪽 지역의 정복지에서 그리스 걸작들을 가지고 오기 시작하자, 로마 상류층 사람들 다수는 그리스 누드상의 수집가 및 애호가가 되었다. 그리고 곧 로마의 저명인사들은 자신들의 누드 조각상 제작을 의뢰하기에 이르렀다.♦♦ 5

일부 상류층 로마인들과 일부 여성들까지도 로마 제국하에서 누드 조각상 제작 주문을 계속했다. 그러나 대부분의 로마제국 시대의

크니도스의 아프로디테 | 2세기경 제작된 원본을 복원

조각상은 그리스 걸작의 모작(저택과 정원 전시용으로 십수 개씩 대량으로 찍어냈다)이거나 황제의 초상이었다. 황제의 조각상들은

♦♦ 그러나 로마의 누드는 그리스 누드와 두 가지 점에서 달랐다. 먼저 젊고 이상적인 신체와 극명하게 대비될 정도로 두상은 현실적으로 만드는 경향이 있었다. 그리고 전략적으로 성기를 가리는 망토와 함께 묘사함으로써 완전한 나체는 피하는 경우가 많았다.

승리한 소년의 동상 | Lysippos, 〈Victorious Youth〉, B.C. 340~100.

그리스인들이 영웅과 신들을 조각상으로 표현한 것을 연상시키며 황제의 초인적 권력을 인상 깊게 전달했다. 어떤 조각상들은 규모가 어마어마했다. 그러나 그리스·로마의 모든 누드 조각상에서 가장 경이로운 것은 왜소한 음경이었다.

고대 남성들이 현대 남성들보다 성기가 더 작았을 것으로 생각할 이유가 없다.◆ 그러나 고대 예술 작품에서는 노예, 야만인, 일부 신화 속 인물들만 거대한 음경을 가진 것으로 나타나 있다. 이런 불균형적인 비율에는 몇 가지 이유가 있다. 첫째, 우리가 본 바와 같이 그리스 조각에서 남성 누드는 연무장이라는 세계와 깊은 연관이 있다. 예술적인 이상은 언제나 격렬한 운동을 하고 있거나 하고 난

◆　　그리고 그들은 음경에 대해 노골적이었다. 아테네의 한 불량배들은 자신들을 '발기한 음경들'이라고 칭했다. 딜 문자적으로 번역하면 '용감한 녀석들' 정도가 되겠다.

직후의 10대 소년의 육체로 대표되었다. 격렬한 운동, 특히 알몸 상태로 역동적으로 운동하면 음경과 고환이 수축한다. 장거리 달리기나 레슬링 시합 후에 알몸인 선수의 성기는 눈에 띄게 줄어들었을 것이고, 틀림없이 이 사실이 예술적 관습 정립에 영향을 주었을 것이다.[6]

그러나 왜소한 음경은 현실을 양식화한 것이기도 했다. 조심스럽게 돌출된 음경을 가진 남성에 관해 무언가를 전달하도록 의도된 것이었다. 무엇보다 크지 않고 특히 뾰족하지 않은 음경은 자기 절제를 보여주었다.[**] 그리스 화병 그림이나 조각상에서도 이 메시지는 '개 매듭'을 묶은 남자들을 표현함으로써 강조되었다. 개 매듭이란 음경의 귀두 끝의 포피를 잡아당겨 묶은 끈을 의미하는 것으로, 음경 뿌리 쪽으로 둥글게 말기도 했다(공공장소에서 귀두 노출을 피하고 달릴 때 성기가 방해하는 것을 막기 위해 음경 끝을 묶어 허리에 묶거나 음경 뿌리 쪽으로 말았음-옮긴이). 이런 식으로 운동선수들은 운동할 때 성기를 매듭으로 묶어두어야 했지만, '개 매듭'은 자기 절제의 은유적인 메시지로서 예술 작

[**] 실제와 마찬가지로 조각에서도 할례받지 않은 음경(음경 끝 포피를 자르지 않음-옮긴이)이 고상한 것으로 간주되었다. 이집트와 중동 일부 지역에서 긴 시간 동안 할례가 시행되었으나 그리스·로마인들은 이를 역겨운 신체 훼손으로 여겼다. 한 로마 의사는 할례는 포피가 괴사하여 떨어질 때만 용인된다고까지 말했다. 할례가 거세와 다름없다고 생각했던 하드리아누스 황제는 할례를 사형으로 처벌할 수 있는 범죄로 만들었다. 이 낙인은 너무나 강력하여, 지역 연무장이나 목욕탕을 이용하고자 하는 유대인들은 '에피스패즘(epispasm)'이라고 알려진 할례 복원 과정을 거치는 경우도 있었다.

품에서 강조되었다.◆7

　그리스·로마 예술 작품에 나타나는, 점잖게 성기를 단속한 신사들의 대척점에는 야만인과 괴물의 늘어진 큰 성기가 있었다. 그들은 부족한 자제력으로 정의되는 남자들과 야수이다. 그러나 고대 예술 작품에서 가장 굉장한 성기는 신들의 것이었다. 고대 그리스에서 가장 뛰어난 남근의 신은 포도주와 초목을 관장하는 디오니소스였다. 디오니소스를 기념하는 행렬에서 다산은 나무로 만든 거대한 남근으로 상징화되었다. 이 목제 남근은 너무 거대하여 여러 명의 남성이 들거나 수레에 실어 옮겼다. 기록된 가장 거대한 남근은 길이가 무려 약 55m였다.◆◆ 후에 디오니소스의 수많은 아들 중 하나인 프리아포스가 다산의 신으로 합류했다. 비중 없는 신인 프리아포스는 본래 외설적인 정원 장식용 석상이었는데, 새들과 도둑을 놀라게 하여 쫓아내기 위해 정원에 두는 작은 조각상이었다.8

　다산의 상징이라는 역할에 맞게 남근 조각상과 남근 그림은 행운의 부적으로 여겨졌다. 음경만 멋진 헤르메스의 조악한 조각상들이 고대 아테네의 길가와 현관문에 서 있었다. 로마

◆　'개 매듭'은 그리스인에게만 해당한다. 로마인들은 음부봉쇄술(음경 포피를 꿰매는 것-옮긴이)을 선호했다. 이는 음경 끝을 가리기 위해 포피에 구멍을 뚫어 실(나중에는 고리)로 묶는 간단한 수술이었다. 이 수술은 주로 청소년(자위 행위 방지를 위해), 가수(음역을 높게 유지하기 위해), 노예(목욕탕에서 주인의 시중을 들 때 점잖은 모습을 보이기 위해)가 받았던 것으로 추정된다.

◆◆　혹자는 어떻게 모퉁이를 돌았을지 궁금해한다.

디오니소스 신전의
남근 조각상

의 아이들은 악마를 쫓으려고 남근 부적을 착용했다. 로마의 모든 개선장군의 전차 밑에는 성스러운 남근 부적이 흔들리고 있었다. 이것은 화로의 여신 베스타를 섬기는 여사제들로부터 빌린 것이었다(개선장군을 사람들의 시기, 질투로부터 지키려고 남근 부적을 걸어두었다고 함-옮긴이). 행운의 부적이든 절제의 지표든, 남근 조각상은 고대 도시 경관의 필수적인 부분이었다. 아주 서서히 기독교가 나체에 대해 가졌던 태도를 바꿈에 따라 대중들이 좋아했던 것이 불쾌한 것으로 변해갔다.

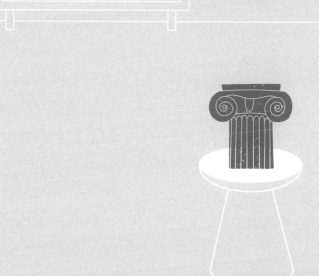

3부

떼려야 뗄 수 없는
신화와
종교 이야기

그리스·로마인들도
신화를 믿었을까?

명망 있는 작가들에 따르면 제우스는 두 명의 누이, 적어도 6명의 여자 친척, 115명의 인간 여성, 셀 수 없이 많은 정령, (심지어 그의 할머니인) 대지의 여신과 성관계를 했다. 그는 연인 중 한 명(강의 신 이나코스의 딸인 이오-옮긴이)을 암소로 만들어버렸고 실수로 녹여버린 연인(디오니소스의 어머니인 세멜레-옮긴이)도 있었으며 거의 고의로 먹어버린 연인(지혜의 여신 메티스-옮긴이)도 있었다. 수많은 정사 사이 찰나의 순간에도 위엄 있는 우주의 통치자라기보다는 마음은 다른 데 팔린 상태였다. 툭하면 다른 신들과 옥신각신했으며 가련한 인간들에게 벌을 내렸고, 괴물들의 방해를 받았다. 그리스·로마인들은 자신들의 최고신이 이런 식으로 행동했다고 정말 믿었던 것일까?

신화의 중요성을 이해하기 위해서 우리는 그리스·로마 종교의 본질을 먼저 살펴볼 필요가 있다. 거의 모든 그리스·로마인들은 신들이 존재하고 인간사에 관심이 있다고 믿었다. 철학적인 조예가 깊은 상류층의 일부는 유일신의 존재 혹은 신성한 원칙에 관해 깊이 사색하기도 했으나, 대부분은 다신론을 믿었다. 물론 일반적으로 제우스·유피테르를 수장으로 한 무질서한 천상 가족인 올림포스 12신(12신가량)이 가장 위대한 신격으로 인정되었다.✦ 그러나 하찮은 악령부터 키벨레와 이시스 같은 경이로운 대지의 여신에 이르기까지 셀 수 없이 많은 다른 신들이 존재한다고 생각했다.[1]

그리스와 로마의 종교적 활동은 토착적이고 전통적이며 세속적이었다. 사람들에게 신앙을 장려하기는 했지만, 신들에 대해 어떻게 생각하는지보다는 신들을 위해 자신이 무엇을 하는지가 훨씬 더 중요했던 것으로 보인다. 신들은 숭배자들의 마음을 읽거나 영혼을 살펴보는 데는 별 관심이 없었으나 자신이 하사한 선물의 대가로 경의를 표할 것을 요구했다. 필멸의 존재인 인간이 신에게 경의를 표하는 가장 효과적인 방법은 희생제물을 바치는 것이었다.

✦ 그리스·로마인들은 비록 신들의 이름은 달라도 다른 모든 사람이 그들의 신을 숭배한다고 생각했다. 예를 들어 이집트의 신들이 동물 머리를 하고 있는 것은 그리스의 신들이 끔찍한 괴물 티포에우스를 피하기 위해 이집트로 건너가 동물로 가장한 것이라고 주장하는 신화도 있다. 유대인의 신이 실제로는 디오니소스라고 생각하는 그리스인들도 일부 있었다.

올림포스 12신의 행렬. 왼쪽부터 오른쪽으로. 헤스티아, 헤르메스, 아프로디테, 아레스, 데메테르, 헤파이스토스, 헤라, 포세이돈, 아테나, 제우스, 아르테미스, 아폴론 | 로마 시대 부조

　　개인들은 자기 자신을 위해 신들에게 제물을 바쳤다. 소박한 벌꿀 빵부터 암소에 이르기까지 무엇이든 제물이 될 수 있었다. 그뿐만 아니라 사람들은 공동 제사에도 참여했다. 공동 제사에서는 공공의 안녕을 위해 수십 마리 혹은 수백 마리의 짐승을 죽여 제물로 드렸다. 치밀하게 치러지는 이 의식들은 고대 종교의 핵심이었다. 그리스인과 로마인 모두 정통성 있는 경전, 사제 계급, 도덕 규범 등을 발전시키지 않았다. 사실상 통일성 있는 종교로 만들려는 노력도 하지 않았다. 각 도시와 마을들은 신들을 섬기는 자신들의 전통을 중시했다. 이 잡다한 다양성은 몇 가지 공통점에 의해 균형이 잡혔다. 공통점이란 올림포스 신들을 중심으로 한 동일한 몇몇 신들, 몇 곳의 유명한 사원들과 신탁, 우리가 신화라고 칭하는 광대하고 정형화되지 않은 수많은 신들의 이야기 등이다.

그리스 문학의 시초라고 할 수 있는 《일리아스》와 《오디세이아》는 기원전 8세기에 쓰인 작품이다. 그때까지는 제우스를 수장으로 하는 한 무리의 신들과 은하수의 별만큼이나 헤아릴 수 없이 많은 지역 신들, 필멸의 존재인 인간이지만 초인간적인 능력을 지닌 영웅들 등 그리스 신화의 모든 익숙한 인물들이 등장했다. 고대 그리스의 저술가들은 신화 속 이야기들이 그

《일리아스》 그리스어 사본 | 기원전 5세기경 제작

《오디세이아》 필사본 | 15세기 존 로스 필사본

들이 살았던 시대보다 천 년은 앞선 기원전 1500년에서 1200년 사이에 일어났을 것으로 추측했다. 그러나 신화 속 배경이 되는 과거는 현재와는 질적으로 달랐을 것이다. 사람들은 훨씬 키가 크고 강했으며 무시무시한 괴물들이 광야를 돌아다녔고 신들은 인간들과 매우 자유롭게 (다양한 방법으로) 어울렸다.[2]

　　문화적으로 그리스 신화는 많은 기능을 했다. 자연 현상을 설명해 주기도 하고, 종교의식의 기원을 기술해 주기도 한다. 또

어떤 신화는 사회제도의 타당성을 입증하고, 영토권 주장의 근거가 되기도 하며, 윤리 법칙을 지지하기도 한다. 그러나 한 가지 목적만을 가진 신화는 거의 없다. 대부분은 무한히 늘어나는 고무줄처럼 수많은 사람의 입에 오르내리며 이렇게 해석되고 저렇게 해석되며 구전되는 익숙한 이야기 그 이상도 이하도 아니었다. 몇몇 특정한 신화의 문학적 서사는 높은 권위를 가지지만 어느 한 가지로 정해진 것은 없다.

그러면 그리스·로마인들은 자신들의 신화를 믿었을까? 짐작하다시피 명확한 답은 없다. 당시 문맹자였던 대다수의 생각은 알 도리가 없다. 적어도 상류층 구성원들은 대중이 신화를 문자적으로 받아들인다고 생각하는 경향이 있었다. 저술가이자 전문 꿈 해몽가였던 한 사람은 대부분의 사람이 신들, 영웅들에 관한 이야기를 진짜로 믿고 그들에 대한 꿈을 꾸곤 한다고 말했다. 또 다른 저술가는 그가 사는 곳 근처의 소작농들이 그리스 신화에 나오는 트로이아 전쟁의 영웅인 아가멤논이 당대의 로마 황제가 되었다고 상상한다고 주장했다.◆ 적어도 신화는 신들의 이미지를 형성했고, 순수한 대중적 인기를 끌었던 것은 틀림없던 것 같다. 신화 속에서 신들은 대중에게 친숙하고 친근한 존재로 표현되었다.[3]

신화에 대한 상류층의 의견은 좀 더 파악이 쉽다. 학식 있

◆ 로마의 어느 백인 대장의 묘비에는 간결하게 그가 '벌거벗은 님프들'을 보았다고 쓰여 있었다. 이 님프들이 정말 신화 속 존재였는지는 확인하기 어렵다.

는 대부분의 그리스·로마인들은 신들의 존재를 인정했고 전통적 종교의식의 실행을 지지했으며 고전적인 이야기들을 잘 알았다. 그러나 기원전 6세기에 이르러 일부 그리스 철학자들과 사회 참여 의식이 있는 지식인들은 전통 신화를 비판하기 시작했다. 고대의 급진적인 사상가들 몇 명은 신화란 고대사의 거의 잊힌 일화들이며 신화의 신들은 잊힌 인간 왕들이라는 이론을 발표했다. 또 다른 이들은 신들과 신화가 먼 과거에 정치적 통제 수단으로 발명되었을 것으로 추측했다. 플라톤은 신화가 불건전하며 아이들에게 부적합하다고 생각했고(《국가론》에서 신들의 부도덕한 소행을 아이들에게 가르치는 것을 비판함-옮긴이), 아리스토텔레스는 대중의 아편이라고 일축했다. 에피쿠로스학파는 신화를 인간의 무지와 공포의 소치라고 하며 거부했다. 그들의 경쟁자인 스토아학파는 신화를 알레고리(이야기가 표면적 의미와 그에 담긴 이면적 의미를 가지도록 표현한 수사법-옮긴이)로 재해석했다.♦♦4

로마인들은 초기에 그들의 신과 신화를 그리스 신과 신화에 동일시했다. 그러나 로마의 상류층은 그리스 신화의 지식을 기본적으로 문화적 소양으로 간주하려 했던 것으로 보인다. 많은 이가 당시에 팽배했던 신화에 대한 철학적 접근에 동조했다. 예를 들어 스토아 철학자였던 마르쿠스 아우렐리우스 황제는

♦♦　이 알레고리들은 주로 어원학에 기반을 두었다. 예를 들어 전쟁의 신의 이름인 아레스는 '해, 피해'라는 의미의 그리스어와 상당히 비슷하게 들렸다. 모든 종류의 열정적인 철학적 사유가 뒤따랐다.

그의 저작인《명상록》에서 제우스를 자연과 동일시하는 등 신들을 알레고리로 해석했다. 그의 동시대인으로 풍자 작가였던 루키아노스는 신화를 조롱하는 여러 편의 글을 썼다. 그중에는 에피쿠로스학파 철학자들이 신의 부재를 증명하는 모습을 경악한 채 지켜보고 있는 신들의 모습을 담은 글도 있었다.[5]

철학적 성향과는 상관없이, 로마제국 시대의 학식 있는 그리스·로마인들은 신들에 대한 순수한 신앙과 신화의 부도덕성에 대한 혐오를 동시에 느끼는 경향이 있었다. 부도덕한 신화는 마귀의 소행이라는 것으로 중론이 모아졌다. 하늘을 헤매고 다니는 마귀와 정령은 예부터 대중 종교에서 늘 존재했다. 그러나 그들은 로마제국하에서 더욱 두드러졌다. 플라톤학파의 철학자들이 인간과 신들 사이의 중개자로서 그들의 중요성을 강조했기 때문이다. 상류층의 다수는 신화의 신들이 실제로는 먼 과거부터 인류를 괴롭혀 온 마귀(일부는 사악하고 일부는 단지 짓궂은)라고 믿게 되었다.[6]

고대 후기의 신화 해석에서 알레고리는 더욱 심화되었고 마귀들의 수는 증가했다. 당대의 지배적인 철학 학파였던 신플라톤학파는 인간과 범접할 수 없는 절대자 사이에 존재하는 마귀들의 서열(올림포스의 신들을 포함하여)에 대한 이론을 제시했다. 이러한 조건하에 신화는 정교한 알레고리로 이해되는 경향이 있었다. 어느 철학자는 심지어 이교의 교리 문답서를 쓰기도 했다(황제 "배교자 율리아누스"가 로마의 이교들을 부활시키려는 의도로 철학자이자 학자인 친구 살루스티우스에게 쓰게 함-옮긴이). 그 안에서 그는 전통적인 신화가 신과 신의 선물을 인간에게 제시하므로 신성하다고 주장했다. 그러나 문자 그대로 받아들여지지 않을 수도 있다고 서둘러 덧붙였다.[7]

초기 기독교 저술가들은 이교도 전략을 빌려 신화를 공격했다. 어떤 이들은 신화의 신들이 마귀라고 하였는데, 인간을 진리에서 멀어지게 하려고 사탄이 보냈다는 것이었다. 또 다른 저술가들은 신이나 신화가 기억조차 희미한 고대의 인간 왕들을 대표한다는 주장에 힘을 실었다. 그러나 다른 이들은 동료 기독교인들에게 단순히 신화를 문학 작품으로 읽고 그 안의 교훈에 초점을 두라고 설득했다.[8]

지금까지 논의한 것과 연관된 질문으로 이번 장을 마무리하고자 한다. 그리스·로마인들은 정말로 신들이 올림포스산에서 산다고 생각했을까?

최고봉의 높이가 2917미터로 그리스에서 가장 높은 산인 올림포스는 신들과 긴밀한 관계가 있다. 그러나 산은 언제나 비유이다. 실존하는 물리적인 장소를 의미하기도 하지만, 때로는 하늘의 동의어로 사용되기도 한다. 이 중의적 개념이 호메로스의 작품에 이미 등장하고 있으며 그리스 문학(라틴 문학에까지)에 끊임없이 나타난다.[9]

학식 있는 상류층의 대다수는 신들이 어디에나 있거나, 아

올림포스산

무 데도 없거나, 혹은 매우 먼 곳에 있다고 생각했다.◆ 그러나 올림포스는 항상 특별한 곳으로 여겨졌다. 기원전 300년경, 제단이 올림포스산의 낮은 봉우리 중 하나에 세워졌다. 거의 천 년 동안, 정상에서 약 1.6km 떨어진 이곳에서 숭배자들은 제우스에게 제물을 바쳤다. 그곳에서 정상이 보였을 테니 정상에 황금

◆ 철학 학파마다 이 주제에 관한 고유의 관념이 있다. 스토아학파는 신의 원리란 모든 것에 내포되어 있다고 주장했다. 플라톤학파는 별들 사이에 신들을 뿌려놓았다. 에피쿠로스학파는 고뇌로 가득한 인간 세상에서 동떨어진 행복의 영역을 신들에게 배정하거나 아예 신들의 실존을 부인했다.

을 입힌 궁전이나 일광욕을 하는 신들은 없다는 건 분명했을 것이다. 그러나 비와 바람이 손을 댈 수 없는 곳이라는 이 제단에 대한 묘사에는 비현실적인 상서로움이 강조되어 있으며, 적어도 그리스·로마인들은 그 신성한 산에 신이 현존한다고 줄곧 상상해 왔다는 것을 보여준다.[10]

그리스·로마 신화의 다른 모든 요소들과 마찬가지로, 신들이 실제로 올림포스산에 존재한다는 생각은 의심과 논쟁의 대상이 되왔지만 그와 동시에 수백 년 동안 예술 작품과 문학 작품에 끊임없이 등장해 왔다. 십중팔구는 문자 그대로 믿지는 않을 것이다. 그러나 많은 사람이, 혹은 대부분이 신화가 신들의 본질에 대한 실마리를 준다고 생각했을 것이다. 신들은 불가해한 존재이므로 신화는 해야 할 이야기가 많았던 것이다.

유령과 괴물, 그리고
외계인의 존재를 믿었을까?

옛날 옛적에 한 철학자(스토아학파 철학자인 아테노도루스-옮긴이)가 귀신 들린 집을 빌렸다. 그에게는 현실적인 이유가 있었다(그 집은 집세가 무척 저렴했다). 그러나 또 증명해야 할 것도 있었다. 이 철학자는 유령을 믿지 않았다. 철학에 조예가 깊은 그의 의견으로는, 죽은 자는 죽음으로써 끝났을 뿐이니 그 반대를 주장하는 것은 순전히 언어도단이었다. 지혜와 분별력이 있는 사람으로서(분명 그는 그런 사람이었다) 두려워할 대상은 오직 두려움 그 자체뿐이었다. 그래서 어느 햇살 좋은 오후에 그는 새집으로 들어가서 먼지가 퀴퀴한 방에 책상을 펴고 앉아서 자기 마음이 두려움을 만들어내지 못하도록 극도로 치밀한 논문을 쓰기 시작했다. 계획대로 곧 그는 집필에 빠져들었다.

조용한 구석으로 그림자가 몰려들었다. 땅거미가 진 숲에서 밤새 우는 소리가 들렸다. 그제야 철학자는 어둠 때문에 자기 앞의 책상도 거의 보이지 않는다는 것을 깨닫고 생각의 늪에서 빠져나와 등불을 밝혔다. 그러고 나서 다시 고요한 생각의 바다로 미끄러져 들어가는 순간, 아득히 먼 데서 무슨 소리가 나는 듯했다. 돌에 쇠가 부딪히는 듯이 귀에 거슬리는 소리였다. 그는 생각을 떨치며 집필 작업으로 돌아갔다.

책상 위의 등불이 기분 좋게 빛나고 있고 그의 펜은 잔물결이 이는 양피지 위를 사각사각 익숙한 소리를 내며 스쳐 지나가고 있다. 잠시라도 유령을 상상하다니, 어리석군! 잠깐! 소리가 또 나잖아! 이번에는 소리가 더 가깝게 들린다. 이번은 틀림없다. 구불구불 얽힌 거대한 사슬이 인접한 통로 바닥에 쉭쉭, 스르르 미끄러지는 소리이다. 떨리는 손으로 양피지 위로 펜을 잽싸게 굴리며 그는 다시 글을 써 내려갔다. 잠시, 모든 것이 조용했다. 그러다가 사슬이 철커덕하는 소리가 또 났다. 이번에는 그 소리가 방 안에서 들렸다.

철학자는 천천히 펜을 내려놓았고 조심스럽게 고개를 들었다. 짐작대로 앞에는 유령이 서 있었다. 손과 발에 묶인 족쇄를 늘어뜨린 노인의 형상을 한 반투명한 유령이었다. 유령은 무언가 말하고 싶은 눈으로 철학자를 바라보았다. 그러고는 희미한 팔을 들어 올려 따라오라는 듯 손짓하더니 방에서 나갔다. 잠시 망설이다가 철학자는 따라갔다.

지하 세계의 해골들 | 로마 시대 컵을 복원

　유령은 통로를 미끄러지듯 빠져나갔다. 달빛이 고인 바닥을 지날 때는 몸에서 빛이 났다. 통로 끝, 죽은 나무들이 하늘을 향해 뻗어 있는 뜰 안에서 유령은 멈춰 섰다. 잠시 유령은 그대로 서 있었다. 하늘 위에는 별들이 유령의 머리를 비추고 있었다. 그리고 나서 아무 말도 없이 유령은 사라졌다.

　다음 날, 철학자는 사람들을 시켜 유령이 사라진 뜰을 파보라고 했다. 일꾼들은 판석 아래에서 녹슨 사슬이 감긴 해골을 발견했다. 철학자는 경의를 표하며 해골을 묻어주었다. 이후 유령은 나타나지 않았다. 그리고 철학자는 집세가 저렴한 그 집에서 오래오래 행복하게 살았다고 한다.[1]

　영혼의 불멸성을 부인하는 철학자들도 있었다. 환생을 믿는 철학자들도 있었고, 모든 인간이 그들의 창조주와 최종적으로 만난다고 믿는 이들도 있었다. 그러나 그리스·로마인 대다수는 죽은 자들이 땅 아래 동굴에 산다고 생각했다. 이 지하 세계에 대한 하나의 통일된 관념은 없었지만, 대부분의 저술가들은 지하 세계를 처벌과 보상의 구역으로 나누었다. 즉, 의로운 자들의 영혼은 지극한 행복의 장소 엘리시움(극락, 낙원-옮긴이)으로 모이고 사악한 자들의 영혼은 타르타로스(지옥-옮긴이) 구덩이로 빠지게 된다고 믿었다.✦ 그러나 신화에 관한 부분은 늘 그렇듯이 얼마나 많은 사람이 어느 정도 믿었는지는 알기 어렵다.

그래도 어쨌든 분명한 것은 죽은 자들의 영혼이 산 자의 땅에서 완전히 분리된다고 믿지 않았다는 것이다. 그리스인과 로마인 모두 죽은 자들은 자기 무덤에 드려진 희생제물을 즐기므로 이들을 기쁘게 하는 것이 현명하다고 믿었다. 그리스인들은 어떤 영혼들이 전체 공동체를 축복하거나 저주할 수 있는 힘을 소유하고 있으니 특별한 희생제물을 바침으로써 달래야 한다고 믿었다. 로마인들은 죽은 자들의 은총을 구하는 데 더 초점을 두었다. 그들은 집 안에 사당을 두고 거기서 죽은 자들에게 희생제물을 바쳤으며 개인과 국가이 위기 때 축복을 베풀어주

✦   그리스인의 지하 세계에 대한 가장 오래된 기록을 제공해 주는《오디세이아》에서는 극히 일부의 예외적인 영혼만이 처벌이나 보상을 받는다. 모든 영혼이 사후에 심판을 받는다는 생각은 나중에 출현하는데, 아마도 이집트 종교의 영향인 것으로 보인다.

기를 기도했다.

그러나 모든 영혼이 달래지는 것은 아니었다. 내세로 넘어갈 수 없었거나 넘어가기를 원치 않는 일부 영혼은 원혼이 되어 땅 위를 떠돌았다. 어려서 죽은 영혼들은 이른 죽음을 원통해하며 산 자들의 세상에 남아 있었다. 잔인하게 살해당한 자들은 원수들에게 복수하려고 남아 있는 경우가 흔했다.◆ 처형된 죄수들이나 자살자들은 그들이 죽은 장소 주위를 맴돌았다. 묻히지 못하여 하데스(죽은 자들의 나라-옮긴이)에 들어가는 것이 금지된 영혼들은 제대로 장례식이 치러질 때까지 떠돌아다녔다.◆◆

어떤 유령들은 그들이 살아 있을 때 모습을 하고 있었으나 희미한 메아리 같은 형태를 띠고 있었다. 또 어떤 유령들은 장작더미에서 그은 숯처럼 칠흑색이었다. 또 어떤 유령들은 활기 넘치는 해골이었다. 일반적으로는 실체가 없는 망령이었지만 때로는 만지거나 싸울 수 있는 실체를 소유하기도 했다. 적어도 한 사례에서는 열정적인 사랑을 나눌 수도 있었다.◆◆◆유령들은 산 자에 대해 적대적인 경향이 있었다.◆◆◆◆ 어떤 유령들은 마주친 사람들에게 그저 겁을 주었지만 좀 더 사악한 유령들은 그들이

◆　살인자들은 때때로 그들이 죽인 자의 영혼을 불구로 만들기 위해 사지를 절단하는 예방 조치를 취하기도 했다.

◆◆　바다에서 죽었다든지 하는 이유로 시신을 되찾을 수 없는 경우에는 위령비(빈 무덤)를 세웠고, 죽은 자의 이름을 세 번 불러 헤매는 영혼이 그 속으로 들어가게 했다.

고른 희생자들에게 간질 발작을 일으키기도 했고 한밤중에 두드려 패기도 했으며 자살할 때까지 귀엣말로 부추기기도 했다. 아니면 그저 몸을 토막 내기도 했다.***** 그러므로 유령이 나타난다고 알려진 장소는 피하는 게 상책이었다.[2]

　잔혹하게 죽은 사람들은 그들이 죽은 곳에 머물렀는데 때로는 어처구니없이 긴 세월 동안 떠나지 않기도 했다. 한 욕장은 어떤 젊은이가 그곳에서 살해당한 후 수백 년간 유령에 시달렸다. 그리스인들과 페르시아인들의 영혼은 대격전에서 700년이 지난 후에도 마라톤 평원에서 전투를 벌였다. 유령들은 또 공

◆◆◆　한 젊은 청년이 낯선 도시에 묵고 있었다. 어느 늦은 밤, 한 번도 본 적 없는 아름다운 여인이 그의 방에 나타나서 그 청년이 필요하다고 속삭이며 침대 속으로 미끄러져 들어왔다. 남자는 아무것도 묻지 않았다. 그녀는 다음 날, 그다음 날도 왔다. 그녀가 나타날 때마다 그들은 사랑을 나눴다. 한동안 이 일이 지속되었다. 그러던 어느 날, 그 집의 여주인이 그들의 만남을 알게 되었다. 그녀는 정체불명의 여성이 남기고 간 반지와 가슴 밴드를 보고 울기 시작했다. 깜짝 놀란 청년에게 여주인은 이 물건들이 6개월 전에 죽은 자기 딸의 것이라고 말해주었다. 다음 날 밤, 여주인과 그녀의 남편은 잠복하여 유령이 나타나기를 기다렸다. 그러나 그들이 딸 앞에 서자 딸은 바닥에 쓰러졌다. 그것은 썩어가는 시신이었다.

◆◆◆◆　어떤 유령들은 무관심했다. 서기 3세기 초에 알렉산드로스 대왕과 그 부하들의 유령이 로마의 변경에 나타나 두 곳의 속주를 가로질러 행진하고는 정체불명의 의식을 행하고 사라졌다. 사람들 말에 따르면 그 모든 과정에서 알렉산드로스 대왕과 그 부하들은 완벽한 신사였으며 누구에게도 해를 가하지 않았다고 한다.

◆◆◆◆◆　한 섬뜩한 이야기에 따르면, 흑해의 작은 섬에 살고 있다고 알려진 아킬레우스의 유령이 지나가는 상인에게 트로이아의 혈통을 가진 여인을 그의 섬으로 데리고 와달라고 부탁했다. 상인이 그를 도와주자, 유령은 상인에게 고마워하며 신속하게 그 여성의 몸을 절단했다고 한다.

동 묘지에서 발견되기도 했다. 한 고대 후기 저술가는 무덤에 침입한 한 남자 이야기를 들려준다. 강도가 귀중품들을 전부 챙겼을 때 시신이 윗몸을 일으켜 세우더니 그의 눈알을 할퀴어 파버렸다고 한다. 사악한 자들의 무덤은 특히 위험했다. 전해지는 바에 의하면 독사들이 사악한 자들의 뼈에서 부화했다고 한다. 달이 뜨지 않는 밤에는 무서운 여신 헤카테(등을 서로 맞대고 있는 세 여자의 모습을 하였으며 교차로, 문턱, 건널목 등을 지배하고 저승으로 통하는 문을 지키는 수호신-옮긴이)에게 성스러운 곳인 교차로에 잠 못 이루는 영혼들이 모였다. 먼 곳에서 우짖는 소리가 들리면 여행자들은 그 소리가 부디 헤카테 일행(지옥의 개들을 데리고 그믐날에 출몰한다고 함-옮긴이)의 살기등등한 영혼의 소리가 아니라 집 지키는 개들의 소리이길 바랐다.[3]

산 자에 대한 적대감에도 불구하고 유령들은 나름대로 쓸모가 있었다. 마법의 힘을 살짝 빌려 구슬리면 그 복수심에 가득 찬 영혼들을 적과 경쟁자에게 보낼 수 있었다.[*] 덜 사악한 유령들을 불러내어 미래를 점쳐볼 수도 있었다. 지하 세계로 가는 입구 역할을 하는, 연기가 피어오르는 웅덩이나 축축한 동굴에서 이런 유령들을 불러내기가 가장 쉬웠다. 몇몇 장소에서는 점괘

---

[*] 자신이 유령의 공격 대상이 될 것 같다는 의심을 품은 사람들은 다양한 유령 퇴치 방법에 의존했던 것으로 보인다. 청동이나 쇠를 쨍그랑거리며 울려대거나 손으로 보호 신호를 만들기도 하고 이국적인 주문(이집트어로 된 주문이 특히 효험이 좋다고 알려졌다)을 읊기도 했으며 골칫거리 유령들을 진흙 인형 속에 가두려고 시도하기도 했다.

를 원하는 자가 꿈속에
서 죽은 자와 교감함으
로써 완전한 신탁을 받
을 수 있었다. 죽은 자와
접촉하는 더 편리한 방
법은 고대 버전의 위저
보드를 이용하는 것이었
다.♦♦ 4

　일부지만 유령의
존재에 관해 회의적인
태도를 보인 그리스·로
마인들도 있었다. 철학
자 데모크리토스는 세

유령을 엿볼 수 있다고 여겨진 흑요석 거울 |
1세기경 제작

상 만물은 그가 '원자'라고 이름 붙인 보이지 않는 입자들로 구
성되어 있다는 이론을 제시했고, 그는 실제로 유령의 물질 구성
을 규명하기 위해 무덤으로 들어갔다. 거의 1000년 후, 성 아우
구스티누스는 유령 현상을 백일몽에 비유하여 사람들이 세상을
떠난 사랑하는 이들의 환영을 보았다고 상상하는 현상을 예리

♦♦ 　일반적인 장치는 둥근 금속 접시 형태로 가장자리에 알파벳 문자가 새겨져 있었
　다. 올이 가는 리넨 실에 매단 고리를 접시 위에 달고 흔들리게 했다. 이것이 가
　장자리의 알파벳 문자들을 왔다 갔다 할 때 적절한 주문과 창의적인 해석으로
　단어의 철자를 완성했다. 한 고대 학자는 이 방법으로 호메로스의 출신 도시(출
　신 도시 자체도 학자들 사이에서는 논쟁이 분분하다)를 발견했다고 주장했다.

하게 분석한 글을 썼다. 그러나 분명히 말할 수 있는 것은 대부분의 사람들은 죽은 자의 영혼이 그들 사이에서 돌아다닌다는 것을 의심하지 않았다는 것이다.[5]

　그리스·로마인들은 진기하고 신기한 동물들의 존재를 쉽게 받아들였다. 특히 먼 지역에 사는 동물일 경우 더 잘 수용했다. 유명한 예를 들자면, 역사가 헤로도토스는 인도 북부의 산악 지대에는 개만 한 크기의 개미들이 들끓는다고 주장했다. 개미들은 굴을 파고 다니며 막대한 양의 금을 파내어 둥지 주위에 쌓아 반짝거리는 더미를 만들었다. 하루 중 가장 더울 때, 개미 무리가 지하로 들어가 있는 틈을 타 사람들은 개미들이 모아둔 모든 금을 부대에 담은 뒤 발 빠른 낙타를 타고 전속력으로 달아났다. 이 개미들은 엄청나게 민첩한 데다가 금 사냥꾼들을 갈기갈기 찢어놓고도 남을 만큼 사나웠기 때문에 그들은 매우 서둘러야 했다.[◆][6]

　거대한 크기의 개미보다 더 희한한 동물들이 그리스·로마 세계 도처에 있었다. 예를 들어 리비아에 서식하는 뱀인 바실리스크는 맹독을 품고 있어서 숨만 내쉬어도 나무가 말라버리고 돌이 깨졌다고 한다.[◆◆] 또 거의 항상 대가리를 바닥으로 숙이고

◆　헤로도토스의 금을 파내는 개미에 관한 이야기는 아마도 굴을 깊게 파다 보니 가끔 사금을 올려보내는 히말라야 마못의 이야기에 영향을 받았을 것이다.

◆◆　그리스의 한 신전은 바실리스크 가죽(이라고 광고한 것)을 구매하여 그 독기를 이용해서 새와 거미들로부터 소중한 벽화를 지키려 했다.

다니는 말 크기의 카토블레파스도 있었다. 고개를 숙이고 다녀서 다행이었는데, 누구든 눈만 마주치면 그 자리에서 즉시 죽기 때문이다. 카토블레파스 한 마리가 그 사악한 눈빛으로 로마군 부대 전체를 죽였다는 이야기도 전해진다. 하지만 카토블레파스도 인도의 강에서 갑자기 나타나 코끼리도 한입에 삼켜버린 독보적인 거대 괴수 '이빨 폭군(그리스어 '오돈토티라누스'의 번역-옮긴이)' 앞에서는 기가 죽는다.◆◆◆7

괴수들도 그리스·로마 민담의 단골손님이었다. 특히 늑대인간이 자주 등장한다. 로마의 소설에 등장하는 가장 유명한 늑대인간 이야기는 달빛이 비치는 길을 나그네와 함께 걸어가고 있는 화자의 이야기로 시작된다. 나그네는 갑자기 길가의 무덤 옆에 멈춰 서서 옷을 다 벗더니 늑대로 변한다. 공포에 질린 화자는 연인의 집으로 달음질쳐왔다. 연인의 집에서 그는 노예들이 사나운 괴수를 뒤쫓아가서 목에 상처를 냈다는 것을 알게 된다. 다음 날 그는 그 나그네가 의사의 치료를 받고 목에 붕대를 감은 채 침대에 누워 있는 것을 발견한다. 심지어 그리스의 변방에는 제물을 드릴 때 사람이 늑대로 변한다는 제전(제우스에게 인육을 바친 리카온이 제우스의 진노를 받아 늑대로 변했는데, 그 후 제우스

◆◆◆ 바실리스크 이야기는 이집트 코브라에 영향을 받은 것으로 보인다. 카토블레파스는 육중하고 아래로 처진 머리를 가진 누(영양)에 대한 이야기에서 비롯된 것으로 생각된다. (중세 동물 우화에서 뿔 세 개를 얻은) 이빨 폭군은 아마도 미화된 인도악어로 추정된다.

에게 제물을 바칠 때 사람이 늑대로 변한다는 전설이 있음-옮긴이)도 있었다고 한다(9년간 인육을 먹지 않으면 사람으로 돌아온다).⁸

흡혈귀도 고대 문학에 심심치 않게 등장한다. 박진감 넘치는 한 이야기에서 한 젊은 남성(아폴로니우스의 제자-옮긴이)이 아름다운 여성의 몸을 빌린 흡혈귀에게 유혹당한다. 이 여인은 그를 매혹하고 매일 밤 구슬려서 유령 하인들로 가득한 저택으로 오게 한다. 그리고 마침내 흡혈귀와 결혼하려고 하는 날, 그는 스승(아폴로니우스-옮긴이)을 초대하여 신붓감과 대면시킨다. 스승은 진실을 알아차리고 흡혈귀가 정체를 드러내도록 만든다. 그러자 흡혈귀는 비늘 덮인 피부와 이를 드러내며 도망쳤다고 한다. 또 그리스·로마인들은 용이라고 불렸던 거대한 뱀에 관한 이야기도 했다. 가장 악명 높은 용은 로마 장군 레굴루스가 북아프리카에서 만났던 용이다. 그 용은 갑옷으로 무장하여 군사들이 던지는 창에 해를 입지 않았고 오히려 수많은 군사를 짓밟고 삼켜버렸다. 결국 투석기로 일제 사격하자 쓰러졌는데 로마로 가져온 용의 가죽은 길이가 약 37m에 달했다고 전해진다.⁹

가장 유명한 그리스·로마의 괴수들은 신화 속의 생물들이었다. 익히 알다시피 신화 자체는 비판의 대상이 되곤 한다. 그러나 고대 저술가 대다수는 신화 속 괴수들은 사실에 근거를 두고 있다고 믿었다. 예를 들어 남성적인 생물로 발굽과 왕성한 성욕을 가졌던 사티로스에 관하여 여러 가지 이야기가 있다. 한번은 사티로스가 생포되어 로마 장군 술라 앞에 끌려왔고, 술라는

사티로스 | 기원전 5세기경 제작된 그릇 **켄타우로스** | 기원전 4세기경 제작된 그릇

트리톤과 네레이드 | 로마 시대 모자이크

통역을 통해 사티로스에게 질문하려고 시도했다고 한다. 또 다른 이야기에서 사티로스는 카나리아 제도에 살았다고 한다. 한번은 사티로스들이 떼를 지어 있는 해안가에 배 한 척이 떠밀려 왔는데 선원들은 사티로스들의 정신을 흐트러뜨리려고 여성을

배 밖으로 던지는, 그리 용감하다고 할 수 없는 행동을 함으로써 위험을 모면할 수 있었다는 이야기가 있다. 좀 더 교양 있는 사티로스는 이집트 사막 깊은 곳에서 발견할 수 있었다. 성 안토니오는 외딴 계곡에서 사티로스를 만났는데 그는 성 안토니오에게 과일을 주었고 소통이 될 만큼의 그리스어를 구사했으며 자신이 기독교인이라고 주장했다.[◆10]

트리톤(남성 인어)과 네레이드(여성 인어)는 사티로스만큼 흔히 등장한다. 히스파니아의 트리톤은 야선에 올라타 갑판 위에서 빈둥대는 버릇이 있었는데 작은 선박은 그의 몸무게 때문에 가라앉기도 했다.[◆◆] 마찬가지로 켄타우로스도 고대 세계의 황야에서 가끔 등장한다. 아라비아의 산악 지대에서 생포된 켄타우로스는 이집트를 다스리던 로마 총독에게 보내졌다. 켄타우로스가 원하는 모든 고기를 주었음에도 불구하고 그는 여정에서 죽고 만다. 방부 처리한 유해(꿀 속에 보존-옮긴이)는 황제에게 전달되었고 수백 년 동안 왕궁 창고에 머물렀다고 한다.[11]

◆ 개의 머리를 한 남자 몇 명도 식인 종족이거나 상스러움에도 불구하고 기독교로 개종했다. 그중 두 명은 이집트의 성인 메르쿠리우스의 경호원으로 일했다. 개머리를 한 또 다른 개종자인 크리스토포로스는 여행자들의 수호성인으로서 아주 길고 찬란한 명예를 누렸다.

◆◆ 한 그리스 신전에는 술에 취한 트리톤의 모습이 전시되어 있다. 일반적인 인어보다 다소 많은 비늘로 덮여 있는 모습이다. 또 이 트리톤은 머리가 없다. 현지인들이 인어의 표본을 보존하기 위해서 트리톤을 술 취하게 하고 머리를 잘랐다고 한다. 그 트리톤은 대단히 유명해져서 관광객을 끌게 되었고 현지 주화에도 등장할 정도였다(머리가 붙어 있는 채로).

화석은 신화에 등장하는 인물과 생물의 잔해로 해석되기도 했다.♦♦♦ 일부 화석은 인간으로 오해받았다. 예를 들어 스파르타인들은 빙하 시대의 거대 포유동물 뼈를 영웅 오레스테스의 뼈로 오해하고 정식으로 매장했다. 크레타섬에서는 지진으로 인해 거대한 해골(고래의 것으로 추정)이 드러났는데 사람들은 그것을 거인 오리온의 것으로 여겼다. 또 지진으로 오늘날의 터키 지역에서 매머드의 뼈가 발견되었을 때, 지역 주민들은 고대 영웅의 유해로 여겨 건드리지 않으려 했다. 그래서 그들은 발 길이 정도 되는 어금니 하나를 로마 황제에게 보냈고, 흥미를 느낀 로마 황제는 거대한 이빨 크기에 비례하는 두상의 석고 모형 제작을 의뢰했다. 또 다른 화석들은 유명한 신화 속 괴수들의 유해로 받아들여졌다. 한 그리스 신전에는 위풍당당하게 거대한 '칼리돈의 멧돼지'의 엄니를 전시했다. 마찬가지로 로마 사원에서도 약 12m 길이 생물의 뼈를 자랑스럽게 전시했는데 사람들은 그것이 안드로메다를 삼키기 위해 포세이돈이 보낸 바다 괴물의 유해라고 생각했다.[12]

　　많은 그리스·로마인들은 미지의 세계 언저리에 존재하는 신기한 괴수들을 별 거부감 없이 받아들였다. 심지어 헤로도토스의 금을 파내는 개미 이야기도 믿었던 것 같다. 그 개미들의

♦♦♦　때로는 화석이 신화를 만들어내기도 했다. 눈구멍이 하나인 매머드의 해골은 신화 속에 키클롭스(그리스 신화의 외눈박이 거인-옮긴이)가 등장한 이유였을지도 모른다.

가죽 일부(검은 표범 가죽으로 추정)는 알렉산드로스 대왕의 군대 진영을 장식했고 웅장한 한 쌍의 개미 뿔은 로마의 신전에 이르렀다. 그러나 기상천외한 동물들에 관한 이야기가 전부 받아들여진 것은 아니다. 한 저술가는 회의적인 독자들이 그리스의 한 섬이 날개 달린 돼지로 인해 공포에 떨었다는 이야기를 믿으려 하지 않을 것이라고 인정했다. 또 다른 저술가는 사람이 늑대로 변할 수 있다고 믿는 사람들의 맹목성을 비웃었다. 괴물 중 일부는 과학적 근거에 의해 공격받았다. 예를 들어 갈레노스는 켄타우로스 같은 반인반수는 물리적으로 불가능하다고 지적했다. 인간과 동물의 신체 부위는 다른 영양분이 필요하며 각 신체 부위가 공존에 부적합하다는 것이 그 근거였다. 다른 고대 학자는 진짜 기적들이 거짓말 속에 왕왕 가려지는 것이 안타깝다는 결론을 내렸다(지리학자 파우사니아스는 초자연적인 이야기를 듣고 싶어 하는 사람들이 진실에 거짓을 덧붙임으로써 진실이 훼손된다고 했음-옮긴이).[13]

　　고대인들이 신화 속 괴수들에게 기꺼이 열린 태도를 보였다고 해서 외계 생명체에게도 그런 것은 아니었다. 현대의 매니아들은 간혹 그리스·로마인들이 부지불식간에 UFO를 목격했다고 주장하기도 한다. 그러나 그리스·로마인들에게는 별들 너머의 지적 생명체에 대한 개념 자체가 없었다. 달의 궤도 너머의 영역은 완전하고 불변한, 신과 악령들의 거처라고 여겨졌다. 일부 철학자는 별 자체가 신이라고 생각했고 이 속설은 새로운 별의 등장이 새로운 신의 출현으로 받아들여진 것과도 일치한다.♦ 그러나 별의 신들은 지구상으로 절대 내려오지 않았다.[14]

행성 역시 그곳에 산다고 알려진 각각의 신들과 관련이 있었다. 그러나 신들이 우주의 거처에서 필멸의 존재인 인간과 공존했다고 생각하는 고대 저술가는 한 명도 없었다.♦♦ 영원으로 들어가는 문턱인 달에만 신들보다 열등한 존재가 살고 있었다. 일부 철학자들의 주장에 따르면 달은 이제 막 죽은 영혼들이 모이는 곳이었기 때문이다. 그곳에서 영혼들은 수백 년 동안, 태양빛에 의해 정화되며 머물렀다. 그리고 그 후 지구로 떨어지거나 다시 태어나거나 유령으로 남았다.[15]

♦   율리우스 카이사르가 죽은 직후 1터난 밝은 혜성은 녹재관이었던 그가 신이 되었다는 징조로 받아들여졌다. 금박을 입힌 혜성 형상은 로만 포룸에 있는 카이사르 신전의 페디먼트(고대 그리스 건축물의 입구 위의 있는 삼각형 부분-옮긴이)를 장식했다.

♦♦   일부 철학자들은 정설로 받아들여지는 7개 행성(해, 달, 수성, 금성, 화성, 목성, 토성) 외에 더 많은 행성이 있을 것으로 생각했다. 그러나 이들의 수많은 위성의 거주자에 관해서 일관된 의견은 없었다.

고대 주술 의식 현장의
모습은?

영혼은 협조하기를 거부했다. 머뭇거리고 저항하며 육체 속으로 들어가기를 거절하며 숲속의 빈터에서 깜빡거렸다. 그러나 마녀는 죽은 자의 변덕에 장단 맞추고 있을 시간이 없었다. 마녀는 주문을 중얼거리며, 내켜 하지 않는 영혼을 그녀 발밑의 시체로 밀어 넣었다. 당장 죽은 남자의 눈이 번쩍 뜨였다. 입술이 벌어졌다. 세포 조직 확장의 증거로 그것이 휘청거리며 꼿꼿이 섰다. 마녀는 꼭두각시를 정면으로 바라보며 그 속의 영혼에게, 로마를 황폐화하고 있는 전쟁의 결과를 말하라고 명령했다. 영혼은 순종했다. 목소리가 썩은 성대를 타고 흘러나왔다. 영혼이 예언을 마치자 마녀는 시체에게 미리 준비해 둔 장작더미 속으로 들어가라는 몸짓을 했다. 장작더미에 불이 붙자 시체는 희

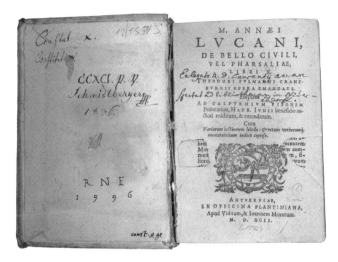

《파르살리아》 사본 | 16세기 테오도르 풀먼의 사본

부연 눈으로 불 속에 누웠다. 화염이 시체를 핥고 몸 전체로 번지기 시작했다. 경직된 사지가 경련을 일으켰다. 고요한 비명으로 턱이 떨렸다. 이윽고 주술의 끈이 끊어졌다. 숲속의 고요한 공터에 재가 천천히 쌓이기 시작했다.[1]

이것은 수사학적 문체와 고상한 취미에는 관심 없는 듯한, 엽기적인 것으로 유명한 라틴 서사시 《파르살리아》에 나오는 장면이다.◆ 섬뜩한 묘사에서 짐작건대, 시인은 고대 세계에서 주술사와 주술에 대해 많은 사람이 품고 있었던 불안을 반영한 것

◆ 예를 들어 어떤 부분에서 저자는 소름 끼치는 뱀의 공격을 묘사하는 데 수백 줄을 할애했다. 그 속에는 피해자가 피를 분수처럼 뿜고 몸이 녹아 찐득찐득한 액체가 되어 날아다니는 뱀에게 찔리는 장면이 포함되어 있다.

으로 보인다. 그리스·로마인들은 비합법적이거나 위험하다고 간주되는 의식 행위를 포괄적으로 일컬어 '주술'이라는 용어를 쓰는 경향이 있었다. 고대 저술가들은 주술이 무엇인지 정의하는 것보다 무엇이 주술이 아닌지를 기술하는 게 더 쉽다고 생각했던 것으로 보인다. 그러나 몇 가지 핵심적인 의견에는 의견이 일치한다. 첫째, 주술은 비밀스럽고 은밀한 것이고 숨겨진 지식에 기반을 두고 있으며 비밀리에 이루어지는 행위였다. 둘째, 주술은 국가나 사회의 제재 없이 개인을 위해, 그리고 개인에 의해 활용되었다는 것이다. 마지막으로 주술은 잠재적으로 공격적이고 불온한 면이 있었다. 요약하면 주술은 나쁜 꼬리표가 붙어 있었다. 그러나 철학적인 회의론도 있었다. 플라톤과 마르쿠스 아우렐리우스는 주술은 사기라고 생각했다. 이러한 철학적인 회의론에도 불구하고 주술 행위의 효과는 보편적으로 인정받았다.[2]

　　많은 그리스·로마인은 역병과 악령 빙의, 그리고 그 외 불행에서 자신을 보호하기 위해 신통력 있는 부적을 지녔다.[♦] 그

[♦] 어떤 부적들은 유익한 특성이 있다고 알려진 원석(예를 들어 술 취하는 것을 늦추는 효과가 있다고 알려진 자수정)으로 만들어졌다. 공예 장인들은 의도하는 효과를 증진하기 위해 돌에 짧은 메시지를 새기기도 했다. 속 쓰림을 가라앉히는 것을 의도한 부적에는 "소화되어라! 소화되어라! 소화되어라!"라는 메시지를 새겼다. 또 다른 부적에는 동물의 신체 부위(뱀 머리, 악어 이빨 등)나 초소형 두루마리에 쓴 주문을 결합하기도 했다. 하나의 예로서 아르테미스가 편두통을 일으키는 여자 악마 안타우라를 패배시키는 내용의 짧은 이야기 전문을 은박지에 써서 넣기도 했다.

러나 고대 후기까지는 주술사는 주술적 능력과는 상관없이 사회적으로 존경받는 존재는 아니었다.** 그리스와 로마의 주술사 대다수는 사회의 구석에서 활동했다.*** 가장 흔히 눈에 띄는 것은 구경하는 사람들에게 신기한 묘기를 보여주는 거리의 마술사들이었다. 어떤 마술사들은 뱀 묘기, 그림자 인형극으로 만족하기도 했다. 좀 더 야심에 찬 마술사들은 악령을 불러내거나 턱수염이 빨갛게 변하게 만들고 조각상이 웃게 하는 묘기를 선보이기도 했다.**** 이런 기적을 행하는 사람들에게는 점괘를 봐주는 것이 돈이 되는 부업이었다. 미래를 점치는 한 가지 방법은 혼령을 불러내는 것이었다(혼령은 보이지 않으니 얼마나 편리한가!). 또는 물 위에 퍼진 기름의 형태를 읽고, 기름 등불의 타

** 고대 후기에 '강령(降靈; theurgy)'이라고 알려진 철학적 주술이 출현했다. 강령 의식은 철학자들의 정신과 신 사이의 신비한 결합을 촉진하는 것이었다. 강령을 실행한 철학자들은 자기들이 주술사처럼 신들과 우주를 자기 의지대로 움직이려고 하는 것이 아니라고 주장했다. 대신 신들과 우주가 그들을 통해 작용할 수 있도록 하는 것이라고 했다. 그러나 실제 그들의 행위는 거리 주술사들의 속임수와 크게 다르지 않았다. 예를 들어 강령을 주장한 주요 인물인 이암블리쿠스는 그가 몸을 담그고 있던 온천에서 악령을 부르기도 했다(강령은 이집트의 신플라톤주의자들이 행한 주술이고 이암블리쿠스는 신플라톤주의 철학자임—옮긴이).

*** 많은 주술사가 남성이었지만 고대 문학의 전형적인 주술사는 나이 든 여인이었다. 북부 그리스 테살리아의 마녀들은 하늘에서 달을 떨어뜨릴 수 있을 만큼 강력하다는 소문도 있었고, 좀 더 소박하게는 지나가는 나그네를 동물로 변화시킬 수도 있다고도 했다.

**** 이런 묘기를 부리는 훈련을 받았던 로마의 노예 반란 지도자는 불을 뿜어냄으로써 추종자들을 깜짝 놀라게 하는 것을 좋아했다.

고대 그리스의 주술 의식 | John William Waterhouse, 「Circe Offering the Cup to Odysseus」, 1891.

는 불꽃을 뚫어지도록 바라보고, 거울 속을 깊이 응시함으로써 점을 치기도 했다. 소년들은 특히 영의 에너지에 민감하다고 생각되어(혹자는 관중에게 팁을 받는 데도 유리했을 거라고 짐작한다), 주술사들이 징조를 해석하는 것을 돕는 젊은 남자 조수를 고용하는 일이 흔했다.[3]

공격적인 주술 행위들도 있었다. 부도덕한 주술사들은 가끔 독약을 준비하기 위해 고용되거나 더 흔한 예로 '저주 서판'을 제작하기 위해 고용되기도 했다. 대부분의 저주 서판은 적이나 경쟁자를 저주하는 주문을 새긴, 얇은 납으로 된 판이었다. 저주는 상대방의 실명, 팔다리 골절, 성불구, 빈곤, 공개적인 망신, 잔혹한 죽음 및 이 중 몇 가지의 결합이었다. 저주 서판을 가학적일 만큼 완벽하게 만들고 나면 이를 돌돌 말아서 온천이나 무덤 혹은 그 외의 어느 곳이든 안식 없는 영혼에게 더없이 친근한 장소에 넣어두었다. 저주 서판은 오늘날의 저주 인형이나 작은 조각상(가장 이상적인 것은 저주 대상의 손톱이나 머리카락을 포함한 것)에 해당하는 것들을 동봉하는 경우가 많았다. 이 저주 인형이나 작은 조각상은 창의적인 방법으로 몸이 비틀려 있거나 절단되어 있는 날카로운 것이 꽂혀 있었다. 이런 사악한 주술을 시행함으로써 야기되는 생명의 위협은 대단히 심각하게 받아들여졌다. 로마의 한 황족(열병으로 요절한 게르마니쿠스를 의미함-옮긴이)은 그의 집 바닥과 벽에 숨겨져 있던 저주 서판에 의해 살해된 것으로 알려졌다. 수백 년 후, 머리가 깨질 듯이 극심한 두통에 시달리던 한 웅변가는 그의 교실 안에 숨겨져 있었던 저주 인형을 발견하고 경악했는데, 그것은 기이하게도 목 잘린 도마뱀으로 만들어진 것이었다.[4]

목적이 무엇이든 모든 주술은 공감 주술과 정령에 의한 주술로 개념화할 수 있다. 공감 주술은 모든 물질 사이에 존재한다고 추정되는 자연적인 친화성과 적대성에 의해 일어난다. 예를 들어 저주 인형은 그것이 저주의 대상인 희생자와 닮았기 때문에 '작용'한다. 손발톱이나 머리카락 등으로 관련성이 더욱 강화될 때 가장 효과적으로 작용한다.♦ 마찬가지로 치유 주술도 공

♦   등신상은 살아 있는 사람에게 주술적 효과를 가져오는 도플갱어(누군가와 똑같이 생긴 사람이나 동물을 일컫는 말-옮긴이)로 인식되기도 했다. 이런 믿음은 특히 중세 초기 콘스탄티노폴리스에서 만연했는데, 그 때문에 도시 전체가 고대 조각상들로 넘쳐났다. 한 비잔티움제국 황제는 그의 도플갱어로 간주했던 청동 수돼지에 반짝반짝 빛나는 새 음경을 용접하여 붙임으로써 발기 불능을 치유하고자 했다.

감 주술에 속한다. 한 로마의 저술가는 뼈가 부러졌을 때 마법의 주문을 외우며 잘린 갈대 두 개를 천천히 묶고 난 뒤 연결된 갈대를 골절 부위에 가져다 대면 낫는다고 주장했다.

　　그러나 가장 극적인 주술은 정령(죽은 자의 영혼, 고대 그리스에서 '다이몬'이라고 하였으며 demon의 어원이 됨. 기독교의 등장 이후 악령이라는 의미로 변함-옮긴이)에 의한 것이었다. 정령은 공기 중에 존재하는 영으로 불멸이거나 불멸에 가까운 존재이며 신들과 인류 사이를 잇는 중개자 역할을 했다. 가장 미천하고 쉽게 불러낼 수 있는 정령은 유령이었다. 더 급이 높고 불러내기 힘든 정령은 태곳적부터 존재하는 영들이다. 적어도 로마 속주 이집트에는 티포에우스, 아브락사스, 머리 없는 사람(블레미에스라고도 불림-옮긴이) 등의 위대한 정령들이 주술과 밀접한 관련이 있었기에 이들의 이름이 자주 주문에 포함되었다. 정령 중 가장 상위에 있는 것은 이교 신들이었는데 후기 고대인들은 그들을 범접할 수 없는 최고신의 종이자 대리인으로 생각했다.◆ 정령들은 아무리 강력한 힘을 가졌더라도 눈에 보이지 않았고 형체가 없었으며 희생제물의 연기와 필멸의 존재인 인간들의 숨결에 기대어 살 수 있었다. 그들은 원하기만 하면 인간이든, 사티로스

◆　모험심이 강한 주술사들은 심지어 크로노스(제우스의 아버지-옮긴이)를 지하 감옥에서 불러낼 수도 있었다. 그러나 이것을 시도하는 자들은 성미 급한 거인족에게 살해당하지 않도록 보호용으로 수돼지 뼈 부적을 착용할 것이 권장되었다.

든, 거대한 개든, 심지어 신의 모습도 취할 수 있었다. 어떤 정령들은 선했고, 어떤 정령들은 도덕적으로 중립적이었으나, 정령이 미천할수록 짓궂거나 사악할 가능성이 컸다. 적절한 예방 조치(주술적 부적, 향기 나는 허브, 종소리 등)를 제대로 취하지 않은 주술사는 누구나 악령에 씌거나 살해당할 위험에 노출되었다. 그러나 악령들은 그것들이 지닌 모든 위험성에도 불구하고 대단히 유용했다. 그들은 적을 공격하고 연인을 유혹하고 미래를 알려주었다. 그리고 결박의 주문과 함께 정령을 불러내면 주술적인 모든 문제에서 조수 역할을 맡길 수 있었다.[5]

정령의 도움이 있든 없든 주술 행위는 지식에 기반을 두고 있었다. 밥값을 제대로 하는 주술사라면 우박을 방지하는 것부터 적을 공격하는 것에 이르기까지 모든 것에 대한 수많은 주문(암기한 것이든 파피루스에 기록한 것이든)을 가지고 있었다. 일반적으로 그리스어와 라틴어로 읊었지만 사실상 대부분의 주문은 몇 가지의 의미 없는 말과 신비하게 들리는 말을 조합한 것이었다. 어떤 주문에는 이집트어와 히브리어도 뒤범벅되어 있었다. 또 다른 주문들, 예를 들어 '아브라카다브라' 같은 유명한 주문이 그렇듯이 여러 개의 음절을 붙여놓은 순전히 헛소리인 경우도 있었다.♦♦ 때로는 주문을 말하는 것만으로는 충분하지 않은

♦♦ 극적인 효과를 노리는 주술사들은 (적어도 쉽게 감화받는 의뢰인 앞에서는) 죽은 자의 언어로 유령과 이야기하기도 했다. 그 언어는 괴성과 신음으로 구성된 것처럼 보였다.

경우도 있었다. 어떤 주문은 주술사가 특정한 나무의 나뭇잎에 신비한 이름을 쓰고 나서 핥아 먹어야 한다고 규정되어 있었다.[6]

신성한 주문 외에도 주술사들은 주술에 사용하는 물질의 특징을 알아야 했다. 허브와 다른 식물들은 특히 치유에 중요했다. 다양한 주문들은 동물들의 경악스러운 일부 부위를 요구했다. 한 로마 시인의 말을 빌리자면 늑대의 수염, 뱀의 이빨을 비롯하여 이국적인 향신료 등이 필요했다. 이국적인 향신료는 참석자의 감정을 적절히 자극하는 분위기를 조성하는 동시에 다른 재료들의 악취를 가리는 데 유용했다. 사악한 주술은 살해당한 희생자의 피와 머리카락, 가라앉은 배의 못, 낡은 십자가 조각 등 죽음과 연관된 물질을 요구하는 경우가 많았다. 시신도 유용했다. 어떤 주문은 주문을 적은 두루마리를 방금 처형당한 죄수의 몸에 붙일 것을 요구하기도 했다.[7]

시신이 관여하지 않는다고 해도 주문을 거는 것은 길고 복잡한 과정이었다. 예를 들어 연인을 얻고자 하는 주문은 한밤중에 검투사의 경기가 열리는 원형경기장에 가서 그곳에서 죽은 자의 영혼을 불러낸 뒤 피 묻은 모래를 모아 장래의 연인이 살고 있는 집의 문지방에 뿌려야 했다. 정령을 조수로 불러내는 일은 훨씬 더 복잡했다. 이 목적을 위한 여러 주문 중 하나에 따른다면, 우선 정령 형태의 작은 밀랍 인형을 만들어야 했다. 그리고 밀랍 인형에 일련의 희생제물을 바친 후 그 앞에서 새 7마리의 목을 졸라 죽여서 정령이 그 생명력을 음미하도록 한다.

천천히, 다른 새들도 목을 졸라 죽이고(그중 한 마리는 산 채로 먹혀야 한다) 충격에 빠진 주술사가 세 가지 주문을 외운다. 그렇게까지 하고 나면 정령은 못 이기는 척 왕림했다. 전차 경주에서 상대방을 저주하는 것은 비교적 간단했다. 필요한 것은 납으로 된 판에 저주를 새기는 것뿐이었다. 저주의 내용은 경쟁자의 이름을 적고 엄숙하게 그가 눈이 멀거나 고뇌에 빠지고 때로는 죽음에 이르는 소원을 비는 것이다. 이렇게 한 다음 저주 서판에 새겨진 글은 저주받은 사람이 독뱀에 목이 졸린 그림 한두 개로 장식되었다. 이 서판을 마법이 걸린 저녁에 떠돌아다니는 유령이 산다고 알려진 무덤 속에 넣거나 절단된 수탉과 함께 키르쿠스(전차 경주가 열린 타원형 경기장―옮긴이)의 출발문 아래에 묻었다.[8]

그리스·로마인들 중 다수가 주술 행위를 반대했다는 것은 어쩌면 그리 놀라운 일이 아닐 것이다. 초기 로마 및 일부 그리스 도시에서는 시민들에게 해를 끼치는 주술을 금지했다. 아테네 법정에서는 주술 행위 고소 사건이 주를 이룰 때도 있었다. 주술 행위에 대한 전면적인 탄압은 좀 더 후에 일어났는데 몇몇 의심 많은 황제는 주술 행위를 반역죄로 간주하고 로마 귀족 내부에서 주술 사용자를 색출하기 위해 전면적인 마녀사냥을 시행했다. 서기 300년경에 작성된 법률 기록에는 주술 종사자라는 것이 증명된 자들에 대해 광산 노예 노역부터 맹수에 의한 살해에 이르는 엄중한 처벌이 규정되어 있다. 이후 몇십 년간

마녀(맨 오른쪽)를 방문한 여성들 | Dioscorides of Samos, 2세기경에 제작된 모자이크

이 처벌을 확고히 하는 칙령이 공포되고 이례적으로 치명적인 마녀사냥이 이루어졌는데 칙령과 마녀사냥 둘 다 부분적으로는 기독교의 대두에 영향을 받은 것이었다.[9]

이교도 이웃들과 달리 초기 기독교인들은 모든 주술은 악령에 의한 것이고 악령은 우두머리인 악마의 부하라는 인식을 가지고 있었다. 그러므로 주술은 교회에 의해, 그리고 콘스탄티누스 이후에는 교회와 국가 양쪽에 의해 단호히 탄압되었다. 이런 조처로 인해 표면적으로는 주술이 음지화하긴 했으나, 주문 자체는 성서의 구절들을 인용하기도 하고 성인이나 천사들을 언급하며 계속 살아남았다. 부적도 여전히 사회 각계각층의 사

람들이 착용했다. 전통이라는 관성 덕분에, 악령과 이국적인 주문을 포함한 주술의 근본적이고 고전적인 개념은 중세 및 그 이후까지 살아남을 수 있었다.[10]

인신 공양은 흔히
벌어지는 일이었을까?

처녀는 횃불들에 둘러싸인 채 공허한 눈빛으로 누워 있다. 조금 전, 사제는 그녀를 잡아서 검으로 찔러 죽였다. 그녀는 즉 사했다. 다른 처녀들이 초조한 듯 속삭이며 시신 주위로 몰려들었다. 매년 디오니소스 제전 때 처녀들은 어머니와 할머니가 그랬듯이 달렸다. 그리고 매년 늙은 사제가 녹슨 검을 뽑아 들고 횃불로 밝혀진 숲속에서 그들을 쫓았다. 이 의식은 괴이하기 짝이 없지만, 무섭기보다는 흥분된다. 지금까지는 아무도 처녀가 죽었다는 것을 기억하지 못했다. 이윽고 죽은 처녀의 친구들이 흐느끼기 시작했다. 사제는 충격을 받은 듯, 무릎에서 힘이 빠졌다. 모든 이의 마음속에 동일한 질문이 파고들었다. "디오니소스는 정말로 인간의 피를 요구했을까?"[1]

우리가 알기로는 이것이 그의 마지막 인신 공양이었다. 알려진 바에 의하면 그 날 밤, 사제의 검에 죽은 처녀는 그리스의 마지막 인신 공양이었다. 그녀가 살해된 서기 1세기 말경에는 거의 모든 그리스·로마인이 인신 공양을 혐오스러운 것으로 간주했다. 그러나 그들은 조상이 인신 공양을 했다는 것을 인정했고 때로는 그들 역시 인신 공양에 탐닉하기도 했다.

희생 제사는 항상 그리스·로마 종교의 최고의 행위였다. 어떤 이들은 신들이 희생제물을 태우는 연기로 윤택해진다고 믿었다. 또 다른 이들은 신들이 연기를 좋아하거나 인간들이 희생제물을 드리는 행위 자체를 기뻐한다고 생각했다. 이유가 무엇이든, 희생제물이 신들의 분노를 잠재우고 신의 은총을 얻을 수 있는 유일하며 가장 효과적인 방법이라는 것에는 모두가 의견을 같이했다. 그리스 세계에서 대부분의 희생 제사는 표준 절차를 따랐다. 제물이 될 동물을 제단으로 끌고 온다.✦ 물방울을 제물의 얼굴에 뿌려 고개를 끄덕이게 한다. 이는 마치 희생제물이 될 것을 승인하는 것처럼 보인다. 이 형식적인 행위가 끝나면 제단에 불을 붙였고 일부 희생제물의 털을 떨어뜨렸다. 제사를 주관하는 사제가 기도를 읊조리고 나서 제단 주위의 여인들이 흐느끼면 제물이 된 동물의 목이 잘린다. 사체는 도축되고 내장

✦ 신상이 제물 드리는 행위를 '지켜볼 수 있도록' 그리스 신전의 주 제단은 성전 문 앞에 있었다.

고대 그리스의 돼지 희생 제사 | 기원전 5세기경 제작

은 쇠꼬챙이에 끼워 태워진다. 지방으로 덮인 넓적다리뼈가 제단의 불에 지글지글 타며 연기가 피어오를 때 나머지 부위 고기는 삶거나 구워서 제사의 참석자들이 공유했다. 로마인들도 거의 같은 방식으로 희생제물을 드렸다. 단, 희생제물을 드리기 전에 내장을 조사하는 과정을 추가했다. 내장이 정상적이면 신들이 그들의 제사를 받아들일 것으로 생각했지만, 결함이 발견되면 이 제사를 다시 한번 반복해야 했다.[2]

벌꿀을 넣은 빵, 향, 포도주, 그 외 피와 상관없는 온갖 종류의 제물을 신들에게 바칠 수 있고, 실제로 그렇게 했다. 그러나 항상 희생제물의 기본은 동물이었다. 가장 저렴한 제물은 새끼 돼지와 닭이었다. 그보다는 조금 값이 나가지만 더 일반적인 것은 양, 염소, 돼지였다. 가장 비싸고 최고로 치는 제물은 황소였다. 종종 제사를 위해 황소의 뿔을 금으로 씌우기도 했다.◆ 거의 모든 신에게 거의 모든 동물을 드려도 무방했지만, 신마다 각각 선호하는 희생 동물이 있었다. 데메테르(땅과 수확의 여신-옮긴이)는 새끼 돼지를 좋아했고 아프로디테(미와 사랑의 여신-옮긴이)는

비둘기를 좋아했으며 헤카테(마법과 주술의 여신-옮긴이)는 개를 고집했다. 게다가 제사 관습은 대단히 보수적이었고 도시마다 달랐다. 예를 들어 매해 10월, 로마인들은 마르스(전쟁과 파괴의 신-옮긴이)에게 말 한 마리를 바쳤는데, 제사 의식 후 인근 두 지역의 주민들은 말 대가리를 서로 차지하려고 싸웠다. 오늘날의 터키 서부에 위치했던 도시 람프사쿠스에서는 거대한 남근 신 프리아포스에게 우짖는 당나귀를 바쳤다. 그리고 그리스의 도시 파트라이에서 매년 열리는 아르테미스 제전에서는 숭배자들이 살아 있는 수퇘지, 사슴, 늑대, 때로는 곰을 어마어마한 모닥불에 던져 넣었다.[3]

인신 공양은 야만적이라는 데 그리스인들과 로마인들은 의견을 같이했다. 가장 악명 높은 야만인은 카르타고인이었다. 카르타고인은 어린아이들을 바알 신에게 제물로 바쳤다. 한 그리스 저술가의 선정적인 묘사를 빌리자면, 그들의 풍습은 우상의 비스듬히 기운 청동 손바닥에 신생아를 올려둔 뒤 입을 크게 벌린 불구덩이 속으로 떨어뜨리는 것이었다. 갈리아인들은 고

◆　평균 일당이 약 1드라크마였던 고대 아테네에서 새끼 돼지는 보통 3드라크마, 양이나 염소는 대략 12드라크마, 돼지는 20드라크마 이상, 소는 80드라크마까지 값이 나갔다. 왕과 도시, 그리고 어마어마한 부자만이 고대의 가장 사치스러운 제물인 황소 100마리의 희생제물을 드릴 수 있었다. 소의 일부라도 드리는 것이 아예 드리지 않는 것보다 낫다는 원리에서 황소 한 마리를 바칠 수 없는 숭배자들은 (비록 소는 아니더라도) 신들에게 소의 고환이라도 드리며 만족을 느꼈다.

리버들로 거대한 남자 모형을 여러 개 만든 뒤 그것들을 죄수들과 묶어 신을 공경하는 의미로 태웠다고 전해진다. 게르만인들은 거대한 청동 가마솥에 남자들을 넣고 가마솥이 가득 차면 기울인 후, 쏟아지는 피로 형성된 무늬를 보고 무녀가 예언을 했다고 한다. 타우리족은 난파당해 그들의 해안으로 밀려온 운 없는 사람들을 희생제물로 삼았는데 희생자들의 머리를 잘라 바닷가에 길게 열을 지은 말뚝에 박아두었다.[4]

그리스·로마인들은 먼 선조들 역시 인신 공양을 바쳤던 것으로 믿었다. 여러 신화에서 신들은 인간 희생제물을 요구했다. 예를 들어 아가멤논은 트로이아로 항해하기 전에 아르테미스에게 자신의 딸 이피게네이아를 바쳐야 했고, 아킬레우스는 파트로클로스를 화장하는 장작더미에 열두 명의 트로이아군 포로를 던져 넣었다.[◆] 많은 도시에서 인신 공양에 뿌리를 두었거나 두었을 것으로 추정되는 종교의식을 거행했다. 어떤 경우에는 다른 희생제물로 인신 공양을 대신하기도 했다. 일부 로마인들은 인신 공양에 대한 상징적인 등가물로 번개가 친 후에 생선, 양파, 머리카락을 제물로 드리는 기이한 습관이 있었다(로마의 창건자인 로물루스의 뒤를 이은 두 번째 왕으로 알려진 누마 왕과 그의 백성은 빈번한 번개로 인해 공포에 질렸다. 번개는 유피테르의 격노를 상징

◆ 아킬레우스의 희생제물과 역사적으로 유사한 것이 그리스의 에우보이아섬 레프칸디(Lefkandi)에서 발견되었다. 기원전 950년경, 한 여성이 제물로 바쳐진 뒤 저명한 전사 족장 옆에 매장된 것으로 보인다.

하는데, 유피테르가 자신의 격노를 잠재우기 위해서 인신 공양을 요구하며 '머리'라고 하자 누마 왕이 '양파 머리'라고 답하고, 유피테르가 '인간의'라고 하자 누마 왕이 '인간의 머리카락'이라고 답하고, 유피테르가 '목숨'이라고 하자 누마 왕이 '생선의 목숨'이라고 둘러대어 인신 공양을 모면했다는 구전에서 유래함-옮긴이). 또 인신 공양이 모형으로 대체되는 경우들도 있었다. 그리스의 한 제전에서는 여성처럼 꾸민 널빤지 14개가 격렬한 화염 속에 태워졌다. 마찬가지로 매년 로마인들은 짚으로 만든 꼭두각시들의 손과 발을 결박하여 티베르강에 던졌다. 어떤 지역에서는 인신 공양이 상징적 제물로 변형되기도 했다. 로마 속주 갈리아에서는 포도주병의 주둥이 부분을 칼로 치곤 했는데, 그때 이리저리 튀는 포도주 방울들은 종교의식으로서 베인 목에서 튄 핏방울을 상징했다.[5]

고대 사회에서 인신 공양의 사례가 있기는 했지만, 그 증거는 산발적이고 논란의 여지가 있다. 예를 들어 현대 역사가들은 아테네의 장군(테미스토클레스-옮긴이)이 페르시아 왕족 세 명을 디오니소스에게 희생제물로 바쳤다는 고대 주장에 대해 회의적이다. 고대 그리스에서 정기적으로 인신 공양을 드렸다는 설 역시 마찬가지이다. 아르카디아의 외딴 지역에 있는 리카이온산의 황량한 능선 높은 곳에 고대 제우스 신전이 서 있었다. 그곳에서 4년마다 한밤중에 피로 흠뻑 젖은 잿더미 위에서 소년을 희생제물로 바쳤다. 혹은 그렇다고 알려졌다. 고고학자들은 아직 명확한 증거를 찾아내지 못했다.[6]

리카이온산의 제우스 제단 근처에서 발견된, 인신 공양의 흔적이라 간주되는 10대 소년의 유해

로마에 관한 자료들에서 언급된 대부분의 인신 공양 역시 소문이나 중상, 비방에 기인한 것일 수 있다. 반역자 카틸리나(로마 정치가-옮긴이)는 희생제물로 삼은 소년의 내장에 대고 자신의 공모자들에게 비밀을 지킬 것을 맹세시켰다고 전해진다(그러고 나서 내장을 먹었다). 아우구스투스 황제는 신격화한 율리우스 카이사르에게 무려 300명의 포로를 희생제물로 바쳤다고 한다. 이 이야기들을 믿을 만한 설득력 있는 근거가 있는 것은 아니다. 그러나 로마인들이 때때로 인신 공양을 바쳤던 것은 사실이다. 적어도 국가 위기 시에 세 번, 네 명의 인신 제물(두 명은 그리스인, 두 명은 갈리아인)이 로마의 문밖에 생매장되었다. 마침내 기원전 97년에 이 풍습은 모든 형태의 인신 공양과 함께 금지되었다.[7]

정리하자면 인신 공양은 드물었고 종교적 살해 의식이 더 널리 퍼졌다.* 예를 들어 일부 그리스 도시에서는 매년 이례적으로 못생긴 남성 두 명을 파르마코스(희생양)로 택했다. 정해진

날, 이 남자들은 매를 맞고 채찍을 맞으며 돌팔매질을 당하고는 도시에서 추방당한다. 자료에 따르면 이따금 살해당하기도 했다. 그러나 이 의식은 시간이 지남에 따라 좀 더 인도적으로 변한 것으로 보인다. 파르마코스가 존재했던 한 그리스 도시에서는 매년 희생자를 바닷가 절벽에서 던졌는데, 이 관습은 더 발전하여 희생자에게 큰 날개와 살아 있는 새들을 끈으로 묶어 낙하속도를 줄여주었다. 그가 새들과 함께 바다에 빠진 후에는, 그를 건진 뒤 작은 보트에 태워 도시의 영토 외부로 이송했다.[8]

로마의 희생양 제전은 노인에게 동물 가죽을 입히고 막대기로 때리는 등 생명을 해칠 정도는 아니었지만, 로마인들은 할 수만 있으면 종교적 살해 의식에 참여하는 데 적극적이었다. 예를 들어 한 장군이 승전한 날, 적군의 사령관이나 왕을 목 졸라 죽이는 의식을 거행하는 것이 관습이었다.** 훨씬 더 극적인 예로, 로마의 장군들은 대단히 중요한 전투에서 승리하기 위해 자기 목숨을 신들에게 바칠 수 있었다.*** 마지막으로 한 소규모 제전에서는 원형경기장에서 살해된 남성들의 피가 유피테르 상위로 쏟아졌다고 한다.[9]

'네미의 신관'의 기이한 경우는 고대 세계에서 종교적 살

◆ 　 인신 공양은 특정한 신이나 신들에게 희생자를 바치는 것을 의미한다. 종교적 살해 의식은 종교적 상황에서 좀 더 넓고 다양한 범위의 살해이며 명백하게 희생자를 신에게 바치는 선물 혹은 신과의 의사소통 행위를 의도하지는 않는다. 혹자는 이런 구분이 희생자에게는 아무 위로가 되지 않을 것이라고 짐작할 것이다.

네미 호수

해 의식의 애매한 입지를 압축하여 보여준다. 로마에서 30km
쯤 떨어진 곳에 있는 네미 호수는 숲으로 둘러싸인 깊은 화산
분화구에 자리 잡고 있다. 나무 그늘이 우거진 호반은 로마 황제
들의 여름 휴가지였다. 칼리굴라는 두 척의 거대한 유람선을 건
조했는데 각각은 길이가 약 76m에 달했다. 그는 위용 당당하게

◆◆ 일부 장군들은 자비를 베풀었다. 폼페이우스는 화려한 세 번째 개선식에서 선
보인 지도자들 대부분(포로로 잡아 온 해적 대장들—옮긴이)의 목숨을 살려주었
고, 아우렐리아누스는 반역자 제노비아 여왕이 로마 외곽의 조용한 곳에서 여
생을 보내도록 허락했다.

◆◆◆ 한 로마의 역사가가 이 의식을 기술한 적이 있다. 장군은 토가를 입고 머리를
가린 채 창 위에 섰다. 사제가 일러준 문구를 반복함으로써 그는 공식적으로
지옥의 신들에게 자신을 바쳤다. 그리고 나서 그는 말에 올라타고 적진을 향
해 홀로 돌격했다.

시원한 수면 위에 배를 띄웠다. 이 호화로운 선박에서 조금 떨어진 곳에 디아나 여신(사냥의 신으로 그리스의 아르테미스 신에 해당-옮긴이)을 모신 고대 나무숲이 있었다. 이 성역의 사제는 '네미의 왕'이라고 불리는데 항상 도주한 노예가 맡았다. 네미의 왕이 되는 유일한 방법은 단판 결투로 현재 왕을 죽이는 것이었다. 수백 년 동안 이 고요한 숲에서 노예들이 싸우고 죽었는데, 학자들은 이 관습이 먼 옛날 야만인의 영향을 받은 것으로 추정했다. 칼리굴라는 거대 유람선을 타고 둥둥 떠다니며 폭한을 고용하여 현재 왕을 죽이는 유희를 즐겼다. 그러나 대부분의 사람에게 네미의 왕은 단지 신들이 간혹 인간의 피를 즐겼다는 불쾌한 기억을 떠올리게 하는 존재일 뿐이었다.[10]

델포이 신탁에서
피어올랐다는
미스터리한 증기의 진위는?

징조란 어디에나 있었다. 날아가는 새나 갑자기 불어오는 바람 속에도 징조를 느낄 수 있다. 누군가 툭 던진 말이나 던져진 주사위에도 신의 뜻이 있을 수 있다. 영감을 받은 입술에서 날마다 지혜가 솟아나고 한밤중에 계시가 꿈속에서 갑자기 떨어질 수도 있다. 그러나 필멸의 존재인 대부분의 인간은 이 모든 징조의 중요성을 분별하기가 어려웠다. 그래서 도움을 받기 위해 선지자나 꿈 해몽가(정 급할 때면 저렴한 길거리 주술사라도)를 고용할 수 있었다. 그러나 신들의 뜻을 알기 위한 가장 좋은 유일한 방법은 신탁소를 찾아가는 것뿐이었다.

개인들은 자신의 건강, 결혼 가능성, 여행 계획, 사업 성공 가능성 등 그 밖의 수없이 많은 것에 관해 신탁을 구했다. 도시

오라클 | Camillo Miola, 「The Oracle」, 1880.

나 왕이 파견한 대표단은 조약의 타당성, 정치 개혁의 지혜, 역병이나 기근을 피할 수 있는 최선책 등 신의 지혜를 구해야 할 만큼 어렵거나 논란이 있는 수많은 사안에 관해 조언을 구했다. 주제가 무엇이든 질문은 두 가지 선택지를 대략 제시하는 정형화된 방식으로 이루어졌다. 그에 따라 신탁으로 내려온 대답 역시 단순명쾌한 경우가 많았으나 때로는 시적인 표현이나 모호한 표현으로 주어지기도 했다.[1]

◆ 아마 가장 유명한 예는 리디아의 왕 크로이소스에게 주어진 신탁일 것이다. 크로이소스가 델포이의 신탁소에 그가 페르시아를 공격해야 할지 질문했을 때, 그렇게 하면 위대한 왕국을 파괴할 것이라는 답을 받았다. 크로이소스는 페르시아를 공격했고 크게 패하여 위대한 왕국을 파괴했다. '그의' 위대한 왕국을 말이다.

어떤 신탁소에서는 신탁 의뢰인이 '인큐베이션 방(꿈속에서 계시를 받거나 치유를 받는 주술을 위한 공간-옮긴이)'에 놓인 돌로 된 긴 의자에 누워서 예언적인 꿈을 꾸길 바라며 잠을 잤다. 어떤 신탁소에서는 잠들기 전에, 피 묻은 어린양의 가죽으로 몸을 감싸야 한다고 했다. 또 다른 신탁소에서는 더 적극적인 행동을 요구했다. 예를 들어 트로포니오스의 신탁을 구하러 간 용감한 사람은 우선 며칠 동안 제물로 바친 고기를 먹고 근처 강에서 정결하게 목욕을 하며 은둔해야 했다. 의식에 필요한 정결함의 수준에 이르면 그는 두 개의 샘에서 물을 마셨다. 하나는 과거를 잊게 하는 샘물이고 하나는 미래를 기억하는 것을 도와주는 샘물이다. 샘물을 마신 후 그는 곧 부서질 듯한 사다리를 타고 마른 우물 아래로 내려갔다. 그 후에 다시 동굴로 내려가서 어둠 속에서 이상한 광경을 보았다. 한참을 떨며 혼란에 빠져 있던 그는 밝은 세상으로 기어 올라왔다. 그러고 나서 '기억의 의자(기억을 의인화한 여신 '므네모시네'의 의자-옮긴이)'로 안내받는데, 그곳에서 사제가 그가 본 환상의 해석을 도왔다.[2]

어린아이들이 일하는 신탁소를 방문하는 사람들은 덜 끔찍한 경험을 해도 되었다. 로마 인근의 포르투나 사원에서는 소년이 작은 상자에서 글자들이 새겨진 나무 블록을 꺼내어 주었다. 이집트의 한 신전에서는 신전 마당에서 놀고 있는 젊은이들의 이야기에서 예언을 받기도 했다. 동물에게서 신탁을 받는 신탁소도 있었다. 또 어떤 신탁소에서는 피리로 한 무리의 물고기를 불러내기도 했다. 또 어떤 신탁소에는 젊은 여성의 처녀성을 밝혀내는 데 특화된 거대한 뱀이 있었다.✦ 소아시아에는 인간 머리 모양의 꼭두각시 인형을 단 뛰어난 뱀이 신탁을 주관하는 신탁소도 있었다. 다른 곳에는 말하는 해골도 있었다. 그러나 이 모든 것도 아폴로니아에 있는 영원한 화염 기둥에는 비할 바가 안 된다. 화염 기둥이 탄원자가 던진 향을 뱉어내는지 받아들이는지에 따라 신들의 뜻이 전달되었다.[3]

이런 신탁소들 같은 현란함은 부족하지만 가장 위대한 신탁소들은 영감을 받은 중재자, 즉 신의 뜻을 전해주는 남자나 여자가 신탁의 중심에 있었다. 가장 오래된 신탁소는 도도나에 있는 제우스의 신탁소로, 이곳에서는 '비둘기'라고 알려진 여사제들이 성스러운 떡갈나무 잎들이 바스락거리는 소리를 듣고 신탁을 전했다. 선두에 선 또 다른 신탁소들은 예언의 신으로 가장 유명한 아폴론의 신탁소였다. 클라로스에 있는 아폴론의 신탁소에서는 신탁을 구하러 온 의뢰인들이 아폴론과 그의 가족들의 거상 앞에서 희생제물을 드리고 나서 지하의 밀실에서 신탁을 구했다. 또 다른 아폴론 신탁소는 디디마에 있었는데, 이곳에서는 아폴론의 여사제가 거대한 신전이 기깅 깊은 방에서 신성한 샘물에 발을 담그고 예언을 했다. 그러나 이 모든 곳보다 위

✦ 여성이 눈을 가린 채 보리 빵을 들고 신전으로 들어가, 뱀의 은신처에 도달하면 몸을 굽히고 뱀에게 보리 빵을 내밀었다. 뱀이 그 빵을 먹으면 그녀의 처녀성이 증명된 것이다.

델포이의 아폴론 신전

대한 곳은 델포이 신전으로, 고대 세계 최고의 신탁소였다.

　델포이 신탁소는 중부 그리스 산악 지대에 자연적으로 형성된 장엄한 원형극장의 중앙에 서 있었다. 아폴론의 대변자로서 신전에서 섬기는 여사제인 피티아는 매월 한 번 신탁을 전했다.◆ 지정된 날, 사제들은 우선 염소에게 찬물을 뿌려봄으로써 신이 신탁을 전할 기분인지 확인했다. 염소가 몸을 부르르 떨면 모든 것이 좋다는 징조였다(곧장 희생제물로 목숨을 잃은 염소는 제

◆　신탁은 신이 기후가 좀 더 온화한 지역에서 휴양하는 것으로 추정되는 겨울에는 주어지지 않았다. 신탁이 열리지 않는 때에 온 사람들은 강제로 피티아를 끌어내어 삼각대에 앉혔던 알렉산드로스 대왕이 아닌 이상, 때가 되기를 기다려야 했다.

외하고 말이다). 그러면 신탁을 듣고자 하는 사람들은 출신 지역과 델포이 간 관계의 친밀성에 따라 정해진 순서대로 줄을 섰다. 자기 차례에 이른 의뢰인은 신탁에 대한 비용을 지불하고 희생 제물을 드리고 나서 아폴론의 신전으로 들어갔다. 그 뒤에는 피티아의 목소리는 들리지만 모습은 보이지 않는 대기실로 안내받은 것으로 추정된다. 비로소 그는 묻고 싶은 것을 물었다. 그러자 손에 월계수 가지를 들고 삼각대에 앉은 피티아가 신의 음성으로 답했다. 평소에는 말도 또렷하고 정연하다. 그러나 적어도 한 번, 피티아는 악령에 쓴 여자처럼 악을 썼던 적이 있다.[4]

고대 저술가 중에서는 피티아의 예언적 능력이 그녀가 앉아 있던 삼각대 아래의 바위에서 새어 나오는 증기 덕분이라고 주장하는 이들도 있었다.♦♦ 사실, 전해지는 이야기에 따르면 이 증기는 신전의 지반 때문에 발생하는 것이었다. 델포이 신전 주위 지역이 처음 자리 잡을 때, 지면에서 정체불명의 균열이 발견되었다고 한다. 그 틈에 다가가는 염소는 모두 발작을 일으켰고 그들을 쫓던 염소지기들은 모두 예언을 말했다. 이 소식이 퍼지자 사람들은 이 틈 주위로 몰려들기 시작했다. 그러나 몇 사람이

♦♦ 그리스인들이 종교적 경험을 고조시키기 위해 향정신성 특성이 있는 식물을 사용했다는 주장도 있으나 명백한 증거는 없다. 향락용 마약 사용에 대한 근거 역시 빈약하다. 그리스·로마인들이 양귀비를 재배하기는 했으나 진통과 수면 유도용으로 진액을 사용했던 것으로 보인다. 마찬가지로 대마(삼)도 키웠으나 기본적으로 밧줄이나 천에 필요한 삼을 얻기 위해서였다. 우크라이나의 스키타이인은 한증탕에 삼의 씨를 끓여서 상습적으로 '흡입'했다고 알려진 유일한 고대인들이다.

피티아와 아이게우스 왕 | 기원전 4세기경 제작

예언적 황홀경에 사로잡혀 틈새로 굴러떨어져 모습을 감추었다. 이런 사고를 방지하기 위해 좀 더 전문적인 자세를 갖추고 예언의 위험에 접근할 신탁 사제를 지명할 것이 결정되었다. 1세기의 한 지리학자는 신탁 장소를 피티아가 증기가 피어오르는 지면의 균열 위에 앉아 종교적 영감에 사로잡혀 횡설수설하는 깊은 동굴로 묘사했다. 100년 후, 전기 작가이자 델포이 사제로도 봉직했던 플루타르코스는 신탁의 쇠퇴는 애초에 신탁의 영감을 주었던 신성한 증기의 소멸에서 비롯되었을지도 모른다는 추측을 하기도 했다.[*5]

델포이 신전을 발굴한 프랑스 발굴팀이 19세기 말 아폴론의 신전을 파내기 시작했을 때, 그들은 동굴과 그 아래에서 증기가 피어오르는 틈새를 발견할 것으로 예상했다. 그러나 그들

◆ 　그리스인들은 기적의 장소들이 매우 섬세하다는 것을 알고 있었다. 표면에 머나먼 곳의 배와 항구들의 아름다운 모습을 비추어 사람들을 매료시켰던 샘물이 있었다. 그런데 한 여인이 그 물에 빨래를 하고 나자 그 샘물은 영원히 파괴되었다고 한다.

이 발견한 것은 단단한 암석 바닥을 가진, 지면 아래로 좁혀진 작은 방이었다. 학계는 델포이 신전에 관한 고대 저술가들의 이야기가 문학적인 전통을 반영한 것이며 실체가 아니라는 합의에 신속하게 도달했다. 히스테리를 일으킨 염소에 관한 이야기는 신탁의 잊힌 기원을 설명하기 위해 만들어낸 전설로 치부되었고, 연기 나는 신비로운 틈에 관한 이야기는 신탁의 방을 본 적이 없는 저술가들이 지어낸 이야기로

델포이의 여사제 | John Collier, 「Priestess of Delphi」, 1891.

해석되었다. 그리고 플루타르코스가 묘사한 증기는 문자 그대로의 기체가 아니라 신성한 영향력의 미세한 흐름으로 이해되었다.[6]

2000년대 초반, 여러 전공 분야의 학자들로 구성된 팀이 신탁이 환각물질의 영향하에 이루어졌다는 의견을 다시 제기했다. 새로 발견된 지리적 조사 결과에 근거하여 그들은 피티아의 삼각대 아래 있었다고 알려진 틈이 실제로는 역청 석회암으로

된 기반암에 있었던 단층이었다고 주장했다. 그들의 이론에 따르면 이 단층을 따라 붕괴가 일어날 때마다 마찰에 의하여 석회암에 포함된 석유 화학물질의 일부가 증발하면서 메탄, 에탄, 에틸렌 같은 가스를 생성했다. 그리고 이 가스들은 지표면으로 새어 나와 신탁의 방으로 방출되었다. 한때 마취제로 사용되었던 에틸렌은 고대 저술가들이 말했던 환각과 발작을 일으킬 수 있었을 것이다.

그럴 가능성이 있었다는 것이지만 아마도 그렇지 않았을 것이다. 현재 에틸렌 혹은 기타 유해 가스가 델포이 신전 기반암에서 극소량 생성되고 있는데, 만약 고대에 상당히 많았다고 한다면 피티아 가까이 서 있었던 신탁의 청원자들 역시 영향을 받았을 것이다. 그들이 그렇지 않았고 또 신전의 갑작스러운 화재 (에틸렌은 인화성이 대단히 높다)에 관한 기록이 전혀 없다는 점에서 추측건대, 학자들의 가설에 대해 회의적인 생각을 하지 않을 수 없다. 델포이의 신탁조차도 학술 분쟁은 해결하지 못했다.[7]

이교 신앙은
어떻게 형성되었고
어떤 흔적을 남겼을까?

전령은 관중이 조용해지길 기다렸다. 그러고 나서 과장된 몸짓으로 자신이 들고 온 두루마리의 봉인을 뜯었고 목을 가다듬은 후 고개를 살짝 뒤로 젖히고는 두루마리를 읽기 시작했다. "위대하고 자비로우신 테오도시우스 황제는 세라피스 신전을 점거하고 있는 이교도들이 당장 해산한다면 이교도들을 처벌하지 않기로 명하셨다(이에 일부 군중에게서 함성이 터져 나왔다. 전령은 눈을 가늘게 뜨고 다음 말을 잇기 전에 잠잠해지긴 기다렸다)." 그리고 계속 읽어나갔다. "그러나 심사숙고 끝에 유일한 참신앙을 위하여, 황제는 세라피스 신전을 파괴할 것을 결단하셨다. 지금 당장."

찬물을 끼얹은 듯한 침묵. 잠시 후, 갑자기 기독교인들의

세라피스 신전 유적지

환호성과 이교도들의 분노의 고함이 파도처럼 밀려왔다. 이런 소동에는 아랑곳하지 않고, 병사들이 신전의 대리석 계단으로 줄지어 올라왔다. 손에 도끼를 든 병사는 세라피스 신의 거상에 접근했고 순간의 망설임 후 금이 씌워진 신상의 머리에 가차 없이 도끼를 휘둘렀다. 도끼는 공허한 소리와 함께 신상을 내리찍었고 금빛 나뭇잎 파편들이 공기 중으로 흩어졌다. 병사들은 계속해서 도끼를 휘둘러 댔다. 마침내 목과 머리를 연결한 나무틀이 찌그러지며 신상의 머리가 바닥으로 떨어졌다. 그렇게 알렉산드리아의 수호신 세라피스는 몰락했다.[1]

서기 392년, 알렉산드리아의 거대한 세라피스 신전이 파괴되었을 즈음에는 로마제국 주민의 반수 정도가 기독교인이었다. 100년 전만 해도 로마제국 인구의 대다수가 이교도였다.♦ 100년 후에는 이교도가 거의 남아 있지 않았다. 이 종교 혁명의 원인과 속도에 관해서 몇 마디로는 설명할 수 없다. 그러나 좋든 싫든 이 책은 그런 사건들에 관한 책이므로 쉽고 압축적인 설명이 필요할 것이다.

　　로마제국의 존재에 힘입어 기독교는 빠른 속도로 전파되었다. 로마제국이 광대한 지역으로 선교사들과 그들의 편지를 자유롭게 이동시키는 스케일과 안정성을 구축하고 있었기 때문이다. 기독교의 대두에는 언어도 그만큼 중요했다. 예수와 그의 첫 제자들은 (주로) 아람어(중동 지방에서 사용되었던 고대 언어-옮긴이)를 사용했지만, 초기 교회의 주 사용 언어는 로마제국의 동부 속주에서 통용되던 그리스어였다. 그리스어는 기독교의 초기 개종자를 대거 양산해낸 유대인 디아스포라(타국에 거주하는 유대인-옮긴이) 공동체가 썼던 언어이기도 했다. 또 다른 중요한 전제 조건은 종교 관련 사안에 관해서 초기 로마제국 정부가 취했던 방임적인 태도였다. 이에 힘입어 교회는 초반 200년간 조직적인 박해를 피할 수 있었다.

♦　'이교'라는 말은 사실상 부적절한 명칭이다. '이교'라는 하나의 종교는 존재하지 않기 때문이다. 그러나 여기에서 '이교'는 편의상 그리스·로마 시대에 기독교에 의해 대체된, 눈부시게 다채로운 다신교 전통들을 가리키는 용어로 사용했다.

초기 몇백 년 동안, 기독교는 서서히 그러나 견고하게 성장했다. 기독교의 가장 매력적이었던 부분은 도덕률이었다. 그리스·로마의 전통적인 다신교는 명확하고 통일적인 윤리 체계가 없었고 앞에서 본 바와 같이 신화 자체가 윤리적으로 문제가 많았다. 그래서 오래전부터 유대교의 명료한 윤리 체계에 매혹된 이교도들도 있었다.♦ 기독교도 이와 비슷한 매력을 가지고 있었는데, 기독교의 규율을 지키는 자들에게는 영원한 보상이 있다는 약속으로 인해 더욱 선명해졌다. '신성의 단일성'을 강조하는 철학적 조류에 심취해 있었던 학식 있는 이교도들에게는 기독교의 유일신 사상이 매력을 더하는 요소였다.

교회의 사회적 네트워크 역시 기독교 교리만큼 중요했다. 유대인 공동체에서 최초 개종자들이 나온 이후, 기독교 개종자들은 노예, 해방 노예, 외국인, 여성 등 고대 문명사회의 주변부에 머물던 사람 중에서 많이 나타났다. 거주하는 도시의 계층적 사회에서 배제된 이들은 평등주의에 기반을 둔 교회 공동체에서 매력적인 대안을 발견했다. 기독교의 자선 행위 역시 강력한 견인 요소였다. 이교도 자선가들은 정치적 공동체를 구성하는 성인 남성 시민들에게 자선 행위를 집중했지만 기독교인들은 과부, 고아, 빈민에게 자선을 베풀었다.

♦　수백 년간, 유대교의 유일신 사상과 윤리 규범은 이교도들을 매료시켜 동조하게 했다. 그러나 '하나님을 경외하는 자들' 중에 실제로 개종자는 거의 없었다. 주로 할례를 탐탁지 않게 여겼기 때문이다.

그러나 초기 기독교인 개종자들이 모두 취약계층에서 나온 것은 아니었다. 거의 초기부터 일부 부유층, 특히 황실의 해방 노예와 귀족층 과부들은 교회에 관심을 가졌고 후원으로 지지했다.** 부유하든 빈곤하든 모든 대형 도시의 신자들은 주교의 감독하에 있었고, 주교에 의한 관리는 규모에 상관없이 기독교 공동체들에 일종의 결속감을 주었다. 이는 전통적인 이교 신앙에서는 유례없는 것이었다.[2]

서기 2~3세기에 선교사들이 활동했다는 이야기가 별로 없었던 것으로 짐작건대, 초기 기독교는 개종자가 자신의 가족이나 지인들을 개종시키는 비공식적인 방법에 의해 전파되었던 것으로 보인다. 기독교 저술가들은 사람들을 치유하고 귀신을 쫓고 기적을 행사했던 것이 많은 사람에게 확신을 주었고, 3세기와 4세기 초에 제국 전 지역이 박해하는 동안 이교도들의 동정을 폭넓게 얻었다고 주장했다. 하지만 결정적으로 기독교가 로마 세계를 지배할 수 있는 발판을 마련한 것은 콘스탄티누스의 개종이었다.

콘스탄티누스의 기독교 신앙의 본질과 그 진실성은 학자들 사이에서 논쟁이 분분하다. 하지만 사실 여부는 중요하지 않다. 중요한 것은 콘스탄티누스가 밀비우스 다리 전투에서 군사들에게 방패에 기독교 상징을 그려 넣으라고 명령했을 때부터

** 예를 들어 2세기 말 코모두스 황제의 애첩 마르시아는 로마 교회를 후원했다.

콘스탄티누스는 서기 312년 10월, 밀비우스 다리 전투 전날 꿈에서 환상을 보고 기독교로 개종했다고 전해진다.

지속적으로 기독교의 이익을 옹호해 왔다는 것이다. 길고 분주했던 치세 동안 그는 기독교인들을 모든 법적 처벌에서 면제했고 성직자들에게 중요한 특권을 허가했다. 또 첫 세계 공의회를 소집했으며 기념비적인 교회들을 차례차례 건설했다. 이 조처들로 이후 로마제국 역사의 종교적 풍토가 확립되었다.♦

콘스탄티누스의 개종 당시, 로마제국 전체 인구의 약 5~10%가 기독교인이었다. 로마와 북아프리카, 갈리아의 일부 지역에도 큰 공동체들이 있었으나, 기독교인 대부분이 동부 그리스어권 속주의 도시에 집중되어 있었다. 어디나 시골에는 이

♦ 콘스탄티누스 이후 유일한 비기독교인 황제는 율리아누스였다. 짧은 치세(서기 361~363) 동안 율리아누스는 이교 신전의 복원과 기독교인의 교직 및 고위 관직 채용 금지를 명했고 기독교의 종교적 서열처럼 이교의 종교적 서열을 만들려고 했다(황제 자신이 대신관인 폰티펙스 막시무스 직급을 맡아 우두머리가 됨). 그러나 그의 사망과 함께 모든 조처도 소멸했다.

교 신앙이 폭넓게 남아 있었다. 그러나 4세기에는 기독교인 인구가 눈에 띄게 팽창했다. 매년 부활절에는 도시마다 흰 가운을 입고 새로 세례받은 자들로 꽉 찼고, 수도승들과 개종자들은 내륙 지역으로 더 깊숙이 파고들어 갔다.[3]

기독교인의 수가 늘고 자신감이 넘치게 되자, 황제들은 이교도들의 사원을 닫고 희생 제사를 제한했으며 급기야는 공개적인 이교 행위를 금지했다. 동시에 수많은 도시에서 이교도 사원 습격 사건이 발생하여 사원이 파괴되었다. 이는 습격 대상을 찾아다니는 수도승 집단의 소행인 경우가 많았다. 최종적인 법적 제재는 유스티니아누스의 통치 기간에 일어났다. 유스티니아누스는 남아 있던 위장 이교도 몇몇을 궁정에서 쫓아냈고 당시에 운영되고 있던 마지막 이교 사원들을 폐쇄했으며 모든 이교도에게 세례받을 것을 명했다. 통치 말기에 이르러서는 이교의 종말을 상징하는 의미로 콘스탄티노폴리스의 히포드로모스(전차 경주, 경마가 열리던 대형 경기장-옮긴이)에서 대량의 이교도 문서와 신상들을 태웠다.[4]

그러나 옛 관습이 시골 지역에는 그대로 남아 있었다.** 고대 사회에서는 도시와 변방 지역, 특히 도시에서 주로 썼던 라틴어 혹은 그리스어가 아닌 언어를 쓰는 시골 지역 사이에 문화적

** 라틴어로 '이교도'는 문자 그대로 시골뜨기 혹은 촌놈이라는 의미이다(이교도 'pagan'은 시골뜨기, 촌놈이라는 의미의 라틴어 'paganus'에서 옴-옮긴이). 반대로 동쪽의 속주에서는 '그리스인'을 가리켜 이교도라 하는 경향이 있었다.

장벽이 왕왕 나타났다. 대부분 기독교는 그 틈을 메우는 것이 더 뎠다. 예를 들어 유스티니아누스 통치 기간에 에페수스의 요한 ("우상 파괴자")은 선교사로 갔던 소아시아의 언덕 지대에서 이교도 수만 명이 사는 촌락을 발견했다. 반세기 후까지도 교황 그레고리오 1세는 로마 근처의 소작농들에게 나무 숭배를 포기하도록 설득하느라 애를 먹었고 사르데냐 시골의 이교도들을 개종시키려는 가망 없는 노력을 계속했다. 그들은 지역의 총독에게 자신들의 이교 행위를 눈감아 달라고 뇌물까지 주었던 것이다. 9세기에 이르러서도 남부 그리스 외딴 지역의 양치기들은 그들의 오랜 신들을 섬기고 있었다.[5]

　　근동의 일부 지역에서는 이교 신앙이 더 오래 남아 있었다. 서기 579년에 시리아의 도시 에데사(오늘날의 우르파-옮긴이) 인근에서 로마 총독과 지역 고관들이 제우스에게 희생제물을 드리다가 잡혔다. 남쪽으로 그리 멀지 않은 곳에 있던 헬리오폴리스에는 그때까지만 해도 기독교인이 거의 없었다. 그러나 모든 로마 도시 중에서 가장 오래 버틴 이교도들의 도시는 시리아의 국경 마을 하란이었다. 하란 사람들은 부분적으로 그리스의 영향을 받아 여러 신을 숭배했는데, 그중 으뜸은 달의 신인 '신 (Sin)'이었다. 6세기 즈음, 고집스러운 헌신으로 인해 하란은 헬레노폴리스("이교도 마을")라는 별명을 얻기도 했다. 로마의 황제들과 로마인 박해자들이 왔다 가고, 그 로마인들이 아랍인으로 대체되어 칼리파(이슬람 국가의 통치자를 가리키던 칭호-옮긴이)들이 왔다가 갔지만, 하란 사람들은 변함없이 자기의 신들을 숭배했다.♦ 달의 신 '신'의 사원과 그 숭배자들은 유목민들에게 파멸한 11세기 초기까지 살아남았다.⁶

하란이 파괴되었을 무렵, 그리스·로마 이교 신앙은 사실상 소멸했다. 그러나 이교 행위와 신념은 중세 유럽의 풍경과 정신세계에 수없이 많은 흔적을 남겼다. 가장 눈에 띄는 유적은 아직도 수많은 도시에 남아 있는 사원이다. 파르테논 신전은 아테네의 성당이 되었고 판테온은 '성모 마리아와 순교자들의 교회'로 바뀌었다. 사원들은 한동안 방치되다가 교회가 되는 경우가 많았지만, 기독교의 용도에 따라 곧바로 전환되기도 했다. 예를 들어 아테네에 있는 성 안드레아 성당은 의술의 신인 아스클레피오스의 신전에 지어졌다. 그리고 숭배자들이 자면서 아스클레피오스의 치유 혹은 꿈속의 계시를 기다렸던 '인큐베이션 방'은 새 종교 관리자가 감독하며 계속 운영되었다. 마찬가지로 소아시아에 있었던, 아폴론에게 바쳐진 치유의 샘은 바로 대천사장 미카엘에게 바쳐진 치유의 샘이 되었다. 또 이교도들의 조각상도 다른 목적을 새로 부여받았다. 18세기 말까지 아테네 인근 마을의 주민들은 고대 데메테르 신전의 조각상을 '성 데메트라'

♦ 830년에 그 지역을 지나가던 칼리파가 이슬람교로 개종하든가 죽음을 선택하라고 하자 하란 사람들은 자기들은 사비교인이라고 주장했다. 사비교인은 이슬람 경전인 꾸란에 유대교인, 기독교인과 더불어 '책의 사람들'로 기술된 종파로서 용인되고 존중받았다.

루페르칼리아 | Andrea Camassei, 「Lupercalia」, 1635.

로 섬겼으며 그들의 농작물을 보호해 준다고 믿었다.[7]

　살아남은 이교도 제전들도 있다.◆ 벌거벗은 몸에 피가 잔뜩 튄 남성들이 염소 가죽으로 된 끈을 여성들에게 휘두르는 다산을 기원하는 제전인 로마의 루페르칼리아(다산과 풍요의 신 루페르쿠스를 기념하는 제전-옮긴이)는 5세기 말까지 지속되었다. 동부 속주에서 인기 있었던 마이우마 제전에서 시행되었던 선정

◆　때로 크리스마스가 12월 25일에 관습적으로 열렸던 태양신을 섬기는 이교도 제전을 대신한다고 주장하기도 한다. 그러나 크리스마스의 날짜는 그것과 상관없는 이유로 선택된 것일 수도 있다. 초기 기독교인들은 완전한 존재로서의 예수가 수학적으로도 완벽한 삶을 살았음이 틀림없다고 추정 혹은 이론화했다. 이 논리에 의해 십자가형을 당한 날짜를 3월 25일로 계산해냈고, 예수가 잉태된 것 역시 3월 25일이 틀림없다고 생각했다. 따라서 그의 생일이 정확히 9개월 후인 12월 25일이 된 것이다.

적인 연극적 퍼포먼스는 더 오래 지속되었지만, 기독교가 승인하지 않아 결국 마이우마 제전의 트레이드마크였던 알몸 수영은 사라졌다.◆◆8

살아 있는 종교로서의 그리스·로마의 이교 신앙은 중세 시대에 사라졌다. 그러나 일상생활 속 생각지 않았던 곳—신들의 이름을 따라 요일이 정해졌다는 것을 기억할 것이다—에 면면히 이어져 왔고, 지금도 여전히 살아 숨 쉴 뿐 아니라 부인할 수 없는 고대 유산으로 살아 있다. 신들은 고대 세계에서만큼 예술과 문학 속에서 인용과 모방의 대상으로 여전히 우리 곁에 존재하고 있다.

◆◆ 일부 이교도 의식은 훨씬 더 오래 지속되었다. 예를 들어 어떤 그리스 농부들은 20세기까지 무덤에 포도주를 신주(신에게 바치는 술-옮긴이)로 붓는 고대 풍습을 지켰다.

4부

올림픽과
콜로세움의
현장 속으로

오늘날처럼
프로 운동선수들이 있었을까?

고대 문화의 다른 많은 측면이 그렇듯이, 운동 경기는 강박적으로 경쟁했던 초기 그리스에 등장했다. 고대에는 모든 그리스 도시에 연무장이 있었다. 연무장에서는 소년들과 청년들이 짧은 트랙 주위를 질주하고, 창던지기와 원반던지기를 연마하고 레슬링과 권투 경기를 짝을 지어 대련했다.◆ 그리스 운동선수들은 알몸으로 연습했다. 햇빛에 타는 것을 막는 동시에 윤기가 돌고 건강해 보이도록 피부에 올리브유를 발랐다. 더 정력적이고 야심 찬 운동선수들은 정기적으로 지역의 종교 제전과 함께 열렸던 경기대회에 출전하여 실력을 겨루었다. 그리고 매년 여름, 재능과 시간 여유가 있는 운 좋은 일부 선수들은 주요 경기대회 중 하나에서 자신의 운을 시험해 보기 위해 풍운의 꿈

달리기 경주 | 기원전 5세기경 제작된 항아리

을 안고 길을 떠났다.[1]

최초의 그리스 운동 경기인 올림피아 경기대회는 제우스에게 제사를 드리는 지역 제전에서 시작되었고, 당시에는 단일 경기(단거리 달리기)만으로 치러졌다. 기원전 6세기경, 올림피아 경기대회는 규모가 커지고 모든 주요 경기 종목이 포함되었으며 고대 그리스 전역에서 선수들을 이끌 만큼 명성이 높아졌다. 올림피아 경기대회는 피티아 경기대회, 네메아 경기대회, 이스

◆ 여성들은 스파르타 외의 모든 그리스 도시에서 배제되었다. 강인한 여성만이 강한 아들을 낳을 수 있다는 이론에 근거하여 스파르타의 소녀들은 헐렁한 옷을 입고 달리기, 던지기, 레슬링을 했기 때문에 아테네인늘은 그녀들에게 '허벅지 노출자'라는 별명을 붙였다(아테네인들은 특히 스파르타 소녀들이 제전 때 선보이는 춤을 좋아했는데, 그 춤은 도약하여 자기 엉덩이를 차는 춤이었다). 스파르타에 감화받아 네로 황제와 도미티아누스 황제는 로마에서 개최한 그리스식 운동 경기에 소녀들을 위한 달리기 경주를 포함했다. 이 경기 후에 한 로마의 귀족 청년이 스파르타 소녀에게 도전하여 레슬링 시합을 제안했다. 자료에는 누가 이겼는지 언급이 없다.

트미아 경기대회라는 범그리스 제전 세 가지와 함께 천 년 동안 그리스의 스포츠를 지배했다. 이 경기대회의 주요 출전 선수들이 정기적인 급여를 받지 않았으므로 오늘날의 기준으로는 아마추어 선수였다. 하지만 인생에서 수년간의 세월을 운동 경기에 바치고 그에 대한 보상을 후하게 받았다는 점에서 사실상 프로 선수였다.

올림피아 경기대회(오늘날의 올림픽 대회와 마찬가지로 4년마다 열렸음)는 고대의 그리스 운동 경기의 범위와 기량을 압축적으로 보여준다. 출전 선수들은 올림피아에 적어도 한 달 먼저 도착하여 훈련을 마쳐야 했다. 그렇게 함으로써 선수들은 라이벌들의 실력을 가늠할 수 있었고, 열 명의 심판들은 경기 수준에 미달하는 선수들을 실격시킬 기회를 충분히 가질 수 있었다. 훈련 기간이 끝날 즈음, 선수들은 규칙을 지키고 제전의 명예를 더럽히는 행위를 하지 않겠다고 맹세했다. 그러고 나면 경기대회가 시작되었다.

첫 경기는 전차 경기였다. 관중의 환호성이 울려 퍼지는 동안 수십 대의 사두 전차(말 네 마리가 끄는 전차-옮긴이)들이 먼지가 뿌연 트랙을 박차고 달려갔다. 바퀴는 윙윙 소리를 냈고 기수들은 소리를 질렀으며 채찍 소리가 공기를 갈랐다. 전차들이 충돌할 것이라는 거의 확실한 보증이 흥분을 더했다. 피티아 경기대회에서는 41대의 전차 중에서 한 대만 경주를 제대로 마친 적도 있었다. 경주가 끝나면 전차의 소유주가 승자로 인정받았다. 사회적 지위가 훨씬 낮은 전차 기수는 정중히 무시되었다. 전차 경기 뒤에는 무안장 승마 경기가 열렸다. 이는 오늘날의 켄터키 더비(미국 켄터키주 루이빌에서 열리는 경마 경기-옮긴이)를 알몸으로 하는 것(기수가 알몸 소년들이었다)과 비슷할 것이다. 무안장 승마 경기에서도 중요한 것은 말의 소유주였다. 말이 자기 기수를 내동댕이친 후 우승한 적도 있었다.[2]

다음으로는 5종 경기가 열렸다. 5종 경기는 연무장에서 가장 사랑받았던 5가지 종목인 원반던지기, 멀리뛰기, 창던지기, 단거리 달리기, 레슬링을 결합한 것이었다. 이 중 세 종목에서 이긴 사람이 승자가 된다. 5종 경기 출전자들은 올림피아의 모든 종목에서 최고였지만, 5종 경기가 특별히 인기 있었던 것은 아니다. 달리기 종목이 훨씬 더 인기가 높았다. 가장 인기가 많은 달리기는 단거리 경주(약 200m)였다. 그 외에 중거리 경주(약 400m), 장거리 경주(약 4km)가 있었다.♦

레슬링은 격투기 종목에서 가장 먼저 열렸다. 그리스 경기에는 체급이 없었기 때문에 챔피언들은 대개 체격이 거대했다.♦♦ 올림픽 레슬링 선수 중 가장 위대한 선수인 크로토나의 밀론은 체격이 산처럼 거대하고 힘이 세서, 자신의 청동상을 올림피아

♦　고대 올림픽 역사상 가장 유명한 주자는 로도스의 레오니다스였는데 그는 올림피아 경기대회의 단거리와 중거리 달리기에서 4회 연속 우승했다. 그는 가장 마지막에 열리는 다소 우스꽝스러운 이벤트인 무장경주도 이겼다. 무장경주란 알몸 상태로 방패를 들고 투구를 쓴 채 트랙을 왕복하는 것이다.

경기대회 구역까지 직접 이고 와서 받침대 위에 올려놓을 정도
였다. 그는 레슬링 선수권에서 여섯 번이나 승리했다. 적어도 한
번은 부전승이었는데, 감히 그에게 맞설 자가 없었기 때문이었
다.

권투 선수들 역시 레슬링 선수들처럼 보통 헤비급이었다.
레슬링 선수와 다른 점은 링 위에서 진짜 사망할 위험을 직면했
다는 점이다. 그리스 권투 선수들의 장갑은 가죽으로 손의 너클
을 예리하게 만들어서(손바닥과 손가락의 연결 부위를 가죽 줄로 칭
칭 동여매는 식-옮긴이) 인정사정없이 상대 선수의 피부를 찢어놓
을 수 있었다. 일반적으로 두 선수는 결정타로 경기가 끝나기 한
참 전부터 피를 줄줄 흘리며 경기했다. 이는 대단히 치명적이었
다. 한번은 네메아 경기대회의 최종 경기에서 한 선수가 상대 선
수의 옆구리를 손으로 찔러 내장을 뜯어내기도 했다. 하지만 모
든 경기가 그렇게 극적인 것은 아니었다. 한 챔피언은 이틀 동안
그저 서서 방어하면서, 상대 선수가 탈진하여 쓰러질 때까지 기
다리기도 했다.[3]

권투 경기가 때로 (지루하거나) 위험했지만 판크라티온의
순전한 야만성에는 비할 바가 아니었다. 판크라티온은 레슬링,
권투에 이은 세 번째이자 마지막 격투 종목이었다. 오늘날의 종

◆◆ 순전히 신체적인 위협도 도움이 되었다. 어떤 레슬링 선수가 자신의 승리를
기념해 세운 비석에는, 그가 옷을 벗은 모습만 보아도 경기장의 다른 모든 선
수가 기권했다고 자랑하는 글이 새겨져 있었다.

합격투기에 해당하는, 레슬링과 권투의 요소에 격한 발차기를 결합한 것이었다. 깨물기와 눈 찌르기만 금지되었다. 이 규칙은 엄격히 지켜지지는 않았다. 짐작할 수 있듯이, 판크라티온은 남다른 능력의 출전자들을 끌어당겼다. 한 유명한 선수(스코토사의 폴리다마스-옮긴이)는 올림포스산의 바위 언덕을 타고 올라가 그리스에 남아 있던 사자 중 한 마리를 추격하여 주먹으로 때려죽였다는 일화가 전해진다. 또 다른 유명한 선수(시키온의 소스트라토스-옮긴이)는 상대 선수의 손가락을 부러뜨리는 습관이 있어 "손가락 파괴자"로 알려졌다. 세 번째 위대한 판크라티온 선수(피갈리아의 아리키온-옮긴이)는 챔피언 결정전에서 죽음을 맞이했다. '가위 조르기'를 당해 질식 상태에서 그는 상대 선수의 발가락을 부러뜨림으로써 벗어나기를 시도했다. 결국 상대 선수는 고통을 견디지 못하고 조르기를 풀었지만, 위대한 판크라티온 선수는 죽은 채로 땅바닥에 고꾸라졌다. 그의 시신에 승리가 선언되었다.[4]

올림피아 경기대회 및 범그리스의 다른 경기대회의 우승자는 나뭇가지로 엮은 왕관을 상으로 받았다.[***] 이 수수한 화환은 즉시 영원한 명성을 수여했다. 올림픽 우승자들에게는 금의환향이 보장되었다. 한 챔피언은 300대의 전차 행렬의 선두

판크라티온 시합 | 기원전 5세기경 제작된 파나테나이아 제전 우승 항아리

에 서서 출신 도시로 들어갔다. 그리고 평생 식사를 무료로 하고 극장에서 좌석 앞 열에 앉을 수 있는 등의 특전을 받았다. 스파르타는 올림픽 우승자들에게 왕 곁에서 결투할 수 있는 명예를 주었다. 아테네인들은 현금을 주었다. 하지만 챔피언 선수들에게 진짜 돈이 되는 것은 그리스 세계 각 곳에서 열리는, 덜 유명한 군소 경기대회들이었다. 4개의 주요 범그리스 경기대회 외에도 수십 개의 지역 경기대회들이 존재했고 이 대회들은 대부분 값비싼 상을 수여함으로써 부족한 지명도를 보상했다.◆ 우승자들은 금이나 은이 든 주머니뿐만 아니라 양모 망토부터 값비싼 올리브유 단지에 이르기까지 다양한 것들을 상으로 받았다.[5]

◆　로마제국 시대에 한 그리스 도시는 유명한 올림피아 경기대회 우승자에게 출전만으로도 무려 3만 드라크마(당시 군단병 100명의 연봉을 충분히 지불할 수 있는 금액)를 지불했다.

요약하자면 재능 있는 선수들은 그리스 전역의 경기대회에 참가함으로써 명성과 경제적 안정성을 모두 얻기를 꾀할 수 있었다. 고대에 일부 챔피언은 이미 전업 프로 선수였다. 위대한 레슬링 선수이자 판크라티온 선수였던 테오게네스는 선수 생활을 통틀어 상을 천 번 이상 받았다고 전해진다. 완전한 진실은 아니라고 해도 그는 엄청난 부자였다. 상류층 가정에서 태어난 그리스 선수들에게는 상금이 승리에 따르는 명성과 존경만큼 중요하지는 않았다. 형편이 좋지 않은 집안 출신 선수들은 현실적인 문제에 더 신경을 썼다. 일부 선수들은 수입을 최대화하기 위해 올림피아 경기대회 전에 여러 도시를 돌아다니며 현대의 자유계약 선수와 같은 행보를 보이기도 했다. 전성기를 넘기면 일부 스타 선수는 정계에 진출하기도 했으나 대부분은 출신 도시의 연무장에서 트레이너가 되었다.[6]

헬레니즘 시대 및 로마 시대에는 프로 그리스 운동선수가 점진적으로 증가했다. 경기대회도 증가했다. 서기 3세기경, 동부의 로마 속주들에서만 대회가 500개 이상이 열렸는데 대부분은 고대 범그리스 경기대회를 본뜬 것이었다. 최고의 선수들은 올림피아 경기대회처럼 유명한 경기에서 승리를 거두는 동시에 돈이 되는 군소 경기에 참여하기 위해 지속적으로 이곳저곳을 돌아다녔다.**

운동선수가 많아지자 그들은 지역 조합을 결성하기 시작했다. 로마제국 시대 초기의 어느 시점에, 가장 큰 조합들이 '신성하고, 헤르쿨레스를 숭배하는 출장 선수들과 챔피언들의 협회'로 통합되었다. 이 조직은 경기대회의 일정을 짜고 심판을 파견하고 로마제국 전역의 운동선수들을 지원하는 역할을 했다. 로마의 협회 본부에는 영예롭게도 은퇴한 유명 운동선수 출신의 고위 관리 다섯 명으로 구성된 '포르티코'가 존재했는데, 이들이 협회를 운영했다. 포르티코 구성원들은 황제들과 우호적인 관계를 유지하기 위해 대단히 애썼다. 예를 들어 클라우디우스 황제가 브리타니아(로마제국 당시 영국 브리튼섬-옮긴이)를 정복한 후에는 금 왕관을 보내기도 했다. 그 대가로 황제들은 그들을 '공중목욕탕의 수장(首長)'이나 '황실 마사지사' 등의 명예로운 지위에 임명했다.[7]

로마인들은 항상 그리스 운동선수들을 석연치 않게 생각했다. 최대한 잘 봐주면 그들이 시간 낭비를 하고 있다고 여겼다. 트라야누스 황제는 한 총독에게 "이 한심한 그리스인들은 연무장에 중독되었다"라고 불평했다. 가장 최악인 관점은 그리스 선수들의 광채 나는 알몸이 전통적인 가치에 대한 전면적인 공격이며 젊은이들의 정신을 군사 훈련 등 훌륭한 로마인이 추구하는 미덕에서 멀어지게 한다는 것이었다. 로마인들은 권투, 레슬링, 육상에 대한 그들만의 전통을 가지고 있었다. 물론 점잖게

◆◆ 가장 유명한 선수들은 로마제국 전역에 이름을 떨쳤다. 로마의 항구 오스티아의 선술집 바닥 모자이크에는 위대한 판크라티온 선수였던 알렉산드로스와 헬릭스의 대결이 묘사되어 있다.

옷을 입고 했으며 경쟁적인 시합으로 발전시키지 않았다. 그리스를 정복한 후에야, 그것도 아주 간혹, 로마인들은 마지못해 올림피아 경기대회에 참가했다.◆◆◆ 악명 높은 네로 황제는 올림피아 경기대회에서 열 마리의 말이 끄는 전차를 몰겠다고 고집했다. 전차에서 떨어지고 하물며 경주를 끝내지도 못했음에도 불구하고 황제 신분에 힘입어 그는 우승했다. 네로는 또 로마에 그리스식 경기대회를 설립하려고 시도했다. 전략보다 열정만 앞섰던 그는 이집트에서 연무장의 모래를 들여오고 로마 상류층에게 연무장용 기름을 나눠주었으며 유력 인사들에게 경기를 관람할 것을 강요했다. 경기에는 문학 창작 시합도 있었다(놀랄 것도 없이 우승 작품은 네로를 찬양하는 찬가였다). 5년 후, 다시 경기가 개최되었을 때 원로원은 네로 황제가 모든 상을 받도록 미리 손을 써두었다.[8]

네로의 경기대회도, 네로 이후 다른 황제가 설립하여 더 오래 지속된 그리스식 제전도 그다지 인기가 없었다. 로마인들이 그리스 운동 경기 관람을 싫어했던 것은 아니다(적어도 판크라티온은 확실히 흥미로워했다). 그러나 로마인들은 항상 검투사 결과 결투와 전차 경기의 현란함을 더 선호했다. 검투사에 관해서는 책의 뒷부분에서 다시 언급하고, 지금은 경주에 초점을 맞추겠다. 로마의 키르쿠스 막시무스(로마제국 최대의 전차 경기장으

◆◆◆ 로마의 독재관 술라는 실질적으로 기원전 80년에 올림피아 경기대회를 로마로 이전했다. 그러나 결국 올림피아 경기대회는 올림피아에 남도록 허용되었다.

로 '키르쿠스'는 영단어 '서커스'의 어원이 됨-옮긴이)는 15만 명의 관중을 수용할 수 있었다. 콜로세움의 세 배 크기였으며 1년에 60일 정도 개최되는 경기 중에는 모든 좌석이 만석이었다. 어떤 면에서 그 경기들은 현대의 NASCAR(The National Association for Stock Car Auto Racing; 전미 개조 자동차 경주 협회) 경주를 연상시켰다. 관중석 아래의 가판대에서 상인들이 패스트푸드를 팔았다.♦ 시원한 안개를 분사하는 선풍기(찬물을 조금씩 흘리는 파이프들)도 있었다. 또 티셔츠 대포(티셔츠를 돌돌 말아 관에 넣고 관중에게 발사하는 총-옮긴이) 같은 것도 있었다. 그것으로 남자들은 관중석을 향해 토큰(경품 교환권)을 던졌다. 이 토큰은 토가에서 공동주택 건물까지 무엇과도 교환할 수 있었다. 그리고 당연히 가장 중요한 경주 참여 팀들이 있었다.[9]

전차 경주는 네 개의 파벌(팀)로 구성되었다. 각 팀의 이름은 팀을 대표하는 색을 따라 적색 팀, 흰색 팀, 청색 팀, 녹색 팀이라고 했다. 각 팀에는 팀 전용의 말,♦♦ 전차, 기수가 있었다. 경기 대부분은 네 팀에 각각 사두 전차 한 대를 제공했다. 그러나 참가 전차 수와 각 전차를 끄는 말의 수는 경주에 따라 상당히 다양했다. 참가 전차가 12대에 이른 경우도 있었다. 초보 기수는 통제가 쉬운 말 두 마리가 끄는 전차를 배정받았다. 숙련된

♦ 　특별한 경우에는 황제들이 관중에게 무료 음식을 나눠주기도 했다. 적어도 한 번은 관중에게 포도주를 가득 채운 잔이 배분되었고 과일, 견과류, 빵이 콜로세움의 하늘에서 떨어진 적이 있었다.

전차 경주 | 2세기경 제작된 모자이크

베테랑 기수들만이 네 마리 이상이 끄는 전차를 시도했고 소수의 전문 기수들은 열 마리가 끄는 전차까지도 다룰 수 있었다. 아무리 팀이 크다고 해도 전차는 속도와 기동성을 위해 설계된, 가벼운 이륜 전차였다.[10]

로마제국 시대에는 일반적으로 하루에 24경기가 열렸다. 모든 경기가 이루어지는 방식은 같았다. 전차들이 출발문 뒤에 줄을 섰다. 출발 위치에 따른 이익과 불이익을 최소화하기 위해 출발 지점은 조금씩 어긋났다. 황제 또는 경기를 주재하는 관리

◆◆ 말들은 히스파니아, 북아프리카, 그 외 로마제국의 다른 지역에 있는 사육장에서 들여왔다. 말들은 보통 5세가 되면 경주를 시작했으며 긴 기간 경주에 참여했다. '우승마'라는 이름의 말은 이름에 걸맞게 최소 429회 우승했다.

가 자주색 천을 떨어뜨리면 문 개폐 장치가 작동하고 말들이 문 밖으로 뛰쳐나갔다. 첫 반환점까지는 출발한 레인을 유지해야 했다. 그 지점이 지나면 무한 경쟁이 펼쳐졌다. 맹렬한 속도로 일곱 바퀴(전체 약 9.7km)를 달리면서 기수들은 원하는 자리를 점하기 위해 방향을 틀고 거칠게 밀치며 다투었다. 각 바퀴에서 가장 중요한 순간은 반환점을 돌 때였다. 기수들은 소중한 몇 초를 아끼기 위해, 반환점에 세워진 돌 장애물을 껴안다시피 하며 돌았다. 어떤 실수에도 전차는 산산조각이 날 수 있었는데 허리띠를 고삐에 묶은 기수는 전차에 질질 끌려가다가 참혹한 죽음을 맞이하기도 했다.◆ 경주 처음부터 끝까지 선두를 유지하고자 하는 기수들도 있는 반면, 마지막 바퀴에 폭발적으로 치고 나오는 기수들도 있었다. 한 팀에서 여러 전차가 출전한 경주에서는 팀원들이 협력하기도 했다. 한두 기수가 그들이 미는 우승 후보에게 가까이 붙는 모든 경쟁자를 차단했다. 때로는 말을 타고 트랙 바깥에서 달리면서 기수들에게 소리 지르며 조언을 해주는 기마 코치가 각 팀에 있었다. 마침내 약 15분의 먼지 폭풍과 굉음 속에서 우승 전차가 결승선을 통과했다. 우승자에게는 관이 씌워졌고 트랙은 다음 경주를 위해 비워졌다.[11]

◆　"난파(충돌)"의 경우, 기수가 살아남을 유일한 기회는 고삐에서 자기 몸을 풀 수 있도록 허리띠에 차고 있던 낫 모양의 칼을 쓰는 것뿐이었다. 살아남더라도 그는 으스러진 사지에 수퇘지의 분뇨를 발라야 했다. 유난히 의욕적인 기수들은 회복 과정을 촉진하기 위해 가루로 만든 수퇘지 분뇨를 음료에 섞어 마셨다.

관중 사이에 열기가 고조되었다. 각 팀은 헌신적인 팬 부대를 거느리고 있었다. 그들은 팀 색깔 옷을 입은 채 경주에 왔고 아이들에게 아동용 전차 기수 복장을 사주었으며 자신들이 좋아하는 기수의 이미지가 새겨진 부적을 모으기도 했다. 한 로마인은 묘비에 자신이 청색 팀의 팬이었다는 것을 새겼다. 또 다른 이는 전차 경주의 최신 우승자를 알리기 위해 자신의 고향에 정기적으로 통신용 제비를 보냈다. 일부 열광적인 팬들은 상대편 기수를 저주하는 저주 서판 제작을 의뢰하여 사고 가능성이 가장 큰 출발문과 반환점에 묻었다.** 소수 극성팬은 그들이 응원하는 팀의 말똥 냄새를 맡아봄으로써 말들이 제대로 먹고 있는지 확인하기도 했다. 황제들도 이 광적인 열정을 피하지는 못했다. 칼리굴라는 그가 좋아한 녹색 팀에 말썽을 일으킨 기수들을 독살했다고 한다. 녹색 팀의 또 다른 팬이었던 네로는 키르쿠스 막시무스의 모래에 반짝이는 공작석을 섞어서 뿌리게 했다고 한다. 카라칼라는 청색 팀에 대항하는 팀을 응원하는 팬들을 학살하라고 명령했다.[12]

이런 과열된 분위기 속에서 우승 기수들은 거의 신으로 대우받았다. 유명한 적색 팀 전차 기수가 죽자, 실의에 빠진 어떤 팬은 자신의 영웅을 태우는 장작더미에 몸을 던졌다. 또 한 명의

◆◆ 저주를 예방하려고 기수들은 보호용 부적(알렉산드로스 대왕의 형상이 특히 효과적이라고 알려졌음)을 부착했고 악령을 혼란하게 만드는 종을 말을 끄는 줄에 매달기도 했다.

기수는 로마 전역에서 도금한 흉상으로 기념되었다. 기수 대부분의 출신이 비천했고 일부는 노예 출신이었다. 그러나 키르쿠스에서의 성공은 아찔할 만큼 높은 곳으로 이들을 옮겨놨다. 유명한 기수였던 '무어인 크레스켄스'는 열세 살의 어린 나이에 전차 경주를 시작했고 9년 후에 죽을 때까지 150만 세스테르티우스 이상 돈을 벌었다. 챔피언 중의 챔피언이었던 가이우스 아풀레이우스 디오클레스는 마흔두 살의 나이로 은퇴할 때까지 4257경기에 출전했고 그중 1462경기를 이겼으며 상금으로 무려 3586만 3120세스테르티우스를 벌었다.◆13

고대 후기에는 취향의 변화, 비용 급등, 기독교인들의 반감이 복합적으로 작용하여 그리스식 경기대회와 검투사 결투는 종지부를 찍었다. 그러나 전차 경주는 콘스탄티노폴리스의 히포드로모스(키르쿠스)에서 계속 열렸다. 청색 팀과 녹색 팀의 두 경주팀만이 남았는데, 양 팀에 대한 충성으로 콘스탄티노폴리스인들은 두 개의 진영으로 나뉘어 옥신각신했다. 양 팀의 가장 광적인 팬들은 특별하게 굽이치는 튜닉을 입고 오늘날의 멀릿 헤어(앞머리와 옆머리는 짧고 뒷머리는 긴 스타일-옮긴이)를 연상케 하는 헤어스타일을 과시하고 다녔다. 또 이 극성스러운 사람들은 언제라도 폭동을 일으킬 준비가 되어 있었다. 대부분의 경

◆　그의 선수 생활에 관한 숨넘어가도록 자세한 비문에 따르면, 우승한 경기 중 815번은 초반부터 우세했고 502번은 마지막 바퀴에서 질주하여 승리했으며 67번은 오늘날의 사진 판정이 필요할 만큼 대접전으로 우승했다.

우 청색 팀과 녹색 팀 팬들 사이의 단순한 난투극이었지만 가끔 통제 불가능한 상황으로 발전하기도 했다. 가장 악명 높은 사건은 소위 '니카 폭동'이라고 알려진 사건이다. 콘스탄티노폴리스의 중심부를 대부분 파괴했고, 황제를 폐위시킬 뻔했으며 3만 명 이상의 폭도가 학살되고 나서야 겨우 진압되었다. 시신이 묻히고 잔해가 치워진 뒤 잊을 만큼 시간이 흐르자 전차 경주는 다시 시작되었다.[16]

질문 24   그들도 헬스장에
다녔을까?

　　고대 저술가들이 고대 세계에서 가장 유명한 레슬링 선수인 '크로토나의 밀론'에 관해 저술한 것을 반만 믿는다고 해도, 그는 초인적인 강인함의 소유자였다. 그는 미끌미끌하게 기름칠한 원반 위에서도 균형을 유지했으며 그를 밀어 넘어뜨리려는 사람은 누구라도 격퇴할 수 있었다. 또 그 누구도 석류를 단단히 쥔 그의 손가락 하나도 건드릴 수 없었지만, 석류에는 조금의 멍도 생기지 않았다. 게다가 그는 숨을 참다가 이마의 정맥을 불뚝 팽창시킴으로써 머리에 두른 끈을 끊을 수도 있었다. 한번은 거대한 방망이 하나만을 들고 헤르쿨레스처럼 차려입은 채경기에 나간 적도 있었다. 그는 하루에 고기 9kg와 빵 9kg을 먹었다(그러고 나서 닭의 모래주머니에 있는 돌들을 삼켰는데 이것이 괴력의 비결이라는 소문이 있었다).◆ 그는 암소를 사용한 데드리프트(팔을 굽히지 않고 엉덩이 높이까지 들어 올리는 운동-옮긴이)에 중점을 둔 규칙적인 운동으로 푸짐한 식단을 보완했다. 한번은 승리 후에 4살짜리 황소를 어깨에 메고 올림피아 전 구역을 돌아다녔다.◆◆ 그 후에는 당연히 황소를 잡아서 먹었다.[1]

밀론의 예에 나타나는 그리스 운동의 전통은 고대 사회의 신체 운동을 구성했다. 그리스 운동 경기에서처럼 각지의 연무장에서 소년들과 남성들은 운동하기 전에 옷을 전부 벗고 온몸에 올리브유를 발랐다. 마찬가지로 그들은 경기 종목을 반영하여 연습했다. 그리스인들은 창과 원반을 던졌다. 또 단거리 달리기와 멀리뛰기에서 겨루었으며 레슬링과 권투를 했고, 모래주머니를 주먹으로 번갈아 쳤다. 연습 사이에 스트레칭을 하고 팔다리를 풀었으며 트레이너의 지도를 받는 경우도 많았다.

로마의 전통적인 운동은 군사 훈련으로 한정되었고 상류층은 사냥과 승마를 했다. 그러나 기원전 1세기경에는 많은 로마인이 그리스식으로 운동했다. 부유층은 저택의 한구석에서,

---

◆ 격투기 선수들(거의 모두 거구인 남성들)의 폭식은 유명했다. 전해지는 바에 의하면, 밀론은 거대한 체구의 양치기와 누가 더 황소를 빨리 먹는지 시합한 적이 있으며 유명한 판크라티온 선수는 남성 9인분의 연회 음식을 혼자 먹어 치웠다고 한다.

◆◆ 고대 그리스 황소는 무게가 220~270kg에 불과했으므로 아주 힘이 센 남자라면 들어 올릴 수 있었다. 그러나 그 정도 무게의 몸부림치는 동물을 들고 그렇게 멀리 이동했다는 것은 믿기 힘든 일이다.

크로토나의 밀론 | Edme Dumont, 〈Milo of Croton〉, 1768

그 외의 사람들은 공중목욕탕에 딸린 마당에서 운동했다. 로마인들은 특히 그리스 연무장에서 이루어진 구기 경기를 변형한 운동에 열정적이었다. 가장 인기 있었던 운동은 세 명이 삼각형으로 서서 작은 공을 주고받는 것이었다. 한 손으로 받아서 다른 손으로 던져야 했으며, 공을 가장 적게 떨어뜨리는 사람이 이긴다. 또 다른 인기 있는 구기 운동은 선수 한 명 주위에 두 팀이 둘러선 후, 가운데 선 선수가 상대편의 플라잉 태클을 피하며 공을 자기편 선수에게 전달하는 경기였다. 그 외에도 배구와 유사한 구기 경기와 로마 속주인 스파르타에는 미식축구와 대단히 유사한 팀 스포츠도 있었다.

시간이 흐름에 따라 운동 이론도 발전했다. 로마의 저술가에 따르면, 건강한 남성은 요트 타기, 사냥, 걷기 그리고 적당한 빈도의 성관계를 통해 건강을 유지할 수 있었다. 반대로 병약한 남성은 건강을 되찾기 위해 소리 내어 책 읽기, 핸드볼 경기, 오르막길 걷기 등 힘을 필요로 하는 생활 방식을 의식적으로 추구해야 했다. 또 다른 로마의 저술가는 병자는 수동적 운동(마사지, 마차 타기, 장거리 여행)과 승마부터 웅변에 이르는 다양한 활동을 병행함으로써 건강을 회복할 수 있다고 제안했다.[2]

위대한 의사 갈레노스는 운동을 근육의 탄력성을 증진하는 운동(땅파기, 무거운 짐 들기, 밧줄 타고 오르기 등), 속도와 운동 능력을 높이는 운동(달리기, 권투, 구기 경기, 맨손 체조), 힘을 키우는 운동(힘을 필요로 하는 모든 활동과 역기 들기)으로 분류했다. 그는 특히 작은 공으로 하는 운동을 강조했고, 구기 운동을 안전하고 다양한 효과가 있는 전신 운동의 기초로 여겼다. 운동 트레이너들은 각자 체력 단련 방식에 대한 의견을 가지고 있었다. 로마 제국 시대에 챔피언 선수들은 4일 주기 순환 운동을 따라야 했다. 4일 주기 순환 운동이란 첫째 날은 준비운동, 둘째 날은 심화 운동, 셋째 날은 휴식, 넷째 날은 중간 강도의 운동을 하는 것이다. 이 방식을 너무 엄격히 적용하다가 유명 올림픽 챔피언이 죽은 일도 있었다. 극심한 숙취에도 불구하고 트레이너가 평소의 요법을 그대로 따르게 했기 때문이다.[3]

개인들은 취향과 특기에 따라 자기에게 알맞도록 운동 방식을 조정했다. 알렉산드로스 대왕은 공 던지기를 좋아했다. 아우구스투스는 걷기, 승마, 삼각 대형 구기 운동 등 가볍게 땀 흘리는 운동을 즐겨 했다. 트라야누스와 하드리아누스는 사냥을 가장 정교한 형태의 운동으로 생각했다. 철학적 사유에 빠져 있지 않을 때의 마르쿠스 아우렐리우스는 권투와 레슬링을 즐겼다. 다른 황제들은 개인 트레이너들과 대련하여 모의 검투사 시합을 했고 장거리 수영이나 조깅을 하기도 했다.[4]

단거리 달리기가 언제나 운동의 레퍼토리에 포함된 것과 반대로 장거리 달리기는 별로 인기가 없었다. 그리스·로마의 남성들은 걷는 것이 더 일반적이었고, (부유층의 경우) 운동을 위해 승마를 했다. 그러나 고대 의사들이 소화불량부터 나병에 이르는 다양한 병에 조깅을 처방하여 요양 중인 환자들이 헉헉대며 연무장 트랙의 상류층 젊은이 무리에 합류했다.[*] 그때도 지금처럼 조깅을 진정으로 즐기는 별종들이 있었다. 비장의 건강을 위해 조깅을 시작한 한 그리스인은 조깅을 너무 좋아하여 달리기를 직업으로 삼았고, 결국 장거리 경주에서 올림피아 경기대회 챔피언이 되었다. 또 로마의 포르티코(건물 현관에 줄지어 세워진 기둥들-옮긴이) 사이나 수로변을 달리면서 여가를 보낸 학자를 기념하는 짧은 시도 있었다. 로마의 일부 초장거리 주자들은 키르쿠스 막시무스에서 쉬지 않고 몇 시간 동안 달리는 모습을 선보이기도 했다. 이들 중 몇 명은 약 240km를 계속해서 달렸다고 알려져 있다.[5]

과도한 근육은 신체를 억압하고 정신을 짓누른다는 인식으로 인해 육체 노동자나 검투사 같은 울퉁불퉁하고 육중한 근육을 원하는 남성은 거의 없었다. 마르고 단단한 체격을 이상적으로 간주했다. 그 때문에 많은 남성이 할테레스를 들고 운동했다. 본래 멀리뛰기 경기에서 선수들이 더 멀리 뛸 수 있도록 설계된, 돌이나 납으로 된 길쭉한 기구인 할테레스는 아령으로도 사용되었고 아령 운동(할테레스 흔들기)은 모든 사람을 위한 근육 운동으로 발전했다. 할테레스는 4.5kg를 넘기는 경우가 거의 없었으므로 기본적으로 유연성, 체력, 전반적인 건강 증진을 위해

---

[*] 대부분은 나체로 달렸으나 천식 환자들은 냉기를 막기 위해 리넨으로 된 튜닉을 입을 것을 권고받았다.

할테레스 운동을 하는 로마 여성 | 4세기경 제작된 모자이크

사용되었다.◆ 특히 로마 시대에 인기가 높았던 것으로 보인다. 모든 욕장 시설에서 고객들이 열을 지어 할테레스를 들어 올리며 헉헉대곤 했다.⁶

좀 더 진지하게 근력 운동에 힘쓰는 사람들이 이용했던 운동법도 여러 가지 있었다. 가장 단순한 형태로는 돌을 들어 올리는 것이었다. 연무장에는 무게 등급별로 바위가 갖추어져 있어서 선수들은 허리, 어깨, 머리 높이까지 들어 올리는 연습을 했다. 연무장의 바위에는 40, 50, 100파운드(로마 파운드)라고 새겨

져 있었다.[♦♦] 가장 큰 바위들은 어마어마하게 육중했다. 올림피아에서 발굴된, 손잡이 역할을 하도록 깎아 만든 홈이 있는 103kg짜리 사암 바윗

비본의 문구가 새겨진 바위 | 기원전 7세기경 추정

덩어리에는 "비본(고대 그리스의 역도 선수-옮긴이)이 한 손으로 머리 위로 번쩍 들어 올렸다"라는 문구가 새겨져 있다. 그리스의 티라섬(산토리니섬-옮긴이)에서는 "유마스타스(신원 미상-옮긴이)가 땅에서 나를 들어 올렸다"라는 문구가 새겨진 350kg 바위가 발견되었다. 바윗돌과 씨름하지 않았던 다른 사람들은 강력한 활시위를 당기며 탄력 있는 근육을 만들었다. 그러나 알려진 바로는 운동 일과에 어린 암소를 들어 올리는 것을 포함한 사람은 '크로토나의 밀론'뿐이었다(어린 암소가 성장하여 무거워지면서 근육도 점진적으로 발달했다고 함-옮긴이).[7]

◆　　예를 들어 갈레노스는 할테레스를 이용한 운동은 특히 간 질환 치료에 유용하다고 생각했다.

◆◆　　로마 파운드(리브라라고 함-옮긴이)는 0.329kg에 해당한다. 아테네의 연무장에는 일반적인 바위뿐만 아니라, 거대한 청동 공도 갖추고 있었다. 모든 선수는 경기에 앞서 그 공을 얼마나 높이 드는지에 따라 등급을 배정받았다.

가장 인기 있는 여행지는 어디였을까?

이글이글 타는 평원 위에 부식된 바위 봉우리들이 솟아 있는 왕실 묘지('왕가의 계곡'이라고 부름-옮긴이) 아래쪽, 그 거대 석상은 그곳에 서 있다. 수 세기 동안 지진과 사막 바람에 시달려 형태가 무너진 거대한 덩어리가 되었지만 거의 매일 아침 나일 강에 동이 터올 때, 이 거상은 노래하곤 했다. 천상의 하프 줄을 뜯는 듯한 예리한 곡조를 가진 가사 없는 노래였다.[*] 이 노래를 들으려 찾아온 방문객들은 누구나 감동한다. 그들은 너무 감동해서, 전 역사를 통틀어 경이와 아름다움에 직면한 사람들이 해온 일을 했다. 바로 낙서를 남기는 것이다. 거상의 종아리에는 인물 명부처럼 다양한 이들의 이름이 적혀 있다. 지방 고위 공직자, 지나가는 군인들, 몇몇 속주의 총독들, 그리고 로마제국 구

석구석에서 온 여행객들의 이름이다.[1]

고대 세계의 이동은 대단히 느리고 말할 수 없이 불편했지만 놀라울 정도로 흔했다. 상인들은 후추와 이윤을 찾아 스리랑카까지 진출하기 위해 지중해를 건너서 왔다 갔다 했다.◆◆ 배우, 운동선수, 음악가들은 연중 운동 경기대회와 제전들을 따라 도시에서 도시로 이동했다. 학자들과 학생들은 유명한 학문의 중심지들로 모여들었다. 순례자들은 신탁을 받으러 갔다. 고관들은 각 지방을 순회했다. 노예들은 팔려갔고, 군인들은 행군했다. 그리고 여행객의 발걸음도 미지의 장소를 찾아 꾸준히 이어졌다.[2]

여가 활용 목적의 여행은 고대 그리스에서는 제한적이었다. 그 시대에는 델포이 같은 유명 신전이나 올림피아 경기대회 등의 거대 제전이 거의 유일한 장거리 여행의 목적이었다. 관광 여행은 풍요하고 안정적이었던 로마제국 시대에 훨씬 더 널리 퍼졌다. 1세기 말에 저술 활동을 한 위대한 전기 작가 플루타

◆　　현지 가이드들은 이 거상이 신화 속 여명의 여신(에오스-옮긴이)의 아들인 멤논이며 이 노래는 어머니의 새벽빛에 대한 응답이라고 주장한다. 사실상 멤논 거상은 이집트 제18왕조의 위대한 파라오 아멘호텝 3세를 모델로 한 것이다. 원래는 로마 시대 전에 파괴된 아멘호텝의 장제전(파라오 제사를 모시는 곳-옮긴이) 입구 양쪽에 서 있던 두 개 석상 중 하나이다. 거상은 지진으로 인해 심각하게 파손된 후 '노래'하기 시작했다. 암석의 깊은 균열에서 아침 이슬이 빠져나가며 나는 소리로 추정되며 서기 3세기에 석상이 보수된 후에 멈췄다고 한다.

◆◆　　한 터키 서부의 상인은 사는 동안 이탈리아에 최소한 72차례 항해했다.

멤논 거상

르코스는 해외로 오랜 여행을 하고 최근 돌아온 두 친구의 만남을 묘사한다. 한 명은 이집트를 일주하고 홍해 해안을 따라 동굴 생활자들을 방문했으며 인도로 가는 무역로를 따라 페르시아만 너머까지 항해했다. 또 한 명은 브리타니아 해안에서 멀리 떨어진 섬들이 악령들에 시달린다는 풍문이 돌자, 로마제국 정부의 임명을 받아 조사차 떠났다가 돌아왔다.[*3]

여건만 허락한다면 장거리 이동은 바닷길로 이루어졌다. 여객선은 없었으므로 여행객은 자기가 가고자 하는 방향으로 항해하는 상선의 항로를 예약했다. 여행객 대부분은 갑판에서 자고 음식과 침구는 알아서 해결해야 했다. 또 가장 거대한 선박도 난파시킬 수 있는 악천후가 닥치면 선원들을 도와야 했다. 한 로마의 저술가는 돌풍에 배가 난파되었을 때 그를 비롯한 승

◆   이 섬들에는 몇 명의 드루이드교도(고대 켈트족 종교 신도-옮긴이)만이 사는 것으로 밝혀졌다.

객 600명이 바다에 내던져진 이야기를 기술한 바 있다.** 80명만이 살아남아 다음 날 지나가는 배에 의해 구출되었다. 해적은 더 큰 위험 요소였다. 특히 기원전 1세기경에 극성이었다. 그들은 도시들을 약탈하고 심지어 로마 원로원 의원(젊었을 때의 율리우스 카이사르를 포함하여)을 납치할 정도로 배포가 두둑했다.[4]

고대 선박은 기껏해야 시속 10km, 혹은 하루에 약 200km 이동할 수 있었다. 그러나 순풍이 불 때 로마 항구(치비타베키아항-옮긴이)에서 출항한 배는 이틀이면 북아프리카에, 사흘이면 프렌치 리비에라에(코트다쥐르-옮긴이), 일주일이면 지브롤터 해협에 도착할 수 있었다. 로마나 나폴리항에서 동쪽으로 항해하면 그리스는 고작 닷새 길, 이집트는 아흐레 길이었다. 그러나 이것은 최상의 시나리오이다. 역풍이 불면 항해에 몇 주 혹은 몇 달이 더 걸렸다. 그리고 9월부터 이듬해 3월까지 일 년의 반 동안 선장들은 배를 거의 띄우지 않았다. 해상 교통의 다양한 위험과 불편에 더해 이러한 제한 때문에 고대 여행객들은 여정의 일부라도 육로를 이용하고자 했다.[5]

고대 그리스에서는 육로 이동이란 걷거나 당나귀를 타고 이동하는 것을 의미했다. 부자들에 한해 말을 마련할 수 있었으

***

** 장거리 무역에 사용되었던 그리스·로마 상선 대부분은 오늘날의 항구 예인선과 비슷하게 100~400톤급이었던 것으로 보인다. 그러나 일부 상선은 상당히 거대했다. 이집트 곡물을 로마로 수송하던 바지선은 약 55m 길이에 1200톤급이었다. 이 거대 선박들은 1000명의 승객을 수용할 수 있었다.

나 도로 상태가 열악했으므로 미차는 실용성이 떨어졌다. 로마 제국 시대에는 광활하게 잘 닦인 도로(와 저렴한 말) 덕택에 여객용 마차가 훨씬 더 보편화되었다. 다양한 종류의 마차가 있었다. 승객 한두 명과 최소한의 짐을 싣도록 설계된 이륜마차는 가볍고 신속했다. 반면 사륜마차는 좀 더 무겁고 느렸지만 공간이 넓었고 소유주가 금전 여유가 있다면 호화로웠다. 로마 황제와 원로원 의원들은 좌석을 금 조각상으로 장식하고 은으로 된 시트 커버, 회전용 좌석, 붙박이 게임 보드판 장착 등으로 개조하기도 했다.♦ 그러나 마차는 이렇게 호화스럽더라도 충격 흡수 작용이 부족했으므로, 이 굴러다니는 궁전에 타면 덜커덩덜커덩 흔들릴 수밖에 없었다. 긴 방석이 깔리고 커튼이 있는 가마를 타고 이동하는 것이 훨씬 더 편안했다. 길 위에서 낮잠을 자고 책을 읽거나 글을 쓸 수도 있었다.⁶

도보든 가마든 빨라야 하루에 약 30km를 이동했다.♦♦ 중량 마차는 이보다 아주 조금 빠른 정도여서 하루에 40km 정도 이동했던 것으로 보인다. 경량 마차는 이보다 두 배 정도는 빨랐지만, 시간당 8km 이상 이동하지는 못했던 것 같다. 카이사르가 마차로 하루에 약 160km를 이동했던 것이 이례적인 기록으로 남아 있다. 승마는 상당히 빨리 이동할 수 있는 유일한 방

♦ 가장 인상적인 마차는 알렉산드로스 대왕의 시신을 옮기기 위해 만들어진 것으로, 보석으로 장식한 노새 64마리가 끄는, 금을 입힌 신전 모양의 흉물 덩어리였다.

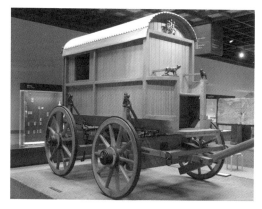

로마 마차 복원품

법이었다. 그러나 안장은 원시적인 형태였고 등자는 존재하지
도 않았으므로 말을 타고 장거리를 이동하는 것은 불편했다. 그
리고 고대 말들은 상대적으로 체구가 작고♦♦♦ 말굽에 편자를
박지 않아♦♦♦♦ 현대의 후손들만큼 빠르지 않았고 멀리까지 이
동하지 못했다. 자주 말을 바꿔 타며 하루에 이동한 거리가 약
320km라는 기록이 있다.[7]

편안히 가마에 앉든 덜컹거리는 마차에 몸을 싣든 큰 무리

♦♦   직업 전령들은 훨씬 더 빨리 달렸다. 그들은 제대로 닦인 도로가 없었던 그리
      스 시대와 산악 지대에서는 말보다 훨씬 유용했다. 유명한 아테네의 주자 페
      이딥피데스는 이틀에 249km를 달렸는데 알렉산드로스 대왕의 전령은 아마
      도 하루에 비슷한 거리를 달렸던 것으로 추정된다.

♦♦♦   고대 그리스에서는 말의 어깨높이 기준 평균 키가 약 140cm였다. 로마 말들은
      조금 더 컸으나 대부분은 오늘날의 조랑말 크기 정도였다.

♦♦♦♦ 로마인들은 장거리 혹은 거친 길을 달려야 할 때는 말들에게 말발굽 전체를
      감싸는 금속 부츠인 '발 보호개'를 장착하기도 했다. 편자는 고대 후기에 발명
      되었다.

혹은 적어도 소수의 무장한 노예들과 함께 움직이는 것이 좋다. 노상강도가 어두운 숲, 고독한 산길, 심지어 호텔(그들은 때로 외딴곳의 숙소를 점거하고 무방비 상태의 여행객을 공격하기 위한 기지로 쓰기도 했다)에 매복하고 있었다. 붙잡힌 여행객은 귀중품을 빼앗겼고 때로는 생명도 잃었다. 특히 악랄한 산적 한 명은 피해자들의 다리를 절단하고 피 흘리며 죽을 때까지 내버려 둔 것으로 악명이 높았다. 지역 당국도 같은 방식으로 대응했다. 범인을 수색한 뒤 강도들을 길가에서 교수형이나 십자가형에 처했다.[8]

아무리 노상이 위험하다 해도 호텔이 언제나 더 위험했다. 그리스·로마의 여관 대부분이 불결하고 비좁았으며 빈대가 득실거렸다. 음식도 형편없었다. 어떤 여관 주인들이 살해당한 손님의 인육을 스튜에 넣는다는 소문도 있었다. 이런 호텔을 가지 않아도 될 만큼 경제적 여유가 있는 여행객은 호텔을 피했다. 로마의 유지 중에는 저택과 수도 사이의 길에 숙소를 사두고 노예들을 두어 관리하게 하여 여행을 오가는 도중에 그곳에 머무는 이들이 있었다. 또 가능하기만 하면 부유한 여행객들은 친구나 지인의 집에 묵었다. 재워줄 만한 아는 사람이 없을 때는 노예를 먼저 보내어 그 지역의 가장 큰 집의 소유주에게 '높으신 분'이 묵을 방이 필요하다고 기별을 전했다.[9]

앞에서 언급한 바와 같이, 고대 그리스인들은 보통 신탁이나 운동 경기대회를 주관하는 위대한 신전 등에 가는 것 외에는 여행을 가지 않았다. 로마인들은 좀 더 야심에 찬 관광객이었다. 부유한 로마인들의 기본 휴양지는 나폴리만이었다. 황제들의 소유였던 카프리섬은 일반 대중에게는 출입금지 지역이었으나 관광객들은 쿠마이에 있는 '시빌(로마 시대 무녀 예언자—옮긴이)의 동굴'을 감상하고 나폴리에서 운동 경기와 극장 공연을 맛보았으며 고대 시대 죄악의 도시였던 바이아에서 격정에 찬 유희에 자신을 내맡겼다.

진지한 문화적 욕구를 충족하고자 하는 여행객들은 그리스로 갔다. 아테네에서 아크로폴리스의 예술성 높은 보물들에 경탄하고 가장 인기 있는 철학자들을 방문했다. 스파르타에서 연례행사이면서 그다지 고상한 취미라고는 할 수 없는 '인내력 대결'에 탐닉하기도 했다. 인내력 대결이란 소년들을 제단에 두고 채찍질을 하는데, 울지 않고 가장 오래 버티는 소년을 가려내는 행사였다. 또 수백 년 동안 순례자들이 바친 봉헌물로 빛나는 산속의 델포이 신전은, 세계 7대 불가사의 중 하나이며 올림피아에 있었던 상아로 만든 위엄 있는 제우스 신상과 함께 인기 있는 관광지였다. 또 다른 불가사의한 유적은 로도스에서 볼 수 있다. 여행객들은 쓰러진 로도스의 거상(청동 거상으로 지진으로 쓰러졌으나 델포이 신탁에 따라 복원하지 않고 쓰러진 채로 누었다고 함—옮긴이)의 엄지를 팔로 감싸 안아보려고 시도했다. 유명 도시들과 예술적인 유적지들을 다니는 도중에 방문객들은 잠시 발길을 멈추고 프로메테우스가 인간을 창조했다는 진흙이나 '트로이아의 헬레네'의 아름다운 유방 모조품(플리니우스의《박물지》

에 따르면 헬레네의 아름다운 유방을 표본으로 술잔을 만들었다고 함-옮긴이) 등 그리스 신화의 기념품을 감상하기도 했다.[10]

소아시아(오늘날의 터키)에서는 꽃나무들이 내뿜는 향기로 가득한 대리석 정자 안에 서 있는 유명한 '크니도스의 아프로디테' 조각상으로 몰려들었다. 이 조각상이 그리스의 걸작품 중에서도 가장 매력적인 작품이라고 많은 사람이 입을 모아 말한다(지역 기념품 상인들은 이 조각상을 기념하는 에로틱한 도자기들을 선정적으로 배열해 두었다).[11] 그러나 소아시아를 여행하는 로마인들에게 가장 매력적인 여행지는 호메로스의 트로이아 전쟁의 무대로 알려진 곳에 세워진 도시인 일리움이다. 로마인들은 자신들이 트로이아 전쟁의 영웅 아이네아스와 그의 부하들의 후손이라고 주장했으므로, 일리움을 선조들의 고향으로 생각하기도 했다. 일리움 사람들은 로마인들의 판타지로 인해 이득을 취하는 것을 반기며 아킬레우스의 무덤을 비롯하여 트로이아 전쟁의 모든 에피소드가 발생한 장소로 방문객들을 안내했다.

관광객들은 일리움에서 역사를 체험하고 크니도스에서 에로틱한 그릇을 잔뜩 샀다. 그러나 진짜 이국적인 맛을 찾는 관광객은 이집트로 갔다. 대부분은 알렉산드리아로 항해함으로써 여정을 시작했다. 높이가 90m 이상 되어 50km 떨어진 곳에서도 보이는 우뚝 솟은 알렉산드리아의 등대 그늘에 배를 댄 후, 몇 km를 쉬지 않고 회랑들이 늘어선 대로들을 헤매고 돌아다녔다. 경건한 자들은 어마어마한 신전 단지에서 희생제물을 드렸고 학구적인 자들은 유명한 도서관에서 강의를 들었으며 호기심 가득한 자들은 알렉산드로스 대왕을 기념하는 묘지에 들렀다.[12]

알렉산드리아에서 관광객들은 나일강을 따라 올라가는 항로를 확보했다. 첫 번째 목적지는 성스러운 아피스 황소(비옥한 땅의 상징으로서 신성시함-옮긴이)가 울타리 안에서 느릿느릿 돌아다니는 모습을 예사로이 볼 수 있는 멤피스였다. 조금 떨어진 곳에서 관광객들은, 팁을 얻으려고 대 피라미드(쿠푸 왕의 피라미드-옮긴이)의 깎아지른 듯한 표면을 오르는 지역 주민들을 보았다. 몇몇 관광객은 나일강을 따라 계속 올라가 오늘날의 아스완에 이르렀다. 대담한 자들은 나일강의 제1폭포에서 고대 버전의 급류 래프팅을 시도하기도 했다. 그러나 대부분은 테베(오늘날의 룩소르)에서 행로를 멈췄다. 거기서 거대한 카르나크 신전의 위용에 입을 떡 벌렸고, 거대 석상이 부르는 노랫소리를 듣기 위해 귀를 쫑긋했으며, 등불을 밝히고 왕가의 계곡(왕실 묘지-옮긴이)의 묘들을 탐험했다. 한 묘지에서 고대인들의 낙서가 천 개 이상 발견되었다. 이 낙서들을 보면 여행의 즐거움을 그리스·로마인들도 우리와 똑같이 느꼈다는 것을 확인할 수 있다. 아로새겨진 한 메시지는 모든 낙서를 대변한다. "놀랍도다, 놀랍도다, 놀랍도다!"[13]

콜로세움 건설에 담긴
경이로운 이야기는
사실일까?

길이 188m, 폭 156m, 높이 52m, 출입구만 80여 곳, 5만 명의 관객을 수용하는 좌석 등 수치만으로도 압도적이다. 부대 시설 또한 놀랍다. 돛 형태의 천막 지붕(벨라리움이라고 부름-옮긴이)은 태양으로부터 상층부의 관람석을 보호하였는데 이 천막 지붕을 펴고 걷는 것은 제국의 해군 부대에서 파견된 군인들이었다. 저격수 기지 사이사이에 자리 잡은, 상아와 금으로 된 정교한 장벽은 날뛰는 육식동물들로부터 아래층 관람객들을 보호하기 위한 것이었다. 관람석 아래의 공간을 활용하여 화장실과 식수대를 두었다.♦ 원형경기장 모래 바닥의 가장자리를 따라 수십 개의 문이 있었는데 그 문을 통해 굴속의 지하 통로와 우리에서 있던 검투사들과 이국적인 맹수들이 등장했다. 간단히 말

콜로세움

해 콜로세움은 로마 공학 기술의 승리였다. 거의 20층 높이에서 펄럭대는 천막 지붕부터 등불이 빛나는 미로 같은 지하까지, 광대한 건물 전체를 건설하는 데 고작 수년밖에 걸리지 않았다는 것은 경이로운 일이다.[1]

　　고대 그리스에서 거대 건설 계획은 엄청나게 오랜 시간이 걸리곤 했다. 예를 들어 아테네의 거대한 올림피아 제우스 신전은 기원전 520년에 건축이 시작되었지만 서기 131년까지도 완

◆　　콜로세움에도 더운 날씨에 관중의 더위를 식혀줄 스프링클러 장치가 있었다. 같은 시기에 지어진 다른 로마의 오락 시설들에는 사프란 향이 나는 안개를 분사하는 노즐 장치가 장착되어 있었다. 한 시인은 극장 무대 주위의 청동상에 결합된 스프링클러를 묘사한 바 있다.

공되지 않았다. 이후에 로마 황실의 어마어마한 재정이 투입되고 나서야 완공되었다.[*] 사모스섬의 헤라 신전은 기원전 530년경에 건설이 시작되었는데, 천 년 후에 이곳저곳 다니며 약탈하던 고트족이 건설 계획을 영원히 좌절시킬 때까지 여전히 짓는 중이었다.[2]

로마 황제들의 거대 건설 계획들은 그리스 신전들보다 훨씬 폭넓고 복잡했지만, 비할 수 없이 빠르게 완공되었다. 경탄스러운 중앙 돔 지붕과 광대한 스케일의 반짝이는 황금 모자이크를 가진 유스티니아누스의 아야 소피아 성당은 5년 만에 완성되었다. 2만 $4000 m^2$ 이상 되는 부지에 주요 욕탕과 부대시설의 높이가 30m 이상이었던 카라칼라 욕장은 4년 만에 완성되었다.[**]

로마 황제들은 여타 고대 건축가들과 비교할 때 세 가지 중대한 이점을 가지고 있었다. 무엇보다 그들이 로마 황제였다는 사실이다. 로마 황제는 당시 전 세계 인구의 거의 4분의 1을 지배한 명실상부한 절대 권력의 통치자였으며 어느 왕이나 도시국가의 협의체가 꿈꾸는, 모든 것을 초월한 노동력과 자원을 동원할 능력의 소유자였다. 둘째로, 그들은 대량 생산할 수 있는

---

[*]   하드리아누스 황제가 신전을 제우스에게 헌정할 때 어마어마한 크기의 박제 뱀으로 장식하기로 했다.

[**] 이 건설 기간은 로마인이 일반적으로 연간 8개월밖에 건설하지 않았다는 사실 때문에 더 대단하게 느껴진다. 겨울에는 비와 서리 때문에 회반죽과 콘크리트를 굳히기가 어렵기 때문이었다.

건축 재료의 접근성이 높았다. 1세기 말 무렵, 로마제국의 모든 대형 대리석과 화강암 채석장은 국가 소유였다. 그리스, 튀니지, 이집트 등 멀리 떨어진 곳에 위치한 채석장들에서 기둥, 암석 덩어리, 조각상의 조립 부분들을 수백, 수천 킬로미터 떨어진 수도까지 날랐다. 이집트 동부 사막의 불타는 불모지에 있던 가장 먼 채석장에서 로마의 신전과 욕장용 50~100톤의 화강암 기둥들이 생산되었다.♦♦♦ 이보다는 덜 극적으로 느껴질지 모르지만, 티베르 계곡 주위에 있던 제국 소유의 벽돌공장에서 매년 세 가지로 표준화된 크기의 납작한 사각형 벽돌 수백만 장을 생산했다는 것 역시 건축 과정에서 중요하다.

로마식 콘크리트라고 부르는 물, 석회, 화산재의 혼합물이 로마 황제들의 속성 건축을 가능하게 한 세 번째 주인공이었다. 현대의 콘크리트와 달리 로마식 콘크리트는 붓지 않고 바닥에 깐 자갈 위에 얇은 층으로 덮었다. 그러나 현대 콘크리트처럼 단단하게 굳었으며 때로는 현대 콘크리트보다 훨씬 더 단단했다.♦♦♦♦ 콘크리트 덕택에 로마인들은 대단히 높은 아치형 천장과 대담한 돔 지붕을 건축할 수 있었다. 그러나 콘크리트는 건축 시간을 단축해 주는 벽과 토대의 충전재로 가장 흔히 사용되었다.

♦♦♦ 같은 채석장에서 채석한 암석들로 만든 300톤짜리 '폼페이우스 기둥'이 아직 알렉산드리아에 서 있다. 채석장의 규모에 맞춰 이집트 암석을 운반하는 바지선도 거대했다. 기록된 배 중에 가장 거대한 것은 230톤의 오벨리스크를 이집트에서 로마로 가져가기 위해 지었다고 알려진 바지선으로, 오벨리스크 외에도 2600톤의 곡물과 자그마치 1200명의 승객을 수용할 수 있었다고 한다.

콜로세움 1층 단면 구조, 건물을 받치고 있는 돌기둥들이 나타나 있다.

　　광대한 자원, 대량 생산할 수 있는 건축재 그리고 콘크리트로 인해 로마 황제들은 거대한 규모의 건축을 할 수 있었다. 정치는 동기를 제공해 주었다. 수도의 공공시설 건축은 황제들이 권력의 합법성을 광고하고 로마 시민의 복지를 위한 헌신을 보여줄 수 있는 중요한 수단이었다. 콜로세움 건축을 시작한 베스파시아누스 황제는 새 왕조(플라비우스 왕조-옮긴이)의 창설자였으므로 웅장한 건축물을 짓고자 하는 의욕이 특히 강했다.

◆◆◆◆ 예상과 반대로 로마식 콘크리트는 염분이 있는 물에 노출되었을 때 더욱 내구성이 뛰어났다. 포촐라나(화산회)와 석회는 소금물과 결합하면 알루미늄 토버모라이트라는 희귀 광물 입자를 생성하는데, 이것은 시간이 지날수록 콘크리트를 더 강하게 만드는 역할을 한다.

콜로세움은 황실 감독하에 민간 시공업자들이 건설했다. 각 시공업자는 숙련된 노예와 해방 노예들을 상근 직원으로 고용했다. 이들은 비숙련 일용직 노동자들의 거대한 팀을 감독했다.[3] 노동자들의 수는 변동적이었으나, 절정기에는 1만 명 이상이 고용되었을 것으로 보인다.[4] 엄청난 첫 임무는 건축 예정인 원형경기장 부지 지하에 깊이 약 7.6m, 넓이 약 61m² 규모로 타원형의 바닥을 파는 것이었다. 기반암과 젖은 상태의 하층토를 뚫어야 했으므로 땅을 파는 것만으로도 1년이 거의 다 걸렸을 것이다. 땅을 파는 데 성공한 후에는 벽을 따라 콘크리트를 부을 목제 틀들을 세워 늘어놓았고 바닥은 거대한 콘크리트 고리 형태로 메웠다.◆◆◆◆◆ 기초 공사가 끝나자마자 상부 구조 건조 작업이 시작되었다. 거대한 로마의 건물 벽은 대부분 표면에 벽돌을 바른 콘크리트로 만들어졌다. 그러나 콜로세움의 외벽과 내부를 지탱하는 기둥들은 철제 조임쇠로 연결한 거대 암석 블록으로 지어졌다. 대량의 암석을 사용하고자 한 결정은, 건축자들이 로마식 콘크리트가 강도는 높지만 일정 강도 이상의 압력에 변형될 수 있음을 알고 있다는 것을 의미한다. 붕괴 위험을 피하기 위해 모든 하중을 감당하는 주요 요소는 예부터 이어온

◆◆◆◆◆ 어마어마한 강점에도 불구하고 콜로세움의 콘크리트 기반에는 심각한 취약점이 있다. 바로 북쪽 절반만 기반암으로 지탱되었다는 것이다. 남쪽 절반은 단단하지 않은 퇴적물 위에 기초가 놓였으므로 그 윗부분의 원형경기장은 지진에 취약했다. 중세 시대에 남쪽 부분은 수차례의 지진으로 거의 파괴되었다.

전통적인 방식으로 만들이졌다.

사용된 암석은 로마 동쪽에서 채석하여 바지선에 실어 도시로 가져온, 무거운 석회석인 트래버틴(탄산칼슘 성분을 포함하고 조직이 치밀한 다공질의 석회암-옮긴이)이었다. 약 20만 톤 이상의 트래버틴이 콜로세움 건설에 사용되었다(결합에 사용된 철제 조임쇠는 약 300톤으로 추정됨). 트래버틴은 평균 4톤 무게의 사각형 덩어리로 잘렸고, 단순한 형태의 크레인 수십 대가 들어서 각각 제자리로 옮겼다. 이 기계들은 각각 도르래 장치와 도르래 장치를 지탱하는 목제 틀들로 구성되어 있었다. 일단 암석이 도르래 장치에 감긴 밧줄에 고정되면 윈치(밧줄이나 쇠사슬로 무거운 물건을 들어 올리거나 내리는 기계-옮긴이)를 돌리는 일꾼들에 의해 들어 올려지거나 거대한 쳇바퀴 위에 굴려졌다.◆5

관중석을 지탱해 주는 아치형 회랑과 하부 구조는 외벽과 나란히 세워졌다. 핵심 구조의 소재는 트래버틴이었지만, 석회화(부드러운 현지 암석)와 콘크리트 모두 광범위하게 사용되었다. 건축 과정 내내, 건축자들은 벽과 기반에 주는 압력을 완화하기 위해 위층들의 아치형 회랑의 콘크리트에 부석을 섞어가면서 신중하게 구조적 하중을 관리했다.

외벽이 최종 높이에 근접하자 아치형 회랑의 꼭대기에 대리석으로 된 관중석을 깔았다. 그리고 기술자들은 건물의 부대

◆　로마의 크레인은 엄청난 중량을 처리할 수 있었다. 약 53톤 무게의 트라야누스 원주의 대리석 기둥머리를 최종 위치까지 30m 이상을 들어 올린 적도 있다.

시설들을 설치하기 시작했다. 배관공들은 건물 전체에 통하는 납파이프를 깔았고 근처의 클리우디아 수도교에서 뻗어 나오는 지선을 열었으며 또 식수대를 설치했다. 조각가들은 2층과 3층의 외벽 아치들에 쓸 신들과 영웅들 조각상을 제작했다. 금속공들은 1층 아치들을 막을 문을 제작했다. 복도는 회칠했고 벽화로 장식되었으며 차양 천막의 깃대와 캔버스 천도 제자리에 설치되었다. 마침내 모든 것이 준비되었다.♦♦6

한 남자가 줄 바로 앞에 서 있는, 체구가 거대하고 부루퉁해 보이는 사람과 아슬아슬하게 부딪히지 않으려 비틀거리며 앞으로 움직였다. 틈을 봐서 멈춰 선 뒤 토가의 주름을 다시 잡았다. 그러고 나서 다시 한번 목을 빼고 바라보다 입이 딱 벌어졌다. 여느 로마인들처럼 그 역시 새 원형경기장의 외벽이 올라가는 모습을 멀리서 바라봐 왔다. 그러나 그 벽 바로 아래 서서 보니 감회가 새로웠다. 떠오르는 태양이 절벽 같은 석조 건축물의 벽에 장밋빛 색조를 더했고, 외벽 아치들에 서 있는 청동상들은 불꽃 혹은 별똥별처럼 눈부시게 빛나고 있었다. 뒤에서 누군

♦♦   음, 거의 준비되었다. 서기 80년에 콜로세움이 완성되었을 때 원형경기장 지하의 미로 같은 복도, 동물 우리, 승강기는 완성되지 않은 채 남아 있었다. 이것은 아마 고의적이었을 것이다. 콜로세움 완공을 기념하는 100일간 무대에 올려진, 거대하고 유혈이 낭자한 볼거리들 중 몇 가지는 원형경기장 바닥에 물을 채워야만 했다. 이런 화려한 수상 오락물 중 하나는 수십 마리의 말과 소가 정교하게 맞춘 수영 동작을 선보이는 것이었다. 수상 오락은 작은 배들의 함대끼리 겨룬 모의 해전에서 정점을 이루었다. 지하 터널이 완성된 후라면 이런 볼거리를 연출하기는 대단히 어려웠을 것이다.

가 운치 없이 미는 통에 그의 몽상은 깨어졌다. 다시 줄은 움직이기 시작했다.

서둘러 앞으로 움직이며 그는 동전 지갑에서 입장권 토큰*을 꺼내어 탁자 앞에 앉아 지루한 표정을 짓고 있는 노예에게 제시했다. 노예는 그의 토큰을 살펴보았다. 그러고 나서 어깨를 으쓱하더니 다시 돌려주며 흰 망토를 걸친 근위병을 지나 들어가라는 몸짓을 했다. 조금 안도했다. 근위병은 항상 그를 불안하게 했다. 그는 토큰에 적혀 있는 입구로 향했고 널찍한 층계를 올라가는 인파에 합류했다.

몇 분간, 인파를 헤치며 몇 층의 계단을 올라와 드디어 고요하고 햇살이 쏟아지는 구역에 도착했다. 그의 좌석이 있는 열에 이르자 그는 멈춰 섰다. 양편의 대리석 의자가 빛났다. 저 아래 원형경기장의 모래가 반짝였다. 머리 위에 차양 천막이 완벽한 타원형으로 푸른 하늘의 테를 두르고 있었다. 로마는 진정 세계의 중심이라고 그는 생각했다.

---

* 콜로세움의 '입장권'은 '테세라'라고 알려진 토큰(상아, 금속, 테라코타)이었다. 토큰에 입구, 구획, 열이 표시되어 있던 것으로 보인다. 테세라는 무료였으나 저명인사나 기관에 일괄적으로 배분되었다. 경기를 보고자 하는 일반인은 테세라 중개인에게 구걸하거나 빌리거나 훔칠 수밖에 없었다.

무대 위 동물들은 어디서, 어떻게 잡아 왔을까?

그는 햇빛에 눈을 찡그리며 손차양을 만들었다. 몇 시간 동안 햇살이 1층의 원로원 의원들의 모자*를 비추다가 2층의 땀흘리는 유력자들을 지나 마침내 그가 앉아 있는 구역으로 느릿느릿 기어오는 것을 지켜봤다. 땀이 토가를 흠뻑 적시는 것을 느끼며 좀 더 편안한 자세를 찾고자 대리석 벤치에서 몸을 움직였다. 그러나 그는 뒤에 앉은 사람 무릎에 등을 찔릴 뿐이었다. 저린 엉덩이는 내버려 두고 관심을 다시 원형경기장으로 돌렸다.[1]

적어도 경기는 볼만했다. 중범죄자 처형이 있었다. 한 죄수는 이카로스의 날개를 단 채 하늘 높은 곳에서 철선에 매달려

◆   원로원 의원들만 공공 관람 장소에서 햇빛 차단용 모자를 쓰는 것이 허용되었다. 다른 사람들은 땀을 흘릴 수밖에 없었다.

있다가 경기장으로 곤두박질쳤다. 또 다른 죄수는 신화 속의 시인 오르페우스 차림을 한 채 말뚝에 묶였다. 길들인 맹수 수십 마리가 연주를 듣듯이 죄수 주위에 둥그렇게 섰다. 그러고 나서 바닥의 작은 문에서 곰이 튀어나와 오르페우스를 갈가리 찢어 놓았다.◆ 사냥도 매우 훌륭했다. 아마존 복장을 한 여성 무리가 돌격하는 사자를 찔러 죽였고, 유명한 검투사는 창을 던져 단번에 거대한 백곰을 죽였다.◆◆ 2

그리고 이제 경이로운 동물이 처음 등장한다. 신성한 아우구스투스 황제 통치 이래 본 적 없는 동물을 황제가 저 먼 에티오피아에서 데리고 왔다는 것을 알리는 아나운서의 목소리가 원형경기장에 쩌렁쩌렁 울렸다. 그 동물은 거대하고 무시무시한 코뿔소였다! 관중이 흥분하여 웅성거리고 오르간 주자가 웅장한 곡조를 연주할 때 이국적인 맹수가 뒤뚱거리며 원형경기장 안으로 들어왔다. 황소 같기도 한데, 황소보다 몸집이 크고 코끼리처럼 주름진 살갗에 주둥이 위에는 두 개의 사악한 뿔이 있었다. 얼룩 때가 묻은 튜닉을 입은 긴장된 표정의 조련사가 옆에서 등장했다. 긴 채찍을 휘두르며 그는 야수를 원형경기장 중

◆　여기에 묘사된 것처럼 정교한 신화 속 드라마는 상대적으로 드물었지만, 동물들은 자주 원형경기장에서의 처형에 사용되었다. 죄수를 말뚝에 묶어놓고 개, 곰, 사자, 표범을 풀어놓는 것이 일반적이었다. 때로는 죄수들에게 무력한 무기를 주고 굶주린 맹수들을 상대로 자신을 방어하도록 했다.

◆◆　원형경기장 최고의 사냥꾼들은 곰의 얼굴을 주먹으로 쳐서 어리둥절하게 만들거나, 망토로 돌격하는 사자의 시야를 가리거나, 코끼리를 죽일 수 있었다.

코뿔소 | 로마 시대 모자이크

앙으로 몰고 갔다. 그때 육중한 문이 삐걱거리며 열리더니 거대한 황소가 등장했다. 관중석에 앉아 있는 그는 기대감에 허리를 꼿꼿이 세웠다. 그는 곰과 황소가 결투하고, 황소가 코끼리를 들이받는 것을 본 적이 있다. 그리고 딱 한 번이지만 사자들이 호랑이들을 찢어발기는 장관을 본 적도 있다. 기억에 남을 결투가 되리라는 예감이 강하게 들었다.

황소는 코뿔소와 수십 미터 떨어진 곳에 멈춰 서서 콧김을 뿜으며 발로 땅을 긁었다. 잠시간 코뿔소는 조련사의 채찍에도 아랑곳하지 않고, 자기 앞에 등장한 다른 동물을 응시했다. 그러고 나서 가공할 만한 속도로 돌진하여 강력한 대가리를 낮추더니 황소를 메어쳤다. 황소는 나동그라졌다. 코뿔소는 5만 명의 로마인이 목이 쉬도록 내지르는 환호성에 귀를 움찔거리며 발걸음을 늦추었다.³

서기 80년대에 코뿔소가 등장하는 경기들이 가끔 마련되었다. 그로 인해 코뿔소의 인기가 치솟았다. 코뿔소는 주화에 새겨졌고 시에도 등장했으며 심지어 포룸의 신전 장식에도 등장했다. 애지중지하는 모습으로 미루어보아 그것은 아마 로마에서 6000여 km 떨어진, 오늘날의 남수단이나 우간다에서 포획해 온 흰코뿔소였을 것으로 짐작된다. 그렇게 먼 곳에서 온 동물들은 많지는 않았지만, 코뿔소는 매년 콜로세움을 위해 잡혀 온 수백 마리의 동물 중 하나에 불과했다. 콜로세움 완성을 기념하는 경기 동안 자그마치 9000마리의 동물들이 죽었다. 한 세대 후에 다키아(오늘날의 루마니아) 정복을 기념하는 123일이 넘는 기간의 경기에서는 1만 1000마리가 도살되었다.

이 엄청난 수요를 맞추기 위해 고대인들은 당시 기준으로 전 세계의 구석구석에서 동물들을 들여왔다. 곰은 스코틀랜드에서 이송되었다. 북유럽에서 엘크, 아메리카들소, 사나운 유럽들소, 지금은 멸종한 야생 소가 들어왔다. 호랑이는 북부 이란과 인도에서 잡아 왔다. 이집트에서는 악어와 하마가 들어왔다. 북아프리카의 다른 지역들에서는 사자, 표범, 흑표범, 하이에나, 코끼리가 들어왔다. 사하라 사막 이남의 아프리카에서는 영양, 기린, 타조, 얼룩말, 유인원, 간혹 코뿔소들이 들어왔다.

원형경기장에서 사용된 동물 중 일부는 군인들이 포획해 왔다. 로마군 부대는 이집트에서는 그물망을 던져 영양을 잡았고, 알제리에서는 사자를 몰래 따라가 포획했으며, 불가리아에서는 곰과 들소를 죽였다. 그중 몇 명은 거의 전문 사냥꾼이 되었다. 한 게르만족 백인 대장은 6개월간 50마리의 곰을 포획했다. 그러나 콜로세움에 등장한 동물 대부분은 현지의 숙련된 수렵꾼 집단이 잡은 것들이었다. 북아프리카 지역들에서 이 수렵꾼들은 조합을 결성하기도 했다. 다른 곳들에서는 정해진 기한 안에 정해진 수의 동물들을 잡아 제공하는 조건으로 고용된 프리랜서들이 포획자로서 활동했을 것이다.[4]

사냥 방식은 종에 따라 다양했다. 사슴과 영양 같은 초식동물은 개와 등불을 지닌 남자들이 겁을 주어 긴 그물 안으로 몰아넣었다. 그물 따위 뚫고 돌진하는 들소는 기름칠해 둔 함정들이 늘어선 계곡으로 몰아가면 중심을 잃고 미리 쳐둔 울타리 안으로 밀려 들어갔다. 타조는 목동들이 말을 타고 쫓다가 올가미 밧줄을 던져서 잡았다. 사자들은 함정을 파 새끼 양이나 염소를 미끼로 넣어두어 포획했다. 표범은 알려진 바에 의하면, 그들이 물 마시는 웅덩이에 포도주를 부어놓아 취하게 해서 잡았다. 호랑이 새끼들은 빨리 달리는 말 위에 탄 수렵꾼들이 낚아채서 잡았다고 전해진다.[5]

동물들을 포획하는 것은 쉬운 일이었다. 어려운 것은 포획한 동물들을 로마로 데리고 와서 시합이 있을 때까지 살려두는 것이었다. 여정의 첫 단계에서 초식동물들은 밧줄로 묶어 끌었다. 육식동물들은 통풍이 되는 나무 상자에 가두어 소가 끄는 수레에 실어서 이동했다. 제국의 국경 안에 들어서면 수렵꾼들은 우편 제도에 사용되는 중량 짐마차를 사용할 수 있는 권한을 부여받았다. 이 짐마차들은 약 540kg의 최대 수용 능력을 갖췄으므로 상자 속에 넣은 육식동물 한두 마리는 너끈히 수용할 수 있었다. 편리하게도 수렵꾼들이 통행하는 모든 지역에서는 일주일까지는 이 동물들에게 먹이를 제공하는 것이 의무화되어 있었다.[6]

경기에 사용될 동물 수송에 특화된 상인들이 있는 아프리카의 항구에는 거대 동물들을 수용하도록 설계된 선박들이 있었다. 그러나 동물들 대부분은 이탈리아까지의 긴 항해 동안 대규모 화물선 짐칸에 빽빽이 실려 이송된 것으로 보인다. 이탈리아에 도착하자마자 코끼리와 다른 초식동물들은 수도 외곽의 황제 소유지로 이송되었다.◆◆ 다른 동물들은 곧바로 로마로 옮겨졌다. 로마에서 동물들은 높은 돌벽이 있는 대형 울타리와 죽

◆ 전해지는 바에 의하면, 사냥꾼들은 사자 굴에서 암사자의 새끼들을 훔쳐 들고 전속력으로 질주했다. 암사자가 새끼들이 사라졌음을 알아차리면 사냥꾼의 뒤를 쫓는다. 암사자에게 잡히기 일보 직전에 사냥꾼은 새끼 한 마리를 떨어뜨린다. 암사자는 새끼를 구하려고 멈춰 서고 사자 굴로 데려다 놓는다. 그리고 다시 추격을 시작한다. 암사자가 덮치기 직전에 사냥꾼이 또 다른 새끼를 떨어뜨리면 암사자도 또 멈춘다. 암사자가 다시 사자 굴에 도착할 즈음, 사냥꾼은 남은 사자 새끼들과 무사히 벗어난다. 이 수법의 변형으로 사냥꾼은 암사자가 다가올 때 새끼 대신 거울을 떨어뜨린다. 암사자가 거울에 비친 자기 모습을 새끼로 착각하여 멈추고 거울 속 사자를 걱정하는 동안 사냥꾼은 달아난다. 물론 사자들이 정말 이렇게 잡혔을 거라고 믿을 근거는 없다. 이 이야기는 아마도 이란과 인도에서 제국으로 수송되어 온 사자 대부분이 암컷과 새끼들이어서 생겨난 이야기일 것이다.

영양을 배에 싣는 모습 | 4세기경 제작된 모자이크

늘어선 목제 우리와 장에 갇혔다.*** 특히 눈길을 끄는 몇몇 동물들은 도시 중심부에서 전시되었다. 예를 들어 아우구스투스 치세 때 로마 시민들에게 나일악어를 보여주기 위해 저수지가 건설되었다. 이집트인 조련사들은 정기적으로 그물로 악어를 물에서 건진 다음 햇볕이 잘 드는 무대에 올려두어 악어들이 햇

◆◆   비문의 기록들 덕분에 우리는 황제 소유지에서 이 동물들을 '코끼리 조련사', '낙타 사육사', '초식동물들의 명수'라는 직함을 가진 남자들이 감독했다는 것을 알 수 있다.

◆◆◆   동물들이 동물 사육장으로 이동되기 전에 일정 기간 강변의 우리에 잠시 머물렀던 적이 있다. 기원전 1세기에 유명한 조각가가 최근 도착한 사자를 스케치하기 위해 이 우리들을 방문했다. 그러나 작품에 너무 열중한 나머지, 탈출한 표범이 접근하는 것을 알아차리지 못했다.

볕을 쬐는 동안 관람객들이 볼 수 있도록 했다.[7]

　원형경기장에 출연할 시기를 기다리며 일부 동물은 사람들을 즐겁게 하기 위한 훈련을 받았다. 사자들은 조련사들의 손을 잇몸으로 씹는 것과 조련사가 살아 있는 산토끼를 던지면 물어 오는 것 등을 배웠다. 원숭이는 아주 작은 군복을 입은 채 염소들을 타고 원형경기장을 한 바퀴 도는 것을 배웠다. 가장 공격적인 포식자들은 맹수 싸움꾼 양성소로 보내져 인간에 대한 두려움을 극복하도록 길들여졌다. 개중에서 극도의 잔인성을 보이는 동물은 죄수 처형에 사용되었다. 그들 중 일부는 무대에서 쓰는 예명을 받기도 했다.[*][8]

　가끔 육식동물들은 살아 있는 먹이를 받았다. 한 일화에 따르면 호랑이 우리에 염소를 먹이로 넣어주었는데 호랑이가 염소를 친하게 대하는 통에 조련사가 당황했다고 전해진다. 시합이 한창일 때 육식동물들은 원형경기장에서 도살된 동물들의 잔해를 먹이로 받았다. 그 외의 경우에는 도살업자가 도축한 고기를 먹고 살았던 것으로 보인다. 그 먹이 값이 상당히 비쌌던 것 같다. 칼리굴라 황제는 비용 감축을 위해 죄수를 동물들에게 먹이로 주라는 명령을 내린 적도 있었다. 먹이 조달의 어려움 이상으로, 이국에서 온 동물들을 이질적인 환경에서 살아 있는 채로 유지하는 것 자체가 어려웠다. 후기 로마의 관리는 그가 어마

◆　　인기 있는 이름으로는 '빅토르(승리자)', '크루델리스(야만인)', '오미치다(살인자)' 등이 있었다.

동물들이 출연한 쇼 |
1세기경 제작된 모자
이크

어마한 비용을 들여 이집트에서 들여온 악어들 대부분이 병에 걸려 잘 먹지 못하자 한탄하기도 했다.[9]

시합에 나가기 하루 전, 초식동물들은 로마 교외로 이동되었고 육식동물들은 이동용 상자에 다시 수용되었다. 저녁에 동물들은 콜로세움으로 보내졌다. 1층 출입구 중 하나를 통해 원형경기장에 입장하는 코끼리와 다른 거대 동물들은 근처의 우리에 갇혔다. 황소보다 작은 동물은 원형경기장 아래로 연결되는 터널로 무리 지어 이동했다. 지하에는 노예 수백 명이 북적거리는 지하 우리와 승강기를 관리하며 일하고 있었다. 시합에 나가기 직전, 동물들은 마지막으로 몸단장을 받고 나갈 준비를 했다. 동물들의 앞다리에 화려한 화환이 감기기도 했고 가죽 위에 금가루가 뿌려지기도 했다. 그러고 나서 마침내 그것들은 노예가 수동으로 움직이는 승강기를 타고 원형경기장으로 올라갔다. 사실상 그 동물들 대부분은 종착지에 도달한 지 몇 분 내에

죽었다.♦10

　　황제들은 맹수 사냥을 통해 자신의 관대함을 자랑하고 전 세계에 미치는 권력을 보여주었으며 자연까지도 다스리는 로마의 지배력을 광고할 수 있었다. 하지만 그로 인한 생태학적 희생은 어마어마했다. 콜로세움에서 막바지 시합이 개최될 즈음 터키의 표범, 이란의 호랑이, 이집트의 하마, 북아프리카코끼리는 전부 사냥되었거나 거의 멸종 상태에 이르렀다. 로마 제국주의에 희생된 것은 비단 인간만이 아니었다.

♦　죽음은 끝이 아니었다. 죽은 동물들이 원형경기장에서 끌려 나오면 엄니, 가죽, 그 외 값이 나가는 부위들은 팔렸다. 코끼리 심장, 타조 뇌와 같은 별미들은 황제의 식탁에 오르기도 했다. 그러나 고기 대부분은 로마 사람들에게 주어졌다 (여담이지만 곰이 사자나 표범보다 더 영양가 있는 것으로 간주되었다). 고기는 주로 복권 같은 형태로 분배되었다. 경기 중간 휴식 시간에 토큰이 관중석으로 던져졌다. 동물 형상이 새겨진 토큰을 잡은 사람들은 그날 시합 후 원형경기장의 고기를 정해진 양만큼 교환할 수 있었다. 때로는 중개인들을 배제하기 위해 로마 시민들이 직접 사냥하는 것이 허가되었다. 한 황제는 키르쿠스 막시무스(로마의 대경기장)에 인공 숲을 조성하여 각각 1000마리의 타조와 사슴, 수퇘지, 그 외 다른 동물들을 두었다. 그러고 나서 사람들에게 숲으로 들어와 가져갈 수 있는 만큼 사냥해 가져가도록 허가했다.

검투사들은 정말 영화 속 모습처럼 살았을까?

어떻게 검투사가 쓰러졌는지는 모른다. 아마도 그물에 발이 걸렸거나 번쩍거리는 삼지창에 옆구리를 찔렸을 것이다. 어쨌든 그는 피로 젖은 모래 위에서 숨을 헐떡이고 있다. 윙윙거리는 귓가에 관중의 함성이 들렸다. 그의 투구가 찌그러지고 벗겨졌다. 휙 하는 공기의 흐름, 눈부신 광채, 그의 머리 앞에 와 있는 삼지창. 1800년 후에 고대 도시 유적지 에페수스 근처에서 발굴된 검투사의 구멍 난 두개골은 그의 죽음에 관한 이야기를 전해주고 법의인류학자들이 분석한 그의 다른 뼈들은 그의 인생에 관해 더 긴 이야기를 들려준다. 그는 20대에 죽었으며, 죽기 전 몇 년간 콩과 죽으로 구성된 체중 증량을 위한 식이요법을 했었다.[1]

검투사는 식단은 물론 생활의 다른 어떤 면에도 재량권이 거의 없었다. 검투사 대부분이 전쟁에서 포로로 잡혀 왔거나 법정에서 유죄 판결을 받은 노예였다. 매우 가난하거나 그릇된 열정에 이끌린 자유민 자원자가 소수 있

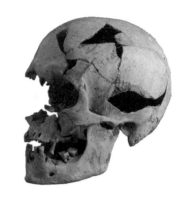

에페수스에서 발굴된 두개골

었다. 출신이 어떻든, 검투사들은 '양성소'라고 알려진 감옥 같은 수용소에서 살았다. 매년 원형경기장에서 생사의 기로에 서는 몇 번을 제외하면 검투사들은 날마다 양성소에서 훈련하며 지냈다. 신인 검투사는 인체 모형이나 나무 말뚝을 대상으로 기본적인 칼싸움을 연습하며 검투사로서의 인생을 시작했다. 교관이 능력을 평가한 후에는 열두 가지 결투법 중 한 가지 혹은 여러 가지를 배정받았다.◆ 그러고 나면 첫 결투 전까지 숙련된 교관의 지도하에 몇 달간 기술을 연마했다. 훈련 과정을 통해 그의 신체는 결투에 적합한 상태로 유지되었다. 근육은 전문적인 안마사에게 관리를 받았고 다치면 의학적 치료를 받았다.◆◆ 그

◆ 이례적으로 재능이 뛰어난 검투사들은 추가적인 무기 사용법을 배웠다. 2세기 로마의 검투사 조합의 일류 검투사들은 적어도 여섯 가지 결투법의 명수였다고 한다.

래도 좋아지지 않으면 먹는 것에 의존했다.[2]

　검투사들은 콩 수프와 보리죽을 먹었는데 모두 으깬 상태로 엄청난 양을 제공받았다. 이 고단백의 걸쭉한 음식은 검투사들 고유의 음식으로, 다른 로마인들은 이를 비웃으며 검투사들을 '보리 먹는 남자들'이라고 불렀다. 군인들은 그런 음식에는 손도 대지 않았고 비슷한 식단이 요구되는 프로 권투 선수들과 레슬링 선수들은 대신 엄청난 양의 고기를 먹었다.[◆◆◆3]

　그러면 왜 검투사들만 보리와 콩을 먹었을까? 에페수스에서 발굴된 검투사의 뼈를 분석한 과학자들은 그 식단이 체중을 늘리기 위한 것으로 추정했다. 몇 cm에 달하는 피하 지방은 검투사들의 신체 장기를 보호했다. 즉, 검투사들은 전투 능력을 잃지 않으면서도 얕은 자상 정도는 견딜 수 있었을 것이다. 검투사들이 과체중이었다는 과정이 금세 주요 미디어에 흘러 들어가 지금도 진실인 양 온라인에서 인용되곤 한다.[4]

　그러나 원형경기장의 영웅들이 형편없는 몸매의 소유자

◆◆　치료의 질은 다양했다. 한 양성소에서 상처를 치료해 준 의사에게 고마움을 느낀 남성들은 그 의사의 조각상을 세웠다 반면 갈레노스는 자신의 출신 노시의 검투사 담당 의사들은 환자 대부분을 죽였다고 지적했다.

◆◆◆　권투, 레슬링, 판크라티온 등 격투 선수들의 훈련을 위한 식이요법은 돼지고기, 가장 바람직하게는 도토리를 먹인 돼지고기를 기본으로 했다. 소고기는 대안으로 허용되었다. 염소 냄새가 나는 땀을 유발하는 염소 고기는 허용되지 않았다. 경기를 준비할 때 선수들은 엄청난 양의 부드러운 빵과 함께 고기를 1.4kg 이상 대량으로 섭취했다.

검투사들 | 3세기경 제작된 모자이크

였다고 추정할 이유는 없다. 검투사들이 체중 증량 식사를 했다는 것은 아마도 사실일 것이다. 그러나 이런 식사가 정말로 그들을 과체중으로 만들었는지는 명확하지 않다. 본질적으로 속도와 지구력에 초점을 둔 훈련을 시행했던 검투사 양성소의 교관들이 검투사들의 체중이 과하게 늘어나길 권장했을 리도 없고 바라지도 않았을 것이다. 검투사들은 콩과 보리가 단순히 영양가가 높고 저렴했기 때문에 식사로 제공받았을 가능성이 대단히 크다. 고대 저술가들은 검투사들을 울룩불룩한 근육질의 남성들로 묘사했다.♦ 우리가 수많은 로마 시대 모자이크에서 의기양양하게 활보하는, 늘씬하면서도 강인한 투사들을 사실과 다른 예술적 표현이라고 치부할 게 아니라면, 검투사들이 현대 운동선수들만큼 탄탄한 근육질은 아닐지라도 비만과는 거리가 멀었다고 생각하는 쪽이 맞을 것이다.[5]

♦ 갈레노스는 검투사들의 음식은 그들의 살을 말랑말랑하게 한다고 말했지만 검투사들이 병에 더 취약해졌다는 것만을 의미했던 것으로 보인다.

좋든 싫든 검투사들은 쇼에 임하는 방법을 잘 알고 있었다. 현대의 프로레슬링 선수들처럼 검투사들은 무대에서 사용하는 이름을 가지고 있었다. 무대명으로는 "칼날"처럼 위협적인 것부터 "러버보이"처럼 섹시한 이름, "신사"처럼 모순적인 것들이 있었다. 결투는 몇 주 전부터 그림 포스터나 손으로 그린 전단, 유명 검투사들의 전신 초상화 등과 함께 홍보되었다. 결투 장소 자체도 장관이었다. 네로 황제는 빛을 반사하여 섬광을 발하는 월장석 조각들을 그의 원형경기장 모래 위에 흩뿌렸다. 앞줄의 관객들을 보호하는 그물에 사용하기 위한 호박석을 모으려고 발트해로 원정대를 보내기도 했다. 심지어 테마 음악까지 있었다. 리비아에서 발굴된 모자이크에는 지루한 표정으로 물오르간(유럽 오르간의 전신으로 수력을 이용해 소리 냄-옮긴이)을 연주하는 가발을 쓴 여인이 있는 원형경기장의 대형 취주악대의 모습이 표현되어 있다.[6]

프로레슬링 경기와 다른 점이 있다면, 검투사들의 결투는 짜고 하는 게 아니라는 것이었다.[**] 그러나 결투는 신중히 연출되었다. 일부 검투사의 결투 방식은 로마의 적들을 모방한 것이었다. 예를 들어 갈리아와 브리타니아의 전쟁용 전차는 강인한

***

[**] 고대 선수들 사이에서도 부정행위가 만연했다. 수많은 올림픽 도전자들이 상대 선수들을 매수하려고 시도했으며 로마 속주 이집트에서 나온 파피루스에는 조작된 레슬링 경기에 관한 기록이 있다. 키르쿠스 막시무스에서는 부정행위 고발로 인해 전차 경주가 중단되고 재시합이 이루어지기도 했다.

노예들이 빠르게 모는 진차 위에서 결투하는 검투사인 에세다리우스에 영향을 미쳤다. 또 다른 결투 형식은 원형경기장에 알맞게 만들어졌다. 가령 안다바타는 눈이 뚫려 있지 않은, 완전히 막힌 투구를 쓰고 소리만 의존해서 결투하는 검투사들을 뜻했다. 이것들은 모두 극적인 효과를 최대화하기 위해 계획된 것이었다.[7]

다양한 결투 방식들은 경무장한 검투사와 중무장한 검투사를 나누었다. 비슷한 수준으로 무장한 검투사들은 길고 지루한 결투를 벌이는 경향이 있었다. 한 로마 시인은 두 육중한 검투사들의 결투가 해 질 녘까지 계속되었다고 묘사한 바 있다. 그래서 일반적으로 경무장한 검투사를 완전무장한 검투사와 맞붙게 했다. 로마제국 시대에 가장 유명한 결투는 레티아리우스와 세쿠토르 사이의 결투였다. 레티아리우스는 무거운 그물망과 어부의 삼지창으로 경무장한 검투사였고 세쿠토르는 큰 직사각형 방패와 아주 작게 눈구멍만 파놓은 투구(삼지창을 저지하기 위함)를 쓰고 단검으로 중무장한 검투사였다. 레티아리우스는 상대편 투사를 그물로 무력화하고 삼지창으로 찌르기 위해 이리저리 움직였다. 반면 세쿠토르는 민첩한 적이 던지고 찌르는 공격을 쳐내면서 그를 단검으로 찌를 수 있는 범위 안으로 끌어들이려고 교묘히 움직였다.[8]

결투는 몇 달 전에 계획되었다. 황제나 지역 유력 인사들이 경기에 검투사들을 쓰기로 결정하면 지역 검투사 양성소의 주인들과 계약을 맺고 정해진 수의 검투사들을 빌리도록 준비했다.♦ 결투를 더 박진감 넘치게 하기 위해 기술 수준이 비슷한 검투사들을 짝지으려고 큰 노력을 기울였다. 로마제국 초기에는 검투사의 등급을 매기는 6~7단계 시스템이 출현했다. 가장 낮은 등급은 신입 검투사들이었다.♦♦ 그다음 등급은 첫 결투에서 살아남은 검투사들이었다. 이들 위에 4~5개 등급의 "훈련 집단"이 있었다. 최소한 열 번 이상 결투에서 승리한 최상위 등급에 속한 검투사 안에는 결투 성적 기록에 기반한 내부 서열이 존재했다. 비용을 감당할 수만 있다면, 이 등급 챔피언들 사이의 결투는 모든 경기 중의 하이라이트였다.[9]

검투사들의 결투는 오후에 열렸다. 오전에는 보통 맹수 사냥이 열렸다. 하루 평균 약 12경기가 열렸으며 한 경기당 평균 10~15분 지속된 것으로 보인다. 결투는 아마도 은퇴한 검투사로 추정되는 예리한 심판 두 명의 입회하에 열렸다. 심판들은 특

♦ 　검투사들은 결투에서의 승패와 관계없이 양성소 주인에게 지불된 돈의 일부를 받았다. 한 비문의 기록을 보며 노예 신분 검투사들은 대여료의 20%를 받았고 자유민 검투사는 25%를 받았다고 한다. 우승한 검투사들은 왕관부터 동전 자루까지 다양한 범위의 추가적인 보상을 받았다.

♦♦ 　검투사의 최하 등급보다 더 아래에, 일대일 결투 전에 풀어놓고 맞붙어 싸우게 했던 난폭한 재소자 무리인 그레가리(패싸움꾼들)가 있었다. 이 피비린내 나는 싸움의 규모는 거대했다. 카이사르는 남자 500명(과 전쟁 코끼리 20마리)의 편을 갈라 전투를 열기도 했다. 거의 100년 후, 클라우디우스 황제가 준비한 행사에서는 죄수 부대원들이 '특별히 제작된' 브리타니아 마을을 공격하는 쇼를 보여주기도 했다(마르스 평원에서의 브리타니아 정복을 재현함-옮긴이).

유의 줄무늬가 있는 튜닉을 입었고 반칙을 선언하기 위해 긴 회초리를 사용했다. 심판들은 양쪽 검투사들이 규칙을 제대로 따르도록 지도했고 한쪽이 심하게 부상하거나 명백하게 탈진한 것으로 보일 때는 타임아웃을 선언했던 것으로 보인다.

어떤 결투는 치명타에 의해 종결되기도 했다.[*] 대등한 적수들이 팽팽하게 맞설 때는 무승부가 선언되기도 했다. 그러나 대부분의 경기는 검투사 중 한 명이 무장이 벗겨지거나 부상하거나 그 외 경기를 이어갈 수 없는 이유로 인해 항복의 의미로 손가락을 들면 종결되었다. 그러면 수석 심판은 일단 경기를 멈추고 경기의 후원자 쪽을 바라봤다. 그러면 후원자는 관중의 반응을 살폈다. 패배한 검투사를 살리고 싶은 관중은 "용서하라, 보내라!"라는 의미의 미숨(missum)을 외치며 손수건을 흔들었다. 그렇지 않은 관중은 "목을 따라!"라는 의미의 유굴라(iugula)를 외치며 제 엄지로 자기 목을 찔렀다. 죽음을 원하는 함성이 더 커지면 이기고 있는 검투사는 필살의 일격을 날렸다. 몇몇 운 없는 패배자들은 한층 더 극적인 처형을 맞이해야 했다. 저승사자 카룬(에트루리아인들의 신화에 나오는, 쇠망치를 들고 다니는 저승사자-옮긴이)처럼 차려입은 노예가 큰 쇠망치를 가지고 원형경기장에 등장했다. 그는 미끄러지듯이 걸어 심판들을 지나친 후 긴

---

[*] 몇몇 유명한 결투는 양쪽 검투사 모두의 죽음으로 끝났다. 클라우디우스의 치세에 이런 일이 벌어졌을 때, 황제는 대단히 깊은 인상을 받아서 개인 용도로 사용하기 위해 그 검투사들의 검으로 칼 세트를 만들어 소유했다.

장감을 높이기 위해 쇠망치를 높이 들고 잠시 멈췄다가 이윽고 사내의 두개골을 향해 쇠망치를 내리쩍었다. 그러고 나서 시신은 죽은 자들의 사신인 메르쿠리우스(그리스 신화의 헤르메스에 해당-옮긴이)로 분장한 노예에게 끌려서 원형경기장 밖으로 옮겨졌다.[10]

패배 후에 살해당한 검투사 대부분은 관객을 즐겁게 하지 못했기에 죽었다. 로마인들은 전투 전문가였다. 경무장한 검투사들의 빠른 발놀림과 기량을 선호하는 팬들은 '작은 방패파'였다. 반대로 '큰 방패파'는 중무장한 검투사들의 견고한 방어와 원초적인 힘에 환호했다. 일부 도시들에는 결투 방식별로 팬클럽도 본격적으로 있었다. 결투 중에 관중은 광란에 빠져 응원하고 조언을 외치기도 했으며 검투사가 부상하면 "하베트!(끝장났군!)"라고 외쳤다.** 관중은 뛰어난 결투가 무엇인지 알아보는 눈이 있었다. 로마 소설의 등장인물 중 한 명은 검투사들이 "교과서적으로 싸운다"라고 불평했다. 그들은 검투사들의 기술과 용맹함을 존경했다.*** 비록 검투사가 패배했더라도 훌륭하게 싸웠으면 관중은 보통 그를 살려달라고 요구했다.[11]

관중이 패배한 검투사를 위해 자비를 외치면 경기의 후원자는 수용할 가능성이 컸다. 검투사들은 예상 몸값의 일부에 해

** 이런 관중은 누군가가 끼어드는 행위에 인정사정없었다. 5세기 초에 한 수도승이 콜로세움의 원형경기장에 뛰어들어 검투사들의 경기를 중단하려고 한 대가로 돌에 맞아 죽었다. 혹은 그랬다는 전설이 있다.

당하는 비용, 아마도 몸값의 약 5~10%에 고용되었다. 그러나 그들이 원형경기장에서 죽으면 후원자는 양성소의 대장에게 몸값 전액을 지불해야 했다. 그러므로 엄청난 재력가만이 무차별 살육을 즐길 수 있었다. 무차별 살육이 가끔 발생한 것은 사실이었다. 한 묘비에는 오후에 있었던 11번의 결투에서 11명의 검투사가 죽었다고 새겨져 있다. 또 다른 묘비에는 모든 검투사가 목숨을 걸고 싸워야 했던 결투들이 기록되어 있다. 그러나 이런 피바다는 대단히 드문 일이었다. 대부분의 후원자는 살상을 최소화하기를 원했으므로 결투 전에 무딘 무기를 지급하는 경우도 있었다.◆◆◆◆12

검투사들도 상대편 검투사를 죽이기를 꺼렸다. 이는 어떤 의미에서는 동지애의 표현이기도 했는데, 양쪽 검투사가 같은 양성소 출신인 경우가 왕왕 있었기 때문이다. 그러나 그것은 프로 검투사로서의 자부심이 걸린 일이기도 했다. 검투사들의 묘

◆◆◆   검투사들을 용기와 힘의 상징으로 간주하는 경향은 원형경기장 밖에서도 통했다. 예를 들어 검투사의 피에 담근 창으로 신부의 머리카락을 훑음으로써 다산을 기원하는 관습이 있었다. 또 검투사의 피는 나병을 치유하는 능력이 있다고 간주되었다. 심지어 검투사들이 결투를 벌여 피로 물든 모래도 주술적·의료적 효과가 있다고 여겨졌다.

◆◆◆◆   심지어 원하는 만큼 검투사들을 죽일 수 있는 경제적 여유가 있었던 황제들도 때로는 자비를 베풀기를 권장했다. 네로 황제는 수많은 무혈의 검투사 결투를 개최했고 마르쿠스 아우렐리우스는 모든 무기를 뭉툭하게 한 결투들을 주재했다. 검투사로서 위용을 자랑했던 코모두스도 목검으로 싸웠으며 상대를 한 번도 죽이지 않았다.

검투 시합 | 3세기경 제작된 모자이크

비에 '많은 영혼을 구했다' 혹은 '아무도 해치지 않았다'라고 자부하는 글이 새겨져 있었다. 사실상 어떤 검투사의 묘비명에는 그의 상대가 "터무니없는 증오심"으로 가득했기에 죽였다고 주장하는 글이 새겨져 있다. 달리 말하면, 그는 죽이지 않아도 되는 사람들을 살해해 왔다는 것을 의미한다. 관중은 상대를 살육하지 않으면서도 기술을 시연할 수 있는 검투사들을 높이 평가했다. 로마의 시인 중에는 한 검투사를 칭송하며 "항상 이겼지만, 아무도 죽이지 않았다"라는 시를 쓴 사람도 있었다.[13]

패배한 검투사들도 많은 경우 목숨을 부지했다. 검투사들의 묘비에 보존된 결투 기록을 근거로 판단하건대, 다섯 명 중 한 명이 죽음으로 결투를 마감했던 것으로 보인다. 드물게 100번 이상의 승리를 기록한 챔피언들도 있었지만, 은퇴까지 살아남은 검투사들은 일반적으로 5~6년의 검투사 인생에서 10~15명의 상대와 결투했다. 원형경기장에서 죽은 검투사 대부분은 아마도 첫 번째 혹은 두 번째 결투에서 죽었을 것이다. 경험이 쌓일수록 살아남을 가능성이 커졌다. 등급이 높은 검투사들은 이기는 비결을 배웠다. 만약에 지더라도, 그들을 죽이기에는 몸값이 너무 높았다.[14]

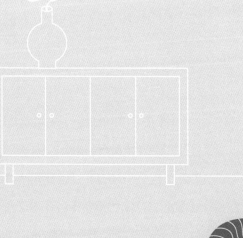

5부

전쟁과
정치의 세계

전투 코끼리는
고대 최강의 무기였을까?

그는 눈을 끔뻑거려 땀을 떨어냈다. 기도를 읊조린 후 돌격할 태세를 갖추었다. 그는 1만 6000km를 알렉산드로스 대왕과 행군해 왔다. 셀 수 없을 만큼 전선을 지켜왔고 가시 돋친 창으로 죽음을 제압해왔다. 그러나 이제까지 이런 광경은 본 적도 없었다. 푹푹 찌는 듯한 들판을 가로질러 수백 마리의 코끼리가 진격해 오고 있었다. 진흙이 공중으로 튀어 오르고 야수의 상아에 부착한 날붙이에 햇빛이 반짝였다. 그러고 나서 곧 창들은 부러지고 병사들은 비명을 지른다. 코끼리가 이미 병사들 속으로 들어와 찌르고 죽이며 6m 앞까지 다가와 있다. 코끼리는 긴 코를 뻗어 병사의 허리를 감아서 들어 올린 후 땅바닥에 내리꽂았다. 으드득 하는 소름 끼치는 소리가 들린다. 코끼리는 몸에 피를 튀기며 성큼성큼 걷는다. 옆으로 뻗어 오는 창은 아랑곳하지 않고 진을 친 병사들 속으로 진군한다. 뒤쪽에서 목이 꺾인 병사의 비명이 들렸다. 또 다른 코끼리였다. 다시 그는 눈을 끔뻑거려 땀을 떨어내고 기도를 읊조리고 돌격할 태세를 갖추었다.[1]

결국 코끼리 부대는 물러났고 알렉산드로스 대왕은 늘 그렇듯이 승리했다. 그러나 후일 히다스페스 전투로 알려지는 기원전 326년 그날의 가공할 코끼리 부대의 돌격은 그리스 전투의 향로를 바꾸었다. 알렉산드로스 대왕과 장군들이 코끼리를 본 것이 처음은 아니었다. 그러나 히다스페스에서의 대학살을 목격한 뒤 비로소 이들은 전투에 동물들을 이용할 것을 고려하기 시작했다. 알렉산드로스 대왕은 시도해 보기 전에 죽었으나 그의 후계자 장군들은 제국의 영지들을 통제하기 위한 노력의

기원전 202년 자마 전투에서 벌어진 카르타고 코끼리와 로마 보병의 교전 | Henri-Paul Motte, 「Das Wissen des 20 Jahrhunderts」, 1931.

일환으로 더 큰 코끼리 부대를 모았다. 후계자 간 전쟁을 일단락 지은 획기적인 전투인 입소스 전투에서는 거의 500마리의 전투 코끼리가 전장에 등장했다.

200년 동안, 전투 코끼리는 지중해 지역 전쟁에 고정으로 등장했다. 코끼리 부대는 이탈리아 남부의 평원에서 로마의 기병대를 오합지졸로 무너뜨렸고 한니발과 함께 알프스를 넘었으며 유대산맥에서 마카베오에게 진격했다. 그러나 그러고 나서 고대 세계의 전장에서 등장할 때와 마찬가지로 홀연히 사라졌다. 그 이유를 이해하기 위해서는 코끼리가 어떻게 전쟁에 이용되었는지에 대한 배경지식이 좀 필요하다.

그리스·로마인들은 두 종의 코끼리가 있음을 알고 있었다. 인도와 관계가 있는 아시아코끼리와, 지금은 멸종된 종이지만 북아프리카에서 서식했던 북아프리카코끼리의 아종이었다.[*] 이 두 종의 가장 중요한 차이는 크기였다. 수컷 아시아 코끼리는 평균 키가 어깨높이 기준으로 2.7~3.4m, 몸무게는 5~6톤 정도였다. 북아프리카코끼리는 훨씬 더 작았다. 수컷이 아마 어깨높이 기준으로 2.4m보다 조금 작았고 몸무게는 3톤 정도였다.

코끼리 포획 방법에는 여러 가지가 있었다. 인도에서는 길들인 암컷을 사용하여 야생 코끼리를 울타리로 유인했다. 북아

---

[*] 그리스·로마인들은 거대한 아프리카코끼리(사바나 코끼리)는 이용하지 않았다. 접근성이 떨어진다는 점(중앙아프리카와 남아프리카에 서식하는 종임)과 훈련하기가 더 어렵다는 점 때문이었다.

프리카에서는 함정을 팠다.♦♦ 또 다른 방법으로는 코끼리 무리 전체를 막다른 골짜기를 몰고 가는 것이다. 먹이 없이 갇힌 채 며칠이 지나면 코끼리들은 끌려올 만큼 온순해진다.

포획된 코끼리들은 사슬에 묶여 끌려온다. 가급적 인간에게 길든 다른 코끼리들과 함께 묶는다. 바닷길로 이동하기 위해서는 적합한 배를 찾아야 한다. 이집트의 프톨레마이오스 왕조의 왕들은 홍해로 코끼리를 수송하기 위해 전용 바지선을 건조하기도 했다. 다른 곳에서는 구할 수 있는 가장 큰 배들을 징발했던 것으로 보인다.♦♦♦

일단 코끼리들이 배에서 내리면 훈련을 위한 축사로 데리고 갔다. 암컷과 수컷은 분리했다(수컷들은 암컷 냄새를 맡으면 암컷에게 접근하려고 벽을 무너뜨리는 습성이 있다). 코끼리들을 개별 우리에 넣은 후 보리, 건포도, 채소를 섞은 풍성한 사료를 먹였다.[2]

전투 코끼리 훈련에는 수년간의 신중한 감독이 필요했다. 각각의 코끼리는 호전적인 이름을 부여받았다. 가장 인기 있는 이름은 아약스(트로이아 전쟁 영웅-옮긴이)였다. 그리고 코끼리마

♦♦   소문에 의하면 코끼리가 이 함정 중 한 군데에 빠지자마자 그 코끼리가 소속된 무리의 다른 코끼리들이 동지가 탈출할 수 있도록 구덩이에 덤불과 흙을 쌓았다고 한다.

♦♦♦ 어떤 배를 사용하더라도 여정은 누구에게도 쾌적하지 않았다. 코끼리들이 물 위로 이동되고 있다는 것을 알아차리면 공포에 빠져 발작을 일으키곤 했기 때문이다. 한 저술가는 코끼리들이 배에서 내릴 때 어느 쪽으로도 물을 보지 않기 위해 트랩을 거꾸로 내려왔다고 주장한다.

다 기수가 배정되었다. 이 남성들은 전문가였고 때로는 인도에서 모집되었는데, 그들은 코끼리와 친밀한 유대를 맺었다.[*] 기수들에 대한 코끼리의 충성은 가히 전설적이었다. 한번은 격렬한 시가전을 치르던 와중 안장에서 떨어져 부상한 기수를 코끼리가 코로 들어 올려 상아에 걸친 후 안전한 곳으로 가기 위해, 앞을 가로막는 모든 적군을 짓밟으며 적진을 뚫고 돌격했다고 한다.[3]

훈련 과정에서 코끼리는 기수의 외침에 순종하고 기수가 구부러진 막대를 두드릴 때 해석하는 법을 배웠으며, 적군의 소음과 무기에 맞서는 법을 배웠다. 때로는 투석구(긴 줄의 중앙에 천이나 가죽으로 바구니 모양을 만들어 원거리로 돌 등을 던지는 무기, 흔히 팔매라고도 함-옮긴이)에서 연사되는 돌 세례에 노출되기도 했다. 코끼리는 전투 갑옷의 갑갑함과 무게에 적응하도록 훈련받았고, 어떤 경우에는 그들과 동행하여 전장에 나가는 보병들 옆에서 싸우는 것을 훈련받기도 했다.[4]

출정 시에 코끼리들은 군대의 뒤를 따라 행진했다. 아마도 물자 수송 행렬과 함께였을 것이다. 속도는 전혀 문제 되지 않았다. 짐을 잔뜩 실은 코끼리도 인간이나 노새보다 빨리 걸을 수 있었다. 그러나 코끼리는 폭이 넓은 강이나 산길을 행군할 때가 문제였다. 물 위로 수송되는 것을 싫어했기 때문에 장군들은 얕

◆   머리를 코끼리의 입 속에 넣고 있으면 두통이 낫는다는 것을 발견할 정도로 친밀했던 것으로 보인다.

은 여울을 찾거나 진흙과 풀로 덮은 특별한 뗏목을 만들어야 했다. 또 코끼리는 무릎을 쉽게 구부릴 수 없으므로 가파른 내리막 길에서는 계단을 만들거나 적어도 한 번은 거대한 수송 썰매를 만들어야 했다.[5]

배치되기 직전에 코끼리들은 전투 무장을 했다. 머리 크기에 딱 맞춘 거대한 투구를 썼는데 종종 그 투구는 풍성한 깃털로 장식되었다. 창, 칼, 날카로운 못 등이 상아에 고정되었다. 필요한 경우는 코끼리 등에 네 명의 창병이나 궁수가 탈 수 있는 무장된 소형 망루를 끈으로 고정하기도 했다. 마침내 전투가 시작되려는 시점에는 용기를 북돋기 위해, 코끼리들에게 많은 양의 포도주를 제공했다.

신중하거나 전투 코끼리의 수가 많지 않은 장군들은 코끼리를 비축해두거나 가장자리에 배치했다. 그러나 사령관 대부분은 코끼리를 최전방에 배열했다. 코끼리들은 일반적으로 15~30m 간격으로 두고 일렬로 배치되었다. 코끼리마다 궁수나 투석구 사수 소형 부대가 배정되었을 것이다. 그러나 코끼리들이 후퇴하거나 작전행동을 할 수 있도록, 코끼리 부대와 다른 군사들 사이에는 상당한 거리를 두었다.

작전이 개시되면 코끼리 부대가 밀어붙이며 진격했다. 만약 적군에도 코끼리 부대가 있다면 적군의 코끼리들을 먼저 공격했다. 때로는 적군의 코끼리들이 혼란에 빠져 날뛰고 후퇴하기도 했지만, 그렇지 않다면 코끼리들끼리 결투를 벌였다. 코끼

무장 망루를 장착한 전투
코끼리 | 로마 시대 조각품

리들이 상아를 서로 걸고 이마를 들이밀면 기수들은 장창을 서로를 향해 찔렀다. 일단 한쪽 코끼리가 적군 코끼리를 밀어붙여 옆구리가 노출되면 날붙이를 부착한 날카로운 상아로 가차 없이 들이받았다.[6]

만약 상대편에 맞붙을 다른 코끼리들이 없다면 코끼리 부대는 바로 적진으로 돌격했다. 코끼리 부대는 특히 기병대와의 전투에 효과적이었다. 특별한 훈련을 받지 않은 말들은 코끼리의 외관과 냄새에 크게 겁을 먹었기 때문이다.[✦] 돌격하는 코끼리들은 보병들에게도 공포의 존재였다. 무장한 코끼리의 무게만으로도 어떤 군사 진형도 무너뜨릴 수 있었다. 일단 전선으로 밀고 들어오면 상아로 병사들을 찌르고 코로 들어 던져버리고 발로 짓밟아 죽임으로써 심각한 타격을 줄 수 있었다. 한 로마의 저술가는 심각한 부상을 입은 전투 코끼리가 무릎으로 기어가서 무장 병사의 방패를 잡고 공중으로 휙 던져버리는 모습을 기술하였다.[7]

어마어마한 힘에도 불구하고 전투 코끼리는 난공불락의 존재는 아니었다. 초자연적인 도움—한 주교는 그의 마을을 포위한 코끼리들의 코를 쏘도록 각다귀 한 무리를 불러모았다고 한다—외에도 전투 코끼리의 공격을 무력화하거나 격퇴할 수 있는 많은 방법이 있었다. 전투 전에 장군들은 포로로 잡아 온 코끼리(혹은 나팔 주자가 들어가 있는 실물 크기의 코끼리 모형)를 활용하여 병사들과 말들이 코끼리의 외양과 체취에 익숙해지도록 했다. 적군의 코끼리 부대로부터 진지를 방어하기 위해 사령관들은 참호를 파기도 하고 수레로 바리케이드를 치기도 했으며 진지 주위에 마름쇠(사방으로 뻗은 쇠못 형태로 땅 위에 뿌리는 전쟁 도구-옮긴이)를 잔뜩 뿌려 지뢰밭을 만들기도 했다. 일단 전투가 시작되면, 돌격하는 코끼리들은 터질 듯한 나팔 소리에 겁을 먹기도 하고 투석구, 화살, 불화살, 발리스타(활의 원리를 이용하여 돌, 화살, 창을 발사한 고대 무기-옮긴이)에서 발사된 화살의 집중사격 때문에 방향을 돌리는 경우도 가끔 있었다.[8]

◆　16마리의 전투 코끼리가 전장에 등장하자마자 엄청난 규모의 야만인 군대를 파괴한 적이 있다. 야만인의 말들이 코끼리의 기척을 느끼자마자 혼비백산하여 자국 진영으로 달아나는 바람에 뒤에 달린 전차들이 파괴된 것이다.

이런 모든 시도가 코끼리를 막는 데 실패하더라도 항상 목숨을 걸고 돌격하는 용맹한 전사들이 있었다. 그들은 코끼리 코를 절단하거나 다리를 물고 늘어지거나 창으로 코끼리를 찌르다가 발에 짓밟혀 으스러지기도 했다. 못을 촘촘히 박은 방패와 투구로 무장한 군사들로 대(對) 코끼리 부대를 결성한 왕도 있었다. 페르시아의 코끼리 부대와 전투해야 했던 후기 로마의 군대는 못을 박은 갑옷으로 무장한 중장 기병대 부대를 유지했다. 장창, 갈고리 달린 닻, 횃불 등을 단 긴 장대가 고정된 수레들로 구성된 대(對) 코끼리 '탱크'도 있었다. 그러나 이 후피동물에 대항하는 방법의 정점은 불타는 돼지를 보내는 것이었다. 코끼리는 불을 경계했고 돼지 울음소리에 겁을 먹었다. 그러므로 이 둘의 결합은 막강한 것으로 여겨졌다. 그러나 마침내 장군들은 코끼리의 진격에 대처하는 더 간단한 방법을 발견했다. 매우 조직화되고 숙련된 부대만이 쓸 수 있는 방법이지만, 양쪽 측면에서 돌이나 화살 세례를 퍼부어서 병사들 사이로 뛰어들지 못하도록 막는 동시에 진형 사이에 코끼리들이 지나갈 길을 터주면 충분했다. 일단 코끼리들이 진형을 통과하면 포위하여 죽일 수 있었다.[9]

즉 노련한 장군들에게 코끼리들을 방어하는 것은 어렵긴 해도 전혀 불가능한 일은 아니었다. 또 다른 의미로 전장에서 코끼리들은 짐이 되기도 했다. 거대하고 육중한 덩치 때문에 숲(나무 사이에 걸림), 도시의 시가(성문에 걸림), 거친 지형(모든 곳에 걸림)에서의 전투에 활용하기 어려웠다. 이보다 더 심각한 문제는 쉽게 공포에 질리고 아군에 큰 피해를 줄 수 있다는 점이다. 작은 부상에도 코끼리는 미친 듯이 날뛰었고 코끼리 한 마리가 날뛰면 근처에 있는 다른 코끼리들도 같이 날뛰었다.

일단 발광하면 코끼리는 이미 아군과 적군을 구분하는 데 아무 관심이 없다. 예를 들면 전투 중에 어린 전투 코끼리가 고통스러워 소리를 지르자 근처에서 싸우던 어미 코끼리가 즉시 새끼를 구하기 위해 달려가며, 가는 길에 있던 모든 병사를 밟아 뭉갠 일이 있었다. 발광하는 코끼리의 기수에게는 오직 두 가지 선택만이 있다. 미친 듯이 뛰어가게 내버려 두거나, 소지하고 있던 끌을 코끼리의 척추에 꽂아 넣어 죽이거나, 둘 다 매력적인 선택지는 아니었다. 아군에게 피해를 줄 수 있는 코끼리의 성향은 '양날의 검'이나 '공통의 적'이라고 불릴 정도로 널리 알려졌다.[10]

이런 연유로 초기에 여러 번 실험을 거친 로마인들은 전투 코끼리를 전장에서 이용하는 것을 그만두었다. 그러나 원형 경기장에는 등장시켰다.♦ 한 코끼리 공연단은 특히 유명했다. 황제의 경기들에서 열린 전시 동안, 이 코끼리들은 초대형 크기의 튜닉을 입은 뒤 화관을 쓰고 조련사 옆에 놓인 거대한 소파

♦   그 외에도 코끼리의 유용성을 계속 발견했다. 코끼리들은 무거운 물체를 옮기고(하드리아누스는 24마리의 코끼리를 이용하여 거대 조각상을 옮겼다) 황제의 행렬을 빛내주었으며 심지어 허세 부리는 귀족들이 말처럼 탈 수도 있었다.

에 기대어 연회를 열기도 했다. 또 다른 공연에서는 마리의 코끼리가 가마를 나르고 다섯 번째 코끼리가 그 가마에서 진통 중인 여인 흉내를 내기도 했고 긴 코로 꽃을 뿌리며 무언극 춤을 흉내 내기도 했다. 요청이 있을 때는 모의 전투를 벌이기도 했다. 코끼리들은 완전 무장을 하고 원형경기장으로 들어와 일련의 전투 자세를 선보였다. 코로 창을 날리기도 하고 즐거워하는 관중 앞에서 결투하기도 했다. 적어도 로마인의 상상 속에서 전투 코끼리는 계속 살아 숨 쉬었다.[11]

요새 도시 함락전의
광경은?

로마 군사들이 곧 나타날 것이다. 페르시아의 장교는 낙석이 데구루루 구르는 소리, 상스러운 말로 명령을 외치는 소리를 들으며 그들이 다가오고 있음을 알 수 있었다. 때가 왔다. 그는 화로 쪽으로 다가가 석탄을 휘저어 불꽃을 살리고 공병들에게 제자리로 가라는 몸짓을 했다. 로마인들의 횃불이 땅굴의 천장을 따라 어른거리기 시작하자 그는 소중한 몇 조각의 황과 나프타(휘발성 높고 타기 쉬운 중질의 가솔린-옮긴이)를 화로에 떨어뜨렸다. 매캐한 연기가 덩굴손처럼 구불구불 위쪽으로 올라갔다. 공병들이 풀무를 펌프질하자 연기는 더욱 진해졌고, 로마 군사들의 땅굴로 퍼져나가 치명적인 효과를 발휘했다.

비명, 함성, 절박한 기침 소리가 들린다. 그러더니 침묵이

흘렀다.

 몇 분 후에 페르시아의 장교는 천 마스크를 단단히 묶고서 정찰대를 끌고 로마군의 땅굴로 향했다. 연기에 질식한 병사의 시신이 스무 구 이상 진입구 근처에 나뒹굴고 있었다. 나머지는 일단 도망쳤다. 페르시아 장교는 군사들에게 로마군의 시체들을 쌓아 임시 바리케이드를 만들라고 명령을 내렸다. 그는 공병들이 땅굴을 아예 붕괴시키기 위한 불을 피우려고 연료를 준비하는 것을 바라보며, 운이 좋으면 위의 성벽까지 붕괴시킬 수 있겠다고 생각했다.[1]

 이 사건은 서기 256년 로마 국경 도시 두라 에우로포스 지하에서 일어났다. 두라 에우로포스를 포위한 페르시아군 파견대가 도시의 서쪽 성벽을 붕괴시킬 요량으로 지하에 땅굴을 팠다. 무슨 일이 벌어지는지 알아차린 방어군 역시 공격을 막으려고 요격 땅굴을 파기 시작했다. 그러나 페르시아군은 로마군이 근접하고 있음을 알아채고 로마군이 땅굴에 진입하자마자 그 속으로 연기를 펌프질하여 흘려보냄으로써 질식시켰다.[2]

 두라 에우로포스의 지하에서 보여준 독창적인 잔인함은 고대 포위 작전의 특징이었다. 포위 작전의 목표는 고대 초기부터 말기까지 같았지만, 기술은 끊임없이 진화했다. 물론 포위를 피하고자 하는 요새화 기술도 마찬가지로 진화했다.◆

 《일리아스》에서 그리스의 영웅 파트로클로스는 트로이아의 성벽을 기어 올라가서 도시를 급습하려고 했다. 아폴론이 방해했기에 실패했을 뿐이다. 고대 그리스에서는 수많은 도시가 흙벽돌로 에워싼 단순한 형태의 성벽으로 만족했고 일부는 전혀 요새화하지 않았다. 스파르타인들은 전사들이 방어를 위한 모든 능력을 갖추었다는 논리로 성벽 쌓는 것조차 거부했다. 그리스 본토의 도시들이 정교한 석벽 요새로 방어하기 시작한 것은 숙련된 군대와 포병대의 등장으로 포위 작전이 점점 위협 요소가 되었던 기원전 4세기경부터였다. 성벽은 이전보다 점점 높아지고 두꺼워졌으며 포대(포를 설치하여 쏘는 시설물-옮긴이)와 외루(바깥쪽 보루-옮긴이)까지 갖추었다. 금세 새 방벽의 모형은 고대 그리스의 도시들(스파르타 포함)에 퍼져나갔고 헬레니즘 세계의 멀리 떨어진 식민지들과 신생 거대 도시 로마에까지 전달되었다.[3]

군단 주군지를 신속하게 요새화하는 것으로 유명한 로마군은 방어 건축에 관해 그리스인들로부터 배울 수 있는 모든 것을 흡수했다. 그러나 지중해 전역을 덮은 로마제국의 가장자리로 침입자들과 포위자들이 내쫓겼던 '팍스 로마나'의 길고 나른한 기간 동안, 도시 성곽은 단지 장식물이나 불필요한 구조물에

◆　귀족들의 본거지라는 의미의 성채는 고대 세계에서는 드물었다. 가장 유사한 예로서 그 규모가 위압적이었던 후기 로마 귀족들의 요새화한 저택이 있다. 가장 인상적인 예로는 디오클레티아누스 황제가 은퇴 후 거처로 지었던 저택이 있다. 약 4만 제곱미터 규모에 외벽 높이는 20미터에 달했다. 중세 도시 한 개 규모였다. 그러나 그리스·로마 귀족들의 기본적인 거주지는 도시였다. 따라서 고대의 가장 거대한 요새는 도시 성곽이었다.

테오도시우스의 삼중 성벽

불과했다. 3세기의 혼돈이 성벽 축조의 새로운 시대로 안내했다. 제국의 불안한 가장자리에 있는 국경 도시들과 군단 주둔지들은 성벽으로 단단히 무장했다. 이 모든 것의 중심에는 수백 개의 탑이 즐비한 탁월한 삼중 방어선(테오도시우스 2세가 건설한 해자 뒤 흉벽, 내성벽, 외성벽의 삼중 성벽-옮긴이)으로 방어했던 새 도시 콘스탄티노폴리스가 있었다.

　콘스탄티노폴리스가 막강했지만, 난공불락의 도시란 없었다. 가장 큰 무기는 가장 단순한 것이다. 바로 굶주림이다. 일단 포위군이 식량과 식수 공급을 끊어버리는 데 성공하면 방어군들이 굶주림에 시달리는 것은 시간문제였다. 그러나 효과적으로 거대 도시를 봉쇄하는 것은 대단히 어려운 일이었다. 만약 항구 도시라면 배가 필요했다. 한 헬레니즘 시대의 왕은 로도스 섬의 항구를 봉쇄하기 위해 해적 함대 전체를 끌고 가기도 했다

(데메트리오스 1세가 프톨레마이오스에게 맞서 로도스섬에서 일으킨 공성전-옮긴이). 설사 도시가 봉쇄되었다고 해도 엄청난 양의 군사 공학이 필요했을 것이다. 율리우스 카이사르는 둘레 약 16km, 높이 약 3.7m의 성벽으로 갈리아의 도시 알레시아를 포위했다. 그리고 나서 군대가 도시를 구출하러 오고 있다는 사실을 알자 자신의 군 주둔지를 방어하기 위해 둘레 약 21km의 성벽을 또 세웠다(알레시아 주위에 성벽을 두르고 알레시아 지원군에 대항하기 위해 주위에 성벽을 또 둘렀다. 로마군 주둔지는 두 성벽 사이에 있었음-옮긴이).[4]

그러나 굶주림은 굼뜬 동맹군이었다. 일부 도시는 몇 년간 버틸 만큼 풍족한 식량을 보유하고 있었고, 거대 병력에 장기간 물자를 공급하는 것도 대단히 힘든 일이었다. 투항을 재촉하기 위해, 장군들은 일반적으로 군사 작전과 소름 끼치는 협박을 병행하여 도시를 위협했다. 이것이 실패하면 기습을 자주 시도했다. 기습은 상당히 저차원적인 기술이었다. 기습 시에 한 백인 부장은 부하 세 명에게 자기를 들어 올려 갈리아 도시 성벽 너머로 넘기게 했다. 그러나 일반적으로 공격자들은 공성 사다리를 사용했다.[*] 보다 정교한 공성 기구를 갖추고 있는 부대는 삼부카

---

[*] 이러한 사다리들은 성곽의 높이에 딱 맞았다. 성곽의 높이를 측정하는 방법은 여러 가지가 있었다. 일정한 돌이나 벽돌로 쌓은 경우에는 단순히 충수를 세어 측정했다. 또 측정 눈금을 가진 끈을 화살촉에 매어 성곽의 꼭대기를 향해 쏘기도 했다. 보다 기하학적인 방법으로는 정해진 시간에 성곽의 그림자 길이를 재고 약 3m 길이 막대의 그림자 길이와 비교하는 것이었다.

(sambuca)라고 알려진 도르래로 작동하는 기구를 사용했다. 삼부카는 아군 병사들을 실은 요새화한 사다리로 적군의 성벽 위에 병사들을 내려놓는 기구였다. 대부분의 공성 사다리가 목제였지만, 일부는 성벽 꼭대기에 걸도록 설계된 갈고리가 달린 밧줄이나 가죽 그물로 만들어진 것도 있었다. 심지어 한 그리스 발명가는 팽창하는 튜브로 된 사다리를 고안하기도 했다.[5]

인간 피라미드와 풍선 사다리가 제 기능을 발휘하지 못한다면 중장 포병들이 등장할 차례이다. 가장 흔한 공성 기구는 발리스타였다. 발리스타는 말린 동물 힘줄 다발을 꼰 것을 동력으로 하는 비틀림 장치(활처럼 동물 힘줄이나 말총 등을 꼬아 만든 시위에 발사체를 걸어 그 장력으로 발사체를 날리는 기구-옮긴이)였다.♦ 발리스타는 돌이나 화살을 발사할 수 있었다. 화살을 발사하는 발리스타는 발사체의 길이에 의해 등급이 나뉘었다. 발사체의 길이는 약 30cm의 다트부터 3.7m의 창까지 다양했다. 마찬가지로 돌을 발사하는 발리스타는 발사체인 돌의 무게에 따라 분류되었다. 병사 한 병이 들 수 있는 소형 기구는 작은 총알 사이즈의 발사체를 날렸고, 황제나 왕의 공성 기구에 실린 거대 발리스타는 약 75kg 무게에 달하는 돌덩이를 발사했다.♦♦ 중간 사이즈 발리스타의 유효거리는 약 150~170m였던 것으로 추정된다. 그러나 로마의 예루살렘 포위 기간 동안, 특대형 기계로

♦ 위급 시에는 털(말이나 사람의 것)을 스프링 대용으로 쓸 수 있었으나 둘 다 힘줄 같은 강력한 펀치를 날리지는 못했다.

약 27kg 무게의 돌을 쏘았는데 날아간 거리가 약 400m에 이르렀다고 하며 '벼락'이라고 알려진 훨씬 더 거대한 기계는 창을 쏘아 1.6km 폭의 도나우 강을 넘겼다고 한다.♦♦♦ 고대 후기에 발리스타는 수직 막대 팔을 가진 '오나거'라고 불리는 투석기로 보완되기 시작했

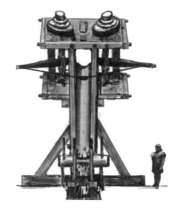

발리스타 복원 이미지

다. 오나거는 가공할 발사력을 가졌다. '분쇄기'라는 별명을 가진 오나거는 90kg이 넘는 발사체를 쏘았다고 한다.♦♦♦♦ 그러나 발리스타와 마찬가지로 오나거 역시 기본적으로 대인 무기였다. 성벽을 파괴하기 위해서는 다른 무기들이 필요했다.[6]

♦♦ 이 거대한 기계는 가벼운 발사체를 대단히 먼 거리까지 날릴 수 있었다. 전해지는 바에 의하면, 로마의 한 장군은 아르메니아 귀족의 머리를 투석기로 쏘아 포위된 도시로 날렸다. 운이 좋았는지 조준을 잘한 건지, 마침 적군이 작전 회의를 하는 정중앙에 떨어졌다고 한다.

♦♦♦ 그런 발사체에 맞으면 처참한 모습으로 즉사했다. 한 고대 저술가는 발리스타로 쏜 돌에 맞은 남자의 머리가 수백 미터 떨어진 곳까지 날아간 모습을 기술했다. 또 발리스타의 화살에 맞아 나무에 꽂힌 야만인의 모습에 대한 기록도 있었다.

♦♦♦♦ 망고넬(투석기) 혹은 견인력을 이용한 트레뷰셋은 6세기 말, 중국의 기술을 접한 초원 지대 유목민에 의해 지중해 세계에 도입된 것으로 추정된다. 화약 무기 시대 이전의 가장 강력한 공성 기구라고 할 수 있는, 어마어마한 위력의 평행추 트레뷰셋은 12세기에 등장했다.

성벽을 파괴하는 가장 단순한 방법은 곡괭이와 쇠 지렛대로 땅굴을 파는 것이었다. 가급적이면 막사나 대피소 등의 거처 아래를 파는 게 유리했다. 그러나 공성퇴를 쓰는 것이 훨씬 빨랐다. 단순한 형태의 공성퇴는 끝을 불로 단단하게 만든 통나무였다. 고급스럽게 철을 통나무 끝에 씌우기도 했고, 공성퇴를 나무 틀에 매달기도 했으며 나무 지붕을 만들어 공성퇴를 보호하기도 했다. 심지어 공성퇴의 끝부분을 다른 것으로 교체할 수 있었다. 진흙 벽돌을 뚫기 위해 예리한 것도 있었고, 돌들을 뜯어내기 위한 갈고리 형태도 있었다. 반드시 이기려는 포위자들은 거대한 모델을 만드는 데 투자했다. 한 로마의 건축가는 32m 길이의 공성퇴가 약 20cm 두께의 밧줄에 매달려 있는 모습을 묘사했다. 보호용 지붕까지 포함하여 무게가 125톤 이상이었다. 기록된 가장 큰 공성퇴는 길이 46m 이상으로 조작하는 데 천 명이 필요했다.[7]

때로 공성퇴는 고대 전투 공학의 가장 웅장한 산물인 공성탑에 통합되기도 했다. 로마의 공성탑은 보통 3층 구조였는데 가장 아래층에는 공성퇴를 실었고 가운데 층은 성을 기습할 때 쓸 도개교를 보호했으며 맨 위층에는 궁수와 창병이 탔다. 일부 공성탑은 심지어 늘일 수 있었는데 추가적인 층은 도르래로 올렸다. 불화살을 피하기 위해 막 벗겨낸 동물 가죽이나 금속판 혹은 가장 악명 높은 경우엔 비명을 지르는 죄수들로 공성탑을 덮기도 했다. 추가적인 예방 조치로 물이 담긴 수조와 식초에 절인

소 창자로 만든 소방 호스를 장착하기도 했다. 모든 공성탑이 대단한 구조물이었다. 그러나 이 모든 것도 '포위자 데메트리오스'의 '도시 함락자('헬레폴리스'라고도 하는 거대 공성탑-옮긴이)'를 당할 수는 없었다.[8]

헬레니즘 세계의 가장 모험적인 왕 중 한 명이었던 포위자 데메트리오스는 늘 최신 군사 장비를 사용하는 데 열심이었다. 별명에서 엿볼 수 있듯이, 그는 거대하고 혁신적인 공성 병기들로 유명했다. 치세 중 첫 공성전이라고 할 수 있는 키프로스섬의 살라미스 공성전에서 그는 거대한 공성탑을 건설하여 '도시 함락자'라는 별명을 붙여주었다. 9층 공성탑의 각 층은 돌과 화살을 쏘는 발리스타들로 흔들리며 윙윙 울렸다. 그 병기들을 작동하는 데에만 적어도 200명 이상의 군사가 필요했다. 일단 공성탑이 제자리를 잡은 뒤에는 살라미스 성벽을 향해 가차 없이 공격했다. 방어군들의 성벽을 제거하고, 데메트리오스의 승리에 방해되는 것들을 일소했다. 이듬해, 로도스섬의 풍요하고 강력한 도시를 포위하면서 데메트리오스는 훨씬 더 큰 '도시 함락자'를 만들었다. 이 구조물은 높이 38m, 아래 폭 18m에 이르렀다. 무게가 180톤에 달했지만 8개의 바퀴 위를 쉽게 굴렀다. 전진과 수평 이동을 가능하게 하는 바퀴 위에 올려진 것이다. 정면과 측면에는 철판을 댔고 돌과 화살을 쏘는 발리스타용 둥근 창을 군데군데 냈다. 공성탑이 구르며 전진하자(이 임무에 3400명의 병사가 필요했다) 인근의 모든 방어군을 휩쓸었으며 거대한 벽은 돌

헬레폴리스 공성탑 | 기원전 4세기경 제
작된 탑의 모형

무더기가 되어버렸다.[9]

좀 더 안정적인 공격 기
반이 필요할 때는 공성 경사
로(성벽을 향해 흙으로 만든 경
사로-옮긴이)를 건축했다. 동
물 가죽이나 고리버들을 엮
은 방패 뒤에 몸을 숨긴 공격
자들은 흙과 돌무더기를 성
벽과 같거나 더 높게 쌓아 올
렸다. 이 작업은 엄청난 속도
로 이루어졌다. 카이사르의
군단은 폭 101m, 높이 24m의 경사로를 단 25일 만에 만들었
다. 가장 유명한 고대 공성 경사로는 제10군단이 마사다 요새를
함락하려고 지은 것으로 높이가 69m에 이르렀다. 다른 공성 기
구들보다는 덜 웅장하지만, 공성 땅굴도 마찬가지로 효과적이
었다. 두라 에우로포스의 페르시아인들처럼 공격자들은 성벽의
지반 아래에 땅굴을 내고 버팀대에 불을 질러서 붕괴를 꾀하곤
했다. 또 포위된 도시로 땅굴을 파고 가서 성문을 열도록 특공대
를 보내는, 더 위험한 전략을 시도하기도 했다.[10]

아무리 교활한 책략이나 요란한 공성 기구에도 대응 전략
이 있었다. 예를 들어 땅굴의 경우, 청동 방패를 땅에 놓고 울리
는 소리에 귀를 기울이면 동태를 감지할 수 있었다. 일단 땅굴의

위치를 확인하면 방어군은 요격 땅굴을 파거나 그 안에 벌, 말벌이 담긴 항아리를 떨어뜨리거나 지붕의 구멍으로 불타는 깃털들을 떨어뜨렸다.◆ 성벽에 걸린 사다리는 끝이 갈라진 막대로 밀쳐 떨어뜨렸고 기어오르는 병사들은 돌, 화살, 전갈이 담긴 단지로 무력화했다. 공성 기구들이 출격할 때는 불화살로 태우거나 토막을 내버리기도 했다. 공성퇴의 강타는 양모를 넣은 부대를 걸어놓아 충격을 흡수하기도 했고 공성퇴의 철로 된 끝부분을 바위로 제거하여 무력화하거나 '늑대'라고 알려진 발톱 같은 장치로 막기도 했다. 공성탑은 불을 지르거나 기둥으로 막았고 성벽 꼭대기에서 공성퇴로 찌르기도 했다. 심지어 데메트리오스의 '도시 함락자'도 취약점이 있었다. 로도스인들은 발리스타로 화살을 우레와 같이 일제 사격하여 공성탑 측면 철판을 훼손했고 불화살로 몇 곳에 불을 질렀다.◆◆ 그래도 공성탑이 계속 진격하자 그들은 길에 오물을 쏟아부었다. 공성탑은 악취가 진동하는 진창에서 옴짝달싹도 하지 못했다.[11]

정리할 겸, 공성 작전의 처음부터 끝까지의 과정을 따라가 보는 것이 도움이 될 것이다. 서기 359년 페르시아 왕 샤푸르 2세가 로마 속주 시리아를 침략할 때 티그리스강 유역의 요새 도시

◆　특히 진취적인 방어군들은 로마인들의 땅굴에 격분한 곰 몇 마리를 떨어뜨리기도 했다.

◆◆　데메트리오스 1세가 공성탑을 공격한 발사체를 모아 오라고 명령하자 부하들은 불화살 800개, 발리스타 화살 1500개를 모아 왔다.

아미다를 포위했다. 로마군 장교였으며 후에 역사가가 된 암미아누스 마르켈리누스는 성벽 안에 갇힌 7개 군단과 함께 있었다.[*] 후에 암미아누스가 그의 역사서에 기록한 바에 따르면, 포위 초반에 샤푸르 왕 자신이 황금 관(숫양 뿔 형태-옮긴이)을 쓰고 눈부시게 빛나는 모습으로 성문으로 올라와 항복을 요구했고 로마군은 거절했다고 한다.

그러자 페르시아군은 위협을 시도했다. 아미다를 에워싸고 기병대와 전쟁 코끼리가 열을 지어 왔다 갔다 하면서 온종일 침묵 속에 그 자리를 맴돌았다. 이 작전이 실패하자 그들은 성벽에 두 번의 총공격을 했다. 로마인들은 화살과 오나거로 돌을 쏘아 페르시아군을 물리쳤다. 포위 작전에 전력을 다한 페르시아군은 이번에는 공성 경사로 두 곳과, 발리스타를 장착한 공성탑 두 개를 만들기 시작했다. 이에 대응하여 방어군들도 공성 경사로 쪽 벽을 높이고 강화하기 위해 열띤 작업을 했다. 어느 로마 탈영병이 비밀 통로를 통해 궁수 70명을 이끌고 도시 안으로 들어왔으나 배신자와 그가 끌고 온 기습자들은 심각한 피해를 입히기도 전에 발리스타 화살받이가 되었다.

최후의 공격은 몇 주 뒤에 일어났다. 공성탑들이 공성 경사로를 타고 이동했고, 엄청난 수의 페르시아군 보병들이 공성탑의 나무 덮개 아래에서 진격했다. 공성탑의 발리스타로 성벽

---

[*]　4세기의 군단은 제국 시대 초기보다 훨씬 규모가 작았다. 각 군단에는 각각 약 1000명의 군사들만이 있었다.

을 파괴하자, 공격자들이 전쟁 코끼리의 도움을 받으며 끊임없이 물결처럼 성벽으로 몰려왔다. 로마군은 오나거로 공성탑을 깨부수고 불화살을 발사하여 코끼리들을 놀라게 했다. 그러나 로마군이 높이 세우려던 성벽 한 구획이 와해되어 갑자기 붕괴할 때까지 페르시아의 공격은 계속되었다. 페르시아 병사들은 무너진 곳을 통해 들이닥쳤고 이윽고 전투는 언제나처럼 잔인한 약탈전으로 변했다.[12]

비밀경찰, 스파이,
암살자가 있었을까?

홀륭한 연회였다. 만찬은 흠잡을 데가 없었고 서빙도 제때 제때 이루어졌으며 포도주는 이탈리아산이었다. 비밀요원의 자리 주위로 홀륭한 포도주가 흘러넘쳤다. 포도주가 들어감에 따라 대화도 점점 무르익었고…… 솔직해졌다. 반대편 긴 의자에 앉아 있던 고위 관리는 특히 기탄없이 말을 늘어놓았다. "내가 어렸을 때, 페르시아인 점성가가 별점을 쳐준 적이 있는데 말이지, 언젠가 내가 황제가 될 거라고 하더군." 그러고는 말을 멈추고 포도주를 벌컥 들이켰다. "근데 말이지, 아마도 그 말이 맞을 거야. 난 대단한 황제가 될 거거든. 한 가지 말해줄게. 여기저기 돌아다니면서 다른 사람들 일에 코를 박는 비밀요원 따위는 없어." 그가 건배 포즈를 취하고 잔을 머리 위로 치켜들자 잔에서 포도주가 찰랑찰랑 넘쳤다. "그대들의 미래의 황제인 나여, 영원하길! 내게 아우구스투스보다 더 행운이 깃들고 트라야누스보다 뛰어나기를.✦ 그리고 부디 콘스탄티우스보다 덜 멍청하길!" 술 취한 손님들은 웃음을 터뜨렸다. 비밀요원은 미소를 지으며 잔을 들어 올렸다. 잠시 후, 그는 슬쩍 밖으로 나왔다. 하루가 채 지나지 않아 이 일에 대한 기별이 콘스탄티우스 황제에게 전해졌다. 일주일이 채 지나지 않아 연회석에 있던 모든 손님은 반역죄로 체포되었다.[1]

고대 사회에는 비밀경찰이라는 직업이 존재하지는 않았지만, 비밀경찰 노릇을 하는 열정적인 아마추어들은 넘쳤다. 수적으로 가장 많으나 가장 흥미로울 게 없는 유형이 밀고자였다. 전업 경찰 인력이 없었으므로 당국은 범죄 행위를 고발해 주는 시민들에게 의존했다. 그리고 유용한 정보를 제공하는 사람들은 정보에 대해 보상을 받았으므로 고발에 적극적인 시민들은 언제나 넘쳐났다. 피해망상에 사로잡힌 정권하에서 밀고자들은 어느 곳에나 있었고 치명적이었다.✦✦ 그러나 대부분은 특별한 훈련을 받지도 않고 맡겨진 임무도 없는 한탕주의자들이었다.[2]

현대의 비밀경찰 개념에 가장 가까운 사람들은 로마 우편

✦　　로마 원로원은 새 황제를 맞이할 때 "아우구스투스보다 더 행운이 깃들고 트라야누스보다 뛰어나기를"이라고 환호했다.

✦✦　한 그리스 폭군은 자기가 다스리는 도시의 창녀들에게, 잠자리에서 나누는 이야기 중 반역에 관한 것을 보고하도록 강요했다.

제도에 소속된 이들이었다. 로마 우편 제도는 공무에 관한 전달 사항과 전달자들의 이동을 원활하게 하도록 설계되어 제국 전역의 중간 기착지와 호스텔 등을 연결한 네트워크였다. 로마제국 초기, 제국의 우편 기지들을 오갔던 배달원들은 프루멘타리(frumentarii)라고 알려진 군인들이었다. 본래 프루멘타리는 군단들에 곡물을 공급하는 일을 담당했다. 그러나 서기 1세기에는 황제의 전갈을 속주 관리들에게 전달하는 역할의 비중이 더 커졌다. 그 과정에서 밀고자와 비밀경찰의 역할을 비상근으로 담당했다. 황제들은 이들을 이용하여 원로원 의원들의 서신 내용을 파악했고 반체제 인사를 체포했으며 때로는 기독교인들을 잡아들이기도 했다. 프루멘타리는 때때로 사복을 입고 활동했다. 한 로마의 저술가는 그들이 위장한 채 도시를 배회하며 행인들과 한담을 시작했고 혹여 어리석게 황제를 비판하는 사람은 누구나 체포했다고 기록했다.[3]

3세기 말경, 프루멘타리는 아젠테스 인 레부스(agentes in rebus. 우편 배달원, 전령이라는 의미로 황제의 비밀요원 역할을 함-옮긴이)로 대체되었다. 때로는 쿠리오시(curiosi; 염탐꾼, 감시자)라고도 불렸던 아젠테스는 우편 제도의 배달원으로 경력을 시작했다. 배정된 황실 편지를 배달하는 임무를 완수하고 나면 그들은 우편 제도에서 관리직으로 옮겨 갔다. 그리고 마침내 고위 공직자들을 감시하는 권력과 즐거움을 부여받았다. 평상시 아젠테스는 여느 관료보다 더 사악하지도, 덜 사악하지도 않았다. 그러

밀을 수확하고 있는 프루멘타리 | Apollodorus of Damascus, 〈The Reliefs on Trajan's Column〉, 113.

나 몇몇 의심증이 있는 황제 치하에서는 지치지도 않는 공포스러운 밀고자로 변했다. 이들은 부유층과 권력층을 상대로 뇌물을 갈취하거나 반역 혐의를 씌우는 것으로 악명 높았다. 심지어 은퇴 후에도 위협적인 존재였다. 한 전직 요원은 취미 삼아 시간 남을 때마다 주교를 감시했는데 결국 교황에게 그 주교를 고발했다.[4]

첩보는 정찰병을 적의 전선에 잠입시키는 군사 작전에서 가장 두드러졌다. 일반적으로 그들은 특별한 훈련을 받지는 않았다. 예를 들면 한 로마 장군은 장교 몇 명을 노예로 위장하여 적의 진영으로 보냈다. 거기서 그들은 "실수로" 겁 많은 말을 놓아쳤다. 그리고 나서 그 말을 뒤쫓아 전략적으로 중요한 장소들로 갔다. 그러나 로마제국의 숙련된 군대에서는 노련한 정찰병들로 구성된 반영구적인 부대를 육성했다. 트라야누스는 다키아 전쟁 동안 석군의 왕을 급습하여 생포하는 작전에 정찰부대를 파견했고 거의 성공할 뻔했다.♦ 또 다른 정찰부대장은 일대 일 결투로 게르만의 족장을 죽인 것에 대한 치하를 받았다.[5]

또 로마의 정찰대는 평시 정찰의 의무가 있었다. 정규 순찰대는 국경 너머 30km 이상 거리를 훑으며 현지 정보원들과 접선했다. 북부 브리타니아에는 하드리아누스 방벽 너머의 적대적인 부족들에 관한 정보를 모으는 아르카니(arcani; 비밀요원)라는 특수 부대가 있었다.♦♦ 때로 정찰대는 알려지지 않은 지역에 파견되기도 했다. 정찰 원정대는 뚫고 지나갈 수 없는 수드늪에서 나일강을 거슬러 올라 사하라 사막까지 진출하기도 했다. 마찬가지로 제국의 북쪽 경계선에서는 군사들이 브리타니아의 해안에서 멀리 떨어진 섬들까지 조사했다.[6]

좀 더 문명화된 곳에서는 그리스·로마인들이 정보를 입수하는 다른 수단이 있었다. 외교관은 파견된 외국의 궁정을 염탐하여 정보를 수집해 올 것을 요구받았다. 심지어 그리스어를 할 수 있는 경호원들에게 미행당했던 페르시아에서도 상당히 많은 정보를 수집했다. 우호적인 무역상들 역시 중요한 정보원이었

♦   왕은 자결함으로써 정찰대의 계획을 무산시켰다. 일종의 '아차상'으로 트라야누스에게 바칠 왕의 머리는 로마로 이송되었고, 전통적으로 처형당한 죄수들의 시신이 전시되는 계단 아래에 내팽개쳐졌다.

♦♦   아르카니는 4세기 말에 해체되었다. 정찰해야 할 부족들에게 로마의 군사 기밀을 팔아온 것이 발각되었기 때문이었다.

다. 율리우스 카이사르가 브리타니아 공격을 계획할 때 그들의 중요성을 깨달았다. 다른 모든 것이 실패하면 총명한 하인을 잃을 각오로 적의 영토로 보낼 수도 있었다. 로마의 한 장군은 부하를 아르메니아의 산악 지대로 보내어 진군하는 페르시아 군대를 주시하고 호의적인 총독과 상의하도록 했다. 또 다른 이는 심복을 자신으로 변장시킨 뒤 인근 도시로 가서 적군의 함대에 관한 증거를 모아 오도록 했다.[7]

후기 로마제국은 페르시아에 첩보원을 두었다는 사실 외에 전문 첩보원에 관해 알려진 바는 많지 않다. 이 첩보원들은 왕궁까지 잠입할 수 있을 정도로 숙련되었으며 때로는 상인으로 위장하기도 했다. 임차한 방에 살면서 이 도시 저 도시를 돌아다니며 싸구려 물건을 팔면서 정보에 귀를 기울였다. 전시에는 적군의 진영에 잠입하기 위해 군인으로 위장하기도 했다. 페르시아인들도 같은 술수를 알고 있었다. 국경에서 국지전이 벌어졌을 때, 로마인들은 군단병 군복 차림의 페르시아 첩보원 남성을 색출하여 체포한 적이 있다. 그는 국경을 따라 주둔한 로마 부대에 섞여 들어가도록 파견되었다고 인정했다.*** 심지어 정부 내에도 비밀요원이 있었다. 한 로마의 고위 관리는 제국에서 도주하기 전에 군단의 위치와 계획된 동선에 관한 정보를 페르

*** 수백 년 후, 한 야만족 왕은 트라야누스 황제를 암살하기 위해 로마의 탈영병 부대를 보냈다. 그러나 탈영병 중 한 명이 수상한 행동으로 인해 체포되어 고문을 받다가 자백함으로써 암살 계획은 무산됐다.

시아 정보원에게 제공했다.[8]

첩보원들은 다양한 방법으로 그들을 고용한 자와 의사소통했다. 거리가 짧은 범위에서는 통신용 비둘기나 글자를 바느질한 목줄을 채운 개를 보냈고, 화살 둘레를 감은 양피지 조각을 이용했다. 장거리의 경우는 믿을 수 있거나 눈에 띄지 않는 전달자를 이용하기도 했다. 전달자의 샌들에 글을 새긴 얇은 양철 조각을 숨기거나, 망토에 파피루스 몇 장을 바느질해 넣거나, 다리에 가짜 붕대를 감는 식이었다.◆ 밥값을 제대로 하는 첩보원이라면 메시지를 암호화했다. 무해해 보이는 문장들이지만 어떤 글자들에 점을 찍거나 그들이 만들어낸 새 단어를 쓰기 위한 특정한 방식을 사용했다. 미리 계획해 둔 점의 패턴으로 모음을 대체하거나 바꾸었고 전체 메시지를 투명 잉크로 쓰기도 했다.◆◆ 또 구멍이 24개 뚫린 작은 뼈를 가지고 다녔는데 각 구멍은 그리스 알파벳을 의미했다. 구멍에 실을 통과시키면 메시지가 완성되었는데, 뼈 주위에 실을 추가로 감아놓음으로써 메시지를 숨기기도 했다.[9]

◆ 훨씬 더 복잡한 수법들이 있었다. 글씨를 새긴 얇은 납지로 아주 작은 두루마리를 만들어 귀고리에 말아 넣었기도 했고 부풀린 동물의 방광에 메시지를 새긴 후 바람을 빼서 기름병에 숨기기도 했다. 한 번은 전령의 머리에 비밀 문구를 문신으로 새긴 적도 있었다.

◆◆ 로마 후기 관료들은 대단히 복잡한 전용 문자를 가지고 있었고, 그것을 복제하는 것은 불법이었다. 마찬가지로 로마 황제들은 서명의 위조를 방지하기 위해 특수한 자주색 잉크로 서명했다. 허가 없이 사용하는 자는 사형으로 처벌할 수 있었다.

기록으로 가장 잘 입증된 고대의 암살 형태는 독살이었다. 그리스·로마인들은 수십 가지 독성 물질에 대해 경험적인 지식을 가지고 있었다. 독성 물질은 상대적으로 덜 치명적인 아편—소량일 때는 유용한 약으로 사용—부터 즉시 작용하여 죽음을 불러오는 "독의 여왕" 아코나이트(미나리아재빗과 투구꽃속에 속하는 식물에서 추출한 독성 물질-옮긴이)에 이르기까지 다양했다. 독살에 대한 두려움은 매우 일반적이어서 로마의 귀족 중에는 음식이 연약한 식도로 넘어가기 전에 모든 음식을 맛보는 숙련된 음식 감별사를 두는 게 낫다고 생각하는 사람들이 있었다. 헬레니즘 시대의 한 왕은 독초들을 전부 모아둔 정원을 만들어 강박적으로 가꾸고 연구하기도 했다. 또 어떤 왕(미트리다테스 6세-옮긴이)은 독성 물질에 내성을 가지려는 노력의 일환으로 매일 극소량의 독을 섭취했을 만큼 신중하거나 피해망상에 시달렸다.[10]

네로 시대 최고의 독약 제조사인 로쿠스타는 고대 사회에서 가장 악명 높은 독약 전문가였다. 고작 일 년 사이에 그는 클라우디우스 황제(네로의 양부)를 제거하기 위해 아코나이트를 바른 버섯을 준비했고, 클라우디우스 황제의 아들을 죽인 독도 만들면서 네로 황제에게 없어서는 안 될 존재가 되었다. 그래서 네로 황제는 그녀에게 저택과 견습생들을 하사했다. 현재 남아 있는 기록들의 다른 독약 제조자들처럼, 그녀는 단지 살해 수단을 준비해주었을 뿐이다. 실제로 독살을 실행한 자들은 따로 있었는데 수는 많지 않았다. 한 게르만 족장은 로마인들이 효과 있

네로 앞에서 독을 시험하는 로쿠스타 | Joseph-Noël Sylvestre, 〈Locusta testing in Nero's〉, 1876.

는 독을 보내주면 경쟁자를 제거하겠다고 약속했다. 흥미롭게 도 사람이 북적대는 로마의 거리에서 정체불명의 암살범 집단 이 암살 대상에게 독침을 찔러 살해한 경우도 여러 건 있었다.[11]

　　그러나 가장 고전적인 암살 형태는 등에서 비수를 꽂는 유 형이었다. 단검은 황제가 간혹 정적을 숙청할 때 고용했던 프루 멘타리들이 자주 사용했던 무기로 보인다.* 암살이 대부분 국내 에서 이루어지긴 했지만, 로마인들은 꽤 빈번히 외국 지도자들 을 암살했다. 1세기에 한 장군은 게르만 족장을 살해하기 위한 사고를 계획했고 마르쿠스 아우렐리우스는 골칫거리 전쟁 지도 자의 목에 현상금을 걸기도 했다. 그러나 고대 시대 암살의 황금기는 고대 후기였다. 당시의 로마인들은 위험한 정세 속에서 자신의 성공을 방해하는 자는 누구라도 암살하려 시도했다.♦♦ 그들이 선호했던 방법은 암살 대상을 연회에 초대하여 술에 취하게 한 뒤 칼로 찌르는 것이었다.♦♦♦ 그러고 보면 타인의 선의란 로마의 황제들도 웬만해서는 손에 넣을 수 없었던 사치품이었던 것으로 보인다.[12]

♦   모든 로마 귀족들이 만만한 대상은 아니었다. 사자 사냥꾼으로 유명했던 사람은 그를 숙청하기 위해 파견된 암살자 분대 전원을 죽이고 페르시아로 탈출할 뻔했다.

♦♦   후기 로마제국 사람들은 납치에 상당히 능숙해졌다. 골칫거리 외국 지도자들은 만찬 자리에 구금되었고 예배 중에 사로잡혔으며 자신의 궁전에 있다가 침입자들에게 납치되기도 했다.

♦♦♦   로마 후기 역사에서 가장 유명한 암살 시도는 실패로 끝났다. 서기 449년, 로마의 가장 위협적인 적은 가공할 만한 왕 아틸라가 통일한 유목민 훈족이었다. 10년간 동로마제국을 약탈해 온 훈족은 발칸반도 주민들을 공격하며 어마어마한 공물을 요구했다. 마침내 황제의 신하가 훈족의 주요 족장을 만나, 아틸라를 죽일 방법을 찾아오면 어마어마한 재산을 주겠다고 약속했다. 족장은 아틸라의 경호원들을 매수하겠다고 동의하며 로마 특사단과 함께 돌아갔다. 그러나 아틸라에게 돌아가자마자 그는 겁을 먹고 모든 계획을 자백했다. 격분한 아틸라는 콘스탄티노폴리스에 전령을 보내어 이 암살 계획을 주도한 신하의 머리를 요구했다. 당연히 황제는 자신의 연루 사실을 부인했다.

로마는 왜 게르마니아와 히베르니아를 정복하지 않았을까?

언뜻 보면 도시는 이탈리아의 어느 도시 같다. 거리는 질서정연한 바둑판 형태이다. 주랑 현관과 교회까지 완벽히 갖춘 광장도 있었다. 게다가 아우구스투스와 그의 장군들의 금 조각상까지 있다. 그러나 건물들의 지붕은 나무 널빤지로 덮였고, 주랑 현관의 기둥들은 나무 기둥이다. 그리고 네모반듯한 거리는 로마제국 보조군의 갑옷을 입은 게르만인들로 가득하다. 그들은 채소 꾸러미들을 들고 로마의 타운하우스 형태의 목조 주택으로 들어갔다.

도시는 완성되지 않은 상태였다. 현재 독일 중서부에 있는 발트기르메스 마을 근처에 위치한 유적의 모습에서 판단하건대, 사실상 말뚝 울타리 안의 공간 대부분이 텅 비어 있었다. 공사가 더 진척되기 전에 로마인들은 이 지역에서 철수했고 도시는 버려졌다. 그러나 그 잔해는 게르마니아가 로마제국에 합병되기 직전이었음을 보여준다.[1]

로마제국 초기에 로마인들은 북부 유럽 전체를 정복할 군사력을 보유했거나 혹은 보유했던 것으로 추정된다. 로마제국은 40만 명 이상의 상근으로 고용된 병력이 있었고, 이 거대 군사조직의 핵심에 수많은 중보병대 군단이 있었다. 이 군단은 각 지역에서 모집된 보조군에 의해 보완되었는데 보조군은 경보병대와 기병대로 이루어졌다. 군단과 보조군 모두 20년 이상 복무했고 엄격한 훈련과 잔혹한 군율을 받았다.◆ 보상으로서 그들은 좋은 음식, 의료, 정규 임금을 받았고, 군단 소속 병사는 편안한 은퇴 후 생활 보장이 목적인 거액의 제대 보너스를 받았다. 20~30년의 인생을 군에 복무하는 남성들에게 로마 군대는 별개의 세상이었다. 로마 군대 고유의 거류지와 법, 복잡한 내부 계급,◆◆ 강렬한 결속감이 지배하는 곳이었다.◆◆◆[2]

◆ 전해지는 바에 따르면 한 로마 장군은 참호를 팔 때 칼을 옆에 방치해둔 군사 두 명을 처형했다. 마찬가지로 초소에서 졸던 보초병은 구타당해 죽었다. 때로는 사령관들이 전투에서 실패한 부대의 부대원들을 죽임으로써 본보기로 삼았다. 열 명 중 한 명씩 죽인 것이다. 그러나 이런 잔혹한 군율이 사기에 도움이 되지 않았으므로 대부분의 장군은 제 몫을 못하는 병사들에게는 보리빵(밀빵 대신)을 지급하고, 군인 허리띠를 찰 권리를 인정해 주지 않고 주둔지 성벽 밖에 텐트를 치게 함으로써 수치를 주었다.

◆◆ '물 오르간 연주자', '낙타 조련사', '성스러운 닭들의 사육사'와 같은 극도로 전문화된 직업들이 있었다. 심지어 개별 부대들의 전용 면허를 받은 창녀들도 등장했다.

로마 군단의 군기, 훈련, 원초적인 힘은 군사 작전 중에 잘 드러났다. 로마 군대는 용의주도한 종대 행진을 했다. 정찰대가 선두에 서고 길을 닦고 다지는 공병대가 그 뒤를 따랐다. 이어서 장군과 장교들이 행진했고, 기수와 나팔수가 뒤를 이었다. 마지막에는 사병들이 군용 장비 수송 행렬을 가운데 두고 무리 지어 따랐다. 매일 밤, 군사들은 말뚝 방어벽을 치고 진지를 구축했다. 정해진 정확한 위치에 솥과 변소를 설치했고 깔끔하게 열을 지어 가죽 막사를 쳤다. 위압적인 질서 정연함은 마찬가지로 전투에서도 뚜렷이 나타났다. 전투가 시작되면 보조군 궁수와 투석기 기수들이 발사체를 마구 쏘아대고 포병대가 쾅쾅 공격을 하고 나면 군단병들이 창을 던졌다. 그러고 나서 궁수들과 투석기 기수들이 죽음의 발사체를 쏟아부었다. 기병대가 적의 대형의 측면으로 이동하는 동안, 군단병들은 단검을 뽑았다.[3]

덜 조직화된 적들에 대항하는 전술도 많았다. 브리타니아 부족들의 거대한 군대를 직면했을 때 한 장군은 정면 공격 전술과 기병대가 진영을 뚫고 돌격하는 전술을 사용했다. 쇠사슬 갑옷을 입고 중세 기사들의 긴 창을 든 기마 유목민들에 대항할 때는 또 다른 장군이 산지의 사면에 병사들을 배치하여 발사체

◆◆◆ 어떤 백인 대장의 비문은 로마 군인의 야망을 전형적으로 보여준다. "나는 다키아인(야만인)의 시체를 얻기를 원했고 그것을 이루었다. … 나는 영광스러운 개선 행렬을 하고 싶었고 그것을 이루었다. … 나는 수석 백인 대장의 급여를 원했고 그것을 얻었다."

와 대포 탄환을 일제 사격함으로써 돌격해 오는 무리를 무찔렀다. 얼어붙은 도나우강에서 야만족 기병대와 싸우던 제3 사령관은 병사들에게, 얼음판 위에서 밀리지 않도록 발을 방패 위에 올린 뒤 말 위에 탄 적군을 떨어뜨릴 것을 명령했다.[4]

다키아 전쟁은 로마 군사력의 효율이 최고조에 달했음을 보여준다. 오늘날의 루마니아를 근거지로 했던 다키아 왕국은 풍요롭고 잘 체계화된 국가였다. 다키아 왕은 발칸반도에 있는 로마의 속주들을 급습하기 위해 가공할 무기인 팔크스(전쟁 무기용 낫)로 무장한 큰 병력을 파병했다. 최초의 보복 원정 후에 트라야누스 황제는 다키아를 지도에서 없애버리기로 결심했다. 트라야누스 황제는 군단의 공병대에게 도나우강에 거대한 다리를 건설하라고 명했다. 다리의 길이는 1.2km, 기반부터 다리 상판까지의 높이는 43m에 이르렀다.**** 최소한 11개 군단에서 부대들을 다리를 건너 행진시켰다. 이 전투를 기념하여 세워진 트라야누스 원주 표면의 나선형 부조에는 군사 작전 중의 장면들이 나타나 있다. 로마 병사들은 다키아의 요새를 포위했고, 수도는 함락되었다. 다키아 족장들은 항복했고 수많은 요새가 무너졌다. 로마 기병대에게 포위된 다키아 왕(다키아의 마지막 왕인

**** 모든 로마 군사가 다리를 필요로 했던 것은 아니다. 하드리아누스 치세 때, 1000명의 보조군들은 완전무장한 채 도나우강을 헤엄쳐서 건넜다. 반세기 후, 마르쿠스 아우렐리우스의 원정 중 한 용맹한 군사가 강을 건너, 야만인에게 포로로 잡힌 로마인 몇 명을 풀어주었다.

다키아 전쟁 | 석고 주조 복제품

데케발루스 왕-옮긴이)은 자결했다. 남은 다키아의 도시들은 함락 되고 불탔으며 포로들은 노예로 팔려갔다.[5]

트라야누스의 치세 때, 로마제국의 가장자리를 따라 부대 를 주둔시키는 것이 제국의 정책이었다. 가장 큰 주둔지들은 항 상 두 강, 즉 라인강과 도나우강 유역이 있는 북쪽이었다. 이 지 역은 중앙 유럽에 대한 로마제국 통치의 한계점이었다. 이 국경 의 개념과 현실은 점차 발전했다. 야심에 찬 귀족들과 성가신 이 웃 나라들이 군단을 새 정복지들로 끌어당겼고 로마 공화국은 척척 영토를 확장했다. 그런 무분별한 확장에서 얻는 실익이 크 지 않아서 황제들은 보다 방어적인 외교 정책을 채택했다. 손쉽 게 새로운 수입원을 획득하거나 자신들의 특권을 강화할 수 있는 경우에만 새 영토를 습격했다.

하지만 게르마니아 정복을 이런 이유로 정당화하기는 어렵다. 로마인들의 정의에 따르면 게르마니아는 라인강의 동쪽이자 도나우강의 북쪽에 있고, 햇빛이 일렁이는 익숙한 라인 지방에서 암흑의 발트해까지 이르는 거대한 영토였다. 게르만인들은 도시를 좋아하지 않는다는 점에서 갈리아인(오늘날의 프랑스, 벨기에, 스위스 서부, 그리고 라인강 서쪽의 독일을 포함하는 지방 사람-옮긴이)과 다르고, 정착민이라는 점에서 동유럽의 유목 민족과 다르고, 특징적인 언어와 문화를 가졌다는 점에서 모든 민족과 다르다는 인식이 있었다. 게르만인들은 훌륭한 전사들로 인정받았다. 다른 북방 민족처럼 훈련이나 질서 없이 전투에 임했지만 매우 용맹했다. 로마인들 역시 게르만인들이 잘 싸운다는 것을 마지못해 인정했다. 그러나 게르만의 모든 부족이 새로운 땅을 찾아 이동하거나 카리스마 넘치는 족장들이 로마 영토에 대한 대규모 기습을 시작할 때를 제외하면 그다지 심각한 위협 요소가 아니었다.[6]

율리우스 카이사르는 갈리아 정복 중에 게르마니아를 두 번 침략했다. 그때 지역 부족들에게 강 따위는 로마 병력에 아무 장애가 되지 않는다는 것을 보여주기 위해 라인강에 나무다리를 놓았다. 그러나 한 세대 후 아우구스투스가 북쪽 국경을 정비하기로 결심할 때까지 게르마니아를 정복하려는 시도는 없었다. 뛰어난 장군 몇몇이 라인강을 넘어 엘베강이 있는 동쪽 끝까지 진군하여 현시 부족들과 동맹을 맺었고 군사 기지를 건설하여 행성의 중심지로서 발트기르메스에 도시를 세웠다. 곧 게르마니아의 서쪽 반이 순조롭게 속주가 될 참이었다. 그러고 나서 서기 9년, 비 오는 어느 여름 오후에 대참사가 벌어졌다.[7]

게르마니아의 로마 군대(아우구스투스의 게르마니아 지역 점령 후 주둔했던 로마 군대-옮긴이)를 이루는 세 개 군단이 늪지대 길을 따라 행군하느라 고전하고 있었다. 행렬의 선두에서는 공병들이 길이 끊긴 깊은 협곡에 다리를 놓기 위해 진땀을 흘리고 있었다. 뒤쪽 병사들은 점점 깊어가는 진창길에서 미끄러지며 비틀거리고 있었다. 갑자기 주위 숲에서 게르마니아의 전쟁 구호가 들렸고, 덤불 속에서 화살과 창이 바람을 가르며 날아오기 시작했다. 적들과 교전해 보지도 못하고, 로마군은 급히 방벽을 두른 주둔지를 세웠다. 다음 날 행군을 계속했으나 게르만족은 나무들 뒤에 모습을 감춘 채 뒤따라오며 병사들을 제거하고 동물들을 가져갔다. 로마군은 불안한 또 한 번의 밤을 또 한 번의 요새화한 야영지에서 보내며 소모전을 치러야 했다. 나흘째 되는 날 아침, 붕괴 일보 직전인 부대는 절망적인 행군을 다시 시작했으나 폭풍우가 휘몰아쳤다. 퍼붓는 비로 인해 반쯤 시야를 잃은 채, 높은 언덕과 건널 수 없는 습지 사이 좁고 가느다란 지대를 비틀거리며 행군하던 로마군은 거대한 게르만 병력에 포위되었음을 알아차렸다. 함정에 빠진 것이 분명하자 장군을 포함한 일부 병사들은 자결했다. 다른 이들은 도주하려고 시도했으나 대부분이 죽었다. 토이토부르크 숲의 전투로 알려진 이 전투는 게르마니아에서 20여 년 동안 끈기 있게 지속된 속주 건설을 파괴했다. 살아남은 로마군은 라인강으로 후퇴했다.[8]

서기 1~5세기 동안, 로마 병력의 3분의 2 이상이 라인강과 도나우강을 따라 주둔했다. 이 강들은 현대적 의미의 국경은 아니었다. 오히려 군사 점령 지역들로 가는 중심 동맥이었다. 이는 속주 행정 지역과, 로마제국의 권력을 존중하고 인정한 것으로 추정되는 부족들의 애매한 지역을 분리했다. 그러나 1세기 후반부터 강을 따라 자리 잡은 군 주둔지는 영구적인 것이 되었다. 심지어 소규모 포좌들도 삼엄하게 요새화되었다. 한 로마의 저술가는 400명의 병사가 있는 주둔지가 높은 벽돌 성곽과 넓은 해자, 벽에 설치된 발리스타로 무장되었다고 기술했다.[◆] 길게 뻗은 변경을 따라 생긴 성벽들은 훨씬 더 웅장했다. 라인강과 도나우강 상류 사이 지역에 황제들은 160km 이상 이어지는 성벽과 해자를 짓고 또 지었다. 브리타니아에 지었던 하드리아누스 방벽보다는 규모는 조금 작았지만, 기본적으로는 같은 기능을 했다. 즉, 변경 지대를 오가는 로마인과 야만인의 흐름을 감시하고 통제하는 기능을 했던 것이다.[9]

◆　군단 진지의 작은 탑이 있는 성곽은 20만m² 이상을 차지했는데 이는 본부 단지(군의 깃발을 위한 사당과 군사들의 급여를 보관하기 위한 지하 금고까지 완벽히 갖춤), 병원, 목욕탕, 곡물 저장고, 장교들을 위한 정교한 가옥들과 막사 병영이 질서 있게 늘어선 구역 등 넓게 뻗은 지역을 에워싸고 있었다.

로마인들은 게르마니아를 결코 버린 것이 아니었다. 순찰 경로에 라인강과 도나우강 너머의 숲길을 계속 포함했고 밤에는 친분 있는 마을과 특별 전초 기지를 방문했다. 게르만 족장들은 강을 넘어와 군단의 사령관들이 여는 연회에 참석했다. 때로는 부족 전체가 로마 영토에 거주하도록 초청받기도 했다. 변경은 배척을 위한 선과는 거리가 멀었다. 오히려 양쪽의 상인들과 이민자들을 끌어왔다. 주둔지 병사들에게 음식을 공급해야 하므로 게르만 농부들은 군단과의 계약하에 뜰과 포도밭을 가꾸고 가축을 돌보았다. 그리고 수천 명의 병사는 높은 급여를 받았다. 이 때문에 주로 게르만인들이 거주하는 도시들은 병사들이 돈 쓰는 것을 돕기 위해 기지 옆에서 성장했다.[10]

게르만족을 상대로 하는 군사 작전은 1세기 이후에는 극히 드물었지만, 라인강과 도나우강을 따라 주둔한 수십만 명 규모의 로마군 부대의 존재는 게르만 사회를 크게 변화시켰다. 북적이는 변경 지대에 가까운 게르만 지역들은 로마 경제권에 통합되었다. 로마 주화와 물품이 자유롭게 유통되었고 도시는 격자형 로마 도시들처럼 놓였으며 로마식 주택이 세워졌다. 많은 현지 남성이 보조군으로 수년간 복무했고 라틴어를 배웠으며 생선 소스와 포도주와 같은 것에 대한 취향을 발전시켰다. 변경에서 멀리 떨어진 곳에 거주하는 게르만인들은 덜 우호적이었다. 로마 영토를 기습하는 것 외에는 야심가인 족장이 명예와 부하들을 얻을 수 있는 방법이 없었기 때문이었다.* 새어 나갔든

합법적으로 획득했든, 로마의 부는 강력한 게르만 지도자들의 출현을 가속화했다. 이런 의미에서 라인강과 도나우강 변경의 강력한 군단들은 자신을 파멸시킬 적을 서서히 만들어가고 있었다.[11]

그러면 왜 로마군은 히베르니아(오늘날의 아일랜드-옮긴이)를 정복하지 않았을까? 이 질문에는 다른 질문으로 답할 수 있을 것이다. 로마군이 히베르니아를 정복해야 할 이유로는 어떤 것이 있을까? 황제들에게 새 영토를 합병하는 것은 (a)해당 지역이 제국의 안전에 심각한 위협을 줄 때, (b)해당 지역이 상당한 과세소득을 창출한다는 보장이 있을 때, (c)최소한의 군사적 희생으로 충분한 명성을 제공할 수 있을 때만 가치가 있었다. 히베르니아는 이 중 어느 기준도 충족하지 않았다. 사실상 히베르니아는 누가 봐도 매력 없는 곳이었다. 기후는 춥고 사나웠다. 풀은 무성했지만, 가축들을 폭발하게 하는 우려스러운 성분이 있다는 소문이 있었다. 그리고 또 원주민들은 탐욕스럽고 근친상간하며 식인을 한다는 소문도 있었다. 긍정적인 면이라면 뱀은 확실히 없다는 것이었다.◆[12]

1세기 후반 동안, 브리타니아의 야욕에 찬 총독은 잠시 히베르니아 정복을 고려했다. 그는 현지 상인들에게 히베르니아

◆ 이 기습의 전리품들이 라인강 바닥에서 발굴되었다. 가장 유명한 발견물은 '노이포츠 수집품'인데 금은 용기, 신전에서 훔친 우상, 로마 죄수들의 족쇄 등 1000개 이상의 금속품이 포함되어 있었다.

의 항구에 관한 소식을 들었고 탈주한 히베르니아 족장을 붙잡았다. 그는 1개 군단이면 모든 저항을 억누를 수 있겠다고 예측했다. 그러나 황제는 아무 관심이 없었고 계획은 수포로 돌아갔다.♦♦♦ 그러나 게르마니아의 경우와 마찬가지로 로마제국과 가까워지자 히베르니아 역사가 바뀌었다. 브리타니아, 히스파니아와 점진적으로 교역하며 로마의 주화♦♦♦♦와 무역품을 전파했다. 라틴 문자는 히베르니아의 오검 문자 형성에 영향을 주었다. 그리고 브리타니아 지방의회 의원의 아들인 파트리키우스(영어로는 '성 패트릭'이라고 하며 아일랜드와 아일랜드 이민자들이 건너간 미국에서 3월 17일을 '성 패트릭 데이'로 기념함–옮긴이)의 노력으로 기독교가 성공적으로 진출했다. 로마의 정복 활동에 반드시 군단이 필요한 것은 아니었다.[13]

♦♦   히베르니아의 풀에 폭발성이 있다는 것은 아마도 자주개자리와 토끼풀을 먹는 소에게 흔한 질병인 포말성 고창증에 대한 이야기를 잘못 이해한 데서 비롯된 것으로 보인다. 먼 지역의 사람들에 관해 최악의 소문을 믿는 습성이 히베르니아인들이 근친상간하는 식인 민족이라는 이야기의 배경이다.

♦♦♦   1세기 저술가들이 군데군데 히베르니아에 관해 언급한 부분들과 더블린 인근에서 로마의 유물이 가끔 발견되는 것을 근거로 일부 학자들은 실제로 소규모 원정대가 히베르니아로 건너간 것이 아닐까 추측하지만, 확실한 것은 아니다.

♦♦♦♦ 아일랜드의 토탄 늪에서 발굴된 5세기의 콜레인 지역 수집품에는 아마도 무역과 침입을 통해 얻은 것으로 보이는, 로마에서 조폐된 은화 1500개가 포함되어 있었다. 최근 한 기사에 이 주화들이 로마 속주 브리타니아가 히베르니아 해적들에게 바쳤던 공물이라는 의견이 제시되었다.

6부

그리스 로마 시대
그 이후

제국 붕괴 후 로마의 모습은?

젊고 힘이 넘쳤던 미시간대학교 대학원생이었을 때 디트로이트에 있는 폐건물들을 탐험하는 취미에 빠졌었다. 한때는 디트로이트에서 가장 근사한 아파트였던 아르데코 양식의 걸작, 리 플라자(Lee Plaza)를 특히 좋아했다. 돌들이 굴러다니는 지하층을 통해 내부로 들어가 석고 가루를 풀풀 날리며 웅장한 라운지와 계단들을 헤매고 다녔다. 그러고 나서 길고 긴 층계를 따라 바람이 통하는 지붕으로 향했다. 12월의 어느 아침, 나는 15층의 한 방 앞에서 멈춰 섰다. 벽에 뚫린 구멍을 통해 파노라마가 펼쳐졌다. 내리는 눈이 지평선과 저 멀리 시내의 마천루들을 가렸다. 리 플라자 아래쪽 집들 대부분은 수년 전에 철거되었다. 철거를 피한 몇몇 건물들은 도시의 초원 위에 등이 굽고 머리가 흰 노인처럼 드문드문 서 있었다. 그곳에 서서 벽돌과 깨진 유리들에 내려앉는 눈송이들의 속삭임을 들으며, 나는 '패망 후의 로마가 꼭 이런 느낌이었을 것'이라고 생각했다.*

　　로마는 고대 사회에서 가장 크고 더럽고 위험한 도시인 동시에 가장 웅장한 도시였다. 심지어 로마를 방문한 황제들도 깜짝 놀랐다. 서기 357년, 처음 로마를 방문한 콘스탄티우스 2세는 경탄을 금치 못했다(전임 황제이자 아버지인 콘스탄티누스 1세가 콘스탄티노폴리스로 천도하고 제2의 수도로 삼음-옮긴이). 그는 유리벽 아래에서 김이 피어오르는 욕탕들이 있는 거대한 대욕장 단지를 보고 놀랐으며 우뚝 솟은 콜로세움을 눈을 가늘게 뜬 채 감탄스럽게 바라봤다. 그는 판테온을 보고 압도당했다. 이는 로마의 경이 중 극히 일부이다. 콘스탄티우스가 로마를 방문했을 때의 인구는 약 70만 명이었을 것이다. 초기 로마제국 시대의 약 100만 명보다는 적지만, 여전히 지구상의 어느 도시보다 거대한 규모였다.** 이 수많은 인구가 로마의 사원 424곳과 욕장 861곳의 단골손님이었고 귀족 주택(도무스라고 불린 타운하우스-옮긴이) 1790채와 공동주택 4만 6602채에서 살았으며 성곽 너

◆　　이 일화를 폐건물을 탐험해도 좋다는 내용으로 이해하지 말길 바란다. 보통은 위험하고 위법인 경우가 많으며 사진들도 감흥이 별로 없다.

◆◆　괴짜 황제 엘라가발루스는 충동적으로 노예들에게 로마 전역의 거미줄을 모아오라고 명령했다고 한다. 그들이 끈적거리는 거미줄 4500kg을 가지고 돌아오자 그는 로마가 얼마나 위대한 도시인지 누구라도 그 거미줄을 보면 알 수 있을 거라고 말했다.

머로 몇 km나 뻗은 공동묘지에 누워 안식했다.[1]

그러나 이후 500년은 세계의 수도에 그리 우호적이지 않았다. 로마는 야만족에게 약탈당했고, 내전으로 불탔으며 유스티니아누스 때 일어난 몇 차례의 고트 전쟁에서 양편 모두에게 노략을 당했다. 또 전염병으로 황폐해졌고 시도 때도 없이 홍수에 휩쓸렸다. 게다가 사라센인 해적들에게 또 약탈되었다. 이 기간에 로마는 머나먼 콘스탄티노폴리스 치하의 변방 소도시로 전락했다. 순례자들과 교황의 권위◆만이 로마가 무명 도시로 추락하는 것을 막았다. 9세기 즈음, 로마 인구는 95% 감소하여 3~4만 명이 100만 명을 위해 건축된 도시의 폐허 속에 흩어져 살았다.

로마의 건축물 중 일부는 처참하게 파괴되었다. 최초의 로마 약탈 당시, 귀족들의 저택과 포룸의 구조물들이 불탔다.◆◆ 두 번째 약탈 때에는 거대한 유피테르 신전의 도금한 지붕 타일들이 떨어져 나갔다. 그러나 침입자들이 입힌 파괴는 생각만큼 크지 않았던 것으로 추정된다. 적어도 일부 피해는 나중에 복원되

◆　그리스어로 '아버지'의 구어체인 'Pappas'는 로마제국의 그리스어권 동쪽 속주들에서 주교를 부르던 애칭이었다. 그러나 서쪽에서는 로마의 주교만이 이 호칭을 얻을 수 있었다. 부분적으로는 3세기까지 로마 교회의 언어가 그리스어였기 때문이다(수백 년간 로마의 기독교인 공동체는 거의 동쪽에서 온 그리스어 사용자들로 구성되었다). 라틴어를 쓴 로마의 첫 주교는 빅토르 1세(재위 189~199년)였고, 다마수스 1세(재위 366~384년) 치하에서 비로소 라틴어가 그리스어를 교회 용어에서 대체했다. 'Pappas'는 점차 통속 라틴어 'papa'가 되었고 여기에서 교황이라는 단어 'pope'가 파생되었다.

었다. 5세기의 어느 묘비에는 "야만인들에 의해 전복된" 조각상의 복원을 기념하는 내용이 적혀 있었다. 수차례의 고트 전쟁은 더 지속적인 파괴를 야기했다. 주요 피해에는 하드리아누스의 영묘(로마제국 황제와 황족의 장대한 규모의 묘-옮긴이) 꼭대기에 서 있던 거대한 대리석상도 포함되었는데, 로마의 수비군들이 성벽을 오르려는 야만인들에게 이를 투석기로 쏘았다.[2]

도시 구조물들은 덜 극적인 방법으로 서서히 파괴되었다. 표면에 벽돌을 바른 콘크리트 덕택에 거대한 로마의 건축물들은 전근대적인 기준으로는 대단히 견고했다. 그러나 풍화 작용에는 한없이 취약했다. 지붕이 붕괴하면 물이 석재 사이로 스며들고 콘크리트로 채운 부분에 균열이 생겼으며 회반죽이 부스러졌다. 그래서 7세기 초 대교황 그레고리오가 "세월 때문에 낡은 건물들이 무너지는 것을 날마다 보고 있다"라고 한탄한 것인지도 모른다.[3] 폭풍우가 몰아치고 혹한이 닥칠 때, 로마에는 분명히 천둥 같은 소리를 내며 무너지는 벽들의 소리가 메아리쳤을 것이다.

파괴의 속도는 자연재해로 인해 빨라졌다. 심각한 지진이 801년, 847년에 도시를 강타하여 벽에 금이 가게 했고 기둥을 쓰러뜨렸으며 높디높은 둥근 회랑과 돔 천장을 무수히 무너뜨

◆◆ 포룸 로마눔에 방문하면 아이밀리아 대성당의 대리석 바닥에 불에 녹은 주화들이 들어 있는 모습을 아직도 볼 수 있다.

10세기경 지어진 로마 크레스켄티우스 저택 출입구

렸다. 홍수는 더 빈번했고 지진만큼 파괴력이 셌다. 특히 강 주위에 불안정하게 서 있던 고대 공동주택 구획들에 치명적이었다. 8세기 초기의 홍수는 이 건물들 대다수를 부숴 흙탕물 속에 떠내려 보냈다고 전해진다.[4]

그러나 로마 유적들의 가장 큰 적은 다름 아닌 로마인들이었다. 이전보다 축소된 크기의 중세 도시라고는 해도 지속적인 소규모 건축 사업, 교회 건물에 대한 교황의 후원, 대리석 수출 무역의 번성 등은 고철과 건축 자재에 대한 끊임없는 수요를 창출해 냈다. 폐허가 된 수많은 터는 이 두 가지의 무한한 공급처처럼 보였다.

　　로마의 공공장소에 무수히 많았던 청동상들은 특히 약탈에 취약했다. 약탈은 이미 6세기 초에 시작되었다. 당시 한 고위 관리가, 야간 경비원이 졸다가 기지에서 동상을 떼어 훔쳐가는 도둑의 소리를 무시하더라고 불평한 바 있다. 이후 비잔티움제국의 황제들과 관리들은 주기적으로 고철을 확보하기 위해 동상들을 거둬 갔다. 최악의 약탈자는 663년에 로마를 방문했던 콘스탄스 2세 황제였다. 2주의 체류 기간 동안 그의 수행원들은 청동상을 발견하는 족족 모두 그러모으고 마구 잘라 운반할 수 있는 조각들로 나누었으며 티베르강에 대기시켜둔 배들에 실어 갔다.◆ 대리석 조각상이라고 해서 더 나은 취급을 받지는 않았다. 때로는 건설 현장으로 운반해 대형 망치로 박살을 냈고 기초나 벽을 메우는 돌 충전재로 사용했다. 그러나 가장 흔한 용도는 회반죽에 들어가는 석회를 생산하기 위해 가마에 넣고 녹이는 것이었다. 포룸 로마눔의 '베스타 여사제들의 집'이 발굴되었을 때 길이 4.3m, 폭 2.7m, 높이 2.1m의 대리석상 더미가 가마 근처에서 발견되었다. 쌓인 채로 발견된 이것들은 녹이려고 준비

◆　이 약탈품 중 일부는 1992년에 수면 위로 나타났다. 브린디시 근처에서 잠수사들이 기원전 2세기에서 서기 3세기에 만들어진 청동상들의 거대한 잔해를 발견한 것이다. 모든 청동상은 파편으로 절단되어 있었다. 콘스탄스의 배 중 한 척이 침몰했거나 화물 일부를 투하했을 때 이 금속 조각들이 버려졌다는 사실을 암시한다.

해 둔 것이었다.[5]

고대 건축물들도 같은 이유로 해체되었다. 쓰레기 수집꾼들에게 토대와 두꺼운 벽의 콘크리트와 잡석들은 별 쓸모가 없었지만 다른 것들을 벗겨 갔다. 고급 대리석 판이 가장 인기가 좋았는데, 간단하게 제거할 수 있고 훌륭한 석회암으로 만들어졌기 때문이었다. 철과 청동 부품들도 쉬운 돈벌이가 되었다. 다듬은 돌에 대한 수요도 꾸준했다. 8세기의 교황은 사각형으로 다듬은 돌을 얻기 위해 노후한 로마의 사원 철거를 감독했다. 다음 천 년간 로마의 교회와 궁전에 사용된 거의 모든 석재는 가장 가까운 폐허에서 뽑아 온 것이었다.[♦6]

유명한 로마 건축물 일부는 교회로 전환됨으로써 보존되었다. 그러나 종교적 건물로 바뀌어도 일부만 보전되었을 뿐이다. 예를 들어 판테온은 609년에 교회가 되었다. 그러나 반세기 후 약탈자 콘스탄스 2세 황제가 나타났을 때, 무력한 교황은 황제가 건물의 금박 지붕을 벗겨 가는 것을 막지 못했다. 약 천 년 후, 다른 교황은 판테온 현관의 거대한 청동 받침대를 녹였고 그 금속(무게가 225톤 이상)을 주조하여 110개의 대포를 만

♦ 이런 식으로 해체된 마지막 건물 중 하나이자 포룸 로마눔 근처에 있었던 미네르바 신전은 돌을 어떻게 창의적으로 재활용할 수 있는지를 잘 보여준다. 거대한 사각형 대리석 덩어리는 산 피에트로 대성당의 중앙 제단 일부가 되었다. 기둥과 창틀은 얇은 판으로 절단되어 새 분수를 장식하는 데 사용되었고 남아 있는 돌은 산타 마리아 마조레 성당에 있는 보르게세 예배당의 벽에 사용되었다.

들었다.♦♦

당신은 9세기 순례에 나선 순례자이다. 여정은 길고 길은
험하며, 여관은 9세기 기준으로도 음침하다. 그러나 당신은 로
마에 무사히 도착했고 가장 유명한 유적들을 방문한 후 잠시 폐
허 사이를 산책하기로 했다.

손에 지팡이를 짚고 부식되어 가는 공동주택 구획에 난 길
을 따라 걸었다. 공동주택 건물 하나하나가 당신의 출신 지역의
교회만큼 높다. 놀랍게도 어떤 건물들의 1층은 아직도 누가 쓰
고 있다.♦♦♦ 그러나 대부분은 껍데기만 남은 폐허이고 몇몇 건
물은 길 쪽으로 무너져 내렸다. 길의 끝에 서서히 콜로세움이 보
이기 시작한다. 당신이 묵었던 호스텔의 동료 순례자가 콜로세
움은 본래 태양신을 모시는 사원이었으며 그곳에서 기독교인들
이 옛 신들에게 희생제물로 바쳐졌다는 것을 알려주었다. 예전
에 무엇이었든지 콜로세움은 지금은 허물어지고 있다. 지진으

♦♦　교황이 약탈한 사례가 많다. 630년, 교황 호노리우스 1세는 '베누스와 로마 신
　　전'의 도금한 청동 지붕 타일을 벗겨내어 산 피에트로 대성당의 지붕 보수에
　　사용했다. 이 타일 중 일부는 1613년까지 남아 있었는데 교황 바오로 5세는
　　그것을 녹여 지금도 산타 마리아 마조레 성당에 서 있는 거대한 성모상을 만
　　드는 데 사용했다. 또 다른 르네상스 시대 교황(식스토 5세―옮긴이)은 로마식
　　문 두 세트를 파괴하여 하나로는 트라야누스 원주 꼭대기에 있는 성 베드로
　　조각상을, 다른 하나로는 마르쿠스 아우렐리우스 원주 꼭대기에 있는 성 바오
　　로 조각상을 만들었다.

♦♦♦　후기 로마 상류층의 거대한 저택 일부는 변형된 형태로나마 9세기까지 사용
　　되었다. 예를 들어 교황 그레고리오 1세는 선조들의 저택을 수도원으로 전환
　　했다('산 그레고리오 마그노 알 첼리오'로 현존함).

로 거대한 돌덩이들이 잔뜩 쌓여 건물 한쪽의 포장된 길을 덮고 있다. 돌무더기 사이에서 석회 가마는 연기를 피우고 있다.◆ 이 쪽보다는 그나마 보존이 잘된 건물의 반대쪽에는 집과 점포가 가장 낮은 열의 아치에 빽빽하게 들어차 있다.ⁿ

콜로세움을 출발하여 붕괴된 사원의 기둥들 사이로 난 길을 따라 걷는다. 대리석 아치를 지나 무너진 벽돌들이 쌓인 언덕 사이에 선다. 당신의 왼쪽에 오래된 황궁의 반쯤 묻힌 부벽과 일그러진 지붕들이 있다.◆◆ 그러나 오른쪽으로 돌면 거대한 벽돌 건물◆◆◆로 연결되는 길이 희미하게 나 있다. 당신은 정령들이 도사리고 있을 법한 곳으로 조심스럽게 들어가서 어두침침한 내부를 들여다본다. 희미하게 거름 냄새가 난다. 눈이 어둠에 적응하자 한쪽 구석에 거상들의 파편이 있다는 것을 알아차

◆　콜로세움의 돌들에 대한 선택적 약탈은 마지막 경기가 개최되었던 523년 이전에 시작된 것으로 보인다. 가장 먼저 약탈의 대상이 된 것은 대리석 좌석이었으며 트래버틴 덩어리를 고정하던 쇠 쐐쇠도 마찬가지였다. 그러나 최악의 훼손은 중세 후기에 일어났는데 강진으로 인해 콜로세움의 거의 반이 파괴된 것이다. 붕괴로 생긴 거대한 트래버틴 더미에는 '콜로세움의 넓적다리'라는 별명이 붙었고 이것을 치우는 데 400년 이상이 걸렸다. 1452년, 한 부지런한 건축업자가 2522수레분의 돌을 치웠다.

◆◆　571년에 재정난에 처한 총독이 마지막 청동상을 압수했지만, 궁전은 적어도 다음 세기까지 몇몇 관리들에 의해 계속 사용되었다. 그들은 거대하지만 썩어가고 있는 건물의 한편에서 일했다. 9세기 초 강진으로 인해 우뚝 솟은 응접실이 붕괴되어 돌과 타일이 잔뜩 쌓인 황량한 모습이 되었다. 12세기 여행자는 그 폐허를 로마 교회들의 대리석 채석장으로 묘사했다.

◆◆◆　막센티우스 대성당(The Basilica of Maxentius).

렸다. 그러나 곧 머리 위 아치형 천장의 큰 틈새 사이로 햇빛이 비스듬히 비치는 것을 알아채고 더는 깊이 탐험하지 않기로 했다.[8]

밖으로 나와 포룸으로 계속 향한다. 당신 앞에 성 아드리아노 성당의 붉은 벽이 보인다. 어제 바티칸에서 고용한 가이드에 따르면 한때 원로원 집회장('쿠리아 율리아'라고 불림-옮긴이)이었다(원로원이 무엇인지는 잘 모르지만 중요한 곳이었다는 것은 짐작할 수 있다). 성당 옆으로 점포와 집 몇 채가 곧 무너질 듯한 2층짜리 주랑 사이에 자리 잡고 있었다. 그 뒤의 거대한 홀은 폐허가 된 상태이다.◆◆◆◆ 눈에 보이는 다른 모든 사원들도 폐허 상태이다. 다른 아치 아래로 걸어가다 보니 포룸 광장에 들어섰다. 포룸 광장은 높은 기둥으로 경계가 지어진 직사각형 광장이다. 일부 기둥에는 다 낡은 청동상이 남아 있다.

성 아드리아노 성당 뒤쪽으로도 폐허가 더 있다. 반쯤 붕괴된 사원들과 과수원과 밀밭에 솟아 있는 부서진 현관 주랑들이 있다. 그 뒤로 당신이 묵는 호스텔 직원이 꼭 보라고 했던 경이로운 유적이 보인다. 5현제 중 한 명인 트라야누스의 원주이다. 당신은 그쪽을 향해 간다. 밀밭을 몇 분 걷다 보니 원주 앞의

◆◆◆◆ 800년경에 로마를 방문한 순례자의 메모에 따르면 포룸의 건물들은 심하게 부식된 상태였으나 아직 서 있었던 것으로 추정된다. 아마 9세기의 강진으로 인해 남아 있는 건물 대부분이 파괴되고 고대 도로들은 그 잔해에 묻힌 것으로 보인다.

트라야누스 포룸

폐허가 된 거대한 건물◆의 문 앞에 이르렀다.

　계단을 올라 한때는 거대한 홀이었던 곳으로 들어갔다. 그
러나 지붕은 사라지고 나무들이 대리석 바닥을 뚫고 자라 있었
다. 덤불 사이를 누비며 트라야누스 원주의 기단으로 향했다. 호
스텔 매니저가 알려주었듯이, 원주는 위부터 아래까지 야만인
과 싸웠던 트라야누스의 전쟁 장면이 새겨져 있었다. 그의 말대
로 원주 기단에 문이 있다. 문으로 들어가 안쪽으로 향하는 계단
을 걸어 올라간다. 계단은 좁고 어둡다. 호흡이 점점 가빠진다.
땀이 눈 속으로 들어와 따끔거린다. 그러나 원주 꼭대기의 단에

◆　울피아 대성당

도달한 순간, 이 모든 불쾌감이 잊힌다.

　　로마가 당신의 발아래에서 모자이크처럼 펼쳐진다. 한쪽으로는 당신이 지금까지 걸어 다녔던, 지금 있는 원주와 거의 같은 높이의 거대한 건물들이 있다. 찌르레기가 서까래에 뚫린 구멍에 지은 둥지에서 우짖는다. 반대쪽에는 여느 떡갈나무보다 굵은 기둥을 가진, 지붕 없는 사원**이 있다. 포룸은 고대 신들의 대악마인 유피테르의 삭막한 신전을 내려다보며 중간쯤에 자리 잡고 있다. 그 너머로 폐허가 된 공동주택 건물들의 열이 캄파냐(로마 주위의 평원 지역-옮긴이) 광야를 향해 쭉 뻗어 있다. 당신은 더 머물고 싶을 것이다. 그러나 해가 저물고 있고 밤이 되면 거리는 위험하다. 계단을 내려오는 당신의 발소리가 메아리친다.

** 　 트라야누스 신전

질문 34   알렉산드로스의 시신은
어디에 있을까?

알렉산드로스는 죽었다. 그는 32세의 나이에 당대의 기준으로 전 세계를 정복한 자이자 술고래였다. 그런데 과음한 다음 날, 일어났을 때 열이 나더니 점점 심해졌다. 6일이 채 지나기 전에 그는 자리보전했으며 8일이 채 지나기 전에 말할 능력을 잃었다. 그리고 열흘째 되는 날, 마지막 숨을 쉬었다. 소문은 눈덩이처럼 부풀어갔다. 다들 속삭였다. "알렉산드로스는 스트리크닌(알칼로이드 성질의 유독성 물질-옮긴이)에 의해 독살된 거야." "아니야, 스틱스강(그리스 신화에서 지상과 저승의 경계를 이루는 강-옮긴이)의 물 때문에 그의 포도주가 생명을 뺏는 물로 변한 거야." "그의 장군 중 누가 죽인 거야." "아니야, 스파르타에서 온 비밀요원 짓이야." "아니면 아리스토텔레스의 짓일지도 몰라."

한 가지는 분명하다. 알렉산드로스는 죽었고, 세상은 변화의 기로에 섰다는 것이다.[1]

변화는 급속하고 지저분하게 일어났다. 알렉산드로스의 부하들이 그의 제국의 지배권을 두고 싸우기 시작했기 때문이다. 그들 중 가장 약삭빨랐던 프톨레마이오스는 알렉산드로스의 시신을 훔쳐서 알렉산드리아로 가져갔다. 알렉산드리아는 프톨레마이오스가 이집트에 세운 왕국의 수도였다. 소마로 알려진 위대한 영묘 아래의 수정으로 만든 관*에서 방부 처리된 정복자 알렉산드로스의 시신은 장엄한 갑옷이 입혀진 채 수백 년을 보냈다.[2]

알렉산드로스의 무덤은 유명한 관광 명소가 되었다. 율리우스 카이사르가 이곳을 방문했으며 아우구스투스도 방문했다. 그는 알렉산드로스의 볼에 어설프게 키스를 하다가 미라화된 코를 부러뜨렸다.** 그러나 이 모든 것도 카라칼라의 광적인 팬으로서의 숭배 행위에는 비할 바가 못 된다. 그는 알렉산드로스의 컵으로 음료를 마셨고, 알렉산드로스의 초상을 본떠 조각상을 만들었으며, 원로원에 자신은 다시 태어난 알렉산드로스라

◆　　재정난에 시달린 프톨레마이오스 왕조의 누군가가 알렉산드로스의 황금관을 녹여버렸다. 고대 후기까지 보존된 대체물은 유리 또는 설화석고로 제작된 것이었다.

◆◆　　다른 황제들은 경외심이 부족했다. 칼리굴라는 알렉산드로스의 시신에서 흉갑을 훔쳤다. 그는 위대한 정복자의 갑옷을 입고 로마를 어슬렁어슬렁 걸어 다니는 것을 좋아했다.

고 말하기도 했다. 카라칼라가 소마를 방문했을 때 그는 정복자의 쪼글쪼글해진 시신에 자신의 보라색 망토를 부드럽게 덮어주었다. 그리고 나서 자신의 보석 박힌 반지들을 빼 관에 하나씩 떨어뜨렸다.[3]

카라칼라는 소마를 방문했다고 알려진 마지막 사람이다. 일부 역사가들은 서기 272년 대화재 때 알렉산드로스의 무덤이 파괴되었다고 생각한다. 이 재앙에서 무사했다고 하더라도 한 세대 이후의 약탈이나 서기 365년의 지진과 해일로 인해 소실되었을지도 모른다. 4세기 후반 한 저술가는 당시 알렉산드로스의 묘가 아직 존재했다는 내용을 넌지시 암시했다. 그러나 또 다른 저술가는 알렉산드로스가 어디에 누워 있는지 그 누가 알겠

알렉산드로스의 무덤을 방문한 아우구스투스 | Sebastien Bourdon, 〈Augustus visiting Alexander's tomb in Alexandria〉, 1643.

냐고 수사적으로 묻는다(초기 기독교의 교부이자 제37대 콘스탄티노폴리스 대주교 요한네스 크리소스토무스가 "그의 묘는 그의 백성들도 모르노라(His tomb even his own people know not)"라고 말한 바 있다-옮긴이).[4]

오늘날까지도 넘쳐나는 이론에도 불구하고 아무도 알렉산드로스 묘의 소재를 모른다. 예를 들어 2004년 영국 연구자 앤드류 처그는 알렉산드로스의 시신이 베네치아에 있다고 발표하여 대서특필되었다. 그는 4세기 어느 시점에 정복자 알렉산드로스의 시신이 비밀리에 소마에서 산마르코 성당 근처로 옮겨졌다고 주장했다. 약 500년 동안 그곳에 머물러 있다가 상인 두 명이 알렉산드로스를 산마르코로 오인하여 베네치아로 모시고 왔다고 한다. 앤드류 처그는 지금도 산마르코 대성당의 중앙 제단 아래 묻혀 있는 해골을 법의학적으로 검사하면 진실이 밝혀질 것이라 주장했다.[◆5]

그러나 진실은 분명하다. 알렉산드로스의 시신이 리알토 다리 옆에 누워 있다고 판단할 이유가 없다. (또 다른 이들이 주장하듯이) 이집트의 시와 오아시스나 그리스의 암피폴리스 묘지에서 찾을 필요도 없다. 폐허가 된 소마는 알렉산드리아 중심부 아래 어딘가에 묻혀 있다. 그곳이야말로 알렉산드로스의 유골이

◆　알렉산드로스가 정말로 베네치아에 있다고 해도 그의 미라는 곱게 보존되지 못했을 것이다. 19세기 초, 산마르코 성당의 유물함이 공개되었을 때 그 안에는 두개골과 산산조각이 난 뼛조각 몇 개 정도만 들어 있었다.

발견될 곳이다.

서기 14년, 그의 이름을 따서 지은 8월이 하순으로 향하는 시점에 아우구스투스의 시신이 포룸으로 이동되었다. 밀랍 인형을 씌운 아우구스투스의 관의 행차를 무표정한 황실 사람들이 뒤따랐다. 그들은 뛰어난 선조들의 데스마스크 뒤에서 무표정했다. 그 뒤로는 로마 역사 속 영웅들의 복장을 한 남자들이 따라갔고, 아우구스투스가 정복했던 나라들을 의인화한 시민들이 뒤를 따랐다. 원로원 의원들, 기사 계급순으로 줄지어 따라갔다.

황제의 관대가 연단에 놓였다. 포룸 광장에서 거무스름한 피부의 남자, 아우구스투스의 후계자 티베리우스가 길고 엄숙한 추도 연설을 했다. 그러고 나서 행렬은 다시 시작되었고 천천히 굽이굽이 움직이며 키 작은 갈색 풀들로 덮인 캄푸스 마르티우스(군신 '마르스의 평원'이라는 뜻으로 고대 로마의 공공 광장 옮긴이)에 이르렀다. 수십만의 로마인들이 뒤따르는 가운데 행진자들은 높은 장작더미가 세워진 캄푸스의 중앙에 대형을 이루었다.♦ 관 메는 자가 지정된 장소에 황제의 관을 밀어 넣었고 빛에 반짝이는 뾰족한 관을 쓴 대사제들이 장작더미를 에워쌌다. 그들 뒤로 근위병 5000명이 따라와 아우구스투스의 관에 군사 장

♦ 아우구스투스로부터 200년 후, 셉티미우스 세베루스 황제의 시신은 5층 높이의 장작더미에서 화장되었는데 각 층은 향으로 가득 채워졌으며 태피스트리, 그림, 상아 조각상들로 장식되어 있었다. 심지어 고대 후기의 검소한 군인 황제들도 거창하게 화장되었다. 사두정치 황제 갈레리우스의 시신이 화장된 곳에서는 은그릇의 파편들이 발견되었다.

식품 등을 던졌다. 마지막으로 백인 대장 중에 선택된 무리가 장작더미 아래쪽에 불을 붙였다. 화염이 타오를 때 숨겨져 있던 새장에서 독수리가 하늘을 향해 날아올랐다.[6]

닷새 후 재가 식었을 때쯤, 황후 리비아와 신하 몇 명이 맨발로 재 속을 걸으며 황제의 뼈를 모았다.** 잔해는 포도주로 씻어 금으로 만든 납골 항아리에 봉인했다. 그리고 나서 애도자들은 먼지구름 속을 빠져나와 아우구스투스가 40년 전에 자신을 위해 지은 아우구스투스의 영묘로 향했다.[7]

아우구스투스의 영묘는 먼 과거의 봉분을 모델로 한 거대한 원형 구조물로, 지붕에는 상록수가 심겨 있고 거상들이 세워져 있었다. 아래쪽 묘실은 납골 항아리를 놓을 벽감 수십 개가 늘어서 있었다. 이곳에 100여 년 동안, 황제와 그의 가족들의 잔해가 안식을 위해 놓였다. 이 영묘는 트라야누스 통치 기간에 다 찼기에, 트라야누스의 납골은 그의 이름을 딴 기둥(트라야누스 원주-옮긴이) 아래의 작은 묘실에 안치되었다. 트라야누스의 후임 황제인 하드리아누스는 새 영묘(후에 산탄젤로성으로 바뀜-옮긴이)를 건축했다. 아우구스투스의 영묘와 마찬가지로 원형 건물이었으나 벽은 대리석으로 세웠으며 지붕은 조각상들로 가득 채웠다. 나선형 경사로들이 정교한 묘실들로 이어지고 묘실의 벽감에서는 이후 수백 년간 황제들이 편히 안식했다. 하드리아누

** 로마 저명인사들의 시신은 때로 방염성의 석면 수의에 감싸졌는데, 이는 재 속에서 뼈를 쉽게 구분하기 위함이었다.

아우구스투스 영묘

스의 영묘가 꽉 찬 후 황제들과 황가 사람들은 로마시 외곽의
넓게 흩어진 무덤에 묻혔다.

전 세계의 눈에 띄고 화려한 묘들과 마찬가지로, 황제들의
묘도 도굴꾼들의 먹잇감이 되었다. 고대 후기에 거의 모든 묘가
약탈당하고 파괴되었다. 하드리아누스와 아우구스투스 영묘의
황금 납골 항아리들은 다 녹여졌고 그 안의 재들은 흩어졌다.◆
일부분만 남았는데 그중에는 설화석고 항아리 하나, 칼리굴라

◆　황제들의 영묘의 그 후 역사가 흥미롭다. 아우구스투스의 영묘는 요새화-파
　　괴화-재요새화를 거쳤고, 그 후에는 (수차례에 걸쳐) 정원-투우 경기장-극장
　　으로 전환되었다. 하드리아누스의 영묘는 고대 후기에 로마의 방어 시설에 통
　　합되었으며 19세기까지 교황들의 요새로 사용되었다.

의 어머니(대大 아그리피나-옮긴이)의 납골을 넣어두었던 사각 대리석 판, 현재 산 피에트로 대성당의 세례용 성수를 담는 세례반으로 사용되고 있는 관 뚜껑(소문으로는 하드리아누스의 영묘에서 나온 것이라고 함) 등이 있다.[8]

로마의 황실 묘지 중 가장 인상적인 유물은 현재 바티칸 미술관에 있는 두 개의 거대한 관이다.** 두 관 모두 이집트 동부 사막의 산간 지대에서만 채석할 수 있는 단단한 자주색 돌인 반암으로 만들어졌다. 기마병들의 모습으로 장식되어 있는 관은 아마도 콘스탄티누스 1세를 위해 조각된 것으로 보인다. 그러나 콘스탄티누스는 결국 콘스탄티노폴리스에 묻혔으므로 그 관은 그의 어머니 헬레나가 대신 차지했다. 그녀의 유골은 벼락출세한 중세 교황에 의해 옮겨지기 전까지 그곳에서 안식했다. 콘스탄티누스의 딸 콘스탄티나의 유해가 담겼을 것으로 추정되는 또 하나의 관은 15세기까지 현재 산타 코스탄차 성당이 된 웅장한 영묘에 봉안되어 있었다.[9]

사후 헬레나와 콘스탄티나의 관의 긴 여행은 중세와 르네상스 시대 로마인들이 황실의 묘를 건드리는 데 거리낌이 없었

◆◆   2세기부터 무슨 이유에서인지 로마의 상류층은 화장에서 매장으로 옮겨 갔다. 납골 항아리 대신에 위용 당당한 석관에 매장되었는데 석관에는 신화 혹은 그들 인생의 장면들이 새겨져 있곤 했다(석관에서는 시신의 부패가 더 빨리 진행되었다. 그리스어로 '석관'은 '육식자'를 의미한다. 오늘날의 터키 서부에 해당하는 아소스의 석회암은 치아를 제외한 시신 전체가 부패하는 데 40일 정도 걸렸다고 한다).

헬레나의 석관 | 4세기경 제작된 반암 석관

다는 것을 보여준다. 그러나 아주 간혹 어떤 무덤이 왜, 어떻게 열렸는지에 관한 기록이 남아 있기도 하다. 남아 있는 기록도 기의 신빙성은 없다. 예를 들어 네로의 묘의 파괴를 둘러싼 전설을 살펴보자. 치욕과 자살 후, 네로의 시신은 그의 어린 시절 유모에 의해 조용히 화장되었다.[*] 아우구스투스의 영묘에 봉안하는 것은 논외였으므로 그의 유골은 그의 아버지의 가족묘에 안치되었다. 수백 년의 세월이 흘러, 거대한 호두나무가 폐허가 된 그의 무덤에서 자라났다. (현지인들이 말하길) 이 나무는 악령으로 들끓었는데 악령들은 지나가는 보행자를 두들겨 패며 즐거워한

---

[*] 유모 중 한 명인 클라우디아 에클로게는 네로가 자살한 저택 옆에 묻히기를 택했다. 그녀의 소박한 무덤은 19세기에 발굴되었다.

다고 한다. 결국 교황이 이 위험한 장난에 종지부를 찍었다. 부활절 직후, 그는 많은 군중을 이끌고 성가신 호두나무 아래에 섰고 악령을 쫓은 후 도끼로 뿌리를 찍었다. 그러자 수많은 악령이 나뭇가지에서 도망가 버렸다고 한다. 나무는 넘어졌고 뿌리 아래서 네로의 유골이 담긴 납골 항아리가 발견되었다. 교황은 납골 항아리를 깨부수어 재 가루를 티베르강에 던져버린 다음 그 자리에 산타 마리아 델 포폴로 성당을 세웠다고 한다.[10]

이만큼이나 다채로우면서도 동시에 믿을 수 없는 이야기가 또 있다. 11세기 마르세유에서 발견된 로마인의 석관에 얽힌 이야기이다. 이 석관은 뚜껑에 새겨진 금박 문자들을 통해 기독교인 박해로 알려진 막시미아누스 황제의 것으로 밝혀졌다. 발견 당시 석관은 향유로 가득 차 있었고 그 아래 시신이 누워 있었는데 안색이 창백하고 부패하지 않은 모습이었다. 현지 주교의 충고에 따라 사람들은 시신을 바다에 던졌는데, 신성하지 않은 육체가 해면에 닿자 바닷물이 분출하고 소용돌이가 쳤다고 한다.♦♦ 이 이야기의 세부적인 부분들은 분명히 조작되었겠지만, 마르세유 사람들이 도포제에 씻긴 온전한 상태의 로마인 시신을 발견한 것은 사실일 가능성이 있다. 예를 들어 1485년에 로마 근처에서 발굴된 석관을 열었을 때 로마 여성의 시신이 발

♦♦   모든 황제의 시신이 이렇게 즉각적으로 처리된 것은 아니다. 막시미아누스의 공동 황제 중 한 명이었던 콘스탄티우스 1세의 시신은 수백 년 후에 영국 요크에서 발견되었고, 에드워드 1세 왕이 왕실의 경의를 다해 다시 매장되었다.

견되었는데, 그 시신은 향기 나는 도포제로 코팅되어 있었고 완벽하게 보존되어 있었다.◆ 시신은 로마로 옮겨졌는데 로마의 모든 사람이 그 보존 상태에 경탄했다. 요컨대 막시미아누스의 묘 발굴에 관한 이야기에 좁쌀 한 톨만큼의 진실이 있을 수도 있지만, 아무도 확신할 수는 없다.[11]

　온전한 상태로 발굴된 시신 중 유일하게 신빙성 있는 황족의 시신은 산타 페트로닐라 예배당의 아래에서 발견되었다. 이는 구(舊) 산 피에트로 대성당(현 산 피에트로 대성당 자리에 4~16세기에 있던 성당-옮긴이)에 부속되어 있던 고대 후기의 영묘였다. 1458년 예배당 바닥 아래에서 대리석 관이 발견되었는데, 은을 입힌 두 개의 관에는 각각 금색 천으로 싸인 시신이 있었다. 이들은 갈라 플라키디아 황후와 그녀의 아들 테오도시우스의 유해일 가능성이 대단히 크다. 60년 후 예배당이 철거될 때, 너 많은 석관이 발굴되었다. 이들 중 금색 천으로 감싼 시신이 들어 있는 관은 황태자들의 것으로 추정된다. 가장 늦었지만 가장 중대한 발굴은 1544년에 이루어졌다. 5세기 황제 호노리우스의 첫 번째 황후 마리아의 화강암 관이 발굴된 것이다. 황후는 가운을 입고 베일을 쓴 채 금색 천으로 덮여 있었다. 그녀 옆에는 두 개의 은 궤가 놓여 있었는데 하나에는 금 그릇과 수정 그릇

◆　십자군이 비잔티움제국 황제 유스티니아누스의 석관을 열었을 때 그의 시신은 거의 온전하게 보존되어 있었는데, 아마도 이와 비슷한 방법을 사용했을 것이다.

이 가득 들어 있었고 다른 하나에는 장신구와 보석이 들어 있었다. 안타깝게도 보물은 모두 사라져 있었다. 보석들은 도둑맞거나 누군가에게 선물로 주어졌고, 금은 교황 조폐국의 용광로 속으로 사라졌다.♦♦[12]

비잔티움제국 초기 황제들은 콘스탄티노폴리스의 거룩한 사도 교회(현재는 이슬람 모스크-옮긴이)에 묻혔다. 무덤은 교회 본 건물에 붙어 있는 두 곳의 영묘에 집중되어 있었다. 둘 중 한 곳은 콘스탄티누스의 거대한 석관이 있었던 원형 건물이었고 다른 한 곳은 유스티니아누스의 묘를 중심으로 하는 십자형 구조의 건물이었다. 두 곳 다 대리석과 반암으로 제작된 관들로 꽉 찼다. 11세기 이후 거룩한 사도 교회의 영묘가 꽉 차자 새로운 황실 묘들이 '예수 판토크라토르 수도원(후에 제이렉 모스크가 됨-옮긴이)'과 '콘스탄티누스 립스 수도원(후에 페나리 이사 모스크가 됨-옮긴이)'에 들어섰다.[13]

비잔티움제국의 침략자, 십자군, 오스만제국은 순서대로 콘스탄티노폴리스의 황실 묘지들을 약탈하고 훼손하였으며 파괴했다. 거룩한 사도 교회의 영묘는 콘스탄티노폴리스 붕괴

♦♦   르네상스 이후, 황제와 관계없는 인물들의 매장지가 몇 군데 발견되었다. 1884년, 로마 외곽에서 귀족 가문의 가족묘가 발견되었다. 산산조각이 난 납골 항아리 잔해로 어질러진 바닥에서 루키우스 칼푸르니우스 피소의 장례 제단이 발견되었는데 그는 서기 69년의 내전 때 나흘간 제위 계승자였다. 더 최근에는 황금 왕관의 일부를 포함한 보석이 세르비아 지역 샤르카멘 인근에 위치한 사두정치 황제 갈레리우스의 누이의 영묘에서 발견되었다.

직후 오스만튀르크인들에 의해 철거되었다. 이후 비잔티움제국 황제들이 묻힌 수도원 두 곳은 아직 남아 있지만 모두 모스크로 바뀌었으며 그 속의 묘들은 이미 오래전에 제거되었다.◆ 1200년 동안의 웅장한 묘 중에서 고작 부서진 석관 몇 개만이 남았다.[14]

그러나 황실 묘 중에서 하나가 고고학자들에 의해 발굴되지 않은 채 남아 있었던 것으로 추정된다.◆◆ 1929년, 페나리 이사 모스크―전에 콘스탄티누스 립스 수도원이었음―가 화재로 파괴된 후 바닥 아래에서 후기 비잔티움제국 묘가 몇 개 발견되었다. 대부분은 약탈당하여 이미 비어 있었다. 그러나 단조로운 대리석 판 아래 묘 하나가 손상되지 않은 채 발견되었다. 거기에는 부패한 나무관의 못들에 둘러싸인 해골만이 담겨 있었다. 발굴자들은 매장의 조건으로 미루어보아, 퇴위를 종용당한 후 수도사로서 여생을 살았던 황제 안드로니코스 2세의 유골로 추론했다.[15]

남아 있는 시신 중 훨씬 더 놀라운 것은 성상 숭배 복원을 추진하여 동방정교회로부터 숭배받는 9세기 황후 테오도라의

◆　11세기 황제 알렉시오스 콤니노스의 시신은 원래 매장지였던 판토크라토르 수도원에서 테오토코스 파마카리스토스 교회로 이장되었다. 그러나 이후에 분실된 것으로 보인다.

◆◆　정확히 '황실'이라고 할 수는 없지만, 비잔티움의 계승국 중 하나인 에페이로스 전제 공국을 통치한 왕조의 왕족 몇 명의 무덤이 20세기 초반에 그리스 바르나코바 수도원에서 발견되었다.

시신이다. 거룩한 사도 교회의 테오도라의 묘가 파괴되었을 때 그녀의 유해는 파괴를 모면했기에 그리스로 보내져서 코르푸에 안치되었다. 매년 정교회의 승리를 기념하는 제전에서 참가자의 행렬은 그녀의 시신을 들고 이동한다. 코르푸의 방문객들은 황후에게 경의를 표할 수 있다. 적어도 황후의 시신 거의 대부분에 말이다. 전해지는 바에 따르면 테오도라의 머리는 분실되었다.

라틴어와 달리 그리스어가
진화하지 못한 이유는?

그리스어와 라틴어는 고집스럽게 복잡하고 인정사정없이 문법 규칙이 엄격하며 놀랄 만큼 장수한 언어이다. 그리스어는 3천 년 이상 살아남았고 기원전 3세기에 문어로서 처음 등장한 라틴어 혹은 라틴어에서 유래된 언어는 현재도 10억 명 이상의 사람들이 사용하고 있다. 중세 초기 이후 라틴어는 수십 가지 지역의 언어로 다양하게 분화했다. 가장 두드러지는 것이 에스파냐어, 포르투갈어, 프랑스어, 이탈리아어, 루마니아어, 카탈루냐어 및 기타 방언 등의 로망스어군이다. 이 언어들의 공통적인 뿌리와 상호 간의 차이를 보여주는 예시로서 "the man gave my book to a friend(그 남자는 내 책을 친구에게 주었다)"라는 문장을 생각해 보자.

라틴어   : homo meum librum amico dedit

이탈리아어   : l'uomo ha dato il mio libro a un amico

에스파냐어   : el hombre le dio mi libro a un amigo

프랑스어   : l'homme a donné mon livre à un ami

"man", "gave", "book", "friend"에 해당하는 이탈리아어, 에스파냐어, 프랑스어는 명백히 라틴어에서 유래되었다. 그러나 차이점 역시 명백하다. 라틴어에는 명사에 문장에서의 역할을 알려주는 격 어미가 있으므로 어순은 다소 자유롭다. homo meum librum amico dedit와 homo amico librum meum dedit는 같은 의미이다. 대조적으로 로망스어군에서는 명사에 이런 격 어미가 붙지 않으므로 단어 간의 관계는 전치사와 문장 내 위치에 의해 규정된다. 라틴어는 "the book"과 "a book"의 관계처럼 어떤 명사가 불특정 명사인지 특정 명사인지 파악하려면 문맥을 파악해야 한다. 로망스어군 언어들에는 정관사와 부정관사가 그 차이를 알려준다.[♦] 또 이 라틴어 구절은 동사를 형성하는 방법에서도 라틴어에서 파생된 언어들과 차이가 있다. 이탈리아어, 에스파냐어, 프랑스어는 영어처럼 과거 시제

♦   이탈리아어, 에스파냐어, 프랑스어의 정관사('the')는 라틴어 대명사 ille('that')에서 발달했다. 부정관사('a', 'an')는 라틴어 unus('one')에서 발전했다.

를 나타내는 조동사를 자주 사용한다.◆ 예를 들어 '과거에 준 무언가'는 something we have given이다. 그러나 라틴어는 조동사를 그리 좋아하지 않는다.

심지어 로마제국 전성기 때도 라틴어는 고정되어 있지 않았다. 다른 언어들처럼 장소, 문맥, 화자에 따라 달라졌고 다른 언어들처럼 내·외적 요소들에 의해 정해진 속도와 방법대로 지속적으로 진화했다. 변형 없이 남아 있는 라틴어의 유일한 형태는 우리가 고전 라틴어라고 부르는 인위적이고 학습된 방언이다. 이것은 본질적으로 공적인 연설문이나 웅장하고 고상한 작품들에 사용되었던 문어체를 표준으로 한다. 그러나 식자층들에게 이 표준 문어체는 언어학적 정확성의 시금석 역할을 했다. 상류층 교육은 고전 라틴어로 기록된 글을 암기하거나 모방하는 데에 기반을 두었다. 로마제국 인구의 절대다수는 그린 교육을 받지 못했음에도 불구하고—로마 성인의 10%만이 글을 읽고 쓸 줄 알았다—지식인 상류층의 권력과 특권으로 모든 곳에서 사용되는 구어체 라틴어는 고전 라틴어로 쓰인 작품들의 영향 아래에 있었다. 물론 지역에 따른 차이도 있었다. 예를 들어 히스파니아 지역의 로마인들은 심한 사투리로 악명이 높았다. 그러나 단일 조직으로 제국 전역을 장악한 귀족들이 정치와 고급 문화를 지배하는 한, 이런 차이는 상대적으로 미미했다.[1]

◆ 제시한 에스파냐어 예문에서 과거형에는 조동사를 사용하지 않았다. 그러나 완료형에는 사용한다: el hombre le ha dado mi libro a un amigo.

서로마제국의 패망으로 기존 상류층이 흩어졌다.** 여전히 식자층은 남아 있었지만 수적으로 적었고 기존 상류층보다 학식도 부족했으며 교회에 집중되어 있었다. 따라서 고전 라틴어의 중요성과 사회적 지위가 쇠퇴했다. 동시에 장거리 이동의 급격한 감소로 구어 라틴어의 지역 방언들이 통제 없이 발달하기 시작했다.

이후 몇백 년 동안 소수의 식자층만이 고전 스타일을 따르는 라틴어를 계속 배웠으므로 구어 라틴어의 다양한 방언들은 서서히 고대 라틴어에서 벗어났다. 그러나 9세기 초기, 카롤루스 대제(샤를마뉴라고도 함-옮긴이) 치세 때 이루어졌던 교육 개혁으로 인해 라틴어의 구어와 문어가 상당히 달라졌다는 것을 인식하기 전까지는 방언들도 라틴어로 간주되었다. 813년에는 교회 공의회가 지역 교회의 설교는 격식 있는 라틴어 대신 '쉬운 로마어(통속 라틴어를 의미-옮긴이)'를 사용해야 한다고 정했다. 다양한 로망스어군 방언 사이의 차이를 인식한 최초의 기록은 10세기 말에 나타난다. 교황(그레고리오 5세-옮긴이)의 묘비명에 그가 프랑스어, 이탈리아어, 라틴어를 사용했다고 언급된 것이다.[2]

로망스어군 방언들이 정통 언어로 확고히 정립된 것은

** 라틴어는 서로마제국에 속했던 지역 대부분에서 여전히 지배적인 언어였고 새 게르만족 지배층은 빠르게 라틴어를 수용했다. 그 예외가 브리타니아였다. 브리타니아에서는 장기간에 걸친 가혹한 정복으로 인해 라틴어가 고대 영어로 대체되었다. 후에 북아프리카에서는 아라비아어가 라틴어를 대신했고, 슬라브어가 발칸반도에서 라틴어를 몰아냈다.

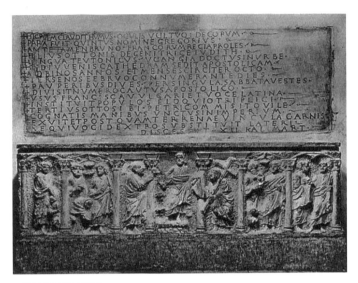

그레고리오 5세 묘비명

1000년대 접어들어서, 특히 12세기 르네상스와 함께 구어체 문학의 폭발적 발전이 이루어졌을 때였다. 라틴어는 근대 초기까지도 진지한 학술 연구에 적합한 유일한 도구로 간주되어 왔다. 그러나 지금은 확고하고도 완전한 화석 언어가 되었고 학구적인 담론에만 국한되어 사용되며 학생들의 악몽이 되었다.

만약 서로마제국이 천 년 더 살아남았다면 어떻게 되었을까? 여러 가지 정치 시나리오를 상상할 수 있겠지만, 한 가지 사실은 확실하다. 그것은 서로마제국이 끝장을 볼 때까지 라틴어를 썼으리라는 것이다. 그와 상관없이 구어 라틴어는 로망스어군의 방향으로 발달했을 것이지만, 제국의 상류층이 고전 라틴어의 표준을 계속 고수했을 것이므로 변화는 훨씬 더뎠을 것이다. 언어학적 정확성의 기준이 하나뿐이었을 테니 라틴어의 대안으로 인정받고 권위 있는 언어로 확립된 로망스어군 자체가 탄생하지 않았을 것이다.

이 사고 실험이 서로마제국보다 거의 천 년 더 살아남은 동로마제국에서 일어났다. 결과적으로 그리스어는 고대의 뿌리에서 크게 벗어나지 않은 채 유지되었다. 이것은 앞에서 살펴본 직관적인 예시 문장 "the man gave my book to a friend"로 간단히 증명할 수 있다.[3]

고대 그리스어 : ὁ ἀνὴρ ἔδωκε τὸ βιβλίον μου τῷ φίλῳ
ho anēr edōke to biblion mou tō philō
현대 그리스어 : ο άντρας έδωσε το βιβλίο μου σε έναν φίλο
o ántras édose to vivlío mou se énan phílo

고대 그리스어의 복잡한 고저 악센트는 단순한 강세 악센트로 변화했고 베타(β)는 v 소리를 받아들였다. 또 중요한 문법적 변화도 발생했다.◆ 그러나 언어의 기본 구조와 어휘는 2500년의 세월에 비해 상대적으로 변화가 크지 않았다.

그리스어의 내구성은 오랜 황실 전통에 뿌리를 두고 있다.

◆ 예를 들어 본문에서 제시한 구에서 간접목적어(내 책을 받은 친구)를 살펴보자. 고대 그리스어에서는 간접목적어는 여격 어미로 확인할 수 있다. 그러나 현대 그리스에서는 여격은 사라졌고 대신에 전치사구가 사용되었다.

알렉산드로스 대왕과 후임 황제들은 지중해 동부 전역에 그리스어를 정치와 특권의 언어로 확립했다. 로마인들은 이것을 바꾸려 노력하지 않았기에 불가리아에서 리비아까지 그리스어로 통치했다. 그리스어는 공식적인 지위에도 불구하고, 언어학적 정확성의 유일한 표준을 발전시키지는 않았다. 서기 1세기경, 정부, 상업, 서민 문학 작품(예컨대 신약 성서)은 코이네 그리스어 혹은 공통 그리스어라고 알려진 방언으로 쓰였다.♦ 그러나 웅장하고 장엄한 성격의 정통 문학은 보통 아티카 방언(아테네 근방 방언-옮긴이)으로 쓰였는데 이는 고대 아테네의 위대한 저술가들을 강박적이고 보수적으로 모방한 것이었다.⁴

비잔티움제국은 콘스탄티노폴리스에서만 그렇긴 했지만, 로마 교육 제도의 골자들을 그대로 유지했다. 즉 고대 걸작 고전들의 암기와 모방에 기반을 두었다. 구어체 그리스어는 소리기 변화하고 구문이 단순해지는 등 서서히 본모습을 잃어갔지만, 문학 작품만은 양식화된 코이네 그리스어 혹은 저술가들이 최선을 다해 시도한 아티카 방언으로 쓰였다. 고대 작품들의 도전할 수 없는 권위가 문어체와 구어체 사용의 벽이 무너지는 것을 막은 것이다.

요컨대 그리스어는 '모범적' 그리스어의 고대 패러다임을 변함없이 지지해 온 동로마제국이 그 교육 제도를 고수함으로

♦ 현대 그리스어의 거의 모든 방언은 코이네에서 파생되었다. 단 하나 예외가 있는데 고대 스파르타어의 도리스 방언의 먼 후손뻘인 차코니아 방언이다.

써 다양한 언어로 발전하지 않고 보존되었다. 그리스 정교회와 그리스 민족주의 덕분에 이 역학 관계는 비잔티움 자체보다 오래 살아남았다. 그리스어는 고대라는 과거와 중요한 관계성을 유지해 온 것이다.♦♦ 그래서 로망스어군과는 직접적인 관련성이 크지 않고, 영어와의 관련성은 더 적은 편이다. 영어의 어휘들은 반 정도가 라틴어 계열에서 유래되었다. 이는 우리가 얼마나 무의식적으로 고대에 깊이 의존하고 있는지를 보여주는 또 하나의 사례이다.

♦♦ 또 다른 비잔티움의 유산은 매일 사용하는 구어체 그리스어와 고문체 사이에 여전히 남아 있는 긴장이다. 1976년까지 그리스 정부는 모든 공식적인 소통에서 대단히 격식 있고 고전적인 그리스어를 고수했다. 그러다 보니 아주 예스럽게 들리는 신조어 일부를 보급하기도 했다. 예를 들어 τεχνητός δορυφόρος(technetos doryphoros)는 문자 자체는 '인조 창을 든 사람'이라는 의미이지만 사실 위성(satellite)을 가리키는 말이다.

그리스·로마인의
진정한 후손은 누구일까?

그리스·로마인들은 나의 선조이다. 그들은 아고라에서 소크라테스의 이야기를 들었고 알렉산드로스 대왕과 함께 인도로 진격했으며 콜로세움에서 결투하기도 했다. 그들은 순교자, 박해자, 스파르타인, 아테네인, 원로원 의원, 황제이기도 했다. 만약 좁쌀만큼이라도 유럽인의 유전자를 가지고 있다면 여러분도 마찬가지로 그리스·로마인의 후예이다.

모든 사람에게는 두 명의 부모, 네 명의 조부모, 여덟 명의 증조부모가 있으며 그런 식으로 거슬러 올라가면 이론적으로 조상은 세대마다 배가 된다. 10대에 이르면 몇 명이 될지 추산해 보면, 여러분은 1024명의 9대 조부모(조부모를 1대로 계산-옮긴이)를 두게 된다. 천 년, 즉 32대를 거슬러 올라가 보라. 여러분의 선조가 40억 명 이상임을 알게 될 것이다. 실제 기록은 이보다 훨씬 적다. 태곳적부터 인간은 정도의 차는 있지만 먼 친지와 짝을 맺어왔기 때문이다.◆ 사실상 전 인류는 성대한 근친혼 관계이다. 통계적 모형을 활용하여 우리는 모든 인류가 지난 3500년 사이에 태어난 공통의 조상을 적어도 한 명은 공유하고 있다고 추정할 수 있다. 그리고 후손을 남겼다는 전제하에, 천 년 전에 살았던 유럽인은 현존하는 거의 모든 유럽인의 조상일 가능성이 크다는 것을 유전적 표본이 말해주고 있다. 즉, 만약 여러분 가문의 누군가가 지중해 세계에 뿌리를 두고 있다면 당신은 십중팔구 그리스·로마인의 먼 사촌뻘이라는 의미이다.[1]

세계 인구의 다수가 그리스·로마인의 후손이라는 것을 아는 것과 실제로 족보를 따져 올라가는 것은 별개이다. 고대 자료에 기록된 가계도 대다수는 실제 사실이 아닌 상류층의 야망에 기반을 두고 있다. 그리스의 귀족 가문 사람들은 신과 영웅이

◆ 전문 용어로 '혈통 붕괴(pedigree collapse)'라고 한다. 인구통계학자가 20세기 중반에 태어난 영국 어린이는 15대 선조가 약 3만 1000명이라고 추정했는데, 이는 수학적으로 계산한 것보다 1000냉 성도 적다. 달리 말하면 15대 선조 중 1000명이 겹친다는 것으로, 한 혈통 이상 친족 관계이다. 30대 선조는 각 세대를 단순히 제곱하여 산출된 10억 명이 아니다. 실제로는 100만 명이다. 30대 선조 때 잉글랜드는(대략 11세기 중반) 거주민이 고작 110만 명이었는데, 이것은 이 어린이가 전체 중세 인구의 86%와 친족 관계라는 의미이다(이 어린이의 선조 중 일부는 물론 잉글랜드 외부에 살았을 것이다. 하지만 요지는 그렇다는 것이다).

자기 가문을 창시했다고 주장하곤 했다.◆ 5세기의 한 주교는 자신이 헤르쿨레스의 후예라고 자랑했다. 마찬가지로 로마 귀족들 역시 대담한 계보학자였다. 율리우스 카이사르는 거슬러 올라가면 베누스(그리스 신화의 아프로디테-옮긴이)가 자신의 조모라고 일컬었다. 그러나 자칭 신들의 후손과 신 사이의 간극 속에서 자신 있게 한 세기 이상 혈통을 추적할 수 있는 귀족 가문은 극히 드물었다. 비관적인 인구학적 현실을 보면 대부분의 가문에서 남성 계보는 금세 사라졌다. 혹여 가문이 오래 살아남았을 때도 그 가문 사람 여럿이 역사 기록에 이름을 남겼을 때만 그 사실이 증명되었다. 혈통의 유일한 단서는 이름이다.[2]

그리스인들은 공개적인 곳에서 자신의 조상들을 언급하곤 했다. 예를 들어 플라톤은 자기를 '아리스톤의 아들'이라고 말했다. 하지만 고대 그리스인들의 이름은 단출하게 이름만으로 구성되었다. 반면 로마 시민 남성은 보통 세 개의 이름을 가졌다. 그것은 프라이노멘(개인명), 노멘(씨족명), 코그노멘(가문명)을 늘어놓은 것이었다.◆◆ 이 관습이 제국 전역에 퍼져 후세의 역사가들에게 도움을 주었으나, 안타깝게도 제국이 팽창하며 이 제도가 바뀌었다. 1세기 이후부터 가문명이 개인명을 대체하여 각

◆ 이집트를 방문했던 한 그리스 역사가(헤카테우스-옮긴이)가 한번은 이집트의 사제들에게 자신의 16대 선조가 신이었으며 자신은 신의 후손이라고 했다. 그러나 이집트 사제들은 신전의 기록(족보-옮긴이)에 그렇게 최근에 신이었던 선조는 없었다는 것을 근거로 그 말을 믿지 않았다.

개인을 나타냈으며 씨족명은 중요성을 상실한 것이다. 로마제
국의 귀족 가문에서는 가문에서 유명했던 친지와 후원자들의
이름을 갖다 붙임으로써 상황을 더 복잡하게 만들었다. 한 원로
원 의원은 자그마치 38개의 이름을 붙였다.[3]

　　서쪽 지역의 원로원 귀족들 사이에서 전통적인 명명법은
6세기까지 면면히 이어졌다. 그러고 나서 모든 것이 붕괴되었
다. 수십 년간의 전투로 인해 고대 이탈리아 가문 대부분이 파괴
되었고, 다른 곳에서는 만성적인 정치 불안으로 유력 인사들이
끊임없이 교체되었다. 간신히 살아남은 가문들도 점차 고대식
이름을 포기했다. 어느 정도는 많은 사람이 새로 부상한 게르만
족 상류층의 명명 관습을 채택했기 때문이기도 하다.[ ] 그러

♦♦　　예를 들어 '가이우스 율리우스 카이사르'라는 이름에서 '가이우스'는 개인명
　　　을, '율리우스'는 율리우스 씨족의 구성원이라는 것을 가리키고, '카이사르'는
　　　'카이사르' 가문이라는 것을 의미한다(아마도 카이사르의 동시대 사람들은 그
　　　를 가이우스 율리우스 혹은 가이우스 카이사르라고 불렀을 것이다. 아주 가까운
　　　친구나 친지는 그를 가이우스라고 불렀을지도 모른다). 로마 여성들은 공적 영
　　　역에서 배제되어 공적인 인식이 크게 필요하지 않았으므로 보통 이름만을 부
　　　여받았다. 그 이름은 아버지 씨족명의 여성형이었다. 그러므로 카이사르의 딸
　　　은 단순히 율리아라는 이름을 받았다(만약 카이사르에게 딸이 두 명 있었다면
　　　'큰 율리아와 작은 율리아' 혹은 '첫째 율리아와 둘째 율리아'로 불렸을 것이다).

♦♦♦　　이 예의 주인공은 Quintus Pompeius Senecio Roscius Murena Coelius
　　　Sextus Iulius Frontinus Silius Decianus Gaius Iulius Eurycles Herculaneus
　　　Lucius Vibullius Pius Augustanus Alpinus Bellicius Sollers Iulius Aper
　　　Ducenius Proculus Rutilianus Rufinus Silius Valens Valerius Niger
　　　Claudius Fuscus Saxa Amyntianus Sosius Priscus이다. 짐작건대 그의 친구
　　　들은 그를 소시우스 프리스쿠스(Sosius Priscus)라고 불렀을 것이다.

나 더 일반적인 이유는 사람들이 자기 계보의 세세한 것까지 기념할 필요가 없어졌다는 사실이다. '멋진 신세계'인 포스트 로마 사회에서는 살아 있는 사람들의 기억에서만 자신이 귀족 가문이라는 사실을 인식시키는 것을 중요시하게 되었다.[4]

심지어 사회의 연속성이 유지되었던 갈리아에서도 계보학적 지식은 제한되었다(특히 음란한 바다 괴물의 후손이라고 주장했던 통치 왕조하에서는 더욱 그랬다). 일부 고대 씨족이 살아남았던 것은 틀림없는 것 같다. 카롤루스 대제와 고대 후기 갈리아의 로마 귀족들을 연결하고자 하는 다양한 시도가 있었다. 그러나 고대 시대가 혼란스럽게 붕괴해서 특정한 가문의 흥망성쇠를 추적할 증거가 부족하다.[5]

비잔티움에서도 마찬가지이다. 산산조각이 난 서로마제국과 달리 동로마제국이 비교적 평화와 풍요를 누리던 5~6세기 동안, 콘스탄티노폴리스는 서쪽 도시에서 온 부유한 난민들의 피난처가 되었다. 그러나 7세기의 침략과 혼란으로 인해 많은 고대 가문이 멸망했다. 나머지는 점진적으로 로마의 과거와의 관련성을 의식하지 않는 새 귀족 사회에 흡수되었다.

이후의 비잔티움 귀족들은 근대기의 여명까지 버텨왔으므로 거대 씨족들의 종말을 비교적 쉽게 추적할 수 있다. 예를 들

◆◆◆◆ 예를 들어 8세기 초 고대 이탈리아 가문 출신의 남성인 원로원 의원은 테오델린다라는 이름의 롬바르드족 여성과 결혼했다. 그들의 딸 이름은 부부의 이름을 결합하여 게르만족 이름처럼 들리는 신델린다라고 지었다.

어 비잔티움 마지막 황가의 공주는 이란 사파비 왕조 설립자의 할머니였고 그에 따라 인도의 무굴 황제들과 현대 브루나이 국왕들의 선조가 되었다.[6]

비잔티움제국의 마지막 황제인 콘스탄티누스 11세의 후손들은 학술적이든 그 외의 의미든 특별한 관심의 대상이었다. 오스만튀르크가 콘스탄티노폴리스를 함락했을 때, 콘스탄티누스 11세는 살해당했지만 시신은 발견되지 않았다. 그래서 그가 대리석상으로 변하여 동굴에 숨어 있으며 그의 백성을 구원할 날이 올 때까지 자고 있다는 전설이 생겼다. 그러나 비잔티움제국의 왕좌는 그의 앙숙이었던 친척에게 얼마 동안 이양되었다. 콘스탄티누스의 형제 중 한 명은 사도 안드레아의 머리를 교황에게 바침으로써 교황의 환심을 사려고 애쓰다가 로마에서 인생을 마쳤다. 콘스탄티누스의 조카딸 중 한 명은 러시아의 모스크바 대공 이반 3세와 결혼했다(이반 뇌제가 그녀의 손자이다). 그러나 비잔티움의 적법한 계승자로 여겨진 사람은 마지막 황제의 조카 중 장남인 안드레아스 팔레올로고스였다. 그러나 그의 통치는 수치로 끝났다. 교황에게 제명당한 안드레아스는 오합지졸의 가신들과 함께 떠돌아다니며 후견인을 간절히 구했고 결국 자신의 제위 계승권을 프랑스 왕(샤를 8세-옮긴이)에게 팔기에 이르렀다. 프랑스 왕이 약속을 지키지 않자, 안드레아스는 제위 계승권을 되찾은 후 그것을 히스파니아의 왕에게 넘겼다. 그러나 사실상 비잔티움제국 황실의 계보는 1502년 그의 죽음

과 함께 끊겼다.*7

 현대인은 콘스탄티노폴리스의 패망으로부터 20세대, 서로마제국의 멸망으로부터 약 50세대, 율리우스 카이사르로부터 70세대, 소크라테스로부터 80세대쯤 떨어져 있다. 이 눈금자 위에서 유전이란 무의미하다. 그 누구도 고대 그리스인이나 로마인의 후예라고 주장할 만한 특별한 권리를 가지고 있지는 않다. 그러나 우리는 모두 원하든 원치 않든 그리스·로마인들의 지혜와 어리석음을 물려받았다. 이 유산을 이해하고 수용한다는 의미에서 우리는 그들의 후예이다.

◆　패망 전에 타국 황실과 결혼한 덕분에 서유럽에는 비잔티움제국의 혈통이 충분히 전파되었다. 1197년, 비잔티움제국의 황녀인 이레네는 게르마니아 왕인 필립과 결혼했다. 그들의 딸 중 한 명은 보헤미아의 왕과 결혼했고 그 후손들이 합스부르크 왕가와 브란덴부르크 왕가에 합류했다. 필립 왕과 이레네의 딸 중 한 명은 카스티야 왕국 왕족의 조상이 되었으므로 스페인, 포르투갈, 프랑스, 영국 군주들의 조상이기도 하다. 마찬가지로 1284년 비잔티움 황제 안드로니코스 2세는 이탈리아 귀족 여성인 '몬페라토의 욜란데'와 결혼했다. 그들의 아들 중 한 명은 이탈리아로 돌아와 몬페라토 후작이 되었다. 그의 왕조의 남성 계보는 16세기에 끊겼지만, 이전 세대들이 다양한 귀족 가문과 결혼함으로써 이탈리아 왕족의 조상들이 되었다. 그리스 왕국의 (독일계) 초대 국왕 오톤 1세는 13세기 황녀를 통해 이어진 두 비잔티움제국 황실 가문의 후예였다.

저자 음, 그러니까 여러분은 그리스·로마 역사에 관한 속성 강좌를 찾는 거군요?

독자 네, 그렇다고 할 수 있죠.

저자 자, 가상의 독자여, 이 광대한 이야기를 최대한 짧게 요약해볼 테니 출발 준비하세요. 누가 무엇을 했고, 왜 그것을 했고, 그것이 중요한지 어떤지 얘기해 봅시다.

그리스인 이야기

독자 음, 그러니까 그리스인들이 왜 그렇게 중요한 거죠?

저자 2500년 전에 번영했던, 서로 티격태격했던 도시국가들의 행위와 기록들을 왜 오늘날의 우리가 여전히 연구하느냐는 의미인가요?

바로 그거예요.

—— 간단히 말하면, 수백 년간 문화적 엘리트들이 그리스의 유산이 중요하다고 정한 거지요. 서구 전통의 계승자이자 관찰자인 우리는 그들을 따르곤 합니다. 그리스인이 중요한 역사적 이유는 수도 없이 많겠지만 주요 이유로는 그리스인들이 세대를 뛰어넘는 문학의 고전·명작들과 인상적인 철학적·정치적 관념을 다수 남겼다는 거예요. 사실 '정치의(political)'라는 단어도 그리스어 폴리스(polis)에서 왔어요.

폴리스가 무엇인가요?

—— 폴리스는 시민을 위해, 시민에 의해 통치되는 도시국가예요. 여기서 '시민'이란 정치·군사적 계급을 형성하는 자유인 성인 남성을 의미합니다. 일반적인 폴리스는 규모는 상당히 작았지만(많은 폴리스가 1000명 이하의 시민으로 구성됨) 모든 폴리스는 자치를 염원했어요. 그 결과로 그리스 사회는 서로 경계하고 견제하는 작은 도시국가 수백 개로 나누어졌지요. 이런 분열 상태는 끝없는 충돌과 군소 전쟁을 유발했습니다. 그러나 동시에 경쟁과 창의성, 혁신을 촉진하기도 했지요.

아, 멋지네요. 가장 중요한 폴리스는 어디였나요?

—— 끊임없는 패권 다툼이 있었기에 시간이 흐르면서 영향력 있는 폴리스는 계속 바뀌었습니다. 페르시아 전쟁 전 몇십 년간은 스파르타가 적어도 그리스 본토에서는 가장 큰 영향력 있는 도시국가였어요.

스파르타가 성공적일 수 있었던 이유는 무엇인가요?

—— 스파르타 역사 초기에 스파르타인들은 광활한 영토를 정복하고 거주민 대부분을 효과적으로 노예화했어요. 그래서 노동에서 해방되었고, (노예들의 수가 스파르타인의 수보다 훨씬 많았기에) 스파르타인들은 고대 그리스의 가장 뛰어난 군인이 될 수단, 동기, 기회를 겸비한 거죠.

아테네는 어땠나요?

—— 스파르타처럼 아테네도 크고 부유하고 강력한 폴리스였습니다. 그러나 이것 외에는 유사성이 없었어요. 스파르타는 산골짜기에 위치했고 아테네는 바다에 인접한 도시였습니다. 스파르타인들은 상업을 꺼렸고 아테네인들은 상업으로 먹고살았죠. 스파르타는 보수적으로 과두 정치를 고수했지만, 아테네는 급진적 민주주의를 발전시켰어요. 이해하시겠지요? 그러나 서로의 차이에도 불구하고 아테네인들과 스파르타인들은 때때로 견고한 동맹을 맺기도 했어요. 그리스 역사상 가장 큰 위기였던 페르시아 전쟁 중의 동맹이 가장 유명하지요.

다음 질문이 뭔지 알고 계신 것 같네요.

—— 페르시아 전쟁 때 무슨 일이 있었냐는 거죠? 기원전 490년, 페르시아의 왕 중의 왕 다리우스가 아테네를 공격했어요. 그러나 아테네가 마라톤 전투에서 페르시아 원정군을 대패시켜서 모두가 깜짝 놀랐죠. 10년 후, 다리우스 왕의 아들 크세르크세스의 진두지휘하에 페르시아군이 돌아왔어요. 그때까지 보았던 것 중에서 가장 거대한 군대 앞에 많은 그리스 도시국가가 굴복했지요. 하지만 아테네와 스파르타가 이끄는 동맹은 저항하기로

결정했습니다. 스파르타 왕 레오니다스가 지휘한 소규모 연합군은 테르모필레 협로에서 페르시아군을 저지하는 데에는 실패했어요. 그러나 몇 주 후에 아테네인들이 이끈 해군은 살라미스 전투에서 페르시아 함대를 격파했고, 이 사건이 전쟁의 흐름을 바꾸었어요. 연합군은 다음 해에도 페르시아군을 무찔렀지요. 이 승리 이후 아테네인들은 전례 없는 황금시대를 맞이했고, 이를 우리는 '고대 그리스 시대(대문자 C로 시작하는 Classical period)'라고 부르는 시대로 구분짓습니다. 페르시아 전쟁과 알렉산드로스 대왕의 죽음 사이의 약 150년간을 가리키는 것이죠.

아테네의 황금시대가 왜 그렇게 중요한가요?

——— 왜냐하면 고대 아테네가 우리가 고대 그리스 하면 떠올리는 대부분의 문화 업적 중심에 있거든요. 비극은 인간 내면의 동기와 신의 무관심을 탐구하는 정교한 예술 형태가 되었지요. 석공의 아들이자 오랫동안 백수였던 소크라테스의 등장과 함께 철학이 인간의 윤리와 지식에 관한 질문에 새로운 빛을 비추기 시작했고요. 조각은 파르테논의 대리석 부조에서 정점에 달했습니다. 이들 못지않게 중요한 것은 페르시아 전쟁에 관한 광대한 이야기를 담은 진정한 의미의 첫 역사서가 온건하고 중립적인 시각을 가진 헤로도토스에 의해 집필되었다는 것이지요.

어떻게 아테네인들은 그렇게 많은 업적을 달성할 수 있었나요?

——— 가장 원초적인 수준으로 답하자면, 그들은 돈과 시간이 있었기 때문입니다. 페르시아 전쟁 후 아테네인들은 에게해를 중심으로 하는, 작지만 돈이 되는 제국을 건설했어요. 종속 도시들로부터 들어오는 수입은 직접 민주주의의 발전을 위한 자금줄이

되었죠. 직접 민주주의하에서는 모든 남성 시민의 참여가 허락되고 또 요구되었어요. 뛰어난 정치가이자 연설가였던 페리클레스의 지도하에 자금력을 모아 파르테논 신전을 건설했고, 그 자금력은 다시 그리스 세계의 구석구석에서 야심에 찬 지식인들을 끌어들였지요.

그 시기에 스파르타인들은 무엇을 했나요?

—— 그들은 노예들을 짐승처럼 부리며 지냈어요. 또 아테네인들에게 앙심을 품고 있었죠. 스파르타인은 아테네인을 늘 경쟁자로 생각해왔어요. 아테네의 세력이 커짐에 따라 스파르타의 불안도 커졌습니다. 페르시아 전쟁 승리 후 수십 년간 상호 불신이 점점 강해져 냉전으로 치달았지요. 아테네와 스파르타 사이의 불가피하고 공개적인 갈등은 기원전 431년에 발발했습니다. 우리가 펠로폰네소스 전쟁이라고 부르는 전쟁이에요.

왜 펠로폰네소스 전쟁이 중요한가요?

—— 이 전쟁으로 인해 아테네제국(델로스 동맹을 기반으로 함―옮긴이)이 멸망했고 단연코 최고의 고대 역사가인 투키디데스의 작품에 영감을 주었으니까요. 원래 투키디데스는 아테네의 장군이었는데, 펠로폰네소스 전쟁의 잔혹성과 대가가 어마어마하게 커지는 것을 차분하고 정확한 시각으로 추적했습니다. 그는 참패로 끝난 아테네의 시칠리아 정복 시도를 기술할 때까지는 생존했으나 스파르타가 페르시아로부터 돈을 받아 함대를 구축하고 아테네제국을 해체한 마지막 몇 년에 관한 이야기를 남기기 전에 죽었습니다. 전쟁은 사실상 기원전 405년, 스파르타의 제독이 쓸쓸한 해변에서 마지막 남은 아테네의 해군들을 처형함으로

써 끝났습니다.

스파르타는 얼마나 오래 그리스를 지배했나요?

—— 고작 수십 년이었어요. 이류 폴리스였던 테베의 장군인 에
파미논다스는 스파르타의 군대를 격파하고 노예들을 해방합니
다. 그러나 그는 입지를 강화하기 전 전투에서 전사하게 되고 이
는 권력의 공백을 가져오죠. 그 공백은 재능과 야심을 겸비한 마
케도니아 왕국의 왕 필리포스 2세에 의해 메워집니다.

수많은 이름을 툭툭 던지셨네요. 마케도니아인들은 누구인가요?

—— 광대하지만 통치 왕가가 없었던 무정부 상태의 왕국을 지배
했던 북부 지방의 그리스인입니다. 필리포스 2세는 왕국을 통일
하고 남쪽에 위치한 그리스 도시국가들의 일에도 과단성 있게
개입한 첫 마케도니아 왕국의 왕이었습니다. 그가 죽을 때 즈
음, 마케도니아는 명백하게 그리스에서 가장 세력이 큰 국가였
습니다.

필리포스 2세는 어떻게 큰 영향력을 발휘할 수 있었나요?

—— 수완 좋은 외교관이었던 것도 있지만, 주된 이유는 마케도
니아 팔랑크스(장창을 든 보병들을 고슴도치처럼 빽빽하게 밀집시킨 군
사 대형-옮긴이)라는 새로운 군사 대형을 발전시켰기 때문입니다.
수백 년간, 그리스 도시국가들의 군대들은 장갑 보병 팔랑크스,
즉 둥근 방패와 2.4m 길이의 창을 든 중장보병들을 밀집시킨 대
형을 구사해 왔습니다. 필리포스 2세는 이와 유사하게 부대원들
을 운집시키되 5.5m 길이에 달하는 장창으로 무장시켰어요. 첫
다섯 열의 군사들이 든 창은 대형의 앞쪽으로 길게 돌출되었지

요. 적군이 이 철벽을 돌파하려고 분투하는 동안, 뛰어난 마케도니아 기병대가 적군의 진영에 생긴 허점을 찔렀습니다.

필리포스 2세는 어떻게 되었나요?

—— 필리포스 2세는 아테네와 테베의 군대를 섬멸하고 페르시아제국을 향한 대대적인 원정을 계획하기 시작했습니다. 그러나 준비를 마치기 전에 암살당하고, 마케도니아의 왕좌와 페르시아 원정의 과업을 아들인 알렉산드로스(후에 세계를 정복한 알렉산드로스 대왕을 의미함–옮긴이)에게 남겨두게 되지요. 알렉산드로스는 허스키한 목소리와 특이한 색의 눈을 가진, 키가 작고 다부진 스무 살 청년으로 아시아 정복의 꿈을 꾸고 있었어요.

알렉산드로스는 어떻게 위대한 왕이 되었나요?

—— 그는 매우 드물고 위험한 사람이었죠. 군사 천재였으니까요. 알렉산드로스는 기원전 334년에 페르시아 침략을 시작합니다. 1만 6000km 이상을 뒤덮는 10년 동안의 원정 과정에서 그는 페르시아의 어마어마한 규모의 군대, 중앙아시아의 기마 유목민, 인도 왕의 전쟁 코끼리 등과 싸웠지만 패배하지 않았지요. 그 여정에서 후대 전기 작가들의 좋은 이야깃거리가 되는 일화들을 남겼습니다. 여러 모험 중에서도 그의 우상이었던 아킬레우스의 무덤 주위를 벌거벗고 뛰어다녔고, 술에 취한 채 페르시아의 수도를 태워 잿더미로 만들었으며, 인도에서 화살을 폐에 정통으로 맞은 것이 잘 알려져 있습니다. 원정이 모두 끝났을 때 31세의 알렉산드로스는 불가리아에서 파키스탄까지 펼쳐진 제국의 주인이 되었어요. 그러고 나서 새로운 원정을 계획하던 때 그는 갑자기 알코올 중독과 말라리아로 인해 급사했습니다(믿거

나 말거나 고대 음모 이론에 의하면 아리스토텔레스에게 독살당했지요).

알렉산드로스 대왕의 사후에 어떤 일이 일어났나요?
—— 알렉산드로스의 장군들이 지배권을 두고 한 세대가 넘는 시간 동안 분쟁하느라 제국이 분열되었습니다. 그들이 벌인 전쟁의 흔적이 마침내 정리되자 극심한 변화를 겪은 그리스 사회는 엄청나게 확장되어 세 개의 주요 왕국과 끊임없이 변화하는 군소 국가들이 난립하는 상태가 되었고, 알렉산드로스가 사망한 때부터 동지중해 지역을 로마가 흡수할 때까지의 시기를 일컫는 헬레니즘 시대가 시작되었지요.

알렉산드로스 대왕과 같이 세계 정복을 꿈꾼 헬레니즘 시대 왕은
없었나요?
—— 모든 헬레니즘 시대 왕이 알렉산드로스를 모방하려고 시도는 했지요. 하다못해 헤어스타일을 모방하거나 신성을 자처하는 정도라도요. 그러나 정복자 알렉산드로스의 경력처럼 원대한 것을 시도한 사람이 몇 명 있긴 합니다. 가장 주목할 만한 인물은 북부 그리스에 있던 작은 왕국의 지배자였던 피로스입니다. 피로스는 강인한 오른팔(그가 휘두른 칼에 단번에 사람이 두 동강 난 적도 있다고 함)과 거침없는 전투 코끼리 군단과 과도한 야심의 소유자였습니다. 남부 이탈리아의 그리스 식민지들이 자칭 로마인이라는 야만인들로 인해 골치를 앓고 있다는 소식을 알게 되었을 때, 그는 서쪽에서 알렉산드로스 대왕처럼 원정을 시작하기로 결단했습니다.
그래서 어떻게 되었나요?
—— 순조롭지 않았습니다.

우리는 로마의 초기 역사에 대해 얼마나 알고 있을까요?

—— 원하는 것보다 훨씬 조금 알고 있을 거예요. 로마인은 그들의 도시가 마르스 신과 이탈리아의 공주 사이에서 태어난 쌍둥이 로물루스와 레무스에 의해 창건되었다고 주장합니다. 이들이 태어나자마자 사악한 숙부는 물이 불어난 티베르강 옆에 버려서 죽이려고 합니다. 하지만 이들은 암컷 늑대의 돌봄과 양치기의 양육을 받으며 건장한 성인으로 성장한 후 숙부를 타도했습니다. 그러고 나서 젊은 영웅들은 암컷 늑대가 그들에게 젖을 먹이던 곳에 로마라는 도시를 세웠지요.

음……. 실제로는 무슨 일이 일어났나요?

—— 로마는 티베르강의 수심이 얕은 곳, 무역로의 천연 횡단 지점이 되는 곳에서 성장했습니다. 강 유역의 습지에서 솟아오른 유명한 일곱 언덕은 요새화하기에 용이하여 인근 시골 지역에서 정착민들을 유인했지요. 기원전 8세기 동안 일곱 언덕 위 마을들은 더 큰 정착촌을 형성하게 되어 이탈리아 중부의 가장 중요한 도시 중 하나로 급성장했습니다. 기원전 500년 즈음, 이 성장하는 도시의 귀족들이 왕을 타도하고 새로운 정부를 건설했으니 그것이 공화정이었습니다.

공화국은 어떻게 운영되었나요?

—— 민회와 선거 제도가 있었지만 로마 공화정은 항상 상류층에 의한, 상류층을 위한 정부였습니다. 모든 정치 제도가 부유층에게 권력을 공유하고 경쟁할 기회를 주기 위해 설계되었지요.

기원전 4세기경, 최고 지도자는 두 명의 집정관이었습니다. 이 남성들은 정부를 주관했는데, 정부의 거의 모든 직위는 1년 임기(1년에 한 번 선출)였고 합의체(현직자 다수의 합의에 의해 운영)였습니다. 이는 일부 야심가들의 권력을 제한하기 위해서였습니다. 사실상의 권력은 300명의 의원으로 구성된 자문위원회인 원로원에 부여되었는데 원로원 의원은 종신직이었으며 모든 요직을 맡았지요.

로마 공화국은 어떻게 그렇게 강력해졌나요?

── 로마 귀족들은 명성, 특히 군사적 성공으로 부여받는 명성을 얻기 위해 끊임없이 싸웠습니다. 그래서 거의 매년 군단을 이웃 지역 정벌에 동원했습니다. 후대의 로마 저술가들에 따르면 늘 그들이 이겼지요. 이 승리는 이전의 적들을 로마의 정치와 군사 제도 안에 통합하는 로마의 관습에 의해 견고히 지켜졌습니다. 즉, 피정복 도시의 상류층에게는 로마 시민권을 부여했고 그들의 군대는 '동맹'이라는 이름하에 군단과 함께 편성했습니다. 이 정책으로 로마 공화국은 영향력 있는 지방 지지자들을 확보하고 거대한 인력을 비축해 둘 수 있었습니다. 정복과 동화 정책에 탄력이 붙자, 로마군은 더 넓게 더 멀리 세를 확장해갔습니다. 기원전 3세기 초반에 그들은 이탈리아 남부의 그리스 식민지들을 위협했습니다. 앞에서 언급했던 피로스 왕과 그의 전투 코끼리들이 여기서 등장하지요.

피로스 왕이 패배했다는 건 알겠어요. 어떻게 로마군은 그를 패배시킨 거죠?

── 로마의 군단들(과 그들과 함께 행진하는 동맹군 부대들)은 기본

적으로 창과 단검으로 무장한 중장 보병으로 구성되어 있었어요. 전장에서는 보병 60명 혹은 120명을 묶어서 배치했어요. 거친 지형에 적합한 느슨한 대형으로 배열하기도 하고, 피로스 왕이 사용한 마케도니아 스타일의 팔랑크스로 완전히 포위하기도 했지요. 세 번의 고된 전투 끝에 피로스 왕은 남은 군사들과 후퇴했습니다. 우승 기념으로 로마군은 이탈리아 남부를 흡수했고, 로마 공화국의 국경은 저 멀리 떨어진 부유한 카르타고제국까지 뻗어나갔습니다.

다음 질문의 힌트를 주셨네요. 카르타고인들은 어디에서 온 건가요?

—— 오늘날의 튀니지에 위치했던 도시 카르타고는 페니키아(오늘날의 레바논)의 정착민들이 건설한 도시였습니다. 해상무역으로 부유해진 카르타고인들은 북아프리카 해안 대부분과 히스파니아 남부, 시칠리아 서부를 포함하는 상당히 큰 규모의 제국을 건설했습니다. 수백 년간 로마와 카르타고는 우호적인 관계를 유지했습니다. 그러나 시칠리아에서 정치적 이해관계가 충돌하자 대립이 불가피했지요.

로마군과 카르타고군이 결국 충돌했을 때 무슨 일이 일어났나요?

—— 수십 년에 걸친 잔혹한 갈등을 우리는 제1차 포에니 전쟁이라고 합니다. 속성 강좌의 목적상 중요한 건 결과이니 결과만 말씀드리면 로마가 이겼습니다. 전투 과정에서 로마는 첫 해군을 창설했고 시칠리아를 얻어 로마의 첫 속주로 삼았지요.

한니발은 언제 등장하나요?

—— 한니발은 제1차 포에니 전쟁 당시 카르타고 최고의 장군의

아들입니다. 로마의 구전에 따르면, 전쟁 후에 이 장군은 재능 많은 아들을 로마 공화국의 확고한 적으로 키웠습니다. 기원전 218년, 한니발은 전투 코끼리 37마리와 군대를 이끌고 히스파니아에 건설한 카르타고 속주에서 동쪽으로 행군하여 제2차 포에니 전쟁을 일으켰습니다. 그는 소대들과 전투 코끼리들을 이끌고 눈으로 덮인 알프스산맥을 넘어 로마 공화국이 휘청거릴 정도로 로마군을 무찌르기 시작했습니다. 그의 가장 위대한 승리라고 할 수 있는 칸나에 전투에서는 로마군과 동맹군을 총 5만 명 섬멸했습니다.

왜 로마 공화국은 이 재앙들 후에도 붕괴하지 않았나요?

—— 로마 귀족이 항복하기를 거부했고 로마의 동맹군 대부분은 여전히 충성을 다했습니다. 노련한 장군이자 정치가였던 파비우스 막시무스는 로마인들에게 한니발을 패배시키는 유일한 방법은 소모전을 통해 한니발의 군대를 지치게 하는 것이라고 조언했습니다. 이 전략이 채택되어 서서히 한니발을 이탈리아 남부로 몰아갔지요. 그러는 동안, 스키피오라는 로마의 젊은 장군이 히스파니아의 카르타고 식민지를 함락하고 카르타고 본국을 공격하는 등 공세를 취했습니다. 한니발은 서둘러 본국으로 돌아갔지만 자마 전투에서 패배했어요. 카르타고인들은 제국을 빼앗겼고 로마가 서지중해의 주인이 되었지요. 다음 반세기 동안 로마 공화국은 전쟁마다 이기며 승승장구했습니다. 특히 동쪽 지역에서 로마 군단들은 위대한 헬레니즘 왕국들을 수차례 능욕했지요. 기원전 146년에 정점에 이르렀는데, 그리스와 카르타고의 심장부가 모두 로마의 속주가 되었습니다.

로마 공화국이 그렇게 승승장구했다면 왜 다음 세기에 불안정해졌
나요?

───── 부분적으로, 너무 빠른 속도로 팽창했기 때문이었어요. 상
류층이 속주를 잘 다스리는 것보다는 자기 부를 축적하는 데 훨
씬 더 관심이 많기 때문에 속주들의 관리가 잘 이루어지지 않
았습니다. 노예를 노동력으로 쓰는 거대한 부지(농장 및 광산-옮긴
이)의 증가와 그 외 요소들 때문에 빈곤한 소작농들이 로마로 유
입되었고 이들은 군단병이 되었어요. 그들은 자기 소유의 토지
도 자원도 없었기에 사령관들이 주는 급여에 의존할 수밖에 없
었지요. 위기 시에 그들이 로마 공화국 자체보다 그들의 장군에
게 더 충성을 다한 것은 놀랄 일이 아니었어요. 다음 세기에 빈
발한 내전들은 사병화된 군대에 의해 발생했지요.

그 내전들은 무엇을 위한 전쟁이었나요?

───── 지도층의 경쟁 그 이상도 이하도 아니었습니다. 제국 전체
에 이르는 규모로 일어났고 수만 명의 인명이 희생되었지요.

율리우스 카이사르와 폼페이우스는 어떻게 역사 무대에 등장하나요?

───── 폼페이우스는 군사 영웅이었습니다. 지중해의 해적을 토벌
하고 근동 지역 대부분을 로마 통치하로 가져온 것으로 유명했
지요. 율리우스 카이사르는 로마 정계에서 민중의 대변자로 명
성을 얻었습니다. 그의 인기는 집정관이 되는 데 도움이 되었지
요. 그러나 그가 급성장하자 강력한 정적들이 생겨서 위험한 부
채를 남기기도 했습니다. 이 둘로부터 자신을 보호하기 위해 카
이사르는 폼페이우스, 그리고 어마어마한 부호인 원로원 의원
크라수스와 동맹을 맺습니다. 이 동맹은 카이사르를 로마 정계

에서 함부로 건드릴 수 없는 권력자로 만들었고 갈리아 남부에 있던 작은 속주의 총독직을 확보해 주었습니다. 이를 기반으로 그는 북쪽의 부족들과 전쟁을 일으켰고, 명석하고 피비린내 나는 군사 작전을 계속하여 갈리아 전 지역(대략 오늘날의 프랑스)을 정복하기에 이르렀습니다. 그러고 나서 그는 관심을 이탈리아로 다시 돌렸는데 폼페이우스와의 전쟁으로 치달을 조짐이 슬슬 나타났지요.

왜 폼페이우스와 카이사르는 전쟁을 하게 되었어요?

—— 상호 불신 때문이었죠. 카이사르의 권력과 명성이 자신을 가리고 있다는 것을 깨달은 폼페이우스는 원로원의 카이사르 적대파들과 동맹을 맺었어요. 이렇게 또 내전이 시작된 거죠. 그러나 카이사르의 백전노장들은 파르살루스 전투에서 폼페이우스 군대를 격파했고 폼페이우스는 그 직후에 살해당했습니다. 비록 카이사르는 3년간을 폼페이우스 지지파들이 일으킨 반란을 진압하느라 보내야 했지만, 바야흐로 로마 사회의 주인이 되었지요. 그는 원로원이 자신을 종신 독재관으로 선포하도록 했고 그가 꿈꾸어 온 일련의 계획들(통화 개혁, 시민권 확대, 사법 개혁, 식민지 정책 등 다수—옮긴이)을 실현하는 데 착수했습니다. 그러나 너무 빨리 너무 많은 것을 바꾸려고 시도했기에 한 무리의 원로원 의원들에게 암살당했습니다.

음, 제 생각에는…… 또 내전이 뒤따랐겠네요?

—— 당연히 그랬습니다. 카이사르는 유언장에서 병약한 19세 학생 신분의 옥타비아누스를 양자로 삼았습니다. 옥타비아누스는 카이사르의 누이의 손자입니다. 카이사르라는 이름의 마력과

방해하는 모든 자를 파멸시키겠다는 불굴의 의지로 옥타비아누스는 로마 정치계의 거물로 부상했습니다. 초반의 갈등 후에 옥타비아누스는 실질적으로 유일한 경쟁자이자 카이사르의 부하였던 마르쿠스 안토니우스와 동맹을 맺었습니다. 거의 10년간, 이 두 남자는 로마 사회를 나눠 가졌습니다. 옥타비아누스는 이탈리아와 서부의 속주들을 장악했고 안토니우스는 동쪽 지방을 지배했지요. 거기서 안토니우스는 이집트의 매혹적인 여왕 클레오파트라와 사랑에 빠졌습니다. 결국 예견할 수 있듯이 가장된 평화는 전쟁을 불러왔습니다. 옥타비아누스는 역사적인 악티움 해전에서 안토니우스·클레오파트라와 교전했고 승리했습니다. 이집트는 로마제국에 합병되었고 누구도 대적할 수 없게 된 옥타비아누스는 로마로 개선했습니다. 곧이어 그는 원로원에 새 칭호로 영광을 기려달라고 요청했지요. 새 칭호는 아우구스투스('존엄한 자'라는 의미—옮긴이)였습니다.

아우구스투스는 로마제국의 첫 황제지요?

—— 네, 그렇습니다. 그는 카이사르가 노골적으로 권력을 휘두르다가 암살당했다는 것을 기억해서, 원로원에 자문을 구하는 쇼를 하기도 하고 팔라티노 언덕의 화려하지 않은 저택에서 살기도 했으며 자신을 복귀된 공화국의 '제1 시민'으로 칭하기도 했습니다. 그러나 공화정을 유지한다는 허울 뒤에서 아우구스투스와 그의 자문자들은 전제 군주제를 확립하고 있었어요. 이는 거대한 상비군에 의해 뒷받침되어 원로원 의원들이 대행하여 다스리던 속주들에 나타났지요(기존 원로원 의원들이 통제하던 속주들은 그대로 두었으나, 아우구스투스는 황제 속주를 창설하고 직접 총독을 임명함—옮긴이). 제위 계승 문제가 끊이지 않았고 황제들과 군

단들의 관계 또한 아슬아슬했습니다. 이처럼 이 제도에 약점이 없는 것은 아니었지만 꽤 오래 지속되었습니다. 로마 황제들은 1500년을 통치했지요.

아우구스투스 가문은 얼마나 오래 로마제국을 다스렸나요?

—— 아우구스투스 사후 50여 년 동안 지속되었어요. 후임 황제들은 정말 괴짜들의 행진이었어요. 아우구스투스의 양자이자 계승자였던 티베리우스는 정치에 필요한 인내심이 거의 없었고 후에는 카프리섬의 저택에서 은둔했어요. 다음 황제인 칼리굴라는 과대망상증 환자였지요. 그 후계자인 학구적인 황제 클라우디우스는 조카딸과 결혼하기 전에 브리타니아 영토 대부분을 정복한 것을 떠들썩하게 홍보했죠. 결혼 상대인 조카딸은 이전 결혼에서 낳은 10대 아들이 있었는데 그가 바로 네로입니다.

왜 네로 황제는 그렇게 악명이 높은가요?

—— 폭군의 이름에 걸맞게 그는 성정이 아주 난폭했어요. 직계 가족만 보더라도 그는 자신의 어머니를 처형했고 첫 번째 부인이 자살하도록 종용했어요. 그러나 우리는 네로 황제를 망상증적 기행으로 기억하는 경향이 있습니다. 그는 자신이 뛰어난 운동선수이자 배우라고 확신했어요. 그래서 공공 제전에서 실력을 겨루었고 급기야 올림피아 경기대회에까지 나갔지요. 올림피아 경기에서 그는 심판들을 협박하여 자신이 출전한 모든 경기에서 일등상을 차지했습니다. 낭비벽도 그에 못지않았어요. 화재로 인해 로마의 많은 부분이 파괴된 뒤에 네로 황제는 도시 정중앙에 엄청난 규모의 황금 궁전을 건설했습니다. 결국 원로원과 군단들이 그에 대항하여 반란을 일으켰습니다. 네로는 "내 속의 위대한

예술가가 죽는구나"라고 탄식하며 자살했습니다.

네로 황제가 죽은 후에 무슨 일이 일어났나요?

—— 물론 내전이었습니다. 네로 황제가 자살하고 나서 1년 후
인 서기 69년은 '네 황제의 해'로 알려져 있죠. 이 황제들 중 세
명에게 그해는 매우 불쾌하게 마무리됐죠. 그러나 마지막 한 명,
베스파시아누스라는 명장은 새 왕조(플라비우스 왕조-옮긴이)를
세울 수 있었어요. 베스파시아누스의 장남(제10대 황제 티투스를
의미함-옮긴이)은 모두에게 사랑받았고요. 그러나 차남(제11대 황
제 도미티아누스-옮긴이)은 그렇지 않았고 결국 암살당했습니다.
'5현제(네르바, 트라야누스, 하드리아누스, 안토니누스 피우스, 마르쿠스
아우렐리우스-옮긴이)'라고도 불리는 다섯 명의 유능한 황제 중 첫
번째 황제가 그의 뒤를 이었습니다. 이들은 로마제국을 권력과
번영의 전성기로 이끌었어요.

로마제국의 영토가 가장 넓었던 때는 언제인가요?

—— 5현제 중 두 번째 명군인 트라야누스 치세 기간입니다. 다
키아(오늘날의 루마니아) 정복 후, 트라야누스는 오늘날의 이라크
와 이란을 중심으로 하는 광대한 동방 왕국인 파르티아 침략에
나섰어요. 그는 메소포타미아의 고대 도시들을 정복하고 페르시
아만으로 남하했는데 인도까지 이르렀던 알렉산드로스 대왕의
궤적을 따르려는 꿈을 품었지요. 그러나 후방에서 반란이 일어
나 그의 환상을 앗아갔고 그의 계승자인 하드리아누스는 동방의
새 영토에서 물러났습니다.

로마제국 전성기는 얼마나 오래 지속되었나요?

—— 2세기 후반까지 로마제국은 당할 자가 없어 보였어요. 2000개의 속주 도시들은 번영했고, 로마 군단은 스코틀랜드와 수단의 습격자들을 격퇴했습니다. 인도 남부의 시장에는 로마의 주화들이 넘쳐흘렀어요. 중국 한나라 궁정의 사대부들은 서쪽 바다를 지배하는 강대한 왕국에 관한 보고서를 쓸 정도였지요.

그 후에는 어떻게 되었죠?

—— 역병과 야만인들이 차례로 공격했죠. 마르쿠스 아우렐리우스 치세 기간에 끔찍한 역병(천연두로 추정)이 동쪽 지역에서 유입되어 수백만 명의 사망자가 발생했어요. 약탈을 일삼는 게르만 부족들이 북쪽 변경을 침입했고요. 마르쿠스는 중앙 유럽의 숲과 산지로 몇 차례 원정을 갔지만 부족들을 평정하기 전에 그는 죽었고 쓸모없는 아들 코모두스에게 제국은 넘어가지요.

코모두스가 그리 명군은 아니었던 것 같네요.

—— 네, 맞아요. 북쪽 지역 전쟁을 포기한 코모두스는 로마로 돌아와서 검투사 환상에 탐닉했어요. 12년의 악정 끝에 그는 자신의 트레이너에게 교살당했습니다. 내전이 또 뒤따랐죠. 최종 승자(셉티미우스 세베루스로 세베루스 왕조를 건립—옮긴이)는 북아프리카에서 온 장군이었는데 아주 가혹했지만 수완은 뛰어났죠. 그가 세운 왕조의 황제들은 그리 훌륭하지 않았어요. 한 명(카라칼라 황제—옮긴이)은 남동생을 살해했으며 강박적으로 알렉산드로스 대왕을 모방했지요. 또 다른 황제(엘라가발루스 황제—옮긴이)는 재위 기간 대부분을 진탕 마시고 노는 태양신 숭배에 바쳤습니다. 그들 모두는 황제 권위의 약화와 군단 내 결속을 강화시켰

습니다. 이는 이후 50년간의 군인 황제 난립에서 정점을 이루었지요. 그리고 로마 역사의 새로운 시대가 시작되었습니다.

왜 로마제국이 갑자기 그렇게 무정부 상태가 된 건가요?

—— 국내의 주요 문제는 황제의 적법성 위기였어요. 군단별로 잇따라 황제를 옹립했지만, 그 누구도 왕조를 건설할 만큼 오래 권력을 유지하지 못했습니다. 황제가 되더라도 화폐 가치를 파괴할 만큼 인상된 급여와 높은 보너스로 군단병들을 달래야 했습니다. 또 변경 너머의 정세 때문에 국내 위기가 유발되고 심화되었어요. 동방에서는 주먹구구식이었던 파르티아가 쇠퇴하고 공격적이고 팽창주의적인 사산 왕조가 들어섰습니다. 북쪽에서는 전례 없이 거대하고 조직화된 부족 연합이 변경을 휩쓸었지요. 로마제국은 이제라도 막 붕괴할 것 같은 상황이었어요. 아테네는 습격자들에게 약탈당했지요. 한 황제는 불가리아의 늪지대에서 자기 군대와 함께 학살당했고 또 한 황제는 사산 왕조에 생포되어 죽을 때까지 포로로 살아야 했지요(소문에 의하면 그가 죽고 나서 시신이 방부 처리되어 사원에 놓였음). 10년 이상, 제국은 세 부분으로 나뉘었습니다. 서쪽에는 로마로부터 독립해 떨어져 나온 갈리아 제국이 들어섰고, 동쪽은 야심 찬 시리아 여왕의 지배를 받았으며, 중앙 지역만이 로마의 통치 아래에 있었습니다.

로마는 어떻게 회복했나요?

—— 시대의 조류는 군단의 사병 출신 황제들에 의해 바뀌었습

니다. 그들은 제국을 재통일했고 국경을 회복했으며 아우구스투스 황제 스타일의 가짜 공화정을 군인 독재정치로 교체했습니다. 이 개혁 황제 중에서 가장 성공적이었던 이는 발칸 지역 출신의 장교였던 디오클레티아누스였습니다. 21년의 치세 동안 디오클레티아누스는 제국의 정부를 관료화했고 (관료들에 의해) 효율적인 정부 운영이 가능해졌습니다. 또 그는 사두정치를 도입하여 황제 네 명의 공동 통치로 나날이 위태로워지는 국경에서 제국의 영향력을 극대화하려는 시도를 했습니다. 이 제도는 제위 계승 위기를 피하기 위해 계획된 것이기도 했습니다. 정제와 부제가 두 명씩 있었는데 일정한 간격으로 정제가 퇴위하면 부제가 제위를 계승했습니다. 그러고 나서 새로 승격된 황제들은 다시 새로 부제를 두 명 임명하는 식이었지요.

흥미로운 발상이네요. 잘 운영되었나요?

—— 그렇지 않았습니다. 세습에 의한 제위 계승 관습이 너무 강했어요. 디오클레티아누스와 또 한 명의 정제(막시미아누스—옮긴이)가 은퇴하고 1년이 채 지나지 않아 새로 정제로 승격한 황제(콘스탄티우스 1세—옮긴이)가 죽었는데, 그의 군대가 디오클레티아누스의 규칙을 무시하고 죽은 황제의 아들 콘스탄티누스를 황제로 옹립했습니다. 20년 이상, 콘스탄티누스는 동료 황제들을 격파하고 마침내 로마 세계의 단독 통치자로 군림했습니다. 그 직전에 그는 라이벌 중 일인자(막센티우스—옮긴이)와 중요한 전투(밀비우스 다리 전투—옮긴이)를 치르는데, 그때 이 젊은 황제는 모든 병사에게 방패에 기독교 상징을 그려 넣으라고 명령했습니다. 그는 그 전투에서 대승을 거두고 그로부터 얼마 지나지 않아 기독교를 인정하는 칙령(313년 밀라노 칙령—옮긴이)을 내렸습니

다. 이로서 그 자신이 로마제국의 첫 번째 기독교인 황제가 되었
지요.

그 전까지 로마인들이 기독교인들을 박해했죠?

—— 아주 가끔이었어요. 기독교가 로마제국 내에서 성장해 갔
지만, 200년 동안 황제들이나 원로원 의원들은 이 신흥 종교에
대해 잘 알지 못했고 신경도 쓰지 않았어요. 나사렛의 예수는 결
국 황제의 권위에 대한 반역죄로 십자가형을 당했지만 2세기 말
경에는 로마제국 내 대부분의 주요 도시, 특히 동쪽 속주들에 기
독교인들이 있었습니다. 그러나 이 공동체들은 대부분 대단히
작고 구성원의 신분도 천해서 크게 주의를 끌지는 않았어요. 황
제들이 조직적으로 교회를 박해하기 시작한 것은 위기의 3세기
에 들어서였어요. 제국 차원의. 박해가 세 번 있었는데 마지막이
자 가장 가혹했던 박해는 디오클레티아누스 황제 때였어요. 박
해 때마다 기독교인들은 공동 종교의식이나 황제를 위해 희생제
물을 바치는 것을 거부하는 국가의 적으로 몰려 공격당했지요.
박해는 큰 타격을 주기는 했으나 동시에 순교자들을 탄생시켰는
데, 그들의 고난은 종교적 열심의 원천이 되었습니다.

콘스탄티누스는 왜 콘스탄티노폴리스를 건설했나요?

—— 그는 도나우강과 페르시아 국경에 접근성이 좋은 수도를
원했습니다. 그는 보스포루스 해협의 광대한 지역을 선택하고
대로와 거대한 교회들을 곁들여 그의 도시를 새 로마로 선포했
지요. 콘스탄티노폴리스는 즉시 제국의 가장 중요한 도시가 되
었고, 콘스탄티누스가 남긴 가장 오래된 유산 중 하나가 되었습
니다.

콘스탄티누스 사후 무슨 일이 일어났나요?

—— 콘스탄티누스는 세 아들과 그들의 사촌 두 명이 연합하여 제국을 지배하게 하려고 생각했습니다. 그러나 그의 아들들은 사촌 두 명을 살해했고, 막내아들이 장남을 죽였어요. 그리고 막내아들 자신도 살해당했지요. 그러고 나서 남은 차남(콘스탄티우스 2세-옮긴이)이 로마 세계의 단독 황제가 되었습니다. 국경 방비 강화라는 끝없는 사업에 도움이 간절히 필요했던 그는 몇 명 남지 않은 친척 중에서 학구적인 청년 율리아누스를 부제로 임명하고 라인강 국경에 주둔시켰습니다. 율리아누스는 정치와 군사 경험이 전무했으나 천부적인 능력으로 야만족 공격자들을 상대해 중요한 승리를 거두었습니다. 그와 동시에 그는 사촌의 죽음 후에 단독 황제가 되고자 하는 야심가였습니다. 왕좌를 차지하자마자 율리아누스는 자신이 이교도임을 발표했고 제국의 기독교화를 무효화하려고 시도했습니다. 이 시도는 실패로 끝났는데, 그의 치세 기간이 짧았고 지도계급의 다수가 이미 기독교로 개종했기 때문이었습니다. 그는 '배교자 율리아누스'로 기억되었고 그후 로마제국에는 비기독교인 지배자가 다시는 나타나지 않았습니다.

로마제국은 언제 완전한 쇠퇴의 길을 걷기 시작했나요?

—— 뒤돌아보면 4세기 말경부터입니다. 경건한 기독교인이자 유능한 전쟁 지도자였던 테오도시우스 1세는 전체 로마 사회를 지배한 마지막 황제였습니다. 그가 395년에 죽었을 때 제국의 서쪽 반은 그의 아들 중 한 명(호노리우스-옮긴이)에게, 동쪽 반은 다른 아들(아르카디우스-옮긴이)에게 남겼습니다. 이 분리는 결국 영구적인 것이 되었죠. 5세기에 동로마제국과 서로마제국은 모

두 외부의 적들로부터 심각한 압박을 받게 됩니다. 동로마제국
은 살아남았지만, 서로마제국은 무너졌습니다.

동로마제국과 서로마제국의 운명이 갈린 이유는 무엇인가요?

── 여러 가지 요인이 있습니다. 우선 5세기 황제들의 역량이
전반적으로 낮았음에도 불구하고 동로마제국은 심각한 내전을
모면했습니다. 서로마제국은 전혀 그렇지 않았지요. 두 번째, 동
로마제국은 서로마제국보다 더 도시화되고 번영했기 때문에 군
인들에게 급여를 지불하고 야만족 무리를 매수할 만한 금전적
여유가 있었죠. 마지막 요인은 아마도 가장 근본적인 것일 텐데,
동로마제국의 가장 부유하고 권력 있는 사람들, 달리 말하면 황
제에게 가장 필요한 지원을 해줄 수 있는 사람들이 제국 관료 제
도의 고위 관직자들이어서 정부의 성공에 투자를 아끼지 않았다
는 겁니다. 반대로 서로마제국의 유력자들은 로마 원로원의 거
물들이었어요. 이들은 국가에 대한 헌신보다는 자신의 거대 토
지 소유에 관심이 있었지요. 따라서 황제들이 없는 세상을 마음
속에 그리고 있었습니다.

야만인들은 어떻게 그렇게 신속하게 서로마제국을 정복할 수 있었나요?

── 서로마제국 정부가 제 기능을 수행하지 못했기 때문입니
다. 예를 들어 406~407년 겨울에 얼어붙은 라인강을 건넜던 반
달족은 상대적으로 중요하지 않은 민족이었습니다. 그들은 갈리
아와 히스파니아를 가로지르며 방화와 약탈을 일삼은 후에 북아
프리카의 풍요로운 속주들에 정착했어요(반달 왕국 건립—옮긴이).
수도를 카르타고의 고대 도시에 건설하고 서지중해를 공포에 떨

게 한 해적 함대를 편성했지요. 그들이 라인강을 처음 건너고 난 뒤 반세기도 지나기 전에 로마 자체를 약탈한 겁니다. 반달족은 2만 명 이상의 전사를 보유해본 적도 없었을 텐데도 서로마제국 전역을 휘젓고 다니며 약탈할 수 있었고 서로마제국의 가장 부유한 속주를 강탈할 수 있었습니다. 그들의 성공은 때와 장소가 딱 맞았던 것이 가장 큰 이유였습니다. 반달족이 처음 라인강을 건넜을 때, 아프리카에 진입했을 때, 카르타고를 점령했을 때 등 일련의 중대한 순간에 로마제국 정부는 내전과 권력을 위한 권모술수로 어수선한 상태였으므로 효과적으로 이들을 물리칠 수 없었습니다.

서로마제국의 어느 지역들이 먼저 붕괴되었나요?

—— 제일 먼저 브리타니아(이득 될 게 없는 속주)였지요. 그러고 나서 갈리아 남서쪽의 거대한 땅이 제국의 야만족 동맹으로 넘어갔어요. 반달족이 북아프리카를 점령했을 즈음, 히스파니아에 대한 로마의 통치권이 또 다른 게르만 부족으로 인해 약화되기 시작했지요. 5세기 중반에 서로마제국은 이탈리아, 갈리아 남부, 히스파니아 일부 지역으로 축소되었어요. 아프리카에서의 수입이 없으면 초라한 제국은 군사들에게 급여를 주기도 힘들 정도였지요. 서로마제국은 야만족 동맹과 협력하여 훈족의 왕 아틸라를 저지했고 영광의 마지막 순간을 기뻐했습니다. 그러나 로마의 개선장군이자 서로마제국에서 유일하게 살아남은 유능한 장군이 황제에게 살해당하고(발렌티니아누스 3세가 플라비우스 아에티우스 장군을 살해함-옮긴이) 그 황제는 장군의 이전 근위병들에게 살해당하면서 궁정은 다시 혼돈의 소용돌이에 빠졌습니다.

서로마제국은 최종적으로 어떻게 멸망했나요?

—— 제국의 마지막 20년간 여러 명의 황제가 나타났다가 사라졌는데 그들 대부분은 제국 군대의 게르만족 총사령관의 꼭두각시 인형이나 다름없었습니다. 드디어 476년에 최후가 다가왔습니다. 야만족 장군(게르만족인 오도아케르-옮긴이)이 황가의 마지막 연약한 황제(로물루스 아우구스툴루스라는 애잔한 이름을 가진 어린 황제. 로마의 건립자 로물루스와 로마제국 시대를 연 아우구스투스의 이름을 동시에 가짐-옮긴이)를 폐위하고 자신이 이탈리아의 왕이 된 것입니다. 이 소식이 콘스탄티노폴리스의 동로마 궁정으로 보내졌고, 동로마제국은 서로마제국의 멸망을 인정했습니다.

서로마제국의 멸망은 얼마나 중요한 사건인가요?

—— 표면적인 변화는 두드러지진 않았어요. 기존의 수많은 속주는 약탈꾼들과 야만족에 의해 예전부터 죽 황폐화되고 있었습니다. 그러나 기존 서로마제국의 다른 지역들에서는 제국의 질서 붕괴가 거의 눈에 띄지 않았습니다. 서쪽 지방을 지배하는 게르만족 주민들은 여전히 토지에 대한 세금을 징수하고 토지를 이용하여 사는 로마의 귀족들에게 기꺼이 협조했어요. 라틴어도 그대로 사용되었지요. 지역 방언들이 더 빨리 분화되기 시작했지만요. 오직 반달족(기독교의 이단 분파를 고수했음)만이 종교적 이유로 종속 주민들을 박해했습니다. 연속성은 특히 이탈리아에서 뚜렷이 나타났는데, 로마 문화에 호의적인 게르만 왕은 원로원에 정중한 편지를 보내 콜로세움에서 운동 경기를 개최하기도 했습니다. 적어도 표면적으로는 정복자와 피정복자 사이에 원만한 관계가 확립되었습니다. 그러나 서쪽 지방의 귀족들은 세계가 로마였던 때를 잊지 않았습니다. 동로마제국의 황제들도 마

찬가지였고요.

동로마제국의 황제들은 서쪽 지방을 재정복하려는 시도는 하지 않았나요?

—— 가장 위대한 동로마제국 황제 유스티니아누스는 서로마제국 멸망 반세기 후에 권좌에 올랐습니다. 그의 저돌적인 야심은 로마제국의 고대 권력과 위엄을 회복하는 것이었습니다. 몇 년 동안은 성공적이었습니다. 그는 로마법을 완벽하게 집대성했고 후기 로마 건축의 가장 위대한 건축물인 아야 소피아 성당을 지었으며, 서로마제국의 잃어버린 속주들을 재정복하기 위해 유능한 장군 벨리사리우스를 파견했습니다. 로마군은 카르타고를 차지하고 북아프리카를 되찾았지요. 그리고 시칠리아를 급습했으며 이탈리아로 건너가 몇 년 사이에 이탈리아반도 대부분을 되찾았지요. 그때 림프절 페스트가 동쪽 지역에서 유입되어 제국 인구의 4분의 1의 생명을 앗아갔어요. 정복의 물결에 제동이 걸렸고 유스티니아누스의 장군들은 그의 긴 치세 동안 멀리 떨어진 변경들을 지켜야 했지요.

유스티니아누스의 동로마제국에 무슨 일이 생겼나요?

—— 유스티니아누스 사망으로부터 50년이 지난 후, 거의 한 세대 동안 이어진 사산 왕조 페르시아와의 전쟁으로 제국은 심각하게 파괴되었습니다. 승리는 했지만 대가가 너무나 컸습니다. 발칸반도의 속주들을 잃었고 남은 속주 대부분도 황폐해졌습니다. 거기다 전쟁의 상흔이 회복되기도 전에 새로운 위협이 등장했어요. 저 멀리 남쪽의 메카라는 후미진 대상무역 도시에서 무함마드가 이슬람이라는 기치 아래, 전쟁 중이던 아랍 부족들을

통일한 것입니다. 이 예언자가 죽은 지 몇 년이 채 지나지 않아 앞이 보이지 않는 모래폭풍 속에 벌어진 전투에서 이슬람 군대가 시리아의 로마 군대를 격파했습니다. 10년이 채 지나기 전에 로마 속주 이집트, 팔레스타인, 시리아가 무너졌고 100년이 채 지나기 전에는 이슬람교도들이 히스파니아에서 파키스탄에 이르는 제국을 통치하게 되었습니다.

고대 후기는 언제 끝났나요?

—— 특정한 날짜를 지정하는 것은 물론 자의적인 거겠죠. 그러나 8세기 초 동로마제국은 아나톨리아(오늘날의 터키), 그리스 해안 지대, 이탈리아의 일부 지역으로 축소되었습니다. 한 세기에 걸친 전쟁으로 완전히 변해버린 이 쇠락한 국가는 유스티니아누스와 콘스탄티누스 때의 제국과는 전혀 다른 모습이었습니다. 반쯤 폐허가 된 도시 콘스탄티노폴리스와 아일랜드 수도원의 배움의 섬(고립된 아일랜드의 수도원에 타 국가의 학자들이 모여 라틴어, 기독교 신학 등을 공부함-옮긴이)에서부터 다마스쿠스의 유원지에 이르기까지 고대 전통은 여전히 살아 있었습니다. 그러나 이 시점에서 우리는 합리적으로 지중해 사회는 중세 시대에 접어들었으며 고대를 벗어났다고 생각할 수 있습니다.

미주

※ 되도록 1차 자료를 인용했다. 출처로 표기한 원문 자료는 인터넷에서 어렵지 않게 찾아볼 수 있을 것이다. 고대 그리스·로마에 대해 더 많고 풍부한 지식을 원한다면, 온라인에 등재된 옥스퍼드 클래식 사전의 도움을 받아 스스로의 힘으로 고전을 해독하는 값진 경험을 해보길 추천한다.

1장

1. 무기로 사용한 브로치 핀: Hdt. 5.87.

2. 엘라가발루스: Hdn. 5.3.6. 염료에 대한 네로 황제의 함정 수사: Suet., Ner. 32.3. 자주색 실크 법령: Cod. Iust. 4.40, 11.9.3; Cod. Theod. 10.21.3. 칼리굴라의 의복: Suet., Calig. 52. 코모두스: Hdn. 1.14.8; Cass. Dio 73.17.4. 페르시아인과 바지: e.g., Eur., Cyc. 182; Ar., Vesp. 1087. 북방 야만족과 로마인: e.g., Ov., Tr. 4.6.47.

3. 로마 군대에서의 바지의 등장: Graham Sumner, *Roman Military Dress* (History Press, 2009), 177–87. 바지와 가발: Hdn. 4.7.3.

4. 바지 금지령: Cod. Theod. 14.10.2–3. 바지 입은 원로원 의원들: Const. Porph., De admin. imp. 91; cf. Joh. Lydus, Mag. 1.17.

5. 수영복: Mart. 3.87.3. 비키니: e.g., Mart. 7.67.4. 테오도라: Procop., Anec. 9.20–21. 언더튜닉: Mart.11.99. 작은 가슴이 매력적임: e.g., Sor., Gyn. 2.15. 가슴을 납작하게 하기: Ter., Eun. 313–17; Mart. 14.66; cf. Ovid, Ars am. 3.274. 남편 골려주기 : Ar., Lys. 931–32. 가슴 밴드를 호주머니로 사용: Ovid, Ars am. 3.621 (편지); Ap. Rhod., Argon. 3.867–68 (독약). 두통 치료: Plin., HN 28.76.

6. 스피도 수영복: Mart. 7.35.1. 토가 로인클로스: e.g., Asc., Scaur. 25. 성
인에게 성기 노출: Sulp. Sev., Dial. 3.14.

2장

1. 여드름 흉터를 가리려고 했던 하드리아누스: SHA, Hadr. 26.1.
2. 네로 황제의 턱수염: Suet., Nero 12.
3. 스파르타에서는 턱수염이 불법이었음: Plut., Cleom. 9. 면도를 유행시
킨 알렉산드로스: Ath. 13.565A (알렉산드로스는 부하들도 면도하게 했다고
전해짐: Plut., Thes. 5.4).
4. 턱수염 면도를 금지하는 법: Ath. 13.565C – D. 턱수염을 사랑한 철학
자: Arr., Epict. diss. 1.2.29. 그리스 도시를 방문한 철학자: Dio Chrys.,
Or. 36.17.
5. 스키피오의 면도: Plin., HN 7.211. 카이사르: Suet., Caes. 45. 아우구
스투스: Suet., Aug. 79.
6. 볼을 부풀린 손님들: Ar., Thesm. 218 – 21. 피를 흘리게 하는 이발사들:
e.g., Mart. 11.84. 거미줄: Plin., HN 29.14.
7. 독재자의 견과류 껍데기: Cic., Tusc. 5.20.
8. 데이트 전에 다리털 면도하기: Ov., Ars. am. 3.194. 비키니 왁싱: e.g.,
Ar., Eccl. 65 –67; Plin., HN 29.26. 털 뽑는 자 디오니소스: Clem.
Alex., Protrep. 2.37.
9. 오토: Suet., Otho 12. 면도에 대한 철학자들의 반대: e.g., Dio Chrys.
33.63; Arr., Epict. diss. 3.1.26 –9. 제모에 대한 논쟁: Philostr., VS536.
다리가 아닌 겨드랑이털: Sen., Ep. 114.14. 목욕장에서 겨드랑이털 제
모: Sen., Ep. 56.2; Juv. 11.156 –58.

3장

1. Reinhold Merkelbach and Josef Stauber, "Steinepigramme aus
dem griechischen Osten" (Teubner, 2004), no. 18/01/28. 석관은 안

탈리아 고고학 박물관에서 볼 수 있다.

2. 개 전차: SHA, Heliogab. 28.1. 호랑이의 후예인 인디안 하운드: Arist., Hist. an. 8.27. 소화불량을 치료하는 몰티즈: Plin., HN 30.43.

3. 소형견 '아가씨' 초상화: Mart. 1.109. 역사가의 그레이하운드: Arr., Cyn. 5.1 – 6. 페리타스: Plut., Alex. 61.3. 충직한 개: Plin., HN 8.144 – 45.

4. 철학자와 개: Lucian, Merc. Cond. 32 – 34. 개 중성화 수술: Varro, Rust. 3.9.3. 흡윤개선 치료: Arr., Cyn. 9.2. 개의 수명: Arist., Hist. an. 6.20.

5. 집단 폭행당한 병사: Diod. Sic. 1.83.

6. 철학자의 거위: Ael., NA 7.41. 자고새: Porph., Abst. 3.4. 역사가의 앵무새: Phot., Bibl. 80. 카이사르 찬양: e.g., Plin., HN 10.42. 술 취한 앵무새: Arist., Hist. an. 8.14; Plin., HN 10.117. 앵무새에게 욕을 가르치지 말 것: Apul., Flor. 12.

7. 티베리우스의 뱀: Suet., Tib. 72. 알렉산드로스 대왕의 모친: Plut., Alex. 2.6. 어깨에 두른 뱀: Mart. 7.87.7. 만찬석의 뱀: Sen., Ira 2.31. 로마의 거대한 뱀: Plin., HN 8.37. 연회석을 난장판으로 만든 애완 원숭이들: e.g., Cass. Dio 50.8.

8. 사자를 죽인 원로원 의원: Cass. Dio 67.14. 시미터: Cass. Dio 79.7. 연회석의 사자들: SHA, Heliogab. 21, 25. 사자들을 먹이는 높은 비용: Juv. 7.75 – 77. '금가루'와 '순수': Amm. Marc. 29.3.9. 연회석의 곰들: Lactant., De mort. pers. 21.5 – 6. '로마'라는 이름의 애완 닭: Procop., Vand. 3.2.25 – 26. 강아지들과 새끼 돼지들: SHA, Alex. Sev. 41.5. 황금 궁전의 동물들: Suet., Nero 31.1. 동물원을 소유한 황제: SHA, Gord. 33.1.

4장

1. 실피움의 특성: Diosc., Mat. Med. 3.82 – 84; Plin., HN 19.38 – 46, 22.100 – 106; Sor., Gyn. 1.63.

2. 정액이 모유를 상하게 함: e.g., Sor., Gyn. 2.12.19.

3. 페이시스트라토스: Hdt. 1.61. 숨을 참기: Sor., Gyn. 1.20.

4. 석류 껍질과 스펀지: e.g., Sor, Gyn. 1.62. 열매와 나뭇진: Pliny, HN24.11, 18.

5. 구리 광석: Hippoc., Mul. 1.76. 노새의 고환: Aët 16.17. 거미 대가리: Plin., HN 29.85. 개구리 주문: PGM 36.320.

6. 찬물과 재채기: Sor, Gyn. 1.20. 비버의 고환: Diosc., Mat. Med. 2.24. 자기 고환을 물어뜯은 비버: Ael., NA 6.34.

7. 덜컹거리는 마차: Plin., HN 7.42. 점핑: Hippoc., Nat. puer. 13. 불법 낙태: Dig. 48.8.8.

8. 스파르타의 영아들: Plut., Lyc. 16.1.

5장

1. 이 에피소드는 알렉산드로스의 생애에 관한 이야기에 모두 포함됨: e.g., Arr., Anab. 6.10–11; Plut., Alex. 63.

2. 코끼리 해부: Gal., AA 7.10; UP 4.9. 야만인 해부: Gal., Comp. Med. Loc. 13.604K.

3. 냉수 요법: Plin., HN 29.10. 서로 독살하는 의사들: Gal., Praen. 14.623K. 에페소스의 의료 제전: IvE 1162. 의사 패거리: Plin., HN29.11.

4. 고름 추출기: Heron, Pneum. 2.18. 진정제로서의 맨드레이크: Plin., HN25.150. 비명에 동요하지 않을 것: Celsus, Med. 7.Pref. 4. 상처 부위에 나뭇진: Plin., HN 24.35. 귀가 긴 산토끼: Gal., Fasc. 18A.777K.

5. 호메로스의 작품에 나타난 의술: e.g., Il. 4.219f. 디오클레스의 숟가락: Celsus, Med. 7.5.3. 개의 피: Plin., HN 29.58. 투석구 탄환: Celsus, Med. 7.5.4; Paul. Aeg. 6.88. 쇠발톱 : Plin., HN 7.104–5. 화살이 목을 관통한 병사: Procop., Goth. 6.2.

6. 키케로의 하지정맥류 제거 수술: Cic., Tusc. 2.53. 남성 유방 축소: Paul. Aeg. 6.46. 지방 흡입술: Plin., HN 11.213.

7. 천두술 과정: Celsus, Med. 8.3. 귀는 모직물로 막을 것: Paul. Aeg. 6.90.5. 두개골을 덮은 깁스: Gal., Meth. Med. 6.6.

8. 마르쿠스 아우렐리우스의 아들: SHA, Marc. 21.3. 요로결석이 있었던 황제: Joh. Eph., HE3.6. 내장이 거의 빠져나온 검투사: Gal., UP 4.9. 흉골 제거: Gal., AA7.13. 장의사가 된 의사: Mart. 1.30.

6장

1. 폴리오의 곰치 구덩이: Plin., HN 9.77; Sen., Ira 3.40.2. 앞에 언급한 곰치를 먹은 폴리오: Tert., De pall. 5.6. 반려 곰치들: e.g., Ael., NA 8.4.
2. 노예용 빵: CIL IV.5380.
3. 별미로서의 꿩: e.g., Clem. Alex., Paed. 2.1.3. 신들에게 바친 코파이스 장어: Ath. 297D. 고대 아테네에서의 생선 값에 대해 참고할 만한 토론: James Davidson, Courtesans and Fishcakes (HarperCollins, 1997), 186–90.
4. 네로 황제의 원형 돔 홀: Suet., Nero 31. 손님을 질식시킨 사건: SHA, Heliogab. 21. 덤불에 새긴 이름, 분수에 띄운 요리들: Plin., Ep. 5.6.35, 37.
5. 주방장의 묘비: CIL VI.8750. 소설에 묘사된 연회: Petron., Sat. 40, 49, 59, 60. 트림은 예의 바른 것: e.g., Mart. 10.48.10. 침 뱉는 것은 용인되었음: Clem. Alex., Paed. 2.7. 방귀를 옹호한 의사: Mart. 7.18.9–10. 탐식가들의 구토: e.g., Suet., Claud. 33, Vit. 13.
6. 독을 바른 암퇘지 자궁: SHA, Verus 11.2. 코끼리 코: Plin., HN 8.31. 코끼리 심장 : Gal., AA 7.10. 요리사보다 몸값이 귀한 숭어: Pliny, HN 9.67. 숭어 입에 입맞춤: Ael., NA 10.7.
7. 100만 세스테르티우스 연회: Sen., Ep. 95.41. 12명을 위한 호화스러운 연회: SHA, Verus 5.1–5. 환관을 선물함: SHA, Heliogab. 21.7. 비텔리우스 황제의 거대한 접시: Suet., Vit. 13.

7장

1. 술 취한 영혼들: Pl., Resp. 363D. 포도주로 목욕한 스파르타인들:

Plut., Lyc. 16.2. 아편이 든 포도주: Gal., Ant. 1.1. 트로이아로 포도주 운반: Hom., Il. 7.467 - 71. 포도주 배급 : see Johnathan Roth, The Logistics of the Roman Army at War(Brill, 1999), 40. 성 아우구스티누스 어머니의 젊은 시절 알코올 중독: August., Conf. 9.8. 알렉산드로스 대왕: Arr., Anab. 4.8; Plut., Alex. 50.

2. 폼페이에 있던 한 술집의 가격표 : CIL IV.1679.

3. 호메로스의 영웅들이 마신 포도주에 풍미를 더한 치즈: Il. 11.638. 수백 년간 보존된 이탈리아 포도주: Plin., HN 14.55. 인공적으로 묵힌 포도주: Columella, Rust. 1.6.20.

4. 포도주 소비량: André Tchernia, *Le Vin de l'Italie romaine: essai d'histoire économique d'après les amphores* (École française de Rome, 1986), 21 - 27. 포도주 파인트 한 잔: Hor., Sat. 1.1.74. 소크라테스: Pl., Symp. 214A. 티베리우스 황제를 탄복시킨 남자: Plin., HN 14.144.

5. 불이 붙는 포도주: Plin., HN 14.62; cf. Ath. 10.429F. 희석하지 않은 포도주를 마시는 자에 대한 비판: e.g., Mart. 1.11, 6.89. 포도주 때문에 이탈리아를 침략한 갈리아인들: Livy 5.33. 아무것도 섞지 않은 포도주를 마시는 것은 범죄: Ael., VH 2.37. 스파르타 왕: Hdt. 6.75, 84. 묽어진 정액: Arist., [Pr.] 3.4. 조기 노화: Plut., Quaest. conv. 652F. 묘비의 문구: SEG 27, 571.

6. 포도주와 물 혼합에 관한 출처 모음: Ath. 10.426 B - F,430A - 31F. 스키타이인들의 음주 습관: Hdt. 4.26, 64 - 65, 70; Pl., Leg. 637E.

7. 포도주로 치유되는 병: Plin., HN 23.45 - 49. 구토할 때까지 포도주를 마심: Ath. 11.483F - 84B. 취할 때까지 마심: Pseudo-Hippocrates, De Victus Ratione in Morbis Acutis 3.

8. 술 취하는 것에 대한 플라톤의 견해: Leg. 775B. 헬레니즘 시대 왕: Ath. 199A - B.

9. 위계질서에 따른 포도주 대접: e.g., Plin., Ep. 2.6. 포도주에 강한 여성들: Plut., Mor. 650A - E. 포도주를 마시며 즐길 줄 안다는 여성: CIL VI.19055. 히스파니아의 무희들: Juv. 11.162 - 64; Mart. 5.78.26 - 28. 연회에서 작품 낭독: e.g., Mart. 3.44, 5.78. 예능인들: Suet., Aug. 74; Plin., Ep. 1.15, 9.17; Petron., Sat. 53. 검투사들: e.g., SHA, Verus 4.9.

10. 이상적인 절제: Xenophanes, Fr. 2 (West). 세 크라테르의 포도주:

quoted by Ath. 2.36B – C. 무기가 된 요강: Aesch., Fr. 180; Soph., Fr. 565. 연회 장소를 가라앉는 배로 착각한 연회 참석자들: Ath. 2.37B E.

11. 열 잔의 술: Mart. 1.26. 토가에 토한 안토니우스: Cic., Phil. 2.63. 안토니우스의 팸플릿: Plin., HN 14.148. 거리를 활보하는 네로 황제: Tac., Ann. 13.25.

12. 알렉산드로스 대왕: Ath. 10.434A; Plut., Alex. 75.5(그는 이 이야기가 거짓이라고 주장함). 치명적인 음주 시합: Ath. 10.437B. 베루스의 크리스털 컵: SHA, Verus 10.9. 단숨에 술 마시기: SHA, Aur. 50.4. 주사위 눈의 수만큼 음주: Plin., HN 14.140. 이름의 글자 수에 따라 음주: Mart. 1.71, 8.51, 11.36, 14.170.

13. 코타보스 게임에 대한 참고 문헌: Ath. 15.665 – 68. 코타보스 컵을 든 창녀: St. Petersburg, State Hermitage Museum inv. 644.

14. 당나귀에 관한 수수께끼: Plut., Mor. 150F. 고대 그리스의 수수께끼(대부분 향연을 위해 만들어짐)에 관한 방대한 자료는 다음 문헌 참고: the fourteenth book of the Greek Anthology. 동전 돌리기 게임(칼키스모스): Pollux, Onom. 9.118. 주사위 게임에 대한 책을 쓴 황제: Suet., Claud. 33.2.

15. 연회의 벌칙들: Lucian, Sat. 4. 교수형 게임: Ath. 4.155E.

16. 아이비와 머틀: Ath. 15.674 – 75; cf. Plut., Mor. 647C – D. 꿀: Ath. 11.784B. 양배추: Ath. 1.34C – E. 아몬드: Plut., Mor. 624C. 자수정: Plin., HN 37.124. 진흙에서 구르기: Plin., HN 14.140. 개의 털: Plut., Mor. 127E.

8장

1. 정확도가 떨어졌던 아우구스투스 황제의 해시계: Plin., HN 36.71. 정교한 물시계: e.g., Vitr., De arch. 9.8.5 – 15. Seneca: Sen., Apocol. 2.

2. 네로 황제의 월: Suet., Nero 55. 도미티아누스: Suet., Dom. 13.3. 코모두스 : Cass. Dio 72.15.3.

3. 부정확한 로마의 달력: e.g., Censorinus, DN 20.6. 카이사르의 달력:

e.g., Suet., Iul. 40; Cass. Dio 43.26.1; cf. Plut., Caes. 59.6.

4. 한 역사가는 로마가 기원전 776년(FGrH 97)에 건립되었다고 주장했으나 로마의 대학자 바로는 건국기념일을 기원전 753년으로 지정했다. 서기 248년에 로마 황제 마르쿠스 율리우스 필리푸스가 로마의 1000번째 건국기념일을 성대하게 축하함으로써(SHA, Gord. 33.1 - 3) 바로가 지정한 날짜가 로마 역사가 시작된 날로 확고히 자리 잡았다.

5. 행성 이름: Diod. Sic. 2.30.3. 행성으로서의 신들: e.g., Firm. Mat. 1.14. 7일 1주제 확산: Joseph., Ap. 2.282; Cass. Dio 37.18 - 19.

6. 안식일에 대한 비판: e.g., Juv. 14.104 - 5. 토요일에 행해진 강의: Suet., Tib. 32.2.

7. 일요일을 성스럽게 지킨 기독교인들: e.g., Tert., De orat. 23. 콘스탄티누스 황제: Cod. Iust. 3.12.2. 농장 근로자: Cod. Theod. 2.8. 오락 활동을 금지한 황제: Cod. Iust. 3.12.10.

9장

1. 고대 그리스인 중 장수한 사람들의 목록: [Lucian], Macr.

2. 인구조사 보고서: Roger Bagnall and Bruce Frier, The Demography of Roman Egypt, 2nd ed. (Cambridge University Press, 2006). 울피아누스의 '생명표(수명표)': Dig. 35.2.68 pr. 고대 생명표의 추정치가 내포하고 있는 암울한 의미: Bruce Frier, "Roman Life Expectancy: Ulpian's Evidence" HSCP 86 (1982): 213 - 51.

3. 신규 질병들의 기원에 관한 고대의 추측: Plut., Mor. 731A - 34C. 한센병의 출현: Lucr. 6.1112; Plin., HN 26.1. 림프절 페스트: Oribasius, Coll. Med. 44.14. 카일 하퍼는 키프리아누스 역병이 에볼라의 한 형태일 수도 있다는 의견을 제시함: "Pandemics and Passages to Late Antiquity: Rethinking the Plague of c. 249 - 70 Described by Cyprian," JRA 28 (2015): 223 - 60.

4. 언덕 지대 사람들의 장수: Plin., Ep. 5.6.6.

5. 이 감염병의 심각성에 대해서는 학자들 간에 의견이 분분하다(천연두가 나중에 풍토병이 되었는지에 대해서도 의견이 나뉜다). 그러나 학계의 의

견은 안토니우스 역병이 가장 파괴적이었다는 쪽으로 모아졌다. 피해의 규모는 다음 문헌 참조: R. P. Duncan-Jones, "The Impact of the Antonine Plague," JRA 9 (1996): 108–36.

6. 기름진 음식 절제: [Lucian], Macr. 23. 100세 노인과 아우구스투스 황제: Plin., HN 22.114. 보기에 유쾌하지 않았던 나체의 노인들: Pl., Resp. 452B. 빠른 걸음과 구기 운동 : Plut., An seni 16. 강도 높은 마사지: Gal., San. Tu. 6.329. 알몸 산책: Plin., Ep. 3.1.8.

7. 노인에 대한 편견과 관련해 참고할 만한 목록: Arist., Rh. 2.13. Sardinians: FGH 566, F. 64.

8. 루필라의 묘비: Warren J. Moulton, "Twelve Mortuary Inscriptions from Sidon," AJA 8 (1904): 286.

10장

1. 막시미누스 황제 일화: SHA, Max. 6.5, 8–9; 28.8–9.

2. 로마의 거인들: Plin., HN 7.74–75; Columella, Rust. 3.8.2. 키가 60cm였던 남성: Suet., Aug. 43.3. 궁중의 난쟁이 신하: Plin., HN 7.75. 아우구스투스 황제: Suet., Aug. 73, 79.2. 군단병의 키 요건: Veg., Mil. 1.5; cf. Suet. Nero 19.2. 고대 후기의 키 요건: Cod. Theod. 7.13.3. 최소 한 개의 고환: Dig. 49.16.4.

3. 유골에 관해서는 다음 문헌 참고: Sara Bisel and Jane Bisel, "Health and Nutrition at Herculaneum. An Examination of Human Skeletal Remains," in The Natural History of Pompeii, ed. Wilhelmina Jashemski and Frederick Meyer (Cambridge University Press, 2002), 451–75.

4. 중부 이탈리아 남성의 평균 키에 관해서는 다음 문헌 참고: Monica Giannecchini and Jacopo Moggi-Cecchi, "Stature in Archaeological Samples from Central Italy: Methodological Issues and Diachronic Changes," American Journal of Physical Anthropology 135 (2008), 284–92. 고대 그리스인들에 대한 자료는 다음 문헌 참고: Sitta van Reden, "Classical Greece: Consumption,"

in The Cambridge Economic History of the Greco-Roman World, ed. Walter Scheidel, Ian Morris, and Richard Saller (Cambridge University Press, 2007), 388－89.

5. 카이사르의 군사들을 조롱한 갈리아인들: Caes., BG 2.30.3. 키가 큰 갈리아인들: e.g., Livy 5.44.4. 갈리아 여성들: Amm. Marc. 15.12.1.

11장

1. 일당 소득 3오볼의 추정치: Xen., Vect. 3.9. 이 추정치는 일을 할 수 없는 가난한 아테네의 시민이 시로부터 일종의 복지 수당으로 하루에 2오볼을 받았다는 것으로 뒷받침될 수 있을 것이다([Arist.], Ath. Pol. 49.4). 한 학자는 고대 아테네의 4인 가구가 풍족하게 먹고 살기 위해서는 하루에 4오볼이 필요했지만, 그보다 적더라도 살아갈 수 있었다고 추정한다(Takeshi Amemiya, *Economy and Economics of Ancient Greece* [Routledge, 2006]: 75－78).

2. 제국 시대 초기 이탈리아에서 4인 가구는 식량에 연평균 200데나리우스(800세스테르티우스)를 소비했던 것으로 보인다(Kenneth Harl, *Coinage in the Roman Economy*, 300 BC to AD 700 [Johns Hopkins University Press, 1996], 279). 집세, 의복, 연료 등의 추가적 지출은 적어도 100데나리우스(400세스테르티우스)였던 것으로 보인다(see Walter Scheidel, "Real Wages in Early Economies: Evidence for Living Standards from 1800 BCE to 1300 CE," Journal of the Economic and Social History of the Orient 53 [2010]: 433－35). 개인의 최저 생활 임금은 더 낮았을 것이고 속주 지역에서는 더욱 낮았다. 추정컨대 115세스테르티우스 정도이다(Keith Hopkins, "Taxes and Trade in the Roman Empire [200 BC－AD 400]," JRS 70 [1980]: 118－19).

3. 4세스테르티우스(식사 포함)를 받았던 폼페이의 노동자: CIL IV.6877. 아테네 외곽의 노동자들: IG II² 1673.

4. 임금 수준에 대한 증거는 논쟁의 여지가 있다. 여기서는 일반적인 해석을 따랐다(based i.a. on Thuc. 3.17, 6.8.31).

5. 로마 장교의 급여에 관하여 참고한 문헌: M. Alexander Speidel,

"Roman Army Pay Scales," JRS 82 (1992): 100 – 103.

6. 1만 8000드라크마: Lys. 29.6. 로마의 변호사 수임료 상한선: Tac., Ann. 11.7. 키케로가 받은 융자: Gell., NA 12.12. 현물로 받은 수임료: Mart. 12.72.

7. 아테네에 기부한 의사: IG II/III² 374. 연봉 1만 2000드라크마: Hdt. 3.131. 황제들의 주치의 : Plin., HN 29.7 – 8. 냉탕 목욕을 옹호한 의사 : Plin., HN 29.22.

8. 터무니없이 비싼 연설법 수업: e.g., Dem. 35.15.42; Isoc. 13.3; Plut., Mor. 839F. 로마의 교수: Suet., Gram. 17. 2000세스테르티우스: Juv. 7.217. 보직 수당: Juv. 7.186.

9. 창녀: Gell., NA 1.8. 로스키우스: Cic., QRosc. 23. 아우구스투스 황제: Tac., Dial. 12.6. 수금 주자들: Suet., Vesp. 19. 은퇴한 검투사들: Suet., Tib. 7.1. 챔피언 전차 기수: ILS 5287.

10. 크라수스: Plut., Crass. 2. 세네카: Cass. Dio 62.2.

11. 아테네의 최고 재산: Lys. 19.48. 크라수스: Plin., HN 33.134 – 35. 4억 세스테르티우스의 가치: Cass. Dio 60.34; Sen., Ben. 2.27. 폼페이우스: App., Mith. 116; Plin., HN 37.16.

12. 칼리굴라: Suet., Calig. 42. 네로 황제의 돈더미: Cass. Dio 61.6. 네로 황제의 선물: Tac., Hist. 1.20. 로마군 예산: Richard Duncan-Jones, Money and Government in the Roman Empire (Cambridge University Press, 1994), 45 – 46(그가 제시한 숫자들은 논쟁의 여지가 있으나 제국 예산의 다른 모든 추정치 역시 논쟁의 여지가 있다).

13. 값비싼 탁자들: Plin., HN 13.92. 작은 조각품: Plin., HN 35.156. 3만 세스테르티우스를 내고 주문한 조각상: CIL VI.3.23. 키케로의 저택: Cic., Fam. 5.6.2. 키케로의 저택 근처 집: Plin., HN 36.103. 아테네인의 부지 구입: Lys. 19.29. 칼리굴라의 부인: Plin., HN 9.117. 황제의 자리를 산 사람: Cass. Dio 74.11.

12장

1. 인술라이 붕괴: Juv. 3.193 – 98; Cic., Att. 14.9. 임차 절차: e.g., ILS

6035. 노숙자 : Mart. 12.32.

2. 징을 박은 신발: Arist., Fr. 84(이 수법이 로마에서도 사용되었을 것으로 추정된다). 제전 때 만연한 범죄: Suet., Aug. 43.1.

3. 뺨 때리는 귀족: Gell., NA 20.1.13. 원로원 의원 몸수색 : Cass. Dio 58.18. 잔인한 원로원 의원들: Tac., Ann. 4.22, 13.44; cf. Tac., Ann. 14.42, Plin., Ep. 3.14. 범죄자 조합: Suet., Aug. 32.1; cf. Varro, Rust. 1.69.4.

4. 야심에 찬 관리들: Hdn. 5.2.2. 뇌물: Tert., De fuga in persecutione 13.

5. 문을 지키는 신들: August., De civ. D. 4.8.

6. 교황 선출: Amm. Marc. 27.3.11 – 13. 알렉산드리아 폭동: SHA, Trig. Tyr. 22.3. 에페수스 봉기: Philostr., VA 1.16. 민간인 구타: Hdn. 2.4.1. 근위대와 싸우는 도시 주둔군: Cass. Dio 73.12; Hdn. 1.12. 전투하는 군중: Hdn. 7.11 – 12; SHA, Max. 20.

7. 콜로세움 화재: Cass. Dio 79.25. 물과 식초: Dig. 1.15.3, 33.9.3.

8. 투석기: Suet., Nero 38. 불을 낸 사람 구타: Dig. 1.15.3. 화재 보험: Mart. 3.52.

9. 민간인 자원봉사자들: Suet., Claud. 18.1. 대화재: Tac., Ann. 15.38 – 40. 네로 황제의 도시 재건: Tac., Ann. 15.43. 화재 제단들: ILS 4914.

10. 대홍수: e.g., Cass. Dio 55.22.3. 카이사르의 계획: Suet., Caes. 58.8. 원로원 강 대책 위원회: Tac., Ann. 1.79.

11. 납 중독과 로마인: Vitruv. 8.6.10 – 11.

12. 변소에서 받은 저녁 식사 초대: Mart. 11.77.

13. 문어 이야기: Ael., NA 13.6.

13장

1. 노예 작업장: 방패(Lys. 12.8), 신발(Aeschin., In Tim. 97), 우스꽝스러운 흉내: ILS 5225. 이 닦아주기: Plin., Ep. 8.18.9. 술 따르는 자의 비싼 몸값: Mart. 3.62. 쌍둥이: Plin., HN 7.56. 학자: Plin., HN 7.128. 아홉 명의 총명한 노예들: Sen., Ep. 27.5 – 7. 남성 무용수들: Plin., Ep. 7.24.

2. 키케로와 티로: e.g., Cic., Fam. 16.16.1. 이집트로 노예 보내기: Plin., Ep. 5.19. 콘스탄티누스의 노예 가족 해체 금지: CJ 3.38.11.

3. 노예의 다리를 산산조각 낸 아우구스투스 황제: Suet., Aug. 67. 십자가형을 당한 노예: Plut., Mor. 207B; cf. Gal., Aff. Dig. 4. 거세 금지법: Suet., Dom. 9. 매춘부: Dig. 48.18.3. 검투사: Dig. 48.8.11. 산 채로 화형: Dig. 48.19.28. 다른 주인에게 팔림: e.g., Dig. 1.6.2.

4. 본성적인 노예: Arist., Pol. 1252a31 – 34. 그리스인을 노예로 삼는 것을 반대한 플라톤: Pl., Resp. 469c. 노예로 팔렸던 플라톤(신뢰성이 떨어지는 구전일 수 있음): Diog. Laert. 3.19 – 20. 노예 제도에 대한 스토아학파의 입장: e.g., Sen., Ep. 47. 노예에 대한 성적 학대를 비난한 기독교인들: e.g., Lactant., Div. Inst. 6.23. 8000명의 노예들: Pall., Hist. Laus. 61.5.

5. 노예 도주 보험: Ar., [Oec.] 1352b33 – 53a4. 키케로의 노예 사서: Cic., Fam. 5.9, 5.10a, 13.77.3.

6. 베스파시아누스 황제의 정부: Suet., Vesp. 3. 안토니누스 피우스 황제: SHA, Ant. Pius 8.9. 마르쿠스 아우렐리우스 황제: SHA, Marc. 29.10. 웅변가: Ath. 13.590D.

7. 4116명의 노예를 소유했던 해방 노예: Plin., HN 33.135.

8. 노예 소녀 무사의 인상적인 이력에 관해서는 다음 문헌 참고: Emma Strugnell, "Thea Musa, Roman Queen of Parthia," Iranica Antiqua 43 (2008): 275 – 98.

14장

1. 퀸투스와 폼포니아 부부: e.g., Cic., Att. 5.1, 14.13.

2. 결혼의 목적: e.g., Dig. 1.1.1.3. 최소 법적 혼인 연령: Dig. 23.2.4.

3. 항문에 꽂힌 무: Ar., Nub. 1083 – 84. 가시 물고기: e.g., Juv. 10.317. 훌륭한 아테네인: Isae. 2.7 – 12. 스파르타의 왕: Hdt. 5.39. 페리클레스: Plut., Per. 24.5. 스파르타의 중혼: Plut., Lyc. 15.6 – 10. 아테네의 중혼: Gell., NA 15.20.6. 묘비: CIL VI.37965. 로마 역사상 최초의 이혼: Gell, NA 4.3.2.

15장

1. 하드리아누스와 안티노우스에 관해서는 다음 문헌 참고: e.g., SHA, Hadr. 14.5 - 7 and Cass. Dio 69.11.

2. 프로메테우스 우화: Phdr. 4.16. 이 단락에 묘사된 고대 동성애에 관한 접근법이 일반적인 학계의 관점이지만 보편적으로 인정되는 것은 아니라는 것을 밝혀둔다.

3. 인구 조절 수단으로서의 남색: Arist., Pol. 1272a22 - 26. 오이디푸스의 아버지: Ath. 13.602F. 스파르타의 남색: e.g., Plut., Lyc. 17.1. 신성 부대: Plut., Pel. 18 - 19(신성 부대의 존재에 대한 논쟁이 있지만, 적어도 플루타르코스가 묘사한 부대가 실제로 존재했을 가능성이 크다고 생각한다).

4. 어린양의 고환 피: Plin., HN 30.41. 티베리우스: Suet., Tib. 44.1. 네로: Suet., Nero 28.1.

5. 플라톤: Leg. 835b - 842a. 담론: [Luc.], Am. 19 - 51. 동성애에 대한 로마인들의 비판: e.g., Sen., Ep. 122.7 - 8. 마르쿠스 아우렐리우스: M. Aur., Med. 1.17.

6. 아테네의 낙서: IG I2.924. 미소년: Plut., Demetr. 24.2 - 3. 소년을 좋아하는 동성애자 출입금지: SEG 27.261(이 글이 예외적이기는 하지만 성인 남성은 종종 소년 연무장의 출입이 금지되었다.: e.g., Aeschin., In Tim. 9 - 12).

16장

1. 부조 작품 훼손에 관해서는 다음 문헌 참고: R. R. R. Smith, "Defacing the Gods at Aphrodisias," in Historical and Religious Memory in the Ancient World, ed. R. R. R. Smith and Beate Dignaş (Oxford University Press, 2012), 283 - 326.

2. 운동선수의 나체를 높이 평가했던 그리스인들: Thuc. 1.6; Pl., Resp. 452C. 로인클로스를 잃어버린 단거리 주자: Paus. 1.44.1 - 2. 로인클로스에 발이 걸린 주자에 대한 전설: Scholia Band T to Iliad 23.683. 올림피아 경기대회의 트레이너들이 옷을 입지 않는 이유: Paus. 5.6.7 - 8.

3. 고대 아테네 예술에서 누드의 역할에 관해서는 다음 문헌 참고: Jeffrey

M. Hurwit, "The Problem with Dexileos: Heroic and Other Nudities in Greek Art," AJA 111 (2007): 35 - 60. 아르고스의 니코스트라토스에 관하여 다음 문헌 참고: Diod. Sic. 16.44.3.

4. 창녀 프리네에 관하여 다음 문헌 참고: Ath. 13.590 D - F.

5. 옷을 입지 않은 모습을 아들에게 들키는 것: Plut., Cat. Mai. 20.5; Cic., Off. 1.129. 로마 초기에는 누드 조각상 부재: Plin., HN 34.18.

6. 발기한 음경: Dem., Or. 54.14. 음경의 수축(주로 고환거근의 작용에 의함)에 관하여 다음 문헌 참고: Waldo Sweet, "Protection of the Genitals in Greek Athletics," The Ancient World 11 (1985): 43 - 46.

7. 왜소한 음경과 자기 절제의 관계에 관하여 다음 문헌 참고: e.g., Ar., Nub. 1010 - 14, 여기서 높은 수준의 교육은 왜소한 음경을 보장한다고 (농담조로) 밝히고 있다. 할례에 대한 혐오: e.g., Hdt. 2.37; Mart. 7.82. 음경 포피의 괴사: Celsus, Med. 6.18.2. 하드리아누스 황제의 금지: SHA, Hadr. 14.2. 에피스패즘(할례 복원): Celsus, Med. 7.25.1 - 2.

8. 55m 길이: Ath. 5.201E. 프리아포스에 대한 자세한 묘사는 로마의 '카르미나 프리아페아(프리아포스에 관한 80개의 짧은 라틴 시 모음집-옮긴이)'의 생생한 시들을 참고.

17장

1. 이집트의 신들로 가장한 그리스 신들: e.g., Apollod., Bibl. 1.6.3. 디오니소스로서의 여호와: Plut., Mor. 671C - 72C.

2. 신화의 연대기에 관하여 다음 문헌 참고: e.g., Marm. Par. A1, 1 - 27.

3. 대다수가 문맹이었던 그리스·로마인들은 구전과 예술 작품을 통해 신화를 알게 됨(e.g., Dio Chrys., Or. 12.44). 신화 속 인물들에 대한 꿈: Artem. 4.49. 로마 황제가 된 아가멤논: Syn., Ep. 148. 백인 대장의 묘비: Bulletin archéologique du Comité des travaux historiques et

4. 신화를 진지하게 받아들이는 사람은 극소수였음: e.g., Paus. 8.8.2 - 3; Plut., Mor. 1104B - 1105B. 인간 왕들로서의 신들: Euseb., Praep. evang. 2.2('신격화'라는 용어의 기원). 통치 도구로서의 신화: DK 88 B25. 신화에 대한 플라톤의 견해: Resp. 2.377d - 79a. 아리스토텔레스:

Metaph. 12,1074b.

5. 한 그리스 역사가는 로마인들이 의식적으로 그리스 신화를 거부했다고
    주장함(Dion. Hal., Ant. Rom. 1,18-20). 로마 엘리트층의 회의론에 관하
    여 다음 문헌 참고: Plin., HN 2,17. 마르쿠스 아우렐리우스 황제: e.g.,
    Med. 4,23. 에피쿠로스학파 철학자: Lucian, Iupp. Trag.

6. 마귀에 관한 관념에 관해서는 다음 문헌 참고: Plut., De def. or. 15.

7. 이교도의 교리문답서: Sallustius, De diis et mundo 4.

8. 악령으로서의 이교의 신들: e.g., Lactant., Div. Inst. 2,15; Sulp. Sev., V.
    Mart. 22. 고대 인간 왕들로서의 신들: e.g., August., De Civ. D. 7,27.
    도덕적 교훈: e.g., Basil, Hom. 22.

9. 올림포스산에 신들이 산다고 믿는 사람은 거의 없었음: e.g., August.,
    Ep. 16,1. 그리스 북부의 산으로 묘사된 호메로스의 올림포스산: e.g., Il.
    14,225-30. 하늘로 묘사된 호메로스의 올림포스산: e.g., Il. 8,19-26.
    후세의 올림포스산에 관한 기술들: e.g., Ap. Rhod., Argon. 3,158-63;
    Sen., Herc. Oet. 1907.

10. 신에 대한 스토아학파의 견해: e.g., M. Aur., Med. 7,9. 플라톤학파: e.g.,
    Pl., Leg. 10,899b. 에피쿠로스학파: e.g., Lucr. 5,146-47. 올림포스산
    의 고요: Solin. 8,6.

18장

1. 이 일화(이 책에서는 생생한 세부 사항을 대폭 추가하여 윤색함)의 출처는 다음
    문헌 참고: Plin., Ep. 7,27,5-11.

2. 저승으로 가지 못한 아가씨를 사랑한 청년: Phlegon, Mir. 1. 알렉산
    드로스 대왕의 유령: Cass. Dio 79,18,1-3. 자살을 부추기는 속삭임:
    Apul., Met. 9,30. 아킬레우스의 유령: Philostr., Her. 56.

3. 목욕탕: Plut., Cim. 1,6. 마라톤 평원: Paus. 1,32,4. 무덤에 침입한 강도:
    Joh. Moschus 77. 독사들: Ael., NA 1,51.

4. 위저보드(점술판): Amm. Marc. 29,1,30-31. 호메로스의 출신 도시:
    Plin., HN 30,18.

5. 철학자 데모크리토스: Diog. Laert. 9,38; Lucian, Philops. 32. 성 아우

구스티누스: August., De cura pro mortuis gerenda 12 – 15. 죽은 자의 영혼이 떠도는 것을 당연시함: e.g., Plut., Dion 2.3 – 6.

6. 금을 파내는 개미들: Hdt. 3.102 – 5.

7. 바실리스크: Plin., HN 8.78. 바실리스크 가죽: Solin. 17.53. 카토블레파스: Plin., HN 8.77. 카토블레파스의 공격: Ath. 5.221B – E. 이빨 폭군(그리스어 '오돈토티라누스'의 경쾌한 번역): Pall., Epistola de Indicis gentibus et de Bragmannibus, 10.

8. 늑대인간: Petron., Sat. 62. 늑대인간 제전: Paus. 8.2.6.

9. 흡혈귀 이야기: Philostr., VA 4.25. 레굴루스와 용: e.g., Val. Max. 1.8.

10. 술라의 사티로스: Plut., Sull. 27.1 – 2. 카나리아 제도: Paus. 1.23.5 – 6. 성 안토니오: Jer., Vita Pauli 8.

11. 히스파니아의 트리톤: Plin., HN 9.10. 술에 취한 트리톤: Ael., NA 13.21; Paus. 9.20.5. 켄타우로스: Phlegon, Mir. 34 – 35; Plin., HN 7.35.

12. 영웅들의 잔해 발견: e.g., Paus. 8.29.4. 영웅 오레스테스의 뼈: Hdt. 1.67 – 68. 거인 오리온: Plin., HN 7.73. 거대한 이빨: Phlegon, Mir. 43. 멧돼지: Paus. 8.46.1, 8.47.2. 바다 괴물: Plin., HN 9.11.

13. 개미 가죽: Strabo 15.1.44. 개미 뿔: Plin., HN 11.111. 날개 달린 돼지: Ael., NA 12.38; cf. Plin., HN 8.81. 켄타우로스의 존재는 불가능함: Gal., UP 3. 거짓말에 가려진 기적들: Paus. 8.2.7.

14. 고대의 UFO: Richard Wittmann, "Flying Saucers or Flying Shields," CJ 63 (1968): 223 – 26.

15. 7개 행성 외 행성들의 존재 : e.g., Plut., De def. or. 22 – 30; Plin., HN 2.3. 달에 있는 영혼들: e.g., Plut, De fac. 28 – 30.

19장

1. 이것은 루카누스의 섬뜩한 이야기를 재구성한 것이다. Luc. 6.507 – 830.

2. 뱀의 공격: Luc. 9.607 – 949(일부 학자들은 이 에피소드에서 풍부한 상징을 발견했지만 나는 이것이 좋은 시라고 생각하지 않는다). 사기꾼으로서의 주술사:

Pl., Leg. 933a-e; M. Aur., Med. 1.6. 주술 행위의 효과가 인정됨: e.g., Plin., HN 28.9.

3. 이암블리코스: Eunap., VS 5.2.7. 뱀 묘기: Celsus, Med. 5.27.3. 그림자 인형극: Hippol., Haer. 4.35.1-2. 악령과 턱수염: Tert., Apol. 22. 조각상을 웃게 하는 묘기: Eunap., VS 7.2.7-10. 불을 뿜기: Diod. Sic. 34/35.2.5-7.

4. 로마 황족: Tac., Ann. 2.69. 도마뱀 인형: Lib., Or. 1.249.

5. 골절 치유: Cato, Agr. 160. 수퇘지: Theoph. Cont. 379. 크로노스의 혼령을 불러냄: PGM IV.3086-3124. 악령들과 희생제물의 연기: e.g., Orig., Mart. 45.

6. 죽은 자의 언어: 단지 현란한 말의 나열이었을 수도 있다(e.g., Luc. 6.686-91). 그러나 후기 고대 주술사들이 실제로 그런 연극적 수법을 사용했는지는 의문스럽다. 나뭇잎 핥기: PGM IV.785-89.

7. 늑대의 수염과 뱀의 이빨: Hor., Sat. 1.8.42-43. 가라앉은 배의 못: PGM VII.462-66. 두루마리를 방금 처형당한 죄수의 몸에 붙일 것: PGM IV.2145-2240

8. 연인을 얻기 위한 주문: PGM IV.1390-1495. 악령을 불러냄: PGM XII.14-95. 전차 경주에 관한 재미있는 사례는 다음 문헌 참고: for some interesting examples, see John G. Gager, ed., Curse Tablets and Binding Spells from the Ancient World (Oxford University Press, 1999), 42-77.

9. 법률 기록: Paulus, Sent. 5.23. 황제의 칙령: Cod. Theod. 9.16.6-7. 마녀사냥: Amm. Marc. 28.1.1-45; 29.1.1-3.5.

10. 주술에 대한 기독교인의 관점: e.g., August., De doctrina christiana 2.36-38.

20장

1. 이 이야기는 다음 문헌 참고: Plut., Quaest. Graec. 38.

2. 그리스의 희생 제사에 관한 가장 유명한 묘사는 다음 문헌 참고: Hom., Od.3.430-63. 로마의 희생 제사에 관한 내용은 다음 문헌 참고: e.g.,

Dion. Hal., Ant. Rom. 7.72.

3. 10월 제사에서 바친 말: e.g., Plut., Quaest. Rom. 97. 프리아포스: Ov., Fast. 6.319 – 48. 파트라이: Paus. 7.18.12 – 13.

4. 카르타고인: Diod. Sic. 20.14.6. 고리버들 남자 모형: Caesar: BGall. 6.16. 게르만인: Strabo 7.2.3. 타우리인들: Hdt. 4.103.

5. 아킬레우스: Hom., Il. 23.175 – 77. 생선과 양파: Plut., Numa 15.5 – 10. 널빤지: Paus. 9.3.3 –8. 티베르강의 꼭두각시들: Ov., Fast. 5.621 – 32.

6. 테미스토클레스: Plut., Them. 13.2 – 3. 테미스토클레스가 페르시아 왕족 세 명을 디오니소스에게 희생제물로 바쳤다는 고대 주장에 대한 회의론(Routledge, 1991), 111 – 14. 리카이온산: Pl., Resp. 8.565d; Porph., Abst. 2.27.2.

7. 카틸리나: Cass. Dio 37.30.3. 아우구스투스 황제: Suet., Aug. 15. 그리스인과 갈리아인을 인신 공양으로 바침: Plut., Quaest. Rom. 83. 인신 공양 금지: Plin., HN 30.12.

8. 파르마코스(희생양)와 그 종교적 중요성에 관한 간략한 내용은 다음 문헌 참고: Walter Burkert, Greek Religion (Blackwell, 1985), 82 –84. 날개를 달고 낙하하는 파르마코스: Strabo 10.2.9.

9. 로마의 희생양: Lydus, Mens. 4.49. 포로들을 살려준 폼페이우스: App., Mith. 117. 제노비아 여왕: SHA, Tyr. Trig. 30.27. 목숨을 바친 장군들: e.g., Livy 10.28 – 29. 유피테르 상 위로 쏟아진 피: e.g., Justin, Apol. 2.12.5; Lactant., Div. Inst. 1.21.3(이 제전의 증거가 꿍꿍이 속을 가진 초기 기독교 저술가들에게서 왔기에 많은 학자가 신빙성을 의심한다).

10. 숲의 왕: esp. Strabo 5.3.12. 학자들의 추정: Paus. 2.27.4. 칼리굴라: Suet., Cal. 35.3.

21장

1. 크로이소스와 신탁: Hdt. 1.53.
2. 피 묻은 어린양의 가죽: Paus.1.34.5. 동굴 신탁: Paus. 9.39.9 – 13.
3. 포르투나 사원: e.g., Cic., Div. 2.41. 이집트의 사원: Dio Chrys., Or.

32.13. 물고기 신탁: Ael., NA 8.5; Plin., HN 32.17. 처녀성을 밝혀내는 뱀: Ael., NA 11.16. 가면 쓴 뱀: Lucian, Alex. 15 – 16. 해골: Hippol, Haer. 4.41. 화염 신탁: Cass. Dio 41.45.

4. 델포이 신탁소의 알렉산드로스 대왕: Plut., Alex. 14.6 – 7. 피티아의 광란: Plut., De def. or. 51.

5. 우크라이나의 스키타이인들: Hdt. 4.74; cf. 1.202. 대마초에 관해서는 다음 문헌 참고: e.g., Oribasius, Coll. Med. 4.20, 31. 신탁의 기원에 관한 이야기: Diod. Sic. 16.26.2 – 4; Plut., De def. or. 42 (a more restrained version). 지리학자: Strabo 9.3.5. 증기의 소멸: Plut., De def. or. 50. 파괴된 샘물: Paus. 3.25.8.

6. 문학의 증거와 한계에 관한 조사에 관해서는 다음 문헌 참고: Joseph Fontenrose, The Delphic Oracle (University of California Press, 1978), 197 – 203.

7. 회의론에 관한 요약은 다음 문헌 참고: Daryn Lehoux, "Drugs and the Delphic Oracle" CW 101 (2007), 41 – 56.

22장

1. 세라피스 신전 파괴: Ruf., HE 11.22 – 30.
2. 코모두스 황제의 애첩 마르시아: Hdn. 1.17.
3. 기독교 확산에 관한 연구는 다음 문헌 참고: Frank Trombley, "Overview: The Geographical Spread of Christianity," The Cambridge History of Christianity I: Origins to Constantine (Cambridge University Press, 2006), 302 – 13.
4. 세례 명령: Cod. Iust. 1.11.10. 이교도 문서와 신상 태움: Malalas 491.18 – 20.
5. 에페수스의 요한: Joh. Eph., HE 3.36 – 37. 나무 숭배: Greg., Ep. 8.19. 사르데냐의 이교도들: Greg., Ep. 4.25 – 27. 이교도 양치기들: Const. Porph., De admin. imp. 50.
6. 헬리오폴리스와 에데사: Joh. Eph., HE 3.27 – 28. 하란의 역사에 관해서는 다음 문헌 참고: The Encyclopaedia of Islam, 2nd ed. (Brill,

1960 - 2005), s.v. "Harran."

7. 이교 신전이 기독교 사원으로 전환한 것에 관해서는 다음 문헌 참고: Timothy Gregory, "The Survival of Paganism in Christian Greece: A Critical Essay," AJP 107 (1986): 237 - 39. 성 데메트라 이야기 는 다음 문헌 참고: George Mylonas, Eleusis and the Eleusinian Mysteries (Princeton University Press, 1961), 11 - 12.

8. 루페르칼리아의 종말: Gelasius, Adv. Andromachum. 마이우마 제전 비판: Joh. Chrys., Hom.in Matth. 7.6.

23장

1. 스파르타 소녀들의 춤: Ar., Lys. 77 - 82. 레슬링 시합: Schol. Juv. 4.53.
2. 한 대의 전차만 완주: Pind., Pyth. 5.49 - 51. 기수를 내동댕이친 말: Paus. 6.13.5.
3. 파괴된 내장: Paus. 8.40.3. 이틀간의 방어: Dio Chrys., Or. 28.7.
4. 사자 사냥꾼: Paus. 6.5.5. 손가락 파괴자: Paus. 6.4.2. 시신의 승리: Paus. 8.40.2.
5. 300대의 전차 행렬: Diod. Sic. 13.82. 왕 곁에서의 결투: Plut., Mor. 639E. 아테네의 상금: Plut., Sol. 23.3. 3만 드라크마의 출전료: Dio Chrys., Or. 66.11. 상품으로서의 양모 망토: Pind., Ol. 7.83.
6. 자유계약 선수: e.g., Paus. 6.13.1, 6.18.6.
7. 협회 본부: Inscriptiones graecae urbis Romae 237. 금 왕관: PLondon 3.1178.
8. 트라야누스: Plin., Ep. 10.40.2. 술라: App., B. Civ. 1.99. 올림피아 경기대회에 출전한 네로 황제 : Suet., Nero 24.2. 네로 황제의 그리스식 경기대회: Suet., Nero 12.3 - 4. 이집트에서 들여온 모래: Plin., HN 35.168. 모든 상을 네로 황제가 받도록 미리 손씀: Tac., Ann. 16.4.
9. 하늘에서 떨어지는 빵: Stat., Silv. 1.6.9 - 50. 찬물을 조금씩 흘리는 파이프: e.g., Sen., Ep. 90.15. 티셔츠 대포: e.g., Cass. Dio 66.25.5; Suet., Nero 11.2.
10. '우승마'라는 이름의 말: ILS 5288.

11. 수퇘지의 분뇨: Plin., HN 28,237.

12. 아동용 전차 기수 복장: Juv. 5,143 – 44. 묘비: CIL VI,9719. 통신용 제
    비: Plin., HN 10,71. 말똥 확인: Gal., MM 4,6. 칼리굴라: Cass. Dio
    59,14. 네로 황제: Plin., HN 33,90. 카라칼라: Hdn. 4,6.

13. 시신을 태우는 장작더미: Plin., HN 7,186. 도금한 흉상: Mart. 5,25,10.
    무어인 크레스켄스 : ILS 5285. 디오클레스: ILS 5287.

14. 튜닉: Procop., Anec. 7,12 – 13. 멀렛 헤어: Procop., Anec. 7,10. 니카
    폭동: Procop., Pers. 1,24.

24장

1. 밀론의 위업: Paus. 6,14,6 – 7. 전장에서의 밀론: Diod. Sic. 12,9. 밀론
   의 식성: Ath. 10,412F. 닭의 모래주머니: Plin., HN 37,144. 황소를 어
   깨에 메고 훈련한 밀론: Quint., Inst. 1,9,5.

2. 로마 저술가의 건강에 대한 충고: Cels., Med. 1,1 – 2. 건강 회복: Plin.,
   HN 28,53 –54.

3. 갈레노스의 운동에 관한 견해: San. Tu., esp. 1,8. 작은 공을 활용한 구
   기 운동: Gal., De parvae pilae exercitio. 숙취: Philostr., Gym. 54.

4. 알렉산드로스 대왕: Plut., Alex. 39,5. 아우구스투스: Suet., Aug. 83. 트
   라야누스: Plin., Pan. 81,1 –3. 하드리아누스: SHA, Had. 2,1. 마르쿠스
   아우렐리우스: SHA, Marc. 4,9. 대련: SHA., Had. 14,10; Comm. 2,9.
   수영: SHA, Alex. Sev. 30,4. 조깅: e.g., Auson., Grat. act. 14.

5. 올림픽 챔피언이 된 그리스인: Plut., Dem. 6,2. 로마에서 조깅하는 사
   람: Mart. 7,32. 초장거리 주자들: Plin., HN 7,84.

6. 간 질환 치료: Gal., San. Tu. 2,10 – 11. 욕장 시설에서의 할테레스 운동:
   e.g., Sen., Ep. 56,1; Mart. 14,49.

7. 청동 공: Jer., in Zach. 3,12. 연무장 바위에 새겨진 무게 등급: CIL
   III,12924. 올림피아의 바윗덩어리: IVO 717. 티라섬의 바윗덩어리: IG
   XII,3,449. 활시위 당기며 근육 운동: Paus. 6,8,4.

1. 거상의 노래: e.g., Paus. 1.41.3. 거상의 다리에 새겨진 문구들은 다음 문헌 참고: André Bernand and Etienne Bernand, Les inscriptions grecques et latines du Colosse de Memnon (Imprimerie de l'institut français d'archéologie orientale, 1960).

2. 72차례 항해한 상인: CIG 3920.

3. 플루타르코스의 여행자 친구들: Plut., De def. or. 2, 18.

4. 난파된 배에 탔던 저술가: Jos., Vit. 15.

5. 배의 속도: Lionel Casson, Ships and Seamanship in the Ancient World (Princeton University Press, 1971), 284-88. 목적지까지 소요 시간: Plin., HN 19.3-4. 항해 기간: Veg., Mil. 4.39.

6. 마차의 회전용 좌석: SHA, Pert. 8. 붙박이 게임 보드판: Suet., Claud. 33. 알렉산드로스 대왕의 마차: Diod. Sic. 18.26-27.

7. 직업 전령들: Plin., HN 7.84. 하루에 40km 이동하는 마차: e.g., Hor., Sat.1.5.86. 카이사르의 전력 질주: Suet., Caes. 57. 하루 이동 거리 320km: Plin., HN 7.84.

8. 여관을 점거한 강도들: Cyp., Ep. 68.3. 다리를 절단한 산적: Gal., UP 2.188K. 강도들은 십자가형에 처함: e.g., Dig. 48.19.28.

9. 인육: Gal., Alim. Fac. 6.663K; SMT 12.254K. 저택과 수도 사이의 숙소: e.g., Cic., Att. 10.5.3, 11.5.2.

10. 인내력 대결: Plut., Lyc. 18.1. 델포이의 여행 안내자: Plut., De Pyth. or. 2. 올림피아의 제우스 신상을 방문하는 여행객들: e.g., Arr., Epict. diss. 1.7.23. 로도스 거상의 엄지: Plin., HN 34.41. 프로메테우스의 진흙: Paus. 10.4.4. 헬레네의 유방: Plin., HN 33.81.

11. 에로틱한 도자기: [Luc.], Am. 11.

12. 알렉산드로스 대왕의 무덤: e.g., Strabo 17.1.8.

13. 대 피라미드 타고 오르기 : Plin., HN 36.76. 급류 래프팅: Aristid., Or. 36.47-51. 아로새겨진 메시지: J. Baillet, Inscriptions grecques et latines des Tombeaux des Rois ou syringes (Imprimerie de l'Institut français d'archéologie orientale, 1920-6), no. 602.

26장

1. 콜로세움의 총 건설 기간은 정확히는 모르지만 10년이 채 걸리지 않았을 것이다. 건설 과정에 관한 유일한 원문 기록(Chronograph of 354 AD [MGH Chronica Minora I, 146])에는 베스파시아누스가 건설을 시작하여 그의 아들 티투스가 끝냈다고 쓰여 있다. 수에토니우스도 그렇게 기술했다(Vesp. 9; Tit. 7).

2. 하드리아누스 황제의 거대한 뱀: Cass. Dio 69.16.

3. 숙련된 노예에 관해서는 다음 문헌 참고: e.g., Frontin., Aq. 2.116 – 17 and Sen., Ep. 90.25 – 26.

4. 카라칼라의 대욕장 건설에는 1만 3100명에 이르는 노동자가 동원되었다고 추정된다(J. DeLaine, "The Baths of Caracalla," Journal of Roman Archaeology [1997]: 193).

5. 고대 건설 크레인에 관해서는 다음 문헌 참고: Vitr. 10.2.1 – 10 and Heron, Mechanica 3.1 – 10.

6. 콜로세움 완성: Cass. Dio 66.25.

27장

1. 햇빛 차단용 모자를 쓴 원로원 의원들: Cass. Dio 59.7.8.

2. 십자가형과 할복: Mart., Spec. 9. 곰 우리에 던져진 남성: Mart., Spec. 10. 오르페우스: Mart., Spec. 24 – 25. 아마존 복장: Mart., Spec. 8. 코끼리와 황소: Mart., Spec. 20, 22. 북극곰: Mart., Spec. 17.

3. 코뿔소에 관해서는 다음 문헌 참고: Mart., Spec. 11. 곰과 황소의 결투: Sen., Ira 3.43.2. 황소와 코끼리의 결투: Mart., Spect. 20, 사자와 호랑이의 결투: Mart., Spec. 21.

4. 곰 사냥꾼 백인 대장: CIL XIII.8174.

5. 타조 추격: Ael., NA 14.7. 들소 사냥: Paus. 10.13.1 – 2. 표범 포획: Opp., Cyn. 4.77 – 111, 212 – 29, 320 – 53. 호랑이 포획: Plin., HN 8.66. 거울을 사용한 수법: Claudian, Rapt. Pros. 3.263.

6. 이 규칙은 황제의 시합에 등장하기로 예정된 동물들에게만 적용되었다

(Cod. Theod. 15.11.2).

7. 비문의 기록들: CIL VI.8583, AE 1971 181, CIL 10209. 조각가와 표 범: Plin., HN 36.40. 로마의 악어들: Strabo 17.1.44. 로마 최초의 동 물 사육장에 관해서는 다음 문헌 참고: George Jennison, *Animals for Show and Pleasure in Ancient Rome*(Manchester University Press, 1937), 174 – 76.

8. 사자의 묘기: Mart., Spec. 12; Stat., Silv. 2.5.25 – 27. 원숭이의 묘기: Juv. 5.153 – 55.

9. 호랑이와 염소: Plut., De soll. an. 20. 동물 먹이로 던져진 죄수들: Suet., Calig. 27.1. 병에 걸린 악어들: Symm., Ep. 6.43, 9.132.

10. 코끼리 심장: Gal., AA 7.10. 타조 뇌: SHA, Heliogab. 30. 원형경기장 의 고기의 영양학적 가치: Gal., Alim. Fac. 6.664. 원형경기장 고기를 얻기 위한 교환권: Mart. 8.78.7 – 12. 대중의 사냥: SHA, Prob. 19.

28장

1. 검투사의 두개골에 관해서는 다음 문헌 참고: Fabian Kanz and Karl Grossschmidt, "Head Injuries of Roman Gladiators," Forensic Science International 160 (2006): 207 – 16.

2. 여섯 가지 결투법: CIL VI.631. 의사의 조각상: CIG 1106. Galen: Gal. 13,600K.

3. 보리 먹는 사람들: Plin., HN 18.72. 돼지고기 식이요법: Gal. 6,661K. 도토리를 먹인 돼지고기: Philostr., Gym. 43. 염소 고기: Ath. 402C. 약 1.4kg의 고기: Gal. 8,843K.

4. 체중 증량 이론에 관해서는 다음 문헌 참고: Sandra Lösch et al., "Stable Isotope and Trace Element Studies on Gladiators and Contemporary Romans from Ephesus," PLOS ONE 9 (2014): 1 – 17.

5. 울룩불룩한 근육질의 남성들로 묘사된 검투사들: e.g., Cyp., ad Don. 7. 말랑말랑한 몸: Gal. 6,529. 병에 취약함: Gal., Protrep. 4.

6. 검투사 경기 홍보: e.g., CIL IV.7992. 손으로 그린 전단: Cic., Phil. 2.97.3. 초상화: Plin., HN 35.52. 월장석: Plin., HN 36.162. 호박석:

Plin., HN 37.45.

7. 올림픽 도전자들의 상대 선수 매수: Paus. 5.21.3 – 5. 조작된 레슬링 경기: POxy. 79.5209.

8. 긴 결투: Hor., Epist. 2.2.98.

9. 검투사 대여료: ILS 5163.45 – 46. 카이사르의 전투: Suet., Caes. 39.3. 브리타니아 마을: Suet., Claud. 21.6.

10. 클라우디우스의 칼: Suet., Claud. 34.2.

11. 검투사들의 팬클럽: IvE 2905. 조언을 외침: Tert., Ad Mart. 1.2. 돌에 맞은 수도승: Theod., HE 5.26. 교과서적인 결투: Petron., Sat. 45.12. 신부의 머리카락: Plut., Quaest. Rom. 87. 나병: Plin., HN 28.4. 피로 물든 모래: Plin., HN 15.19; 28.50.

12. 11명의 검투사: ILS 5062. 목숨을 건 결투: AE 1971, 430 – 31. 무혈의 검투사 결투: Suet., Nero 12.1. 마르쿠스 아우렐리우스: Cass. Dio 71.29. 코모두스: Cass. Dio 72.17.

13. 검투사 수칙에 관해서는 다음 문헌 참고: M. J. Carter, "Gladiatorial Combat: The Rules of Engagement," CJ 102 (2006 – 2007): 97 – 114. 항상 이겼지만, 아무도 죽이지 않았다: Mart. 5.24.

14. 150번 승리한 검투사: CIL IV.2451.

29장

1. 히다스페스(젤룸) 전투에 관해서는 다음 문헌 참고: Diod. Sic. 17.88 and Arr., Anab. 5.15 – 17.

2. 울타리를 이용한 코끼리 포획법: Arrian, Indica 13. 함정에 빠진 동료들을 구하는 코끼리들: Plin., HN 8.24; Ael., NA 6.61. 코끼리 무리 전체를 막다른 골짜기로 몰고 가기: Plin., HN 8.24. 배에서 내릴 때 거꾸로 걷기: Plin., HN 8.6. 수컷 코끼리들의 난동: HN 8.27. 코끼리 먹이: Ael., NA 10.10.

3. 코끼리의 숨결: Ach. Tat. 4.4. 기수를 구한 코끼리: Plut., Pyrrh. 33.4 – 5.

4. 돌 세례에 노출: [Caes.], BAfr. 27.

5. 특별한 뗏목: Polyb. 3.46. 코끼리 썰매: Livy 44.5.

6. 코끼리 결투: Polyb. 5.84-85.

7. 갈리아인들을 공포에 빠뜨린 코끼리들: Lucian, Zeuxis 8-11. 부상당한 코끼리: Plin., HN 8.20.

8. 각다귀를 불러모은 주교: Theod., HE 2.30. 코끼리 모형: Polyaenus, Strat. 4.21.

9. 대(對) 코끼리 부대: Polyaenus, Strat. 4.21. 코끼리에게 덤빈 기사들: Veg., Mil. 3.24. 코끼리 공격 "탱크": Dion. Hal., Ant. Rom. 20.1.6-7. 불타는 돼지들은 한 헬레니즘 왕의 코끼리 부대 전체를 해산시키고 로마인들의 승리를 도왔다고 한다(Ael., NA 1.38, 16.36).

10. 어미 코끼리: Dion. Hal., Ant. Rom. 20.12.14. 양날의 검: Livy 27.14. 공통의 적: App., Hisp. 46.

11. 거대 조각상을 옮긴 코끼리들: SHA, Hadr. 19.12. 개인의 탈것으로서의 코끼리들: e.g., Cass. Dio 49.7. 코끼리 공연단: Ael., NA 2.11; Plin., HN 8.5.

30장

1. 지하 전투에 관해서는 다음 문헌 참고: Simon James, "Stratagems, Combat, and Chemical Warfare in the Siege Mines of Dura-Europos," AJA 115 (2011): 69-101.

2. 성곽처럼 요새화한 후기 로마인의 저택에 관해서는 다음 문헌 참고: Venatius Fortunatus, Carm. 3.2.

3. 파트로클로스: Hom., Il. 16.698-711.

4. 로도스섬의 해적들: Diod. Sic. 20.82-83. 알레시아: Caes., BG 7.69-74.

5. 인간 피라미드: Caes., BG 7.47. 성곽의 높이 측정: Veg., Mil. 4.30. 풍선 사다리: Heron, Pneum. 2.

6. 투석기로 쏜 머리: Frontin., Str. 2.9.5. 예루살렘: Joseph., BJ 5.270. 벼락: Anon., de rebus bell. 18. 투석기에 맞은 남자 머리: Joseph., BJ 3.257. 나무에 꽂힌 야만인: Procop., Goth. 1.23.4-12. 분쇄기: Josh.

Styl. 53.

7. 로마의 건축가: Vitr. 10.15. 거대 공성퇴: Diod. Sic. 20.95.1.

8. 로마의 공성탑: Veg., Mil. 4.17. 공성탑의 추가적인 층: Veg., Mil. 4.19. 비명을 지르는 죄수들: Diod. Sic. 20.54.2 – 7. 소방 호스: Apollodorus, Poliorcetia 174.2 – 7.

9. 살라미스에서의 공성탑: Diod. Sic. 20.48. 로도스섬: Diod. Sic. 20.91; Plut., Demetr. 21; Vitr. 10.16.4.

10. 카이사르: Caes., BG 7.24. 마사다: Joseph., BJ 7.306 – 7.

11. 청동 방패, 벌, 말벌: Aen. Tact. 37.3 – 7. 불타는 깃털들: Livy 38.7. 곰: App., Mith. 78. 전갈이 담긴 단지: Hdn. 3.9. 늑대: Veg., Mil. 4.23. 로도스인들과 도시 포위자: Diod. Sic. 20.96 – 97. 길에 뿌린 오물: Vitr. 10.16.7.

12. 아미다 포위에 관해서는 다음 문헌 참고: Amm. Marc. 19.1 – 9.

31장

1. 이 일화는 다음 문헌 참고: Amm. Marc. 15.3.7 – 9.

2. 잠자리에서 나눈 이야기: Polyaenus, Strat. 5.13.

3. 원로원 의원들의 서신 읽기: SHA, Hadr. 11.4 – 6. 기독교인 사냥: Euseb., HE 6.40.2 – 3. 위장 활동: Arr., Epict. diss. 4.13.5.

4. 은퇴한 요원: Innocent, Ep. 38(PL XX, 605B).

5. 말을 놓아줌: Frontin., Str. 1.2.1. 왕의 머리: AE 1969/70, 583. 게르만의 족장: AE 1956, 124.

6. 아르카니: Amm. Marc. 23.3.8. 사하라 사막, 수드: Plin., HN 5.14 – 15, 6.181. 브리타니아의 해안에서 멀리 떨어진 섬들: Plut., De def. or. 18.

7. 브리타니아: Caes., BG 4.21. 아르메니아의 산악 지대: Amm. Marc. 18.6 – 7. 적군의 함대: Procop., Vand. 1.14.1 – 5.

8. 페르시아에 있는 첩보원: Procop., Anec. 30.12. 상인으로 위장한 첩보원: Amm. Marc. 26.6.4 – 6; Anon., Strat. 42.7. 군인으로 위장: Procop., Pers. 1.15.5. 로마 군복을 입은 남자: Amm. Marc. 18.6.17. 트라야누스 황제 암살 계획: Cass. Dio 68.11.3. 배신자 고위 관리: Amm.

Marc. 18,5,1 – 3.

9. 메시지를 암호화하는 방법들: Aen. Tact. 31; Front., Strat. 3,13. 관료들의 문자: Cod. Theod. 9,19,4. 자주색 잉크: Cod. Iust. 1,23,6.

10. 독초 정원: Plut., Demetr. 20,2. 미트리다테스 6세: e.g., Cass. Dio 37,13.

11. 로쿠스타: Suet., Nero 33,2 – 3; Tac., Ann. 12,66. 게르만 족장: Tac., Ann. 2,88. 독침: Cass. Dio 67,11,6, 73,14,4.

12. 암살자로서의 프루멘타리: e.g., SHA, Sev. 8,1 – 2; Did. Iul. 5,8. 사자 사냥꾼: Cass. Dio 73,14,1 – 2. 게르만 족장을 살해하기 위한 사고: Tac., Ann. 11,19. 마르쿠스 아우렐리우스: Cass. Dio 71,14. 납치: e.g., Amm. Marc. 29,7,7; Joh. Eph., HE 3,40 – 41. 연회를 이용한 전략: e.g., Amm. Marc. 29,6, 30,1,18 – 23. 아틸라: Priscus, Fr. 11,1.

32장

1. 개요에 관해서는 다음 문헌 참고: Siegmar von Schnurbein, "Augustus in Germania and His New Town at Waldgirmes East of the Rhine," JRA 16 (2003): 93 – 108.

2. 칼을 방치한 군사 처형: Tac., Ann. 11,18. 면허를 받은 창녀: 이 해석은 lixa cohortis를 '부대의 하인'과 대비하여 '부대의 창녀'로 이해한 데 기반을 둔다. 백인 대장의 묘비문: Bulletin archéologique du Comité des travaux historiques et scientifiques 1928 – 1929, 94.

3. 행군 중의 로마 군대에 관한 가장 유명한 기록은 다음 문헌 참고: Joseph., BJ 3,115 – 26. 제국 시대 진군 진영을 세우는 법에 관한 기술은 다음 문헌 참고: Ps.-Hyginus, De Munitionibus Castrorum.

4. 브리타니아인들: Tac., Agr. 29 – 37. 유목민: Arr., Acies contra Alanos 12 – 31. 도나우강: Cass. Dio 71,7.

5. 다리: Cass. Dio 68,13. 도나우강을 헤엄쳐서 건넌 보조군들: CIL III,3676. 강을 건너가 포로를 풀어준 병사: Cass. Dio 71,5.

6. 게르마니아에 대한 로마의 관점: Caes., BG 6,21 – 24; Tac., Germ.

7. 카이사르의 다리: Caes., BG 4,17 – 18, 6,9.

8. 이 전투에 관한 고대 기록 중 가장 완벽한 것은 다음 문헌 참고: Cass. Dio 56.18 - 22.

9. 소규모 요새: Arr., Peripl. M. Eux. 9.3

10. 게르만 족장들의 연회 참석: e.g., Amm. Marc. 21.4. 로마 영토에 거주한 부족들: e.g., CIL XIV, 3608.

11. 로마 주화를 사용한 게르만인들에 관해서는 다음 문헌 참고: e.g., Tac., Germ. 5. 게르마니아의 로마식 주택: e.g., Amm. Marc. 17.1.7.

12. 폭발하는 소들: Pompon. 3.53. 근친상간하는 원주민들: Strabo 4.5.4. 뱀: Solin. 22.3.

13. 야욕에 찬 총독: Tac., Agr. 24. 로마의 주화: Peter Crawford, "The Coleraine Hoard and Romano-Irish Relations in Late Antiquity," Classics Ireland 21 - 22 (2014 - 2015): 41 - 118.

33장

1. 콘스탄티우스 2세의 방문: Amm Marc. 16.10.14 - 16. 로마의 건물들에 대한 두 건의 후기 고대 문서가 있는데, the Notitia와 the Curiosum이다. 여기에 제시된 숫자들은 the Curiosum에서 인용한 것이다. 엘라가발루스와 거미줄: SHA, Elag. 26.6.

2. 도금한 지붕 타일을 파괴: Procop., Goth. 1.5. 받침대: CIL VI.1658. 거대한 대리석상: Procop., Goth. 1.22.

3. Greg., Dial. 2.15.3

4. 관광지로서 공동주택 건물들: Tert., Adv. Valent. 7. 공동주택을 파괴한 홍수: Liber pontificalis (Duchesne) I, 399; cf. Gregory of Tours, Hist. 10.1.

5. 숲을 이룬 조각상들: Procop., Goth. 4.21.12 - 14. 야간의 조각상들 도난: Cassiod., Var. 7.13. 콘스탄스 2세의 약탈: Liber pontificalis (Duchesne) I, 363. 고철을 실은 콘스탄스의 배 난파: R. Coates-Stephens, "The Byzantine Sack of Rome," Late Antiquity 25 (2017): 207 - 9. 대리석상 더미: Rodolfo Lanciani, The Destruction of Ancient Rome: A Sketch of the History of the Monuments

(Macmillan, 1899), 196.

6. 사원 철거를 감독한 교황: Liber pontificalis (Duchesne) I, 503.

7. 부지런한 건축업자에 관해서는 다음 문헌 참고: Rodolfo Lanciani, The Ruins and Excavations of Ancient Rome (Macmillan, 1897), 375.

8. 조각상들을 압수당한 궁전: Chron. min. 1.336. 대리석 채석장: Magister Gregorius, De mirabilibus urbis Romae 17.

34장

1. 이 루머에 관한 믿을 만한 요약은 다음 문헌 참고: A. B. Bosworth, Conquest and Empire: The Reign of Alexander the Great (Cambridge University Press, 1988), 171-73. 아리스토텔레스: Plut., Alex. 77.3-4.

2. 알렉산드로스 대왕의 무덤: Strabo 17.1.18.

3. 아우구스투스 황제: Cass. Dio 51.16.5. 알렉산드로스의 흉갑: Suet., Cal. 52; Cass. Dio 59.17.3. 카라칼라의 광적인 집착: Cass. Dio 78.7-8; Epit. de Caes. 21.4. 알렉산드로스의 무덤에서의 카라칼라: Hdn. 4.8.9.

4. 황폐해진 궁전 지구: Amm. Marc. 22.16.15. 해일: Amm. Marc. 26.10.15-19. 4세기에 아직 존재: Lib., Or. 49.11-12. 수사학적 질문: Joh. Chrys., Hom. in Ep. II ad Cor. (PG 61, 581).

5. 산마르코 유골 해부: Leonardo Manin, Memorie storico-critiche intorno la vita, traslazione e invenzioni di S. Marco Evangelista, 2nd ed. (G. B. Merlo, 1835), 24-25.

6. 셉티미우스 세베루스가 화장된 장작더미: Hdn. 4.2.6-9. 갈레리우스: Ivana Popovic, "Sacred-Funerary Complex at Magura," in Felix Romuliana—Gamzigrad, ed. I. Popovic (Arheološki Institut, 2011), 141-58.

7. 아우구스투스 황제 장례 행렬: Suet., Aug. 100; Cass. Dio 56.42.

8. 아그리피나: CIL VI.886. Urn: Rodolfo Lanciani, Pagan and

Christian Rome (Macmillan, 1892), 182.

9. 아소스의 석회암: Plin., HN 36.131.

10. 네로와 악령 쐰 호두나무: Giacomo Alberici, Historiarum sanctissimae et gloriosissimae virginis deiparae de populo almae urbis compendium (Rome, 1599), 2-8. 참고로 네로는 산타 마리아 델 포폴로 성당이 세워진 곳에 묻히지 않았다. 그의 가족묘는 다른 곳에 있었다.

11. 막시미아누스: Chronicon Novaliciense, App. 11 (MGH, Scriptores 7:126-27). 이 자료를 알려준 레이 반 담에게 감사를 전한다. 콘스탄 티우스: Flores historiarum, a. 1283, ed. H. R. Luard, in Rerum britannicarum medii aevi scriptores 95 (London, 1890), 59. 완벽 하게 보존된 로마 여성: Rodolfo Lanciani, Pagan and Christian Rome (Macmillan, 1892), 295-301. 유스티니아누스의 시신: Niketas Choniates, Historia 648.

12. 산타 페트로닐라 교회 아래에서 발굴된 시신에 대한 생생한 묘사는 다음 문헌 참고: Rodolfo Lanciani, Pagan and Christian Rome (Macmillan, 1892), 200-205. 시신들의 신원에 관해서는 다음 문헌 참고: Mark Johnson, The Roman Imperial Mausoleum in Late Antiquity (New York, 2009), 171-74. 루키우스 칼푸르니우스 피소: Katherine Bentz, "Rediscovering the Licinian Tomb," The Journal of the Walters Art Gallery 55/56 (1997/1998): 63-88. 샤르카멘: I. Popovic and M Tomovic, "Golden Jewelry from the Imperial Mausoleum at Sarkamen (Eastern Serbia)," Antiquité Tardive 6 (1998), 287-312.

13. 거룩한 사도 교회에의 매장에 관해서는 다음 문헌 참고: Philip Grierson, "The Tombs and Obits of the Byzantine Emperors (337-1042)," DOP 16 (1962), 3-63.

14. 알렉시오스의 시신: Alexander van Millingen, Byzantine Churches in Constantinople: Their History and Architecture (Macmillan, 1912), 147-48.

15. 바르나코바 수도원 무덤들: Anastasios Orlandos, Η Μονή Βαρνάκοβας (Athens, 1922), 11-16. 안드로니코스 2세의 무덤: Theodore Macridy,

"The Monastery of Lips and the Burials of the Palaeologi," DOP 8 (1964): 271.

35장

1. 히스파니아 지역의 라틴어: e.g., Cic., Arch. 10; Mart. 12.21.3 – 6.
2. 실제로 묘비명에는 언어들을 각각 usus francisca, vulgari et voce latina(프랑스어, 모국어, 라틴어를 사용했다)라고 기술했다. 프랑스어, 이탈리아어라는 용어(국가에 대한 의미 포함)는 훨씬 나중에 생겨났다.
3. 고전학자들은 필자가 현대 그리스어와의 대조를 강조하기 위해 고대 그리스어(코이네) 예문을 정교하게 쓰지 않았다는 것을 알아차릴 것이다. 고대 그리스어에서 책을 가리키는 가장 흔한 단어는 소형을 나타내는 접미사가 붙은 βιβλίον이 아니라 βίβλος이다. 그리고 여기서 사용한 소유 구문(τὸ βιβλίον μου)은 사실 'some book of mine(내 책 중 어떤 것)'을 의미한다. 더 직설적으로 표현하면 τὸ ἐμὸν βιβλίον(my own book; 내 자신의 책)이 된다.
4. 차코니아 방언에 관해서는 다음 문헌 참고: Geoffrey Horrocks, *Greek: A History of the Language and Its Speakers, 2nd ed.* (Wiley Blackwell, 2010), 88, 274.

36장

1. 혈통 붕괴(pedigree collapse)의 예는 다음 문헌 참고: Kenneth Wachter, "Ancestors at the Norman Conquest," in Statistical Studies of Historical Social Structure, ed. K. W. Wachter, E. A. Hammel, and P. Laslett (Academic Press, 1978), 153 – 61. 공통의 선조: Douglas Rohde, Steve Olson, and Joseph Chang, "Modelling the Recent Common Ancestry of All Living Humans," Nature 431 (2004): 562 – 66. 유럽인의 근친 번식: Peter Ralph and Graham Coop, "The Geography of Recent Genetic Ancestry

across Europe," PLoS Biol 11, no. 5 (2013): e1001555. https://doi.org/10.1371/journal.pbio.1001555.

2. 선조로서의 제우스: e.g., Pl., Alc. 121A. 이집트의 역사가: Hdt. 2.143. 5세기의 주교: Syn., Ep. 113.3. 로마 귀족들: e.g., Jerome, Ep. 108.1 – 4; Symm., Ep. 1.2.4.

3. 소시우스 프리스쿠스: ILS 1104.

4. 신델린다: S. J. B. Barnish, "Transformation and Survival in the Western Senatorial Aristocracy, c. A.D. 400 – 700," PBSR 56 (1988): 154.

5. 프랑스 계보학자 크리스티앙 세티파니는 카롤루스 대제의 혈통을 찾아 메츠의 아르눌프를 거쳐 4세기 갈리아 출신으로 저명한 로마 정치가였던 플라비우스 아프라니우스 샤그리우스까지 거슬러 올라가는 시도를 했다(e.g., Les ancêtres de Charlemagne, 2nd ed. [Oxford University Press, 2014]).

6. Morris Bierbrier, "The Descendants of Theodora Comnena of Trebizond," The Genealogist 12 (1998): 60 – 82.

7. D. M. Nicol, The Immortal Emperor: The Life and Legend of Constantine Palaiologos, Last Emperor of the Romans (Cambridge University Press, 1992), 109 – 28.

더 읽을거리

1장

Liza Cleland, Glenys Davies, and Lloyd Llewellyn-Jones, eds.,
Greek and Roman Dress from A to Z (Routledge, 2007).
Alexandra Croom, Roman Clothing and Fashion (Amberley, 2010).

2장

Diana E. E. Kleiner, Roman Sculpture (Yale University Press, 1992)
G. M. A. Richter, The Portraits of the Greeks, abridged and rev. R.
R. R. Smith (Cornell University Press, 1984).

3장

Donald W. Engels, Classical Cats: The Rise and Fall of the Sacred
Cat (Routledge, 1999).
Iain Ferris, Cave Canem: Animals and Roman Society (Amberley,
2018).
Kenneth F. Kitchell Jr., Animals in the Ancient World from A to Z
(Routledge, 2017).

4장

Angus Mclaren, A History of Contraception from Antiquity to the
Present Day (Blackwell, 1990).

J. M. Riddle, Contraception and Abortion from the Ancient World
to the Renaissance (Harvard University Press, 1992).

5장

Guido Maino, The Healing Hand: Man and Wound in the
Ancient World, 2nd ed. (Harvard University Press, 1991).
Susan P. Mattern, The Prince of Medicine: Galen in the Roman
Empire (Oxford University Press, 2013).
Vivian Nutton, Ancient Medicine, 2nd ed. (Routledge, 2013).

6장

Andrew Dalby, Siren Feasts: A History of Food and Gastronomy
in Greece (Routledge, 1996).
Andrew Dalby, Empire of Pleasures: Luxury and Indulgence in
the Roman World (Routledge, 2000).
Sally Grainger, Cooking Apicius: Roman Recipes for Today
(Prospect Books, 2006).

7장

James Davidson, Courtesans and Fishcakes: The Consuming
Passions of Classical Athens (HarperCollins, 1997).
Stuart J. Fleming, Vinum: The Story of Roman Wine (Art Flair
Publications, 2001).
Jancis Robinson and Julia Harding, eds., The Oxford Companion
to Wine, 4th ed (Oxford University Press, 2015).

8장

Bonnie Blackburn and Leofranc Holford-Strevens, The Oxford
Companion to the Year (Oxford University Press, 1999).
Robert Hannah, Greek and Roman Calendars: Constructions of
Time in the Classical World (Duckworth, 2005).

9장

Kyle Harper, The Fate of Rome: Climate, Disease, and the End of an Empire (Princeton University Press, 2017). [카일 하퍼, 부희령 옮김, 《로마의 운명: 기후, 질병, 그리고 제국의 종말》, 더봄, 2021.]

Tim Parkin, Old Age in the Roman World: A Cultural and Social History (Johns Hopkins University Press, 2004).

10장

Peter Garnsey, Food and Society in Classical Antiquity (Cambridge University Press, 1999).

Estelle Lazer, Resurrecting Pompeii (Routledge, 2009).

11장

Kenneth W. Harl, Coinage in the Roman Economy, 300 B.C. to A.D. 700 (Johns Hopkins University Press, 1996).

Sitta Von Reden, Money in Classical Antiquity (Cambridge University Press, 2010).

12장

Gregory S. Aldrete, Daily Life in the Roman City: Rome, Pompeii and Ostia (Greenwood Press, 2004).

Paul Erdkamp, ed., The Cambridge Companion to Ancient Rome (Cambridge University Press, 2013).

Wilfried Nippel, Public Order in Ancient Rome (Cambridge University Press, 1995).

13장

Keith Bradley, Slavery and Society at Rome (Cambridge University Press, 1994).

Peter Garnsey, Ideas of Slavery from Aristotle to Augustine (Cambridge University Press, 1996).

Henrik Mouritsen, The Freedman in the Roman World (Cambridge University Press, 2011).

Thomas E. Wiedemann, Greek and Roman Slavery (Croom Helm, 1981).

14장

Sarah B. Pomeroy, Families in Classical and Hellenistic Greece: Representations and Realities (Oxford University Press, 1997).

Beryl Rawson, ed., Marriage, Divorce, and Children in Ancient Rome (Oxford University Press, 1991).

Susan Treggiari, Roman Marriage: Iusti Coniuges from the Time of Cicero to the Time of Ulpian (Oxford University Press, 1991).

15장

Kenneth Dover, Greek Homosexuality, 3rd ed. (Bloomsbury, 2016).

Kyle Harper, From Shame to Sin: the Christian Transformation of Sexual Morality in Late Antiquity (Harvard University Press, 2013).

John G. Younger, Sex in the Ancient World from A to Z (Routledge, 2005).

16장

John Boardman, Greek Art, 5th ed. (Thames & Hudson, 2016).

Nancy H. Ramage and Andrew Ramage, Roman Art: Romulus to Constantine, 6th ed. (Pearson, 2015).

Caroline Vout, Classical Art: A Life History from Antiquity to the Present (Princeton University Press, 2018).

17장

Mary Beard, John North, and Simon Price, Religions of Rome (Cambridge University Press, 1998).

Simon Price, Religions of the Ancient Greeks (Cambridge University Press, 1999).

Tim Whitmarsh, Battling the Gods: Atheism in the Ancient World (Knopf, 2015).

18장

John Cherry, ed., Mythical Beasts (British Museum Press, 1995).

D. Felton, Haunted Greece and Rome: Ghost Stories from

Classical Antiquity (University of Texas Press, 1999).

Sarah Iles Johnston, Restless Dead: Encounters between the Living and the Dead in Ancient Greece (University of California Press, 1999).

19장

Radcliffe G. Edmonds III, Drawing down the Moon: Magic in the Ancient Greco-Roman World (Princeton University Press, 2019).

Fritz Graf, Magic in the Ancient World, trans. Franklin Philip (Harvard University Press, 1999).

Philip Matyszak, Ancient Magic: A Practitioner's Guide to the Supernatural in Greece and Rome (Thames & Hudson, 2019).

20장

Jan Bremmer, ed., The Strange World of Human Sacrifice (Peeters, 2008).

Dennis D. Hughes, Human Sacrifice in Ancient Greece (Routledge, 1991).

21장

William J. Broad, The Oracle: Ancient Delphi and the Science behind Its Lost Secrets (Penguin, 2006).

Sarah Iles Johnston, Ancient Greek Divination (Blackwell, 2008).

Michael Scott, Delphi: A History of the Center of the Ancient World (Princeton University Press, 2014).

22장

Gillian Clark, Christianity and Roman Society (Cambridge University Press, 2004).

Johannes Geffcken, The Last Days of Greco-Roman Paganism, trans. Sabine MacCormack (North Holland, 1978).

A. D. Lee, ed., Pagans and Christians in Late Antiquity: A

Sourcebook (Routledge, 2000).

23, 24장

M. I. Finley and H. W. Pleket, The Olympic Games: The First Thousand Years (Chatto & Windus, 1976).

Donald G. Kyle, Sport and Spectacle in the Ancient World, 2nd ed. (Wiley Blackwell, 2015).

David Potter, The Victor's Crown: A History of Ancient Sport from Homer to Byzantium (Oxford University Press, 2011).

25장

Lionel Casson, Ships and Seamanship in the Ancient World (Princeton University Press, 1971). [라이오넬 카슨, 김훈 옮김, 《고대의 배와 항해 이야기》, 가람기획, 2001.]

Lionel Casson, Travel in the Ancient World, 2nd ed. (Johns Hopkins University Press, 1994). [라이오넬 카슨, 김향 옮김, 《고대의 여행 이야기》, 가람기획, 2001.]

26장

Nathan T. Elkins, A Monument to Dynasty and Death: The Story of Rome's Colosseum and the Emperors Who Built It (Johns Hopkins University Press, 2019).

Keith Hopkins and Mary Beard, The Colosseum (Profile, 2005).

27장

Jerry Toner, The Day Commodus Killed a Rhino (Johns Hopkins University Press, 2014).

J. M. C. Toynbee, Animals in Roman Life and Art (Thames & Hudson, 1973).

28장

Roger Dunkle, Gladiators: Violence and Spectacle in Ancient Rome (Pearson, 2008).

Fik Meijer, The Gladiators: History's Most Deadly Sport, trans. Liz Waters (Thomas Dunne, 2004).

29장

John M. Kistler, War Elephants (Praeger, 2006).
Adrienne Mayor, Greek Fire, Poison Arrows, and Scorpion Bombs: Biological and Chemical Warfare in the Ancient World (Overlook, 2003).

30장

Duncan B. Campbell, Besieged: Siege Warfare in the Ancient World (Osprey, 2006).
Duncan B. Campbell, Greek and Roman Siege Machinery 399 BC – AD 363 (Osprey, 2003).
Tracey Rihll, The Catapult: A History (Westholme, 2013).

31장

N. J. E. Austin and N. B. Rankov, Exploratio: Military and Political Intelligence in the Roman World from the Second Punic War to the Battle of Adrianople (Routledge, 1995).
Frank Russell, Information Gathering in Classical Greece (University of Michigan Press, 1999).
Rose Sheldon, Intelligence Activities in Ancient Rome (Routledge, 2004).

32장

Adrian Goldsworthy, The Complete Roman Army (Thames & Hudson, 2003).
Pat Southern, The Roman Army: A Social and Institutional History (Oxford University Press, 2007).
Peter S. Wells, The Battle That Stopped Rome: Emperor Augustus, Arminius, and the Slaughter of the Legions in the Teutoburg Forest (W. W. Norton, 2003).

33장

Amanda Claridge, Rome: An Oxford Archaeological Guide, 2nd ed. (Oxford University Press, 2010).

Richard Krautheimer, Rome: Profile of a City, 312 – 1308 (Princeton University Press, 1980).

Peter Llewellyn, Rome in the Dark Ages (Faber, 1971).

34장

Penelope J. E. Davies, Death and the Emperor: Roman Imperial Funerary Monuments, from Augustus to Marcus Aurelius (Cambridge University Press, 2000).

Nicholas J. Saunders, Alexander's Tomb: The Two-Thousand Year Obsession to Find the Lost Conqueror (Basic Books, 2006).

35장

James Clackson, Language and Society in the Greek and Roman Worlds (Cambridge University Press, 2015).

James Clackson and Geoffrey Horrocks, The Blackwell History of the Latin Language (Wiley Blackwell, 2007).

Geoffrey Horrocks, Greek: A History of the Language and its Speakers, 2nd ed. (Wiley Blackwell, 2010).

36장

Morris L. Bierbrier, "Modern Descendants of Byzantine Families," Genealogists' Magazine 20 (1980 – 1982): 85 – 96.

Nathaniel L. Taylor, "Roman Genealogical Continuity and the 'Descents from Antiquity' Question: A Review Article," American Genealogist 76 (2001), 129 – 36.

도판 출처

쪽수   대표 캡션 | 저작권자 | 사이트

14쪽   그리스 로마 옷차림 | WIKIPEDIA
20쪽   하드리아누스 황제 | 대영 박물관 소장 |
          @TimeTravelRome(WIKIPEDIA)
21쪽   알렉산드로스 대왕 | 아크로폴리스 박물관 소장 |
          @Marsyas(WIKIPEDIA)
22쪽   카이사르 | 나폴리 국립 고고학 박물관 소장 |
          @Andreas Wahra(WIKIPEDIA)
24쪽   머리 손질을 받는 귀족 | 독일 트리어 박물관 소장 |
          @Carole Raddato(WIKIPEDIA)
28쪽   테르메소스 도시 유적 | @Saffron Blaze(WIKIPEDIA)
29쪽   로마 묘비의 몰티즈 | 장 폴 게티 미술관 소장
31쪽   이집트 고양이 조각상 | 대영박물관 소장 |
          @Einsamer Schütze(WIKIPEDIA)
34쪽   카리칼라 황제와 사자 | @Classical Numismatic Group(WIKIPEDIA)
36쪽   키레네 주화 | @Coin Replicas Corp(Pinterest)
43쪽   치료를 받는 알렉산더 대왕 | 벨라루스 국립 미술관 소장
45쪽   수술 도구 | BLOG. C.M HEIDICKER
47쪽   병사를 치료하는 외과의 | gettyimages
49쪽   청동기 시대 두개골 | @Wellcome Trust(WIKIPEDIA)
51쪽   곰치 | 나폴리 국립 고고학 박물관 소장 | 저자 촬영
55쪽   고대 로마 연회 | WIKIPEDIA
63쪽   포도주를 희석하는 로마인 | The Telegraph

도판 출처

옮긴이
최현영

연세대학교와 연세대학교 국제학대학원을 졸업하고 일본 릿쿄대학 사회학연구과 연구과정을 수료했다. 대기업에서 금융, 경영 분석 및 영어·일어 전문 통역 업무에 종사했으며 이후 출판사에서 원서 기획과 검토, 영어와 일본어 학습 컨텐츠 검수와 번역에 주력해왔다.
현재 출판번역 에이전시 글로하나에서 영미서와 일서 리뷰 및 번역에 힘쓰고 있다.

신화가 아닌 보통 사람의 삶으로 본 그리스 로마 시대

거꾸로 읽는 그리스 로마사

초판 1쇄 발행 2022년 1월 28일
초판 4쇄 발행 2023년 6월 15일

지은이 개릿 라이언
옮긴이 최현영
펴낸이 김선식

경영총괄이사 김은영
콘텐츠사업본부장 임보윤
콘텐츠개발8팀장 임보윤 **콘텐츠개발8팀** 김상영, 강대건, 김민경
편집관리팀 조세현, 백설희 **저작권팀** 한승빈, 이슬
마케팅본부장 권장규 **마케팅3팀** 권오권, 배한진
미디어홍보본부장 정명찬 **디자인파트** 김은지, 이소영 **유튜브파트** 송현석, 박장미
브랜드관리팀 안지혜, 오수미 **크리에이티브팀** 임유나, 박지수, 김화정, 변승주 **뉴미디어팀** 김민정, 홍수경, 서가을
재무관리팀 하미선, 윤이경, 김재경, 안혜선, 이보람
인사총무팀 강미숙, 김혜진, 지석배, 박예찬, 황종원
제작관리팀 이소현, 최완규, 이지우, 김소영, 김진경, 양지환
물류관리팀 김형기, 김선진, 한유현, 전태환, 전태연, 양문현, 최창우

펴낸곳 다산북스 **출판등록** 2005년 12월 23일 제313-2005-00277호
주소 경기도 파주시 회동길 490 다산북스 파주사옥
전화 02-704-1724 **팩스** 02-703-2219
이메일 dasanbooks@dasanbooks.com
홈페이지 www.dasan.group **블로그** blog.naver.com/dasan_books
종이 신승지류유통 **인쇄** 한영문화사 **코팅 및 후가공** 평창피앤지 **제본** 대원바인더리

ISBN 979-11-306-7994-5 (03920)

다산북스(DASANBOOKS)는 독자 여러분의 책에 관한 아이디어와 원고 투고를 기쁜 마음으로 기다리고 있습니다.
책 출간을 원하는 아이디어가 있으신 분은 다산북스 홈페이지 '투고원고'란으로 간단한 개요와 취지, 연락처 등을 보내주세요.
머뭇거리지 말고 문을 두드리세요.